改变,从阅读开始

THE VERTIGO YEARS

CHANGE AND CULTURE IN THE WEST
1900—1914

晕 眩 年 代

1900—1914年西方的变化与文化

［德］菲利普·布罗姆 / 著

彭小华 / 译

四川人民出版社

极具预言性:站立在展会大门顶端的巴黎女子,大门每小时可供6000人进入

穿着旧式礼服的人们:在1900年世界博览会的国家馆

兴高采烈的君主：国王爱德华七世

幸福的一家人：萨克森-阿尔滕堡公爵恩斯特与夫人、孩子

历史的辉煌、恢宏的外观：维也纳环城大道上的国会和市政厅

居家照：西格蒙·弗洛伊德和他的孙辈

资产阶级女神：古斯塔夫·克里姆特性感的《朱迪斯》

心灵的结合： 皮埃尔和玛丽·居里

在生命中： X光机下面幽灵般的手

一个不可能的革命者：阿尔伯特·爱因斯坦

一个真正的英雄：爱德华·提纳·莫雷尔不辞辛劳地揭露比利时国王利奥波二世在刚果自由邦犯下的罪行

恐怖：父亲凝视着五岁女儿的手，因为采的橡胶太少，她受到惩罚，手被砍掉

被赶进沙漠：赫雷罗族幸存人员

俄罗斯的真面目：乡间的农民

支持者环绕的嘉庞神父："世上没有上帝！"

极其严肃：1900年前后，决斗增多了，虽然大多以象征性的几滴血收场

一个完美的人：尤金·桑多的力量秀吸引了大量观众

颂扬新时代：意大利真理山聚居地的真理寻求者，这里也吸引了年轻的黑尔曼·黑塞

和平倡导者：伯莎·冯·苏特纳，首位获得诺贝尔和平奖的女性

被警察带走：艾米琳·潘克赫斯特在一次游行中

飞进历史：路易·布莱里奥特飞越英吉利海峡

吃吃喝喝的男男女女：米哈伊尔·拉里奥诺夫
把生命缩减到最原始的成分

跳背、切成片：类似托马斯·艾金斯这样的序列照片是先锋绘画的灵感来源

悬浮的遐想：柯克斯卡笔下做梦的孩子孤立、充满紧张

死亡之神：顾彬的幻想之作显示出夸张的男子气概的危险

陷入困境：1907年，首位电影明星法国人马克斯·林德在他的一部电影中

诱惑的力量：女演员萨拉·伯恩哈特的许多情人都是传奇人物，其中之一是爱德华七世

朝前冲：雅克·亨利·拉蒂格从赛车里拍的照片

拍摄曲线：雅克·亨利·拉蒂格

女性独立的早期事例

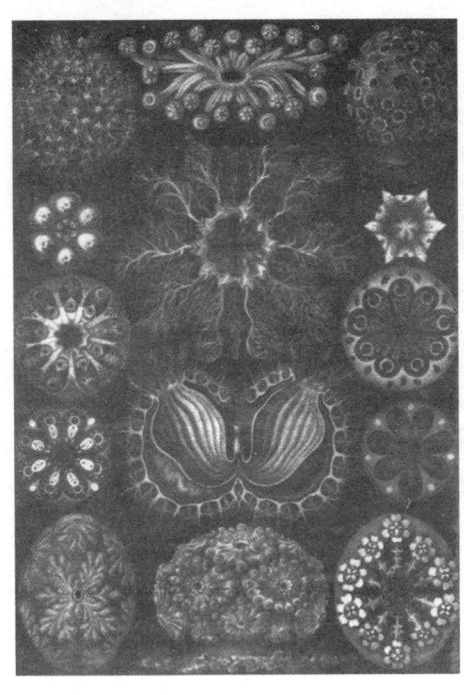

自然的艺术：厄恩斯特·海克尔的照片成功地显示出美学化的自然

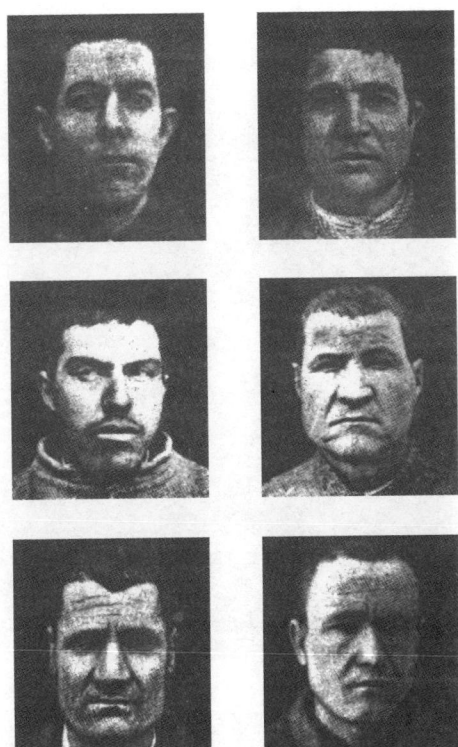

罪犯类型：让-保罗·穆拉特和露易斯·米歇尔都是龙勃罗梭插图中"精神失常"的革命者

迷人的刺客：亨瑞特·凯劳克斯受审途中

速度与自我的解体: 让·米特金杰的《自行车赛车手》融合了个人、机器和人群

充气衬衫: 消费者身份

目 录

引 言 …………………………………………… 1

一 1900年：电机与处女 ……………………… 3

二 1901年：更换卫兵 ………………………… 19

三 1902年：俄狄浦斯王 ……………………… 38

四 1903年：奇异的冷光 ……………………… 61

五 1904年：皇帝陛下和莫雷尔先生 ………… 81

六 1905年：冲天怒气 ………………………… 108

七 1906年：无畏舰与焦虑 …………………… 139

八 1907年：梦想与愿景 ……………………… 172

九 1908年：女士们的石头 …………………… 198

十　1909 年：快速机器崇拜 …………… 226

十一　1910 年：人性变了 …………… 253

十二　1911 年：人民的宫殿 …………… 281

十三　1912 年：生育问题 …………… 303

十四　1913 年：瓦格纳之罪 …………… 328

十五　1914 年：最卑鄙的谋杀 …………… 355

引　言

　　他们——主要是男人和男孩——满怀期待地站在绿树成荫的乡村道路边。夏日的炎热毫不留情地包围着他们。他们极目张望向前延伸的道路。听得见一阵微弱的嗡嗡声。一辆汽车出现在街道之间笔直的路上，汽车小小的，周围扬起一片灰尘，时间一秒一秒地过去，汽车变得越来越大。它向观众冲过来了，强大的引擎使其极速行驶，呼啸声越来越响亮。这是一种富有力量的感觉。

　　其中一个旁观者，一位 18 岁的青年，做好了等待已久的拍照准备。汽车离得更近了，呼啸着，动力十足地行进着。几乎就在眼前了。青年摄影师专注地透过镜头观看着。他清楚地看见巨大的挡风玻璃后面的司机和他的乘客，看见用油漆写在油箱上的数字 6，当汽车从他身边一溜烟冲过的时候，他感觉到噪声和动力的冲击波。在那一刻，他按下了快门。此时，灰尘包围着他。他必须等一等才能看照片的效果。

　　当他看到自己在 1912 年 6 月 26 日那天在法国汽车大奖赛上拍下的照

片时，年轻的摄影师感到很失望。照片中的6号车只有一半车身，背景模糊，有一种奇怪的放大感。他把照片收起来了。他就是贾奎斯·亨利·拉蒂格。他认为拍失败了的这张照片在40年后展出，并使他一举成名。照片充分体现了匆忙、活力、快速，在世纪之交到1914年秋天之间的那些年，这些非常重要。

今天，第一次世界大战爆发之前的那个时期经常被认为是平和欢畅的：陷落之前的日子，过去的美好时光，装饰华丽的电影赞颂的美好时期，一个即将被冷酷地驱往灾难的、被暴力砸碎的美丽、完好无缺的社会。根据这种对各种事件进行解读的方式，1918年后，现代性的凤凰涅槃于旧世界的灰烬。

对于生活在1900年前后的大多数人，这种强调可靠性和优美的怀旧观点会让他们感到惊奇。他们对这个时期的体会尚未被回忆修饰。他们的体会更加原汁原味，具有更接近我们这个时代的魅力和恐惧的特点。如同现在一样，那时，技术、全球化、传播技术和社会结构的变化在人们的交谈和报纸文章中占据着重要的地位；如同现在一样，那时，大众消费文化给时代打上了烙印；如同现在一样，那时，生活在一个加速的世界的感觉和进入未知的感觉令人心慌意乱。正因为此，拉蒂格的照片特别适合作为那个时代的象征。作为一个热爱快速汽车和速度的男孩，他所关注的事物反映了时代的关注，其时，赛车手是大众英雄，新的速度纪录每周都在创造和打破，大规模生产——在这里体现为手提相机，改变着每个人的生活。

速度既可以是令人恐惧的，也可以深深地激动人心，这种恐惧和变化的投射也发出了跨世纪的回声。

一 1900年：电机与处女

> 各位先生、女士，这是美丽的1900年世界博览会。你将莅临现场，你已经踏上未来的旅程，你已经光临现场。你置身于巴黎；如同梦幻一般，你远远看见世界博览会的屋宇，它们高耸于这座伟大城市的云霄之巅。你应当采取哪一种参观方案？从哪里开始？
> ——摘自1900年世界博览会官方指南

> 一个简单而痛苦的问题应该占据全体法国人的头脑："我们怎么能够阻止法兰西烟消云散？怎么能够保持法国民族在地球上的存在？"在这个至关重要的问题之外，其他一切都消失不见了……
> ——雅克·贝迪永《法国人口下降》

她像个怪物，也奇异地富于预言性：她，一个高20英尺、体态丰满的资产阶级女人，矗立在新世纪开端的1900年巴黎世界博览会大门前。

在海军节上,她与体现出惊人自信的战舰一起扬帆前进,这座穿着时髦服饰、隐喻巴黎市的石膏塑像看起来像是个专横的女人,陪伴着她被宠坏的女儿路过老佛爷百货公司:她胸部丰满,一副匆忙、傲慢的样子。你似乎听得见她正对着胆小羞怯的售货员高声发号施令。批评者们可不客气,他们用来描述她的形容词包括:"可笑""简直就是残暴""荡妇的胜利"。

雕塑家保罗·莫罗–沃舍尔(1871—1936年),一位29岁的冉冉升起的明星,产生了一个大胆的想法:把巴黎表现为一位现代的巴黎女子——不是着古代裙装的窈窕淑女,或者希腊女神,而是满怀信心地展望新世纪、当代、自信、成熟的女人。他以有"圣女萨拉"之称的女演员萨拉·贝纳尔为模特,请帕奎因时装屋为他的作品设计了一袭最时尚的华服,成就了传奇般优雅与都市时装的奇妙结合。

结局像正式开幕式一样富于灾难性。法国总统埃米尔·劳伯特被迫在一个尚未完工、四处泥泞、到处是水坑和脚手架的建筑工地上举行旨在把共和国所有达官显贵团结在一起的庄严仪式。第一批拥进来参观这场有史以来世界上耗资最巨的博览会的游客发现许多展厅半空着。一幅当代漫画表现人群陷于脚手架和"禁止通行"标识之间不知所措的情形。漫画的标题是《世界博览会展示什么?》

其后几周,剩余的所有景点都布置好了,即便是最后到来的参展商也在众多展位中找到了自己的位置。在这座伟大城市那不受待见的隐喻下面,主入口处的售票厅已经建好,每小时接待6000名游客,满负荷地运行。到展期结束的时候,参观巴黎市中心这处112万平方米展场的人数约为5000万,周末期间,平均每天的游客量达到60万。

展会是一场盛大的、令人讶异的汇演,不只是商品交易会和科学大会,而且首先是当地及欧洲各国、美国和全世界其他各国游客的巨大露天市场。来自柏林(尽管他有一个法国人的名字,但他是德国人)的教师让·索维奇是游客之一,他在1900年第七柏林区属高中的年刊上发表的文章中,亲切地描写了他的巴黎之行的每一个细节。他于傍晚来到法国首都("一张单程二等车票花了我69块多马克")。这位富有进取心的教育工作者讲述了典型的游客经验,警告读者在异域旅行的沧桑:"最好到那儿买帽子……德国的帽子意味着你的外国人身份暴露得更快……成为导游不断袭击的目标。"

索维奇适当地伪装成法国人，漫游了整个城市。名字虽然是"野蛮人"的变体，但本性上是个文明人的索维奇决心不放过任何生活细节。

> 两旁种植着高大树木（大多数是法国梧桐）、宽阔美丽的街道以及活跃的交通令人精神振奋。陈列不同商品的各种商店令顾客们兴致勃发。为了招揽顾客，许多店家把商品摆放在街道中间的盒子、箱子和木头支架上。这里挂着琳琅满目的衣服，那里的人行道上摆着肥皂店的货品及各色食品，一位艺术品商人在兜售古董；这边是这里的人们喜欢的新鲜绿色芦笋，那边是牡蛎和罕见的蜗牛……街面上，餐馆和百货商店的广告扔得到处都是。我带了一些回来。

大都市生活的节奏和速度令索维奇感到吃惊。这里甚至提供专门的自行车道：

> 街上有很多汽车。骑脚踏两轮车的人比我们少；太阿尔梅大道和其他地方有美丽的沥青脚踏车道。我特别注意到那儿骑脚踏车的人不像柏林的骑车人那样讨嫌，几乎没有柏林街上那种不断的、让人紧张的铃铛声……
> 那儿的有轨电车和公共汽车很多。柏林和巴黎的区别并不大；还是有一些马拉车和蒸汽车，但是有一趟开往文森森林的漂亮电车。

如果说交通跟家乡类似的话，这位老师发现其他方面的习俗大相径庭："我发现很多小便池那样公然地出现在大庭广众之下。甚至公共厕所的数量也很多，皇宫附近一所房子整个长长的通道设有大量的厕所，被孜孜不倦地使用着。林荫大道上的小便池一般在广告栏周围，在这里你会读到这样的广告：烹调美食，李比希肉膏必不可少；还有白炽汽灯纱罩和裤架广告。"索维奇不得不承认这种安排有它的好处，但是当他看到一座公共纪念碑基脚处就安着一个小便池的时候，他的分寸感令他觉得愤怒。说到底，法国人还是跟德国人太不一样了。

穿行在这些给人不和谐感的广告中，路边的一块活动广告牌上有这样一则口号："给自己通电！"索维奇仍然狡猾地用他的法国帽子乔装身份，并终于来到了他旅程的目的地：世界博览会会场。他感觉目不暇接。他承认："我觉得自己的笔力无法描述这个巨大工程的万分之一。"

巨大的展场从香榭丽舍酒店开始，沿着塞纳河上新修的、献给沙皇亚历山大三世的大桥一直延伸到战神广场和特罗卡德罗宫及埃菲尔铁塔（1889年那次世界博览会留下的唯一纪念品）之间的区域，其目的就是要给人以刺激、令人敬畏和手足无措。它宣告法国仍是世界上最重要的国家。最引人注目的是一组巨大的婚礼蛋糕样式的建筑，里面是装饰、家具设计和其他各行业的殿堂（这里的每一座建筑都是一座宫殿）。

在这里，每个大国都得到一块场地，修建代表自己文化的建筑。实际上，也不是所有的大国——美国当初就被排除在最早的、河边第一批有声望的国家之外（摩纳哥倒是争取到了一个位置），只是在掀起了一场外交风暴后，其他国家才不得不放弃一部分自己的地盘，给新的觊觎者让出位置。大家觉得这再公平不过了，即便目中无人的美国总指挥官斐迪南·佩克被认为很过分：他不仅粗鲁地向东道主指出美国的贸易数字超过了法国和德国的总和，而且还放肆地说："美国已经这么发达，它不仅有权在地球各国中占据尊崇的地位，而且应该在发达的文明间享有最重要的位置。"虽然他的法国同行在私下里怀着极大的自信说，哦，不！但是他们几乎满足了他的全部要求。

所有的国家馆都雄辩地传达了欧洲和美国的某种形象，因为除了芬兰（由一座流动的新艺术风格建筑代表）是个突出的例外之外，所有国家都选择采用其历史建筑的集锦表现自己：德国，这个无论如何必须有最高的尖顶的国家，其国家馆是哥特式风格；意大利是文艺复兴风格；西班牙是中世纪摩尔风格。英国馆则是埃德温·鲁琴斯设计的模拟詹姆斯时期风格的建筑，以布拉德福德的斯特拉特福市政厅为模型。美国选择了国会的古典主义风格——那是一座有着156英尺高圆顶的建筑，上面站立着一只金色的鹰。这些建筑表明，身份是由遥远的过去构成的，对古老的国家和新世界都一样。

如果说过去在右岸大行其道，那么在左岸，过去则处于泛滥状态。"巴黎旧城区"是展会的一个重要旅游景点，它俗气地呈现了维克多·雨果想象的中世纪巴黎的面貌，配有炮塔（一个人被吊在炮塔外，摇来晃去）和木结构房子、一个活生生的卡西莫多、几十个少女以及用木剑互相攻击的骑士。穿着古老衣服的街贩叫卖点心和微型埃菲尔铁塔。在炮塔下面，博览会官方的巴洛克和洛可可涡形装饰则展现了另一番景象：盛气凌人、自信满满的现代主义。到处都是闪亮的机器，新的发动机和新的发明挤满了展厅。坚毅的柏林教师决心尽可能多看。他参观了能容纳2.5万人的宴会厅举行的水果展；他体验了有三种不同速度的电动扶梯；他在幻影大厅看到的幻影差点儿没让他晕过去；他参观了冶金展览，看到了世界上最大的钻石；他视察了运行中的X光机，惊叹于非洲的白蚁丘，5000只灯泡照明的"电宫"令他大开眼界，相当于3亿根蜡烛能量的探照灯令他眼花缭乱，柏林的C.弗洛尔生产的巨型起重机令他眩目（"又一个德国工程学取得胜利的领域"），给所有这些奇迹提供能源、发出小猫喘息般声音的发电机令他谦卑："你怀着极大的崇敬看着这些巨大的机器，同时，分明感觉到脊背升起一阵凉意……这种力量一旦失控，足以把一个渺小的人粉碎成一个个的原子。"

索维奇并不是唯一一个为眼前不可思议的机器景象惊骇的人。那些机器几乎是悄无声息地运行，产生的无形力量却足以移山挪海。这些电机最热烈、最奔放、最兴奋的倾慕者莫过于美国历史学家、小说家亨利·亚当斯（1838—1918年）。当时，亚当斯从美国来到巴黎进行考察。在他的自传《亨利·亚当斯的教育》中，他把他（第三人称）对这些机器的见识视为一种宗教启示：

对于亚当斯，电机成了无限的象征。随着他对大量的机器习以为常，他开始觉得这些40英尺高的电机是一种道德力量，这种感觉类似于早期基督徒对十字架的感受。这个距他一臂之远的巨大轮子以令人眩目的速度旋转，而只发出极其微弱的噪音——那嗡嗡声几乎不足以警告人出于对力量的敬重而离它稍微远一丝丝——它甚至不会吵醒靠着它睡觉的婴儿。同它比起来，老式的、蓄意的、每年或者每天围绕太阳公转的地球都嫌逊色。参观还没结束呢，就不禁对着它祈祷了，这是遗传的本能教给人在面对静默、无限力量时的自然表现。在极限能量的上千种象征中，电机不像其他象征那样有人性，但是它是最具表现力的。

塞纳河对岸特罗卡德罗宫旁边的殖民地展览并不只限于法国的殖民地（法国是当时的第二大殖民帝国），但是它必须确保英国属地的风头不盖过东道国。在这里，游客可以观看各个遥远国度的居民的生活，似乎他们没感觉到成千上万双眼睛的注视，而上千颗法国人的心想到他们也是自己的臣民更加骄傲地跳动。

这是优雅的、无害的精彩世界。你可以在开罗露天剧场购物，欣赏阿尔及利亚工匠，在中国餐馆用餐，也可以参观柬埔寨宝塔，观赏愉快、满足、穿着色彩斑斓服饰的土著。法属刚果展馆的那些非洲人营养尤其好，穿着尤其漂亮。好奇的看客看见头顶大罐子的女子在葱翠的雨林植物间逶迤而行，男人们既骄傲又快乐，好像随时会放歌、舞蹈。这丝毫也没有体现他们在刚果的家乡正在发生的情况。那里正在发生着地球上有史以来规模最大的种族灭绝。这场恶行是1900年博览会最珍贵的客人之一、比利时国王利奥波德陛下亲自导演的。

一个国家的消失

一套二十卷的官方纪念特刊称巴黎博览会为"时代的精华"，其辉煌外观早已破碎，或者消逝，但是，它仍然以其纯粹的豪奢、无数的逸闻趣事和奇异的细节，以及它如此直白地陈说的内容和它拒绝表达的内容而引人入胜。除去官方演讲和对博爱及国家伟大的重申，展会的灿烂光辉受到欢迎，整个展览充当了装饰华丽的地毯，掩盖了前所未有的、弥漫法国上下的灰心丧气感和巨大的社会分裂。

世界博览会呈现了一个包裹着旧时代舒服外观的崭新技术世界。在法国革命100周年之际，1889年世界博览会大胆地照耀着未来，朴素的埃菲尔铁塔乃是它的标志，光束是它的传奇。1900年，人们对大言炎炎的声明兴味索然。法国人希望分散一下精神，希望娱乐一番，不希望吃惊或者甚至震惊。

对于许多法国男女而言，新世纪不仅不确定，而且感觉备受威胁。在一代人的时间内，国家输了一场战争给德国。它承受了1871年皇帝拿破仑三世被俘虏并被迫逊位的屈辱，还被迫将有争议的阿尔萨斯和洛林地区割让给德国。更糟糕的是，法国人目睹了一个新的德意志帝国（"德意志第二帝国"）的诞生，眼睁睁看着德皇威廉一世在法国皇家荣耀的核心之地凡尔赛宫镜厅加冕。紧随战败之后，巴黎公社起来反抗为逃避德国人而撤退到外省、软弱而反动的政府。更恶劣的是，法国军队在残酷镇压了反叛、夺回巴黎以后，在一周之内，通过军法审判的方式处决了它自己的两万多公民，造成"血腥的一周"。在更晚近的1894年德雷福斯一案中，一位无辜的犹太军官被指控叛国罪，明显舞弊的法庭判他终身监禁，这件事引起国家中产阶级以上社会的分裂，使曾经的朋友甚至家人成为不共戴天的仇敌。这种分裂像开放性的伤口一样还在继续溃烂，因为这位诚实的上尉被孤零零地关在远离法属圭亚那的魔鬼岛遭罪，德雷福斯分子要求对他进行重审。

德雷福斯的敌人和支持者（主要是社会主义者、中产阶级和进步人士）之间的裂痕延伸到了私人生活领域：曾经的好朋友、印象派画家德加和毕沙罗因为这件事而形同陌路。作为德雷福斯的激烈反对者，德加甚至因为一位模特同情犹太上尉而解雇了她。连首都的空气似乎也分裂了。随着情绪接近沸点，1898年左拉在《极光》上发表的文章《我控诉》总结了辩方论点："我只有一种热情，那就是以人性为名义的启蒙热情，人性受的罪够多了，它有权得到快乐。我的激烈抗议仅仅是我心灵的呼声。让他们有胆量就（以诽谤罪）审判我，以使此事为大家所周知吧！"他没有受到审判，但是经过几天的街头骚乱和威胁以后，他只得远避英国，等待事态降温。回到法国4年以后，由于夜间烟囱堵塞左拉在自己家里窒息身亡。他的死因被登记为事故。几年后，一位盖屋顶的人承认，他在左拉家隔壁的屋顶上工作过，出于报复作家为犹太上尉所做的辩护，他把一片木头放到左拉家的烟囱上，令他命归黄泉。

德雷福斯与衰退的阴霾

德雷福斯成了法国莫名不安感的象征。仅仅在一代人以前，法国还是无可争议的世界文化中心，主宰着全世界的时尚和各处"文明"人的音乐与文学品位。1870年，法国历史学家约瑟夫·德·梅斯特还言之凿凿、满怀流光溢彩般的信心写道，全世界的艺术家"在巴黎允许他们成名之前，都只能享有地方性的声誉……也许，在法国人给出解释之前，任何东西在欧洲都不可能得到恰当的理解"。

30年之后则完全是另一番景象了。伦敦成了世界金融中心；德国科学家和工程师独步世界。法国本身受困于各种阴影，包括战争失败、领土丢失，以及亡国灭种威胁下的衰退与堕落。与欧洲其他民族相比，法国的人口处于停滞状态。1891年，法国的死亡人口第一次超过了出生人口。如果说1850年到1900年期间人口数量没有下降（甚至从3600万上升到了3900万），那也主要归功于来自比利时、意大利和波兰的移民。在同一时期，尽管有大量人口移居他国，德国和英国的人口反而增加了20%，而哈布斯堡的臣民几乎增加了一倍，俄罗斯人的数量差不多翻了三番。法国母亲不再孕育足够的子女，更可怕的是，这个国家的男人好像也不像过去那样有能力让女人怀孕了。许多作家说，法国人似乎患了不孕症；100年内其文化和生活方式将会消失。"这个至关重要的问题之外，其他所有的问题都毫无意义，"1911年，历史学家雅克·贝迪永写道，"……法兰西之死是19世纪和20世纪最关键的事实之一。"法国落后了，而其东边的"世敌"、新德意志帝国则不仅在人口方面稳步增长，而且在科学（德国研究者获得的诺贝尔物理学奖和化学奖超过任何国家）、军备及工业发展方面也稳步前进。法国似乎不仅仅是战败了，而且日趋消亡，日渐退入其从前辉煌的阴影之中。

为恐惧削弱、被焦躁的悲观主义情绪动摇的法国人渴望一场兴高采烈、不具威胁性的世界博览会，而他们最盼望的莫过于获得成功。主办者要求的不仅仅是视觉的大胆：回顾性的辉煌和娱乐统领一切。每个人都要对现场留下深刻印象，每个人都要好好享受——即便旧法国的纸型炮塔更像是对民族伟大华而不实的戏仿，而不是事实的证明。

并不是每个人都被光辉的表面蒙骗："这次博览会带给我们的新东西还有待观察，"博览会的大门最后一次关闭后，法国散文家尤金-梅尔基奥尔在《时尚》杂志中写道，"1889年，钢铁（埃菲尔铁塔）勇敢地、赤裸裸地独自矗立在我们眼前；它令我们欣赏它作为建筑元素的优点。自那以后，你觉得它好像感受到人在犯下原罪之后的那种羞愧，觉得需要把自己盖住。今天，钢铁用石膏把自己包裹起来了。"

原罪就是永远分裂的德雷福斯事件。对于这个似乎已迷失方向的国家，这位犹太军官正好充当理想的妖魔。自从爱德华·德拉蒙特（1844—1917年）于1886年出版了畅销书《法国的犹太人》（1914年时已出版了200版）以来，反犹主义在民族主义右翼中十分盛行，成为了一个战斗的口号，将天主教徒和共和派无神论者哨聚在这面旗帜之下。德雷福斯特别适合作为阴谋、外国人和国际资本传说的题材。作为犹太人，他被等同于国际资本和法国传统乡村生活方式的终结；他生长在德法之间历史上素有争议的阿尔萨斯地区，因此他被怀疑对法国怀有二心、是叛徒，把他的国家出卖给人口迅速增加的德国人及其在海军服役的无数子弟。在历史本身令法国人不知所措之时，作为一名军官，他也代表着男性美德和急于洗刷失败气息的军队。如果这个国家已经没有男人能够生育足够数量的子女，那么，也许腐朽已经深入到法国的历史性伟大与男子气概的核心，军人阶层——在其发表于1899年的《梦的解析》一书中，在巴黎做过医学研究的弗洛伊德把军官与夸张的男性气概当然地联系在一起。上尉的运气差得出奇，他有着这个国家害怕和意欲仇视的一切。"对我来说，今天的法国人——

最近的一起危机已经使情况再清楚不过——肩并肩地生活在一起,做着同样的工作,分享同样的失望、同样的愉快,但是他们不再同心同德。"反德雷福斯的作家保罗·布尔热的小说《伊塔普》中的人物这样说。

法国民族主义者的口头禅是土地和死人,相当于德国人说的血液和土壤。上面这句话出自毛利斯·巴雷斯(1862—1923年)。由于他是最排外的老人俱乐部法国科学院的院士,所以这句话具有不朽的善意。巴雷斯开始写作的时候是一个典型的世纪末享乐主义者,他的纲领性小说《崇拜我》宣扬一种彻底的、唯我论的自私自利,为他赢得了相当的文学声誉。后来,这位专业自我主义者厌倦了独来独往的生活,投入到国家共同体政治之中。

欧洲政治右翼最危险的一些煽动家认为他们的政治角色根本上是审美的,服务于更高的美和纯洁,巴雷斯也不例外。像那么多转变者一样,他最厌恶的莫过于自己的过去,尤其是他曾经宣扬的颓废。他相信,天主教的法国被清教徒、犹太人和共济会阴谋腐化了,这些人破坏了"有机的团结",而这种"有机的团结"本来应该统领由"我们的死者和我们土地的产物"团结起来的民族成员。"扭曲了我们的土地和我们的死者的每一个行为,都使我们更深地陷入令我们失去生育能力的谎言"。不育的幽灵又浮现了,这次体现为被阿哈斯威尔——流浪的犹太人阉割的乡村天主教徒。爱德华·德拉蒙特在他的畅销书《法国的犹太人》中写道:"一切都出自犹太人,一切又回到犹太人。"

反犹主义是德雷福斯案的显然动机,人口争论也起了重要的作用。社会主义者雷内·戈纳尔等批评者迅速抓住民族衰退的假定原因:城市生活、缺少信仰、普遍的悲观主义、资产阶级颓废的过度文雅,以及"吃人的"大城市里尤其明显的现代生活的其他特点。这对世界上最有教养的国家——法国的打击尤其严重,戈纳尔警告说:"恰好我们的法国文明及其律法和习俗夸大了这一影响,迫使人真正害怕人口下降。"尽管采取了各种反向的措施,尤其是取消堕胎(在维希政权统治期间,这是死罪),甚至不准做避孕套广告——当时出现在其他国家报纸上的"绅士们的橡胶制品"。

即便德雷福斯的捍卫者埃米尔·左拉在受到触动之下也写了一部题为

《繁殖力》的小说，对比了两对夫妻的命运：自我本位、富裕的城市居民把一切都投入到他们唯一的儿子（当然，他死了）身上，而故事核心的主角夫妇则选择了简单的生活，生育了一堆孩子，结果得到了爱和满足。这篇小说左拉构思了好几年。早在1896年，他就在《费加罗报》上撰文说："我的小说……将是一幅巨大的壁画，解释巴黎这样的城市如何杀死病菌，吞噬生物，消耗堕胎才成了这个样子：明天的生活之地。"

城市怪物的形象——瞪着闪着电光的眼睛，石头和钢铁做成的身体，没有寄生虫，更谈不上生命，这种怪物以无法餍足的饥饿吞食其居民，就像直接回归到用自己的孩子烹煮盛宴的疯狂的神萨图尔努斯（罗马神话中的农业之神），这个造成毁灭的创造者一样。作为邪恶之地的大都市——昭然若揭的资本主义吸血鬼正在吸食那些被它吸引的人的血。

这种政治态度对于1900年世界博览会的艺术及其表现有着强烈的影响。巴黎大王宫和巴黎小王宫这两处真正宏伟的展厅（这两个展览遗迹现在在巴黎仍然可以看到）是为了体现法国的光荣而建来举办艺术展览的。展览期间展出的大多数作品都遵循世纪之交法国艺术的正式美学：学术性很强的东西——石膏和大理石、青铜和油画表现英勇的裸体、感伤的壮丽和纯洁的美女。只有一小批展品奏响了不同的音符，如此的不同，以至于总统劳伯特准备进去的时候，一位保守的艺术评论家挡住他，大声说："别进去，总统先生，那里面装着法国的耻辱！"那是"激进派"的展览，由艺术收藏家罗杰·马克斯担任馆长。可耻的秘密是高更、瑟拉、塞尚、毕沙罗、毕加索、马奈和莫奈的作品，是堕落的艺术。

法国艺术的活力主要来自一种库存盘点和回忆感。最著名的是，这种对过去世界的回顾性个人重建体现于巴黎优雅舞台中心的作家马塞尔·普鲁斯特的作品《追忆似水年华》上。远离劳工阶级生活的残忍和小资产阶级焦虑的自私，普鲁斯特和他圈子里的人过着美妙的生活，享受着由一系列优雅的沙龙、舞会和附近的布洛涅森林远足构成的慵懒奢侈，布洛涅森林是一个真正优美的世界（至少在其居民心目中），它的范围只有几平方公里，位于布瓦、协和广场与首都右岸宏伟、浮华的巴黎歌剧院及蒙梭公园之间。

另一个规模巨大的艺术项目与 1900 年巴黎世界博览会的情绪及其怀旧的表现合拍。尤金·阿特热（1857—1927 年），一位有着耐心和抒情眼光的摄影家，将其整个职业生命投入到他热爱的城市及其魔力之中，他相信它们会很快消失，会被一个喧闹的新世界的建筑给掩埋。阿特热用了 30 年的时间扛着他巨大的照相机和脚架在城市漫游，创作了一个由废弃的街道、沉默的建筑和空空如也的房间构成的迷人的静默世界，好像某个无名的公务员尽心尽责地罗列一位垂死的公爵夫人留下的每一把椅子和每一把银匙那样巨细无遗的清单。阿特热的巴黎给人无尽回味，但是几乎总是静寂的，没有人影，或者说没有出现一个人，因为从磨损的台阶、褪色的墙壁和周围的气氛还是可以感觉到过去无数居民的存在。

这种怀旧并不单纯，而是受到这种认识的毒化：一个时代过去了，新的时代还没有露面。改变无处不在，但是变化的速度模糊了很多人寻求的不可改变的价值观和原则。记录纨绔子弟生活的小说家情不自禁地注意到，那些人失去了父母那种强大动力和原则，英勇的建构时期行将落幕。文学衰落的思想不限于巴黎或者法国。1900 年至一战开始期间，整个欧洲出版的小说几乎都在分析一个充满活力（又是男子气概）与信心的世界的消亡。长达 20 年的时间里，欧洲和美国的书店堆积着哀婉或者讽刺毁灭家庭的故事：复杂的戏中有雨果·冯·霍夫曼斯塔尔剧本中迷失的青年，罗伯特·穆齐尔《没有品质的人》（是后来出版的，然而针对的这个时期）中的讽刺分析，而赖内·玛利亚·里尔克噩梦般的《马尔特·劳里茨·布拉格手记》（1910 年）和卡雷尔·马特耶·卡佩克-查德的《涡轮机》（1916 年出版）从奄奄一息的哈布斯堡帝国的捷克王室领地标明中欧是最丰富的厄运之脉。

在德意志帝国，托马斯·曼极其疏离的《布登勃洛克》（1901 年）和《魔山》（1913 年开始创作，1924 年出版）追溯大资产阶级的毁灭，而他的兄弟海因里希则以一种令人愉快的颠倒方式，在《忠实的臣民》（1919 年）中以一个下流的小资产阶级民族主义者的形象，记录德国不可抑止的崛起。比利时弗雷德作家思迪金·斯特路威尔斯将冲突的背景放在乡村，那里的一个年轻人不想过他先祖的那种生活。即便年轻农夫在他父亲的灵床前醒悟到，显然这只是暂时的解脱。在存在主义主题的版本中，西班牙作家米格尔·德·乌纳穆诺的小说《迷雾》里，恼怒的主人公（1914年）向他的作者要求其存在之谜的答案。当他发现作者准备杀死他的时候，他自杀了，以此作为他最后的、徒劳的独立性的表达。在仍然是奥匈帝国领土但是讲意大利语的的里雅斯特，年轻的意大利人斯威沃的《衰老》表现其年轻的主人公患了早衰，同时无望地坠入爱河——一个噩梦般的不育与丧失自信的形象。

从这些一度辉煌的家庭蹒跚走入坟墓、旧贵族的堕落和被思想或者虚弱致瘫的人的故事中不难看到相似的社会情形，而他们正被新一代的、讨厌的想挤入上流社会的人取代。契诃夫的戏剧中尽是这种形象化的描述。在马克西姆·高尔基1902年的戏剧《非利士人》中，年迈的商人瓦西里对他儿子的革命同情心嗤之以鼻，对未来怀着赤裸裸的恐惧："会发生什么事？环顾四周，一切都在瓦解。一切都破碎了。我们就生活在这样的时代，如果真的地发生什么事怎么办？谁照顾我们？你妈和我老了，好像任何情况都可以……毁灭我们……人家想毁灭我们全家。注意他们，他们想毁灭我们全家。我感觉到了，近在眼前。这可怕的……可怕的灾难。"空气中弥漫着死亡的气息。埃米尔·涂尔干，首批现代社会科学家之一，把他觉得体现了社会征兆的自杀作为主要的研究课题之一（1897年出版）。

这是焦虑的一代人，他们失去了先驱们奠定的根基及坚定的步履。王尔德、于斯曼或者年轻的巴雷斯表现的世纪末颓废唯美主义根源于富裕、安全之家的儿子们的厌倦感，这些人借着反抗清教徒道德精神和公共服务精神而自娱自乐：这是一种邪恶、消极厌世的优雅。新一波的写作与此断然有别。这类写作是变化速度和怀疑进步及自由主义理想的产物，是存在主义的，特点是恐惧和衰落，而不是颓废。它看不到出路，也不提供出路。1890年前后的艺术家的神经与蝴蝶震动的翅膀合拍，希望自己也可以在空中翻飞，而他们的后继者的神经则被工厂和火车不间断的吱嘎声戳穿。以后我们会看到，神经官能症并不只是小说中的领先理念（海因里希·曼短篇小说中的一个人物宣称："我是一个神经衰弱病人。那是我的职业，也是我的命运。"），也是医学领域的领先理念。年轻的西格蒙·弗洛伊德来到巴黎，同艾蒂安·夏科一起研究这一现象，围绕这一现象做了大量的科学研究。欧洲各地的疗养院靠着治疗神经紊乱和精神崩溃病人赚取安逸的生活，病人不仅仅是"歇斯底里"的妇女，也有越来越多迷茫无措、受到打击的男人。

电机与处女

如果说对未来的恐惧在法国体现得尤其强烈并表现于围绕着德雷福斯审判的歇斯底里以及1900年巴黎博览会的美学观念，那么，并不是每个人都害怕即将来临的变化。那些怀有足够的好奇心、愿意去思考技术带动的变化的人发现，他们的想象力在机器厅的巨大电机面前逃得无影无踪。梅尔基奥尔·德·佛固如此描写这个奇怪的机器："1889年适度的登场已经变大变强。"

她有她自己的展厅，自己的家具。小小的电机在体积和力量方面都增加了。原来它有一米高，现在是十米；原来它产生的力量是五百马力，现在是五千……如果它可以推动有时候竟然能够运行的地铁（这是对巴黎第一条地铁线的调侃，它还处于稚弱、不稳定的状态），它还没有占有我们的铁路机车或者远洋轮的机车。

柏林老师让·索维奇在琢磨这些机器时，感到背部升起一阵凉意。但是，没有一个人像美国人亨利·亚当斯那样富有预见性。在他的自传中，他把它们视为这个时代的精华："他（亚当斯）发现自己躺在1900年博览会的机器大厅，一种突然生发的全新力量折断了他的历史的脖颈——他固有的历史观顷刻瓦解。"亚当斯相信，至此为止，西方一度受到由性的力量体现的女性创造力、维纳斯可怕吸引力的启示，这种吸引力后来由体现为圣母马利亚的基督教所中和。这位历史学家写道，这一由异教的、性的力量向基督教并最终向现代女性的转变，劫掠了文化的活力，这在他的国家表现得尤其突出。

女人曾经是至高无上的；在法国，无论是仅仅作为一种情绪，还是作为一种力量，她似乎仍然是有效的。为什么她在美国无人知晓？因为美国人显然为她感到羞愧，而她也为自己感到羞惭，否则他们就不会给她浑身上下缀以无花果叶子。当她作为一种真正的力量之时，她不会意识到无花果叶，但是杂志每个月制造出来的美国女性还不具有吸引亚当注意的特征。这种特征既声名狼藉，又往往滑稽可笑，但是，每一个在清教徒中长大的人都知道性乃是一种罪恶。在以前的任何时代，性都是一种力量。既无需艺术也无需美……亚当斯开始思考，自问是否认识任何像所有的古典艺术家那样的美国艺术家，坚持性的力量……美国艺术，如同美国的语言和教育一样，尽可能去性化。

对法国人关于不育症和人口下降讨论的这一批评性评价引起了反响。亚当斯和他的欧洲同行都感觉到一种文化的、创造性的力量的丧失和弱化，即便亚当斯不把问题仅仅局限于他的时代，而是局限于基督教的起始。广告和大规模生产的世界可能带来了月刊制造的去性化美国女性，但是她的先辈是上帝的处女母亲，而不是维纳斯的创造性力量。许多欧洲作家认为问题不在于女性，而是因为性无能。这可谓意味深长。法国不再具有男性气概，它柔弱且糜烂。

亚当斯（我们会看到，还有许多人）认为，要通过技术那广大、野蛮的力量解决西方文化这种感觉上的疲软。他一本正经地总结道："最接近1900年革命的办法是310年前的办法，当时，康斯坦丁宣布基督教为国教。"另一位参观博览会的人是法国先锋诗人纪尧姆·阿波利奈尔（1880—1918年）。他体验到同样的敬畏感，他的反应特点也交织着同样的对旧事物的不耐烦和对新事物的宗教感：

终于你厌倦了这个古老的世界

哦，牧羊人埃菲尔铁塔，桥梁的羊群在咩咩叫唤

你厌倦了古代希腊、罗马的生活

这里，连汽车也显得古老

只有宗教依旧焕然一新，只有宗教

才像机场的飞机库一样，依然简单

唯一可行的信仰就是古代和先锋两者的结合。当下是不可救药的庸俗——对于亚当斯，那是由清教世界剥除了性、被大规模生产的杂志贬低的女人，而阿波利奈尔看到人们"沉湎于招股说明书、目录、海报中，声嘶力竭地叫喊"。

11月，世界博览会在设宴招待了全法国下至最小村庄的2000位市长（侍者们开着汽车沿桌服务，确保这次盛大宴会的服务到位）后闭幕。它被认为很成功，充分展示了法国持续的力量和重要性，体现了世界和谐和现代科技。更重要的是，它几乎全部收回了巨大的投资，而即便接待了超出城市人口20倍的游客，却没有发生任何搅扰盛会的重大事故。

"巴黎"——屹立在1900年世界博览会不朽的入口处、衣着时髦的巴黎的象征，遭到媒体的恶评，被视为一份窘迫。11月，像大多数为博览会设计和制作的精致建筑及饰品一样，她被随随便便地拆卸下来，由清障车拉走。从当代插图角度来看，这件雕塑作品的艺术价值并不比博览会期间其他大多数作品更可疑。也许"巴黎"引起哗然的真正原因正是她的寓言化程度不够充分。当时社会对生育率和不孕不育的全神贯注、反犹主义用陈词滥调暗示的阉割和窒息，以及更普遍的、对于道德腐败和衰落的忧虑，都表示另一种会给社会带来革命性变化的、不可阻碍的发展：妇女角色的改变。像德雷福斯一样，那位迎接所有游客的巨型的、自信的当代女子体现了公众深刻的担忧。她太真实，太令人心烦地强大有力。她的一切与将要发生的事太相似了。

二 1901年：更换卫兵

我生活在一个封闭的世界，尽量忽视新的时代，把旧有的习惯和幻想坚持到底。

——让·德·潘格伯爵夫人《我看1900年》

我们的祖先把国家的政治权力交给有产者……但是他们的后人破坏了那个制度，而把政治权力交给众人，我们必须承担其后果。

——诺森博兰公爵 1908 年

当大限来临的时候，孙子坚持要帮老太太合上眼睛。这个动作表达了最后的尊重和敬慕，也是她的两个儿子、他的舅舅们的嘱托。他伸出健康的右手，完成了这份最后的责任。他幼时就已萎缩的左手则悬垂在身体一侧。他是德国皇帝威廉二世。他的外祖母维多利亚女王于 1901 年 1 月 22 日谢世。

多年以来，帝国的统治者不住在伦敦，而是在奥斯伯恩庄园发号施令。这是远离纷扰的怀特岛上一处欧洲风格的房子。年迈的女王避居在此，生活在其已故夫君留下的记忆中，避免她的臣下不断要求她正式亮相，也避开她儿子令人诧异的庸俗。女王成了遥远的存在，一个祝福对象（"先生们，为女王干杯！"），从格拉斯哥到墨尔本，每个人都把她视为当然的看不见的确定性。她在位64年；她是全世界数以亿计的人民的唯一统治者。

在我们的时代，每一种价值都受到质疑，也都是可以质疑的，因此我们很难理解维多利亚时代人那种对自己的坚定信心：他们的目的感、他们的上帝赋予其权力的感觉。地球的继承者不是谦恭温顺者，而是英国人。英国是世界上最富裕、最强大的国家，（1850年）生产了世界一半的工业品；英国人把福音和板球规则带给最遥远的雨林和沙漠土著，他们成功地把非凡的权力集中在伦敦蓓尔美尔街几个绅士俱乐部的休息室——这是全世界最大首都的精神中心。欧洲其他大国的统治者经常穿着华丽的流苏制服，而英国则基本上是一种平民文化；其他地方的政府所在地是精致的新大厦，女王陛下的首相居所则是唐宁街一座散发着安静的自信、外表普通的有台阶的砖房。

当然，在当时，"合适的人"拥有怎样的服饰和地位，相关规定之严格丝毫也不亚于任何军队，但是，他们无需通过军刀或者头盔表示自己的意图。在这方面，即便粗俗的威尔士王子、后来的爱德华七世也毫不妥协，当他的助理私人秘书弗雷德里克·庞森比疏忽大意地穿着不恰当的衣服出现在皇家科学院的展览会时，他不悦地说："我认为每个人都应该知道，早晨在自己的家里，总是穿短外套配丝帽。"这种对于礼貌的关心传扬到了帝国最边远的地方，以及最不可能的场合。1860年代的求生工具包——装在木桶里，搁在热带岛屿上，供去新西兰途中失事的人使用，除了预计必需的刀、火柴、绳子和鱼钩外，还有三件粗花呢西装——可能是为了让后来的任何一个鲁滨逊·克鲁索穿着合适的衣服迎接其拯救者。

"我相信英国民族是世界上有史以来最伟大的统治民族，"帝国大臣约瑟夫·张伯伦如此评论，"除非你能够充分利用，否则，仅仅占有广阔的地球表面是不够的。地主有责任发展自己的庄园。"他们确实发展了：通过贸易和战争、训练军队和传教士、修建铁路和预制的瓦楞、铁教堂来调遣遥远的殖民地。

那是一段最大规模的持续剥削时期,其失败对于母国的人们堪称英勇。1854 年,在克里米亚战争期间,673 名手持军刀的英国骑兵,对盘踞在堡垒里的俄国炮兵发起了一场令人惊愕而又自知徒劳的进攻。118 人丧命,127 人负伤。这次进攻成了英勇和牺牲的神话,女王的桂冠诗人阿尔弗雷德·丁尼生爵士为轻骑兵的进攻赋诗一首:"他们不为答复/他们不问缘由/他们只为战斗和牺牲:/六百人骑着马/朝着死亡谷猛冲。"1885 年,伦敦的政治动荡导致查尔斯·乔治·戈登将军在苏丹喀土穆得不到补给,苦行僧们的攻击令他的军队茫然失措。戈登平静地穿上他最好的白色制服,独自面对敌人。他们用矛把他戳得千疮百孔。他成了帝国的烈士,塞特福德的主教用独特的宗教语言赞美他:"哦,弟兄们,我们听说过像他那样的人,他们体现了勇气和温情的美丽组合,那是上帝的示现,过去与现在,都是犹大部落的雄狮,上帝的羔羊。"

这个帝国生来是为了永远存在,是为了让上帝看见:伦敦的下水道修建了配得上大教堂的拱顶,没有任何国家可以匹敌英国的财富、女王的海军,或者她的荣耀,1897 年,这一切在女王的钻石婚庆典上,以再合适不过的宏大规模,得到庆祝。那是帝国辉煌的伟大表现,6.4 万名军人在首都街头游行。芭芭拉·塔奇曼用诗意的语言对这些军人进行了枚举:

> ……斗篷式步枪、加拿大骠骑兵、新南威尔士枪骑兵、特立尼达轻骑兵、壮观的戴头巾留胡须的格布尔特拉、班达拉家及印度其他邦的枪骑兵、骑黑鬃马戴流苏土耳其毡帽的塞浦路斯军人。皮肤黝黑的步兵旅——用一条狂热的新闻的话说,"可怕、美丽得让人受不了",穿着如梦如幻、斑驳陆离的制服在街头蜿蜒行进:婆罗洲达雅克警察、牙买加炮兵、尼日尔皇家警察、高大的印度锡克人、黄金海岸土著、香港华人、新加坡马来人、西印度群岛的黑人、英属圭亚那和塞拉利昂,一群又一群的人从眼花缭乱的人们眼前走过,他们被自己力量的证明震撼。

年迈的女王十分开心。一位报社摄影师甚至抓拍到她难得的、面对人群笑容可掬的形象,作为世界上无可争议的超级大国、上帝的选民,全英国人体会到帝国的辉煌一刻。仅仅在4年以前,没有多少人预见及此。塔奇曼引用了女王在钻石婚那天接到的一份最令人羡慕也最奇怪的效忠之作、鲁德亚德·吉卜林名为《退场》的诗。这是充满尊严与力量的诗篇。如果吉卜林是帝国的吟游诗人,那么,他在这个场合就发出了警告,甚至是讣闻:"受到远方的召唤,我们的海军逐渐消失/火焰沉没于沙丘和海岬/瞧啊,我们昨日的所有盛况/恰如尼尼微和提尔!"

在维多利亚时代,这样的声音少之又少,虽然对于吉卜林发表在《时代》的诗歌,公众反应热烈,说明他的艺术敏感性抓住了国民情绪的一个方面。30年前,马修·阿诺德"信仰的海洋"已经预见了带着"忧郁的、悠长的、退却的咆哮"的衰退,无声无息但是无情地消逝到"晚风的喘息/退到巨大的边缘、凄凉/露出满地的小圆石"。

1901年,当老女王香消玉殒以后,帝国准备的告别仪式不适合于一个人,而更适合于一个时代:对于悲伤的荣耀的华丽盛典。仪式如此精致复杂,邀请的皇室名单如此冗长,以至于从女王死亡到葬礼进行,其间差不多筹备了两个星期。

皇家游艇阿尔伯特号把女王的遗体从怀特岛送到朴茨茅斯。皇家海军主力舰和巡洋舰,以及从德国、法国、葡萄牙甚至日本的船只前来护送女王最后一程,只有西班牙遗憾地没能完成这项高贵的任务:他们的船没能及时赶到,摩纳哥亲王的一艘较小的船奉命替补。从朴茨茅斯港到伦敦的转运本身也是对时代变迁的证明:女王的遗骨由火车运送,沿途有数万人参与了吊唁。

2月2日,葬礼随从终于抵达首都,女王的遗体被搁上炮架(根据女王陛下的口谕)。像维多利亚时代的客厅一样,棺材里面塞满了个人纪念品和照片(当然,包括阿尔伯特的照片,以及女王的苏格兰男仆约翰·布朗的一张照片。根据女王的指令,约翰的照片放在她的手腕上)。2万名士兵陪伴女王最后的旅程,另外3万名士兵沿街担任仪仗队。女王的棺材后面跟着为女王合上双眼的德国皇帝、葡萄牙和希腊国王、五位王储、十四位王子、两位大公爵、一位大公、五位公爵和无数地位稍次的达官贵人。小说家亨利·亚当斯在伦敦的俱乐部写信回家说:"我哀悼安全的、母亲般的旧资产阶级女王。在她宽大的、可怕的苏格兰格子围巾下面,她的国家温暖舒服,她的任期如此非凡的方便和有益。我对她死亡的害怕远远超出我的预料;她是一个维持符号——现在我们遭遇野外水域了。"

阿诺德后退的"信仰的海洋"和亨利·亚当斯的"野外水域"只是两个海洋的隐喻,他们以之形容一种盲目的、黑暗的、牵引力似乎要把世界拖向一个不确定的结局,或者像是《圣经》中扑向埃及人的波浪,要毁灭整个世界。代表着英国最伟大世纪的最高符号消失了,观者为之震惊,脚下的地球似乎在摇晃。诗人乔恩斯·托尔沃西这样描写他们不确定的后人:"因为他们已经失去了节奏/海洋的脉动/消失于他们的咸咸的血液。"

朋友口中的伯蒂、满怀蔑视的亨利·亚当斯笔下的"恺撒爱德华"、新王爱德华七世以与其君主身份不相符合的鲁莽,迫不及待地与他母亲的陈腐遗产保持距离。"伯蒂"在温莎城堡横冲直撞。维多利亚的高地仆人、自信满满的约翰·布朗的石膏半身像和雕像被砸得粉碎,文件被焚毁,已故阿尔伯特亲王的纪念品被收到储藏室,数百帧"垃圾老照片"被毁掉。爱德华在过去不被准许抽烟的地方抽烟,身边象征性的屠杀令他兴奋得气喘吁吁,他觉得自己摆脱了一个巨大的、讨厌的负担。随着新扫帚的最后一扫,他把他母亲最珍爱的静养地、她死于其中的奥斯伯恩大院改为候补军官学习的皇家海军大学,以及退休军官之家。

维多利亚女王克制、谨慎,爱德华则粗鲁、直露;母亲把平淡无奇的稳定视为根本,儿子则相信乐趣。目前为止,他一直以乡村别墅的宴会和周末游猎、与漂亮女演员和已婚妇女偷情,以及参加赛马大会和到欧洲度假为职事。除了仆人兼顾问的苏格兰人布朗先生和印度人门希,已故的女王出了名地可靠,她也只与上流社会那些稳定的、可靠的成员交朋友。爱德华可不是这样。他喜欢跟新贵做朋友,这些人聪明得多,负责得多,好玩得多,也有钱得多,或者至少更愿意掏钱博他一乐。佩吉特夫人不屑地说,国王"总是被一群犹太人和一圈赛车手围着",并补充说他与"闪米特人有着同样的奢侈口味,同样喜好愉快和舒适。"旧贵族及其方式被挤出了国王的朋友圈。

实际上，除了他富可敌国的东道主以外，爱德华完全是一笔债。为了不引起他的不快，英国豪门大户的主人为防国王突然光临，都得一直储备姜味饼干、法式蛋糕、浴盐及异国情调的茄子，而且他一来就会产生巨额的花费。他的个人随从超过十几人，其中有一个阿拉伯小伙子专门为他做咖啡。国王陛下的晚餐一般不少于 12 道菜，其中有填充了鹅肝、配马德拉酱的沙堆鸟这样的清淡小菜。壮硕的国王身高只有 1.73 米，体重却达 102 公斤。

如果说晚餐极尽奢华，那么，打猎则更加昂贵。当然，不可能让猎手自己去找猎物。毕竟这是爱德华治下的英国；要提供猎物，而且数量惊人。1821 年，在诺福克的一个庄园只有 39 只鸟被射杀，而到了爱德华的时候，数字已经达到了 5363 只。如此庞大的数量只能依靠饲养，在国王来的时候放到野外。著名的快射手格雷勋爵吹嘘说，在他 56 年的猎手生涯中，他亲手射杀了 25 万只山鸡、15 万只松鸡和 10 万只鹧鸪——平均每天超过 25 只的骄人数字。动物也被养来做打猎之用，一个周末，持枪的贵族和他们富有的资产阶级模仿者就可以击杀不说数千头，起码也是数百头动物。没有多少主人能够长期承担这样的奢华，即便是为了他们的国王。

蒸汽涡轮机和贵族的失利

如果说"恺撒爱德华"是著名的女性玩弄者及令人惊诧的贪婪客人，而他声名狼藉的粗俗预示着早在他母亲统治期间就已经发端的漫长衰落：作为整个大陆每一个君主国家的等级制和社会支柱的欧洲贵族，表面上仍然很辉煌，但已经衰落了。尽管英国国王行为不羁，但是这与皇室礼仪或者统治阶级方面的处置失当无关。相反，这反映了当时潜在的经济情形。自古以来，欧洲贵族的权力建立在土地的基础上，他们因此可以组建军队，修建盛大的宫殿，或者在乡下和宫殿里过着悠闲的生活。土地提供的财富、社会结构由上帝判定的思想是贵族统治的两大要旨。但是，在过去 30 年间，两者都受到了致命的破坏。

直到19世纪70年代，除了法国（革命已经将他们清除了）及两个小的共和国瑞士和荷兰以外，欧洲各地的贵族仍然保持着真正的权力。后者虽然名义上是个王国，但从来没有形成强大的贵族阶层，因为它的面积不足以支持一个大地主阶级。只有英国贵族才同奥匈帝国和沙皇俄国的大贵族一起，保留了最大的以土地为基础的财富，但是，与哈布斯堡家族和俄罗斯同伴不同的是，英国的大家族成功地把权力集中在极少数人的手中。这主要归功于英国的长子继承法，它规定长子继承家族的所有称号和财产，女儿和较小的儿子只能获得不可传承的礼貌称号，而且，重要的是，他们得不到土地。而在奥匈帝国或者德国，因为公爵的所有子女都会成为公爵和女公爵，家族的土地一般也由他们均分，之后再通过战略婚姻重新组合，土地所有权因此一直变来变去。而在英国，贵族一直是一个富裕的小群体。1880年伯克编的《贵族姓名录》记录了大约580个英国贵族，其中75%的人拥有的土地超过1000英亩。与此形成鲜明对比的是，1800年，仅普鲁士有贵族称号的家庭就超过2万个，而1914年的时候，俄国超过了25万个。在匈牙利和波兰，10%到15%的人口属于贵族。

数百年来，英国的贵族捍卫了他们的优越地位，他们及欧洲许多传承性贵族看似突然终结的统治，并不是由于一战的炮火，而是更早的时候，相当和平地发生于大海对岸。那些听得见远处铃声的人可能听得出那是新轮船的涡轮发出的呜呜声，它使得轮船可以以更快的速度用更低廉的价格穿越大西洋——实际上，是穿越全球。他们可能听见美国中西部农业技术稳步推进的声音，或者听见码头工人把美国或者俄国小麦投上又快又新的船时发出的此起彼伏的哼哧声。

随着冷藏船（第一艘冷藏船SS埃尔德斯理号于1884年建成）的发明，新西兰、澳大利亚及阿根廷的肉制品和乳制品打开了英国市场，使之面向国际竞争。只有1/3的劳动力从事农业生产的英国是欧洲国家中唯一选择不以进口关税保护其农民和地主的国家。结果，新的廉价产品猛烈冲击了它的土地经济。到1905年，英国60%的基本食物和80%的小麦都是进口的。全球市场已经成为事实：不仅仅一个多世纪以来，作为世界卓越的生产者和销售者，英国人早就明白的好处，现在也体会到它的不利之处。对英国的土地阶级而言，这种发展是毁灭性的。长久以来确定的、受到地理屏障保护的、不受其他生产者挑战的国内市场仅在 10 年多一点的时间内就不见了，利润也随之消失。作为贵族权力基础的土地制度也被彻底破坏了。到 1900 年的时候，有 1.4 万个庄园被抵押，只有 2800 位主人设法继续偿付贷款。仅 1903 年到 1909 年，英国贵族就出卖了 900 万英亩土地。

当然，也有一些人足够随机应变，并幸存下来。他们出售一半庄园，减少债务，投资股票，从而促进了他们的没落。大部分英国投资流到了国外，尤其是美国、南美和俄国有利可图的新企业，从而在无意中帮助了竞争，建立了高效率的现代农业和工业基础，而英国的工厂则还在使用维多利亚中期的机器设备——它们曾经促成了国家的伟大，但是现在已经过时了，跟不上国际市场上技术发展的步伐。

如果说土地收入的下滑对于拥有土地的家庭是危险性的，那么，死亡则意味着破产。1894 年自由党政府施行的死亡税最初占继承财富的 8%，到 1909 年，已经上涨到 15%。（1919 年，上升到 40%。）对于已经负债累累、收入下降且不稳定的家庭，家里人的死亡简直就是压垮骆驼的最后一根稻草。1895 年奥斯卡·王尔德戏剧《不可儿戏》中的布拉克内尔夫人以其独特的沉着总结道："除开个人生前应交的税和死后要交的税，土地已经既不赚钱也不提供享乐。它给人以地位，但是使他难以为继。"

变卖资产帮助一些人在经济上生存下来，但是对贵族身份和自信心却也是一种打击。1911 年，艾尔斯伯里勋爵沮丧地说："一个人不喜欢以家庭财产丢失者的身份死去。"一些不愿意走这条路的贵族同新兴、富裕的美国人结婚，以放弃旧名衔、采用新名字的方式摆脱困境。后来的英国首相罗斯伯里勋爵成了汉娜-罗斯柴尔德先生；马尔伯勒公爵改名为孔苏埃罗·范德比尔德；兰多夫·丘吉尔勋爵同珍妮·杰罗姆的婚姻名噪一时。珍妮是纽约一位金融家的女儿，她不仅以时髦的独立性名噪一时，也因为在手腕上文了一条优美的蛇而震惊了伦敦社会。财富的诱惑也攻陷了欧洲大陆。1895 年，时髦的法国波尼·德·卡斯特雷恩伯爵迎娶了美国人安娜·古尔德，夫人不仅带来了美色，也带来了 300 万英镑的嫁妆。伯爵用这笔钱过着极尽奢华的生活——包括在巴黎市中心修了一座粉红色的大理石宫殿。结果仅仅3年之后，为了抢救剩下的财富，夫人就决定同他离婚。（伯爵最后死于赤贫，留下了一本文采斐然的著作《贫困生活的艺术》。）有一位范德比尔德家的女儿接纳了匈牙利的塞切尼伯爵。

小说家们很快看出这类婚配的戏剧性与滑稽。托马斯·曼的《殿下》描写一位德国王子和美国女继承人的结合。这也可看作是他对自己与一位富裕的犹太女士婚姻的深情、放肆的描写。这段婚姻把作者塑造成了文学的王子。英国—以色列小说家以色列·赞格威尔在他1893年的短篇小说《只是娶了安妮》中采用了同样的主题。

溶解的速度

在欧洲大陆，各国的贵族阶级以不同的速度解体。德·卡斯特雷恩伯爵或者巴黎社会非常时髦的一小群公爵和公主在1789年以来并没有成为一股政治力量，对共和和世俗价值观以及资本主义社会的抵抗主要来自教会。大多数自由主义、世俗派的法国人支持德雷福斯，但几乎所有的天主教派别（教士、政党和报纸）共同发起了持续的、丑陋的声讨他的风潮，其民族主义、反犹主义和反共和的情绪直接针对"犹太共济会"和共和国。

1901年，激进的总统埃米尔·孔布发起了进攻。他引用一项针对政治集会的晦涩法律，命令解散1000个天主教派（全部都迅速恢复，由共和党教师负责）以及众多的寺院和修道院，其中最著名的是位于法国东部格勒诺布尔附近、建于1084年的格兰德-查特修道院，农民对1902年驱逐令的反应是在路上搭建燃烧的路障。修士们唱着歌离开修道院，教区居民站在队列的两侧哭送他们。

德雷福斯案催化了教会和共和之间有着上百年历史的斗争，1905年12月通过的政教分离法律迅速结束了这场斗争。这下，教会机构不仅顿时失去了基础，而且还得出钱向国家反租其屋宇。无论自发的暴动还是1906年的教皇通谕都已经无法令事态回到从前：法国教会的力量被打破了，其牧师被赶出了共和国的学校，修道院被关闭，机构几乎全部破产。激进的共和派资产阶级击败了它的宿敌，1906年7月13日（法国革命纪念日前夕），憔悴但是仍然富于尊严的德雷福斯上尉被免除了全部罪责并恢复职务，这标志着资产阶级的最终胜利。

尽管社会主义者、无政府主义者和许多资产阶级怀有梦想，但是在俄国，他们几乎没有可能突破贵族和教会的掌控。沙皇尼古拉二世相信他的权力只需依靠这两大支柱，并不遗余力地遏制民主趋势。沙皇中世纪的、神秘的社会观令他眼花缭乱，使他看不到国家的问题，而事实上，他的贵族很大程度上处于破产状态。1861年农奴解放令许多地主不知所措：由于不能或者不愿意实施有效的农耕方法，他们迅速积累起沉重的债务，被迫把土地出售给新的有钱人。1917年成为第一位民主选举首相的G.E.利沃夫亲王说："取消农奴制以后，我们这些地主很快沦落，没钱过圈内人习惯的生活。"

契诃夫《樱桃园》（1903年）里的一个小地主把自己的府邸和土地卖给了一位粗俗的商人。书中对砍伐一个小地主家树木的斧头声的那部分描写，反映了俄国历史的这一页。由于从前农奴的无知和固执，再加上深入骨髓的保守，他们宁愿破坏新方法捣毁机器也不接受哪怕丝毫的改变——正如托尔斯泰1877年的小说《安娜·卡列尼娜》中狂热的现代主义者列文在付出代价后意识到的一样，少数头脑灵活、尝试新的耕作方式、新机器和新作物的贵族几乎总是归于失败。

利沃夫亲王本人是他的贵族朋友中少有获得成功的人。他继承了15万卢布的债务，他和家人决定自己耕种土地，种植三叶草这类非传统但适合当地土壤的庄稼，阅读新的农业著作并采用书中推荐的方法，而且，有段时间像农民一样吃黑面包喝白菜汤。最初，农民很同情他们，觉得他们完全疯了，但是，他们全家想方设法把地产运转起来，经过25年的艰苦劳动，还清了全部债务，而且农场的利润还相当可观。利沃夫甚至还种了一个果园，为莫斯科市场供应苹果泥——好像是对《樱桃园》阴郁信息的驳斥。然而，大多数贵族不能想象没有其习惯的奢侈享受，正如他们无法想象喝白菜汤。一旦丧失了农奴的免费劳动力，俄国的地主作为一个阶级的命运就终结了。

俄国和英国的贵族有理由妒忌哈布斯堡帝国的那些大家族，如文迪施格雷茨、华德斯坦、哈拉斯、罗布柯魏兹、列支敦士登、伊斯特汉日和帕尔菲，其中有些家族拥有的土地面积相当于英格兰所有县的总面积。哈布斯堡帝国基本上是乡村，自给自足，所以受市场波动的影响不大。匈牙利甚至出口小麦，在1900年的全球市场上，它是出口牛肉的阿根廷最大的小麦供应商。匈牙利广阔的平原，以及保守的乡村社会结构，使得它还可以以低廉的价格生产粮食，这是少有的与大多数欧洲国家相反的例子，来自新世界的进口食品潮水般地涌入这些国家。小地主受到土地收入总体下降的打击更沉重，但是，他们的皇帝弗朗茨·约瑟夫通过一个巧妙而独特的办法补偿他们：他把他们全都纳入他的工资单，不仅仅是在军队，也在政府，尤其是在外交领域。国家补贴贵族看似愚不可及，但是实际上，考虑到当时当地的情形，它使得皇帝维持了贵族这一社会力量。

帝国眼看要瓦解，成为民族主义的分裂国家，四处兴起的民族运动都在寻找领导，弗朗茨·约瑟夫成功地把贵族凝聚在皇帝的周围，不仅仅是收买他们的默许，而且也让他们积极参与他的政策。贵族拥有的可不是装饰性的位置：部长、部门首脑、将军和海军上将都是现职，哈布斯堡帝国行政和军事生活迷宫般的要求让他们都很忙碌。仅仅是吸收了大量贵族官僚的作战部就督导着三支独立的军队：奥地利军、匈牙利军和奥匈联军。似乎这需要的管理强度还不够大，每一支军队还都有一个语言的巴别塔，鼓励军官们学习各种语言，而且部里几种语言都在使用。军人可能使用一种语言发布命令（毕竟，命令在语言学上并不复杂），但是还需要另一种语言进行技术交流，第三种语言则用来跟士兵交谈。有些军团的新兵会说三种不同的本国语言。有人的家乡既有匈牙利人，也有日耳曼人和斯洛伐克人，移民去美国的比例很高，所以甚至也讲英语。军官们是在学校学的英语，普通士兵则从与美国有关的朋友和家人那里捡到了一些英语词汇，足够工作之用。

世纪之交，这个貌似不可能的制度非常管用。帝国内部有广泛的共识，即最好维持现状（这已经够复杂的了），即便这意味着摒弃其他大国都在玩的全球扩张游戏。各个领域的口号都是稳定。尖酸刻薄的罗伯特·穆齐尔在他的《没有品质的人》中写道："在这里，你处在欧洲的中心，位于旧世界的焦点。"

　　这里展现了一些奢侈，但是，当然，不像法国人那样过于复杂。人们也参与体育运动，但是不像盎格鲁-撒克逊人那样疯狂。为军队花的钱很多，但是正好足以保证它是大国中的第二强。速度也比世界上其他大城市略小，但是也比普通的大城市大很多。这个国家的管理以一种开明的，几乎觉察不到的方式执行，对所有尖锐的地方，欧洲最好的官僚政治都做了小心翼翼的修剪，它只有一点不足：它无助于天才和企业……除非出生高贵，或者由国家任命，或者推定。

在哈布斯堡帝国，贵族的控制惯性和痉挛性即兴表演艺术掌控了局面，只有极少数有先见之明的人从中看到了不可避免的结局的开始。

英国有它的大宪章、玫瑰战争和查尔斯一世的处决；俄国贵族遭到伊凡雷帝的荼毒，并于1825年奋起反抗沙皇亚历山大一世；哈布斯堡帝国的大贵族一直与他们的政权保持着斗争关系，匈牙利尤其持续地对皇权评头论足；意大利人经历了复兴运动，西班牙人经历了血腥内战，波兰人遭遇了百年之久的入侵、革命和权争噩梦。法国目睹了投石党运动。在欧洲，只有一个地处大陆中心地位的国家——德国，其贵族权力和君主统治得到接受，未经受挑战或者中断。1944年之前这里没有发生过打倒贵族的革命，也没有发生过打破秩序的弑君或者德国投石党运动。1944年，冯·施陶芬贝格伯爵克劳斯·申克领着一群人谋划推翻政府首脑阿道夫·希特勒，结果功败垂成。

1871年宣布成立的新德意志帝国的统治者是从乡下登上全球舞台的，他们相信传统的军事精神。不同于其英国同伴，除了一个人（怪癖的冈特·维克多王子。他是只有10万人口的小国图林根州施瓦茨堡·鲁多尔施塔特首领）以外，他们都会在所有的公开场合和官方照片中穿制服。1866

年普奥战争后胜利大游行前夕，德意志帝国的新总理奥托·冯·俾斯麦被任命为七个骑兵志愿军的荣誉首脑，授少将军衔，这么做摆明了就是好让他能穿军装。即便他是第一位平民政治家，但是他经常穿着制服出现在议会，而且总是皇帝在的场合。

国家政府通过保护贵族免遭工业化和全球竞争的寒风，对他们持续尊重和支持等级结构予以丰硕的回报。免税和关税壁垒保证农业仍然是对地主们切实可行（即便越来越困难）的支持手段，尤其是易北河流域东普鲁士的大地主们。东普鲁士容克地主的军事精神构成了对普鲁士君主的支柱，虽然他们大多数都抵押借贷，生活一如他们的仆人，但少有人被迫出售庄园。他们的收益下降了，但是这些坚韧的容克地主拒绝放弃，而依赖坚定的自给自足精神。这个时候，这些节俭、骄傲、内心独立的清教徒贵族几乎把节约同古老的尽责信仰一样视为神圣原则。

1944年参与谋杀希特勒的勃兰登堡贵族亨宁·冯·特雷斯科就是在普鲁士的一个庄园里长大的。他的庄园也差不多只能维持生计。作为庄园管理者，他母亲把开支控制在最低水平。"他们能够享受的快乐都很朴素，"他的一位朋友回忆说，"冯·特雷斯科夫人要给村里人买圣诞礼物的时候，乘坐三等车厢去柏林。到了柏林市，她也避免不必要的开支；大多数时候她下榻最便宜的招待所。那些年，即便是更奢华更富裕的冯·登霍夫伯爵也被人看见搭乘三等车厢。同时，普鲁士许多奋争的低层贵族则被军队吸纳了，他们常常用他们的军官工资维持容克乡村庄园。

德意志帝国地主的特殊经济地位在保护东普鲁士强大的容克阶级中发挥了作用，在这些有利的经济条件下，德国贵族内部没有发生欧洲其他国家那样的危机，虽然在1900年的时候，德意志帝国国会最大的社会民主党发出了越来越强大的反对贵族特权的声音。他们面临一场艰苦的斗争，特别因为选举制度本身赋予地主阶级多得不成比例的议会席位，也因为军队和政府里充斥着贵族成员：2/3的政府官员出身贵族，75%的军官和84%的将军也是贵族。1918年之前，德意志帝国的所有总理（奥托·冯·俾斯麦亲王、里奥·冯·卡普里维伯爵、克洛德维希·祖·霍恩洛厄-希灵斯菲斯特亲王和伯恩哈特·冯·布洛亲王）都出身贵族。

萨克森-阿尔滕堡的恩斯特二世公爵殿下是最安全的帝国贵族的经典范例。在一张照片、田园明信片上他在德国东部图林根的小公国就是这样：自己坐在一把精心雕刻、王座般的扶手椅上，周围是他迷恋的家人：他的妻子阿德尔海（娘家姓绍姆堡-利珀）女公爵和他们的孩子乔治·莫里兹、弗里德里希·恩尼斯特、夏洛特和伊丽莎白。

这些小国家的生活通常很简单，具有浓厚的家长制作风。"我父亲很早就拥有一辆汽车，"正式继承人乔治·莫里兹后来回忆说，"他告诉他的交通部长必须得改善路况，因为在崎岖不平的乡村路上开车太颠簸了。部长客气地告诉他没钱做这样奢侈的事，于是我父亲热忱地邀请部长坐他的车。部长没有好理由拒绝，于是我父亲以最快的速度着手修路，"他停顿了一下，然后非常满意地补充说，"道路以惊人的速度修复了。"

萨克森-阿尔滕堡是一个小公国，只有20万臣民。首都阿尔滕堡有3.9万居民，在德国城市名单上位居100位。小公国的领土主要是农地，也有一些煤矿，铁路网覆盖面积为185平方公里。公国最大的工业主是扑克牌生产商，现今仍然以阿尔滕堡的名义生产，在德国仍然很有名。恩尼斯特二世是德国最后一位君主（1918年11月14日，他比德皇晚五天退位），他的另一个特殊之处是，他是唯一一位生活并死在共产党统治的德意志民主共和国的前德国封建统治者。

在德意志帝国严格的等级制世界，年轻的王子们小小年龄就懂得了地位的微妙；他们明白其家庭地位的意义，以及与其他几乎与他一起吃母乳（或者奶妈的乳汁）的统治家族的关系。他们的家族关系说明了德国贵族根深蒂固的力量。

萨克森-阿尔滕堡与萨克森-科堡-哥特哈斯（乔治·莫里兹本人是令人泄气的英国王位第642位继承人）及其他许多欧洲大家族，包括比利时王室、保加利亚王室和葡萄牙王室密切关联。公爵的姊妹亚历山德拉嫁给了沙皇尼古拉一世的儿子康斯坦丁·尼古拉耶维奇·罗曼诺夫大公爵。因此，沙皇亚历山大二世是公爵的姻表兄弟，也是沙皇尼古拉二世一度被废的表兄弟。另一位姊妹玛丽成为皇帝威廉一世的兄弟、威廉二世的叔祖、普鲁士阿尔布雷克特亲王的夫人。他们所有人的血统都可以溯源到中世纪早期，以萨克森-阿尔滕堡为例，他们的祖先包括中世纪的皇帝查理曼和弗雷德里克二世，以及他们之后的一群色彩斑斓的13世纪边疆侯爵：骄傲的阿尔布雷克特、受压者迪特里希和压迫者迪特里希（不是父子关系）、堕落的阿尔布雷克特、被咬的弗里德里希、独眼威廉一世、蓄胡须的乔治。1900年，这些有趣的王公们的遥远的后代子孙仍然占着上风，但也只是勉强而已。

如果说外省的生活有着强烈的家长制气息，那么，贵族影响和贵族权力的程度在国内不同的地方差异很大，尤其是在更加城市化的地区。像哈布斯堡、不莱梅、吕贝克或者但泽这些强大的北部港口（全都属于古代重商的汉萨同盟）都是小共和国，数百年都由公民参议院统治。勃兰登堡和东普鲁士广袤的乡村主流容克地主精神在天主教莱茵地区的工业城市（科隆、埃森、波鸿等）则属异类。这些城市虽然正式属于普鲁士，但是其传统和行事方式则断然有别。

历史学家经常把德国中产阶级说成是拍马者，其实远非如此。他们很有自信，而且看不起出身贵族的人，认为那些人是一群退化的、墨守成规的骗子。德国中产阶级以教育背景和公民优点，而不是以贵族出身衡量地位和价值。杰出、富裕的德国人经常拒绝接受爵位封号。钢铁大王阿尔弗雷德·克虏伯拒绝了封号（虽然他的儿子妥协了，从此以冯·波伦与哈尔巴赫亲王闻名），大病理学家和公共卫生活动家鲁道夫·魏尔啸也拒绝了。布雷斯劳工业家奥斯卡·胡尔德辛斯基曾经应邀乘坐帝国游船，后来他拒绝接受封赐给他的封号克罗伦诺尔顿，据说他说："如果没有人因为我对德国工业的贡献而考虑给我荣誉，那么，我不会接受因为我同皇帝坐了趟船而给我的勋章。"中产阶级并不像莫姆森的悲观看法一样，"生来就是被统治的"。

很多中产阶级都是帝国主义者，对其文化和祖国的伟大深信不疑，但是他们努力想得到的并不是皇帝给予的承认。德国商人更感兴趣的头衔是平民的、非贵族的、代表可靠与体面行为的头衔"商业委员"，而不是爵士身份；律师和法官希望达到司法委员会级别，等等。这些平民头衔以及博士、教授之类的学术称谓在德国受到非常严肃的对待，连妻子的称呼也被冠以丈夫的头衔：商业委员夫人、教授夫人，等等。而且，德国人以勤奋出名，这些头衔还可以增加，这样，在任何场合，所有头衔都会被全盘使用。因此，一个平常的医学生都可以梦想努力学习，到大学任教，在那里获得荣誉学位，最终被选入德意志国会，然后退休，那个时候，他的名字（经常是书面称谓）可以很长，根据他参加委员会、考试和官职的兴趣多大而定。市民们以其典型的德国人的方式，通过创设一套新的等级把自己从旧等级的束缚中解脱出来。

英国新兴的、有钱有势的财阀对于贵族头衔毫无疑惧，并且从内部改变贵族形式，所到之处都带去一定程度的中产阶级价值和现代性。他们购买乡村庄园，安装现代水暖和电光源——对他们来说，这并不是什么上流社会的丑恶思想。结果，他们成了一种新型的乡绅：在城市或者在工厂工作，只有在周末才乘火车，或者开着新奇的汽车，去乡下的房子。周末农夫诞生了。

当时得到贵族封号的大亨，如生产啤酒发财的吉尼斯勋爵、开文具连锁店的 W.H. 史密斯和肥皂生产商勒沃勋爵，这些人大片大片地购买土地。例如，勒沃是个杂货店主的儿子，本名威廉·勒弗，生于兰开夏郡的博尔顿，1886 年他在这里开办了一个肥皂厂。得益于敏锐的商业头脑和新颖的生产过程，勒弗的棕榈油皂创造了巨大的财富，后来，这位企业家进入了政坛。他是一位狂热的收藏家，并把他的慈善意图体现于普罗特阳光——这是他为他的工人修建的住所。1917 年，他成为莱弗尔梅男爵；5 年以后，变成莱弗尔梅子爵。1916 年，他从斯坦福侯爵手上买下伦敦一处壮丽的宫殿，将其更名为兰开斯特宫。他还获得了外赫布里底群岛的几个岛屿，其中一个岛上有刘易斯城堡。

然而，新庄园不过是这些新人的玩具，最终不过是其商业生活的花絮。在维多利亚时代，仅仅是为了作为首相人选，本杰明·迪斯雷利被迫买下一座庄园，因为只有贵族，或者至少是乡绅，才可望担任这样的职位。1911 年，时代已经发生了天翻地覆的改变，连保守党都把既没有头衔也没有庄园，而且也不打算寻求这两样东西的格拉斯哥金融家安德鲁·伯纳尔选为主席。对于旧贵族，其庄园失去本身存在的理由，祖先的居所就是其权力之所在。它们已经降格成了富人的饰物。权力已经转移到了城市。

新的头衔，新的财富

如果说贵族装备是新贵们的玩物，那么，旧贵族成员则以嫉妒的眼光看着创造了金钱和当时财富的活力。英王爱德华和德皇威廉二世都喜欢和这群强大的、新兴的朋友交往，爱德华很可能主要是出于享乐之故，而威廉则是因为他们体现了新帝国风起云涌的经济力量。

作为威尔士王子，爱德华和他的社交圈引起的已经不仅仅是保守的国人的侧目。伦敦社交界的领袖佩吉特夫人（多少有些讽刺的是，她自己出生于纽约，本名米妮·史蒂文斯）说国王"总是被一群犹太人和一圈赛车手围着"，但是，王子不过是看出了时代的征兆，而选择和冠军队、和那些争取新秩序的人做盟友：艾弗勋爵是啤酒酿造商，赫希男爵和恩尼斯特·卡塞尔爵士是犹太银行家，托马斯·立顿是茶包生产商——都是极其富有的、第一代贵族。当德皇听说立顿和他的君主一起在考斯帆船赛上同船航行时，以难得一见的机智说英王和"他的杂货店主乘船去了"。

都是一样的。尽管德皇自己也在迫切地渴望承认和辉煌，但他的品位也决然是属于新富的。普鲁士陆军元帅格拉夫·赫尔穆特·毛奇责令他的国人"表现得更像个样子"——格拉夫·阿尔弗雷德·冯·施里芬、同名灾难性计划的发起者，在他的声明中附和了这个说法："大成就，小展现：实际内容超过外在形象。"——威廉似乎颠倒了这个规律。他疯狂地花钱，过着奢靡的生活，正如他的旅程呈现的那样。他的宫廷就是持续的巡回演出，他只有半年的时间在柏林和波茨坦的无忧宫落脚。春天他在地中海巡游，在那里，他亲手进行业余考古（他在科浮岛有一座宫殿），或者住在阿尔萨斯和东普鲁士的庄园。夏天，他又要出海，不过是去北海和波罗的海，秋天是如此诱人的狩猎季节，不可以留给他人：德皇最骄傲的莫过于与一长排被宰杀的动物合影。

柏林的宫廷不赞成他的做法。陛下大肆挥霍的生活方式触犯了普鲁士历史上如此重要的节俭观念。普鲁士最伟大的儿子、传奇国王弗雷德里克大帝总是穿着简单的军装，甚至晚饭一般也不过是一碗粥。他的谈不上英勇的后人有其他想法。宫女斯皮则姆伯格男爵夫人在日记中不无愤怒地记录了威廉去地中海的一次旅居，其间他在希腊的尘土间做考古挖掘："H.M.（陛下）给考古协会发了一整页、非常昂贵的电报，描述他发现的（一座古代雕像的）每一个膝盖——俾斯麦说得对：'没有比例感。'"

如果说老保守者不喜欢威廉的消费习惯，那么新富的实业家则没那么大惊小怪，也更不可能教训陛下什么节俭和比例。像他的舅舅伯蒂（英国的爱德华七世）一样，德皇喜欢跟那些更快活的、不那么守旧的人交朋友，这当中有当时最大的汉堡—美国客运航线的老板阿尔伯特·巴林这样白手起家的大亨。巴林是从一位破产犹太布商的儿子一路奋斗上来的。也许有代表性，尤其是考虑到他常有的精神分裂状态，持有当时反犹偏见的威廉特别喜欢跟成功的犹太人过从，除了巴林，还有银行家卡尔·福斯滕伯格和保罗·冯·施瓦巴赫、煤炭大亨爱德华·安利、强大的 AEG 的主席沃尔特·拉特瑙。妒火中烧的宫廷成员给这些帝国的随从起了绰号，叫"皇帝的犹太人"。威廉喜欢的其他人包括律师兼职业外交家、前普鲁士军官之子菲利普·于伦伯格。虽然于伦伯格不富有，但是威廉非常喜欢他，封他为于伦伯格亲王；我们会在后面看到，后来亲王的同性恋身份暴露，令德皇非常尴尬。

维多利亚女王的眼睛是由她的孙子威廉皇帝合上的，他是诞生于民族主义和工业推动力的新帝国的愚蠢代表。他和维多利亚的后继者英王爱德华都特别关心与其地位相应的仪式，但是又更喜欢现代生活的方便和乐趣。他们两人都意识不到自己所体现的矛盾，两个人也都不具有与其时代相适应的眼光。

爱德华·埃尔加的《威风凛凛进行曲》是 1902 年为爱德华七世加冕而创作的，即便在当时，这首曲子听起来也像是一个更早时代的回音，为了使那个日子显得威严而进行了拉伸和放大。事实上，在他长寿母亲的阴影中沮丧地等待了几十年之后，爱德华差点儿没坐上王位。仅仅在加冕之前几天，阑尾炎差点儿要了新王的命，加冕典礼因此只得推迟。现代医学拯救了那个日子，当矮胖的君主摇摇摆摆地走过威斯敏斯特教堂的甬道，他曾经和当时的情妇（包括萨拉·伯恩哈特和"让人愉快的"爱丽丝·凯珀尔）以贵宾身份出席。国家如释重负，齐声合唱《希望与荣耀之地》——这是爱德华帝国新的（即便不是正式的）赞歌。为埃德加美轮美奂、丝绒般的曲调撰写歌词的是亚瑟·本森，他是一个痛苦羞涩的前伊顿公学舍监、剑桥大学玛格达莱妮学院的研究员，去世以后，他丰富的日记被发现，其中有180篇手写日记记录他努力应付痛苦的同性恋问题，他因此名声大噪。埃尔加嫌通俗的新歌歌词自以为是。本森本人并不是不动脑子的帝国主义者，但是他的词至少部分反映了英国强烈的民族主义愿望，也是对贪吃的国王的身材的评价："让你的疆域/宽广些再宽广些/上帝，让你强大/让你再强大些吧。"出席加冕仪式的德皇赞成扩张主义的情绪，虽然他不赞成扩张主义的英国本身。随着政治权力转移到民主化、专业化和量化的大众手中，身处权力顶端的人身着金穗子流苏制服，准备为旧秩序打好最后一仗。

三　1902年：俄狄浦斯王

人与人之间的理解根本没有可能，讨论也不可能，昨天和今天之间没有联系：词语是谎言，感情是谎言，我们的意识本身也是谎言。

——雨果·冯·霍夫曼斯塔尔《现代爱情生理学》

在奥匈帝国首都维也纳，1902年3月18日是早春一个肮脏、压抑的日子，铅灰色的天空给人不确定的感觉，继之以狂风骤雨——城里有很多咖啡馆，这样的天气最适于在那种地方猫着，尽情享受它们最有吸引力的特点，即它们提供给客人的几十份报纸。客人只需要买一杯咖啡（现在也是如此），就可以坐下来阅读，想坐多久想读多久都行。

在这样一个沉闷的日子，新闻也平淡无奇。保守的《祖国报》报道了国际国内的政治事件：维也纳议会辩论要不要将军人服役时间从三年降为两年；帝国最显赫的一个贵族施瓦岑贝格亲王庆祝七十大寿；匈牙利议会代表就农业预算展开辩论。布达佩斯的一份德文报纸《佩斯劳埃德氏报》

登载了一篇谈猪肉和培根价格的长文章。关于帝国第一家庭的新闻有：大公莱纳参观一场展览；女大公玛丽·克里斯汀分娩正常。

国外的情况要稍微扣人心弦些。国外新闻版的主要内容是布尔战争（德国和法国报纸也一样。所有自尊自重的咖啡馆都有这些报纸。）英国军队在特威波希被打败，梅休因爵士负伤、被俘，然后布尔人将他送回家，还颇为周到地给梅休因夫人发了一封电报，告知她把她丈夫送回来了。《祖国报》报道，英王爱德华今年不出国，而在英国海域巡航；普鲁士海因里希王子搭乘"德意志号"达到普利茅斯；圣彼得堡警察以非暴力的方式阻止了一场游行，但是拘捕了大约100人；一艘游轮在苏伊士运河上起火，产生了浮油；君士坦丁堡（现在的伊斯坦布尔）覆盖了一层厚厚的、不合时令的积雪。

官方的新闻总给人似曾相识的感觉，而当你翻阅地方新闻和广告版的时候，眼前的世界以更丰富的方式展开。最具权威的报纸《维也纳日报》在其地方新闻版报道学童威廉·索普卡离家出走，不见踪影；保姆卡特琳娜·赖贝特琪令其私生子窒息身亡而被捕；工人"约瑟芬·圣"从三楼窗户跳下，自杀丧命；一位屠夫的助手偷了她雇主1000克朗。

"同志们、工人们、女工们！"社会主义的《人民消息报》在头版发出呼吁，提醒读者注意周日下午在吉塞拉市场有个"人民集会"。据另一条新闻报道，的里雅斯特工人举行了造反活动，军方枪击了"几十位"同志，目前仍然处于战争状态；即便奥匈德国的"糖业男爵"企图阻止，但是白糖还是降价了；维也纳的一位教堂司事被人发现在他的车上性侵几位祭坛男孩。在一个工作场所没有安全保障的时代，终于有一天地方新闻版上没有工人受伤、遭解雇、致残的消息。在背版上，安东·波拉克公司提供便宜的男装；"一位体面的"女士希望承接洗衣工作；维克多马戏团发布表演节目，内容是喜剧和摔跤；一家药店叫卖"最好的家酿朗姆酒，保证酒精度达96度"（廉价、强劲，足以令任何在工厂工作16个小时的人昏死过去）；还有"橡胶产品"（安全套）广告，出于道德原因，这类广告藏在管道和洗衣工广告之间。

《炸弹报》，一份读者对象主要为城市男青年的幽默周刊，登载的广告很不一样:"免费、有趣的邮件"许诺汉堡有一家"艺术工作室";另一则广告则是发布"裸体摄影研究"的消息。绅士们的新玩意儿和橡胶产品的广告由柏林的 A. 克鲁杰和莱比锡的卡尔·弗兰克发布。更受人尊重的《维也纳日报》提供的内容要安全得多:各大剧院的节目表、博物馆开馆时间及"女士和先生演唱课"。

在第一页的底部有一条官方的通告,一位历史人物以客串角色的方式出现在其中:

> 帝国和皇家陛下使徒于今年 3 月 5 日做出最高决定,最慷慨地屈尊任命私人讲师亚瑟·夏腾佛罗为维也纳大学特别教授,同时也以他最大的慷慨,授予私人讲师西格蒙·弗洛伊德博士、朱利叶斯·马纳伯格博士和埃米尔·弗荣兹博士为同一所大学的特别教授。

弗洛伊德被擢升为"大学特别教授"(不同于全职的、终身的职位),这是他早就应该得到的承认,因为他治疗心理问题的方法——他称之为心理分析——已经在国际上得到称许。这份承认来得太迟了。长期以来,医学界拒绝承认这位犹太医生和他的方法,即便这个时候,弗洛伊德也不得不依赖他与一位富有的病人之间的关系来推动他的事业。现在他终于实现了目标。在 44 岁的时候,他终于得到了一定程度的公共承认。

二元君主国,弗洛伊德度过大半生的地方,已经从地图上消失了,但是直到今天,还有幸存于世、出生在雄视欧洲 20% 领土的双头鹰下的人。二元君主国的领土范围从罗马尼亚边境的切尔诺夫策(今乌克兰境内)到瑞士日内瓦湖岸的布雷根茨,从北赖兴贝格(今天捷克共和国的利贝雷茨)到克拉科夫(今天波兰的克拉科夫)一直到的里雅斯特(现在意大利境内),然后沿亚得里亚海岸几百英里到戒备森严的小城布度阿,即今天的黑山共和国布德瓦。哈布斯堡帝国的臣民人口仅次于德国,超过英国与爱尔兰的总和及法国的人口(分别为 4500 万),其 5000 万人口并不构成一族,而属于几个不同的、相互敌对的族群:德意志人(讲德语的居民的自我称谓)、匈牙利人、捷克人、斯洛伐克人、波兰人、鲁塞尼亚人、斯洛文尼亚人、塞尔维亚-克罗地亚人、意大利人、波斯尼亚人和罗马尼亚人，这中间还不包括民族和宗教上的少数人群。

地图不仅突显了二元君主的权力和范围，也揭示了其致命的缺陷：奥匈帝国并不是一个国家，而是属于哈布斯堡家族的领土的集合。这是中世纪的政治遗产。捷克人、波兰人和匈牙利人要求政治和文化独立、以自己的语言进行教育、控制税收以及在与其他民族的直接竞争中不断加强政治代表性，而奥地利本土的大多数人则由于大多数厨师出生于波西米亚而吃波西米亚菜，讲捷克语的人不会去匈牙利人的剧院——正如德意志人不会拿起捷克语、意大利语或者塞尔维亚-克罗地亚语的小说。捷克语居民和德语居民将布拉格一分为二，各自都坚持要有自己的报纸、学校、足球队、咖啡馆，甚至单独的大学。在这座城市生活了一辈子的德语知识分子，如弗兰茨·卡夫卡和弗兰茨·魏费，更可能懂得拉丁语、古希腊语或者法语，而不会讲捷克语。卡夫卡是一个典型的例子。为了更好地理解祖先的文化，他曾学习意第绪语，而他的捷克语仅限于"厨房波西米亚语"——当时的洋泾浜德语，作为同来自外省的家务工交谈之用。纵观整个帝国，总体形势让人觉得比较稳定，因为没有一个族群人口足够多、足够强大到能够保证优势地位。1914 年，奥地利外交部长莱帕德·伯克托尔德伯爵（他的全名是：莱帕德·安东·约翰·西吉斯蒙德·约瑟夫·科尔西路斯·费迪兰·伯克托尔德·冯·祖·昂格舒尔茨·芙拉特林·普鲁兹）的直系先祖使得他有部分德意志血统、部分捷克血统、部分斯洛伐克血统和部分匈牙利血统，当一位记着追问他的民族感时，他简单回答说："我是维也纳人。"

几十年来，政府处理这种东拼西凑的忠诚的办法是以御貂厚厚的褶皱掩盖民族与文化的差异，但是，自我决定的呼声一浪高过一浪。即便维也纳的帝国议会会议也常常被议员之间的混战打断，而在引进敏感的文化立法后，一些少数民族党派诉诸非常不符合国会精神的方式制造噪音，用铃声、锅盖声和儿童号角声淹没反对派发言人的声音，破坏程序。作为对各种政治骚乱的回应，帝国政府培育了高贵的形式化的惯例艺术：这里一只手凑合、稳定、等待和满足点儿，另一只手又将其拿走，从不面对重要问题，唯一的希望是只要政府比历史多一点儿耐心，问题就会消失。

在这个没有全国身份的国家，唯一真正的统一概念就是皇帝自身。年迈的弗朗茨·约瑟夫一世（1830—1916年）的全称是：

皇帝和使徒陛下，弗朗茨·约瑟夫一世，经由上帝的恩典，奥地利皇帝，匈牙利和波西米亚国王，伦巴第、维纳斯、达尔、克罗地亚、斯洛文尼亚、罗多梅里亚及伊利里亚国王，耶路撒冷等国国王，奥地利大公，托斯卡纳与克拉科夫大公，洛林、萨尔茨堡、施蒂利亚、卡林西亚、卡尼鄂拉与布科维纳公爵，特兰西瓦尼亚大公；摩拉维亚侯爵，上下西里西亚、摩德纳、帕尔玛、皮亚琴察、古阿斯塔拉、奥斯威辛与扎托尔、切申、弗留利、拉古萨（布布诺夫尼克）和扎拉（扎达尔）公爵，高贵的哈布斯堡、蒂罗尔、凯伯格、戈里齐亚和歌兰蒂斯伯爵，特伦特（特兰托）与不里克森（布雷萨诺内）亲王，上、下卢萨蒂亚与伊斯特拉半岛侯爵，霍恩埃姆斯、费尔德基希、布雷根茨、索南伯格等地伯爵，的里雅斯特、卡塔罗（科托尔）、文德马克勋爵，塞尔维亚的伏伊伏丁那大总督，等等。

掌管着一个有大量悬而未决问题的国家，拥有盛大称号的皇帝完全是个庸常之人，一位一丝不苟的职员，经常没日没夜地穿着骑兵服，坐在他维也纳哈布斯堡皇宫的办公室，在数不清的文件的空白处草草写下评语和决定。他完全是责任和服务的化身，像他希望他的公务员能够做到的那样遵守纪律。他唯一的乐趣就是有时间去他在巴特伊施尔的别墅会他的情妇卡塔琳娜·施拉特。在那儿，他喜欢披上当地的衣服，去山间散步。对他的臣民而言，这位老人无处不在，官方照片里他冷冷的、水汪汪的眼睛凝视学童、公务员和躺在床上的已婚夫妇。

皇帝继续像个机械娃娃一样扮演着他的角色，所有这一切粉饰的辉煌的核心处却是一种空虚感和虚假感。只有希腊神话里才有比他的家庭更失调、更不道德的家庭。皇后伊丽莎白（1837—1898年）——她以"茜茜"而闻名——徒有浪漫的光环，她的生活其实是一连串的坏脾气、厌食症、飘忽不定地在地中海地区寻找青春灵药。1898年，因为无政府主义者在日内瓦刺杀了她，这才恢复了她的声望。才华横溢、开明的皇储鲁道夫与其父决裂，并于1889年在其梅耶林城堡的狩猎小屋与情妇一起饮弹自尽，而他的表兄弟、寻欢作乐的奥托大公（他有一次曾经只配着军刀出现在社会上）饱受梅毒折磨，出现在公众场合时，只得戴着皮革的鼻子。至于当前的继承人，粗鄙、市侩气的弗朗茨·费迪大公，皇帝打心眼里厌恶他。

帝国的道德心脏本应跳动的地方却是空虚的。弗朗茨·约瑟夫本人年轻时是一个狂热的戏迷，他不经意地强化了这种认识，于是帝国的每一个剧院都为皇帝和他的家人保留了一个包厢，这是整个剧院最精彩的中心——包厢顶部也装饰成皇冠的样子，饰以红色天鹅绒，顶端是皇家的徽号双头鹰。妻子去世后，弗朗茨·约瑟夫几乎再也没有去过戏院。从伦伯格到的里雅斯特的皇家包厢空了几十年，它们不是连接起遥远城市与帝国的荣耀，而是不断提醒人们，哈布斯堡帝国中心处于空洞的状态。

大自然嫌恶真空状态，皇帝的虚构统一不可持续。相反，个人和竞争团体（民族的、社会的，或者政治的）用他们选择的内容填补哈布斯堡帝国的空洞：礼貌、艺术、享乐主义以及各种何为伟大国家的思想。所有这些投射都是允许的——只要别威胁到皇家的虚张声势。

伟大的掩饰

在字面和隐喻的双重层面，掩饰显而易见的事实成了哈布斯堡维也纳生活的中心原则。"一个女人越想表现得像个'贵妇'，就越不可以允许其自然的形体引人注目；整个时尚都遵从这个学说，因此遵从当时的基本道德倾向，就以关心掩饰和隐瞒事实为要。"这是小说家斯特凡·茨威格对他青年时代的回忆。

皇城本身也践行它对妇女的要求。环城大道，维也纳盛大的大道，饰以辉煌的历史主义风格，这是变化的时代表达对永恒价值的确认，是对伟大的宣示。每一栋建筑都采取与其目的相适应的历史风格，城墙是哥特式风格（模拟弗莱芒公民财富），艺术史博物馆和自然博物馆是新巴洛克风格，议会大厦是希腊风格，大学是新文艺复兴风格。

在老皇帝随时警惕的目光之下，世纪之交的维也纳是一座有着宏伟的门面、富裕、讲究礼节、具有表面确定性的地方。斯特凡·茨威格在他的传记中描写那些足够幸运、不用挨饿的人对于世界充满了信心和乐观情绪："有着千年历史的奥地利帝国的一切似乎都建基于耐久力……唯有这种安全感使我们的生活有价值。今天……我们知道这个安全的世界只不过是空中楼阁……然而，我父母曾经以为那是一所石头房子。从来没有风暴或者激烈的穿堂风打扰他们温暖、舒服的生活。"

为了保持这份舒服，需要接受的虚假信念可不是一点点。在政治上，哈布斯堡帝国困扰于内部民族主义风潮和周边环伺的强敌。在经济发展和基础设施方面，其广大的腹地落后于其他欧洲国家，而即便有意愿，其根深蒂固的贫困和社会等级也会采取任何措施阻止美国西进运动那种规模的开发。然而，这副挣扎的身体仍然有着一张华丽的面孔，对于二元君主国的很多人，这一帝国涂抹着油彩的错觉很快成为了世界的首选版。"随着《蝙蝠》（约翰·施特劳斯的滑稽歌剧）于1873年提前首映，"布鲁诺·贝特尔海姆精明地写道，"维也纳再次主导了世界……不是真实的世界，而是滑稽歌剧的世界。"

陷于困境的帝国决心长期遗忘它的问题，有笑话说哈布斯堡帝国的外交像是一曲维也纳的华尔兹：先右转，然后左转，转了几圈儿，最后回到起点，一直都没停脚，却总在原地转悠。

在这个充斥着事实掩饰与不确定的世界里，风格就是一切，正如雨果·冯·霍夫曼斯塔尔（1874—1929年）在他华丽的洛可可幻想作品《玫瑰骑士》（1911年，理查德·施特劳斯作曲）的歌词中写的那样，每个人都采取纯粹的享乐主义态度：玛尔斯查琳喜欢她年轻的情人屋大维，屋大维追求漂亮的苏菲，而苏菲则被出卖给傲慢的奥克斯男爵，这样，她的父亲、富裕的制造商法尼纳尔就得以进入贵族圈。每个人都假装自己的行为是出于高尚的道德准则以及为了他人的利益；只有剧中的喜剧人物奥克斯有时候对自己好色的爱好还比较坦诚。在一个充满铁律的世界，道德是第一个牺牲品。

像滑稽歌剧中的情况一样，官方的刚性有其可以接受的一面。如果说职责和公共道德表面的严格令人窒息，但总是有漂亮的女店员可以安慰男人（维也纳的"甜美女孩"掩盖着普遍的事实上的卖淫）。至少对于男人，剧院、音乐厅、啤酒馆和维也纳周围星罗棋布的乡村旅馆总是给他们提供某些乐子，而维也纳则有一整个区域普拉特专门建了一座永久性的娱乐园，全天候营业，从小到一杯啤酒到找个人陪陪，都可以实现。

作家亚瑟·施尼茨勒（1862—1931年）声名狼藉的戏剧《菊花链》（1903年）中，不同社会背景的夫妇在一系列随意的性活动中相识，开头是一位妓女和士兵，升格到女演员和伯爵，最后一幕是伯爵遇见妓女……完全是一串无意义、无止境、不顾社会边界的烂事。在这部剧中，他把随意的联系和无尽的活动这两个主题结合，从而给自己背上了色情狂的虚名。作家菲利克斯·扎尔滕（1869—1945年）是《小鹿斑比》的作者，他创造了眼神柔软、赢得了全世界小女孩的爱、雪一样纯洁的小鹿，但他以比施尼茨勒更顽皮的方式，写下了著名的色情泛滥的《约瑟芬·木镇巴切尔》（1906年），完全不给成年读者留下任何的想象余地。

如同在其他的欧洲社会一样，口是心非在维也纳也成为惯例——奥斯卡·王尔德在伦敦那场灾难性的诽谤审判和德国的于伦伯格事件都清楚地证明了这个事实。在这两个事件中，受尊重的知名人士在其本来是公开秘密的同性恋身份公之于众后被毁于一旦。在二元君主国，这一原则得到强有力的坚持：只要帝国伟大的生活和公共道德能够得到坚持，每个人都能有好日子过。往另一个方向看的公共教条使得头朝相反方向的双鹰成为了国家及其心态的最佳象征。严格的行为准则往往因为一个领域适用不同的规则而遭到抵消，哈布斯堡帝国统治下的维也纳当然不是唯一一个这样的地方。

大家集体逃向享乐，这种情形的根源在于政治，而且不仅仅是大众娱乐如此，高雅艺术的情况也一样。自从19世纪初梅特涅统治，尤其是1848年那场流产的革命后，沉闷的贵族采取了很多措施压制资产阶级参与政治，崛起的中产阶级找到了近一个世纪以前德国浪漫主义者用过的办法：如果不能通过政治参与享有国民生活，他们就通过充满活力的文化生活，将他们的情感掩藏在脚本和舞台服装之中，借此再造他们的自由和价值观。

在整个哈布斯堡帝国,在维也纳、布拉格、布达佩斯和伦伯格,剧院、文学和音乐发挥着与世界上其他任何地方都不相同的重要作用。只有在这里,像约瑟夫·凯恩茨、伊利奥诺娜·杜丝这样的演员才能成为享誉全国的名人。据斯特凡·茨威格说,每一个菜店里都在谈论(甚至从来没有见过他们的人也是)他们的事业和容貌,兴致勃勃的学童们收集他们的签名。只有在这里,一位艺术家的葬礼才会变成一件举国大事,有上万人出席悼念活动,每个商店的橱窗都挂着装饰着黑丝带的肖像。普泛的人文教育是属于中产阶级的剧目,在他们的沙龙里,歌德、贝多芬的半身像就摆在皇帝的像下——即便没有完全取代皇帝的像。哲学家路德维希·维特根斯坦的父亲卡尔·维特根斯坦这样富裕的实业家都把赞助艺术作为一种荣耀。

对于西格蒙·弗洛伊德(1856—1939年)、这位职业进阶于1902年3月18日在维也纳的报纸上得到公布的医生,道德原则和社会现实之间的背离是生活事实。他是在这里长大的,对于口是心非的氛围,他心知肚明。身为一个挣扎度日的犹太布商的儿子,弗洛伊德努力奋进,成为了一名时髦的"现代"医生,他的声望取决于他和伟大的巴黎精神科医生夏科共同的工作以及他倾听病人、无论他们说什么他都不会感到震惊的能力。弗洛伊德在伯格街的咨询室充斥着维也纳这个良好社会的成员,这些人都患有传统方法无法治愈的病。

作为一名年轻的医生,弗洛伊德本来希望从事严格的科学工作。他最早做鳗鱼睾丸的生理学研究,他的博士论文是关于低等鱼的骨髓功能研究。他从研究深海生物转而研究人的大脑、做可卡因试验,并来到巴黎同夏科一起做研究,在这里,弗洛伊德学习心理学方法治疗精神疾病的强大效果,这种诊断和治疗的基础是分析病人的谈话,找出他们的症状和行为的情感原因。他本人的兴趣将他导向类似的方向。这是一种谈话疗法,这种方法以言语取代解剖刀,切入不可控制的想象癌包,以便摆脱它们,恢复健康体质。

大约1895年,弗洛伊德发现了他认为可以打开心灵宇宙的阿基米德点。弗洛伊德是一个优秀的倾听者,他注意到他的病人迟早会谈到性功能障碍、性幻想或者性恐惧,他们的叙述的象征强烈地指向性。这本身并不新鲜：在治疗精神障碍的医生中，性扮演着重要作用是一个广为接受的事实。然而，弗洛伊德迈进了关键的一步，正如他在给他的同事及后来的密友威廉·弗雷斯的信中所说："我口头或者写信告诉过你这个巨大的临床秘密吗？……歇斯底里是性发育或者性成熟以前的性恐惧的结果。强迫性神经症是性发育或性成熟以前的结果，后来变成一种（自我）责备。强迫症是性之前的性快感的后果，这种性快感以后转化成了（自我）责备。"弗洛伊德的言外之意是，心灵的所有痛楚事实上都与性有关，根源不在于近期体验，而是深藏的、一半是回忆，或者极力抑制的记忆。因此，他设想谈话治疗必须使用考古方法，寻找潜藏在累积几米厚的瓦砾之下的结构，即遮蔽在新的表面之下的深刻事实。他确信，这些事实毫无例外地导致被认为不可接受的性感情、被禁止的欲望、思想的乱伦、性妒忌和性恐惧。

在维也纳，这样的理论铁定会引起特别的反应。弗洛伊德的老师夏科认为，理论非常好，但是并不妨碍事实的存在——这话在维也纳语境下简直就是异端邪说。年轻的医生完全接受他的观点，即便理论或社会习俗认定那种麻烦的冲动并不存在，认定人们都很理性、懂得荣誉存在于完成义务，但不合法度的冲动仍然是真实存在的，其压抑必定导致内心的冲突。个人欲望和社会要求、秩序及社会上高尚文雅行为标准之间的冲突导致个人甚至都没有意识到的压抑、升华和愿望与情感的错位。

弗洛伊德在他开创性的著作《梦的解析》（1899年，日期是1900年）中假设，有意识价值与下意识欲望之间的破坏性冲突通过梦展开：

> ……梦提供证据，即便在正常人身上，压抑的材料也一直存在，并能够进行心理活动。梦是这种压抑的材料的表征之一；从理论上讲，在任何案例中情况都是如此；在实际体验中，至少在大量案例中都是如此。这些案例正巧最直白地显示了梦中生活的更为显著的特点。被压抑的精神材料在醒觉状态下被禁止表达，由于矛盾态度的相互中和而与内心认知割裂，于是通过各种手段和方式，在妥协—构成的支配下，在夜间强行进入意识层面。

梦主宰着潜意识，潜意识是如同荷马的酒红色海洋般幽深且无法控制的心灵境界。合理化的心灵充满了规范的思想和良好的意图，但是如果理性和潜意识分道扬镳，那么最终会引起人格分裂，其结果就是神经官能症，是潜意识需求通过各种症状表达自己的一种错位。物理治疗师的任务是通过各种问题和细致的引导揭示其隐蔽的因由，解脱受难者，使其理性地处理他/她的冲动：

通过梦的分析，我们得以洞察这一最奇妙最神秘的工具的构成；的确，这只能使我们前进一点点，但是它给我们一个起点，帮助我们从其他（正常的病理）构造角度出发，使我们进一步穿透我们对这一工具的拆解。因为疾病……不一定臆断这一器官的破坏，或者在其内部建立新的裂痕：它可以通过强化或者弱化发挥力量的构件得到动态解释，这些力量构件大量的活动在正常行使职能的情况下都被遮蔽了。

这个理论的明显结论就是，所有的"正常行使职能"根本就是一个谎言，专门用来掩饰一个难以忽视的真理，那就是，社会本身的职能行使依赖对个体的压抑和对快感的拒绝：

在上一次的分析中，人类社会的动机是经济性的：由于没有充足的食物养活无需工作的成员，成员的数量必须维持在较小的水平，必须将其能量从性行为上转移到工作上。这就是一直持续到今天的永恒的、原始痛苦。

社会作为一个巨大的集体梦想，其设计目的就是要迫使人们成为有用之人，而不是让他们自得其乐，实现自然赋予他们的原初（性的）功能——在维也纳政治语境中，这个理论像是对奥匈帝国的评论。

早在年轻时代，西格蒙·弗洛伊德就决心不做哲学家，而立志成为临床医生、科学家。幸亏他对隐喻的兴趣使他离开了实验室，哲学家弗洛伊德的工作才真正具有了开创性，也是影响最大的；几乎是顺带地，他对人格结构和早期经历的分析否定了占主流地位的欧洲启蒙主义传统，其中所有的理解和所有的道德都以理性，并且只以理性为基础。早在18世纪，伊曼纽尔·康德已经声称，我们永远无法真正知道外部世界的真实面目，因为关于它的全部知识都基于知觉，而全部知觉都基于我们的感官结构和局限，以及它们向我们传递世界的方式。康德写道："因此，唯一可靠的知识必须从心灵本身的内部寻找：统领我们的判断和行为的普遍道德法则，那个只能通过理性才能发现的法则。"

弗洛伊德的个人发展理论断然与这一高贵的思想相矛盾。他争辩说，道德绝非是普遍性的，而是自恋狂的结果。儿童早期的"自恋狂完美"一遇到充满禁忌和局限的世界，个体把这种失落视为个人的失败，于是产生罪错感，在竭力重获天堂的过程中，自我产生了诸如责任心、洁净和同情心之类的规范。道德本身根源于性，其结构依赖个人经验的偶然性。在最终的分析中，世界上并不存在普遍法则，而只有冲动和罪错，它们由内在的隐喻代表：规范的超我、理性的自我，以及本我——那支持和破坏一切、无边无际的直觉和欲望的疆域。弗洛伊德宣称，道德甚至比知觉更具根本的附随性、更主观。没有人可以声称发现了普遍原则或者其行为出自于普遍原则，因为这些原则只不过是不能满足子宫里的完美生活的神经质失败的投射。

维也纳是一个充满着各种竞争性习语和民族主义争执的城市，在这里生活的经验可以说有助于这种对于普遍原则幻觉和理性道德的废弃。弗洛伊德的文本忠诚（在他的《梦的解析》中，每一个词语、每一个细节都算回事，都有意义）注定他会爬梳字里行间，而他对文本的坚持也是犹太人学习方法和态度的未得确认的遗产。弗洛伊德没有受到犹太教育，但是他父亲仍然是在正统环境下长大的，塔木德式学习和弗洛伊德分析之间的关联引人注目。两个文本（《圣经》的文本，"梦"的文本）明显的随意性都神圣不可侵犯，语言所遮蔽的秘密多于其所揭示的秘密，文本的解读只能借助于其他人及那些严格运用学术观察所获得的原则。在这两份文本中，深层结构经由显然的众多的标志和符号揭示。尽管弗洛伊德有着严格的世俗观点，并且他也因此成为当时最雄辩的宗教批评者，但是，医学学者的弗洛伊德和拉比的弗洛伊德之间的界限是薄弱的，也常常是可以互相渗透的。

以今天的观点来看，弗洛伊德的方法对于社会和文学世界的分析比对个别病人的治疗更有用：就连他自己的病人也没有体现出大师宣称的显著改善，很多病人在疗程结束后再度复发。以他所处时代的角度观之，他对社会和个人表象的批评极具颠覆性。在一个比其他社会更依赖外观和习俗隐藏都无法解决的核心问题的社会，这位犹太医生宣布所有习俗都腐蚀人的心灵，社会不过是必要的恶，代表着对于最深层的想象的最无政府主义的虚构。但是，如果一个社会的价值观以压抑和可能使其成员患病、扭曲其心灵的心理暴力为基础，那么，它们的合法性何在？

而且，个人怎么样？所有的文化不过是"最卑劣的本能"、是不可能当着女士们的面讨论的事情、是年轻姑娘在睡上婚床之前一无所知的事情的升华，难道果真是这样吗？那人类心灵，尤其是天真孩子的心理中黑暗、无可言说的冲动领域怎么样呢？这样的理论难道不就是对于公共道德的攻击吗？在一个竭力保持外观的城市，这些思想提出了诸多无法回答的问题。

弗洛伊德的理论和维也纳艺术家、哲学家们的作品之间有着显然的联系。小说描写僵化的社会习俗如何摧毁和扭曲个人：它们折磨着罗伯特·穆齐尔小说《年轻的特尔莱斯的困惑》的同名主人公。他在培养帝国军官的少年科学院里目睹了施虐的习俗，在另一位犹太医生、维也纳的心灵、伟大的诊断医生亚瑟·施尼茨勒的著作中，它们表现得最为明显。在一部以主人公命名的短篇小说中，施尼茨勒的平凡主角古斯特中尉用了一整夜痛苦地预想由于一点微不足道的误会，他为了捍卫荣誉次日要进行的一场毫无意义的决斗。在另一篇意识流短篇小说中，年轻的妇人埃尔丝小姐为他破产的父亲要求她同一位债主睡觉的事情，内心进行着激烈的斗争。"他们送你上学，保证你学法语和钢琴、夏天在乡下度假，"她这样回忆她的家教，"但是，他们何曾在意过我内心在发生什么，我的心里经受着怎样的折磨和恐惧？"他们没有。在一个良好社会语境下，这个问题本身就是异端。

施尼茨勒认识并敬佩弗洛伊德，也得到弗洛伊德的敬佩。他毕生的工作就是通过写作表现这些遭受压抑和困惑的人们，在舞台上展现他们的神经官能症,他们好像围绕着虚空的核心转动的电子一样,无法控制自己的轨道,被看不见的力量驱使,经常不确定自己到底是醒着,还是在做梦。任何逃离僵化习俗的企图马上就受到攻击。在《生命的呼唤》(1906年)中,年轻女子玛丽亚试图给小小的客厅透进一些新鲜的空气,她父亲看到一群士兵骑马经过,立刻责备她。

父亲:你在做什么?你疯了吗?我都吓死了!

玛丽亚:空气很热;医生总说这屋子很闷。

父亲:闷!所以你突然打开窗户?闷!你以为我不知道你真的想要什么吗?看那儿。是的,他们在那儿骑马,骄傲、年轻、健康……今天很健康、很年轻!……嚯!我们的房子在城市的中心——到拐角处看看吧——生活从你身边经过!

在一个必须紧闭心灵的窗户以远离诱惑的生活世界,外观不可信。弗洛伊德的一个核心断言是,被压抑的冲动会表现出来,如果它们不能直接表达,它们会寻找另外的途径。任何说出的话、任何的想象、任何做出的事,都会染上这些不被承认的核心冲动的色彩。

从这句话中得出的结论是,词语和手势代表着某种隐蔽的意思,存在着说出来的话之外的意思,所有的行为最终都会被内心的冲突麻痹,正如穆齐尔《没有品质的人》中的著名情形一样,其中,"伟大的爱国行动"、帝国的周年庆陷于无休止的讨论、磋商和会议。其同胞的拖延和掩饰能力无休止地转移了讽刺作家穆齐尔的注意力。其他作家发现更难以对付他们使用的词语的不可靠性。维也纳年轻的诗坛新星雨果·冯·霍夫曼斯塔尔深为这种对语言的不信任所煎熬,干脆放弃了写诗。"简单地说,我的情况是这样的,"他通过他《钱多斯勋爵来信》(1902年)中一个人物的口说,"我已经完全丧失了清晰思考和说话的能力。"语言转而反对诗人。"词语突然采纳了如此千变万化的色彩,互相渗透",于是霍夫曼斯塔尔的主人公发现只有一个人的时候、只有沉默的时候,才能获得慰藉。

正如弗洛伊德证明、霍夫曼斯塔尔感受的那样,不能依靠语言来表达真理。会说多种语言的哲学家弗里茨·莫斯纳(1849—1923年)认为语言之间的直译根本不可能,并从根本上怀疑借助语言能够表达什么和无法表达什么。莫斯纳注意到概念及其意义在他使用的不同语言中的微妙差异，然后分析了语言传输确切意义的能力。他认为，经验是独特的、即刻性的，在获得名称的那一刻，它就丧失了这些关键的品质。在《对语言批判的贡献》（1901—1903年）中，莫斯纳用了浩繁的三大卷书解释语言无法传达思想内容的观点——这是西方哲学较具悖论的一个成就。

莫斯纳哲学工程的高潮是无所不包但无神的神秘主义。厄恩斯特·马赫（1838—1916年）则取相反的方向。身为布拉格德国大学杰出科学家及实验物理学教授，马赫的解剖对象不仅仅是语言，也包括经验和人格。在最终的分析中，他只承认持续的生理感觉流，此外，所有的一切只不过是一堆毫无依据的假设。感觉就是一切："一旦我们感觉到假定的'身体'和'自我'的结合体只不过是些代用品，旨在作为临时导向和明确的实用目的（这样我们就可以掌握身体，保护我们不受痛苦等），我们就会发现，在许多更高级的科学考察中，我们有责任放弃它们，因为它们不充分、不合适。"

马赫认为，放弃一成不变的个性的虚幻（以及奥匈帝国核心处空虚的哲学隐喻）有着戏剧性的后果："必须抛弃自我。部分地是由于认识到这个事实，部分地是出于对它的忧惧，从而产生出巨大的悲观与乐观，以及无数宗教的、禁欲的和哲学的荒唐。从长远来看，我们无法对这个简单的事实视而不见，这个事实是哲学分析的即刻后果。生理学之外再无其他，之外的一切都是虚构，之外没有真理，没有隐蔽的事实，当然也没有造物者。"人只不过是一堆极不稳定的、造成人格印象的观念——奥地利作家赫尔曼·巴尔在他的著名论文《不能复原的自我》（1907年）中讨论并推广了这个命题。

如果语言并不一定在讲话者一边，外在的影响侵扰自我的虚构，那么，音乐语言注定要受到影响。维也纳作曲家们走在了感知的文化研究、语言的不可靠及其潜在规则的前沿。以其同学汉斯·罗特（死于1884年，享年26岁）想象的声音世界为基础，年轻的古斯塔夫·马勒（1860—1911年）创作了他的第一交响乐（1888年），整首曲子只有一个由琴弦演奏的单一齐唱音，不时有鸟声加入，最后整首曲子演进为一个静止不动的声音，造成心灵受到外部冲动搅扰的完美意象。在曲子快结尾处，外部世界的其他花絮造成了戏剧性的音乐冲突：军队进行曲（儿时的马勒就住在军队操场隔壁）、舞曲、自然的声音——世界被呈现为一个印象式的内部空间。在他后来的交响乐中，马勒采用民歌童稚般的简单，以避免分析的复杂和矛盾。

马勒将直接经验和习惯（交响乐的）形式之间的冲突戏剧化了。阿诺德·勋伯格（1874—1951年）及他的朋友和学生阿尔班·贝尔格、安东·韦伯恩等作曲家更往前跨了一步。像马勒一样，他们也通过尝试将音乐简化到最基本的形式来对其语言—音乐—进行探索：12个半音系列构成一个全音阶。不同于古典传统浪漫、高度装饰的自我，他们相信以尽可能最简单的形式为基础的、牢不可破的结构乃是真理。他们都是后期浪漫主义风格的天才作曲家，但是他们背离了瓦格纳式的半音音阶令人觉得闷热的甜腻，而采纳了一种给人以数学般严谨的作曲风格——虽然不总是具有情感的满足。如果说自我不是语言技巧，那么，艺术创作最好以理性结构的坚固为基础。

路德维希·维特根斯坦（1889—1951年）著名地将对语言、事实和词语有效传递能力的哲学怀疑推向其概念的极端。他在他父亲的家里接受教育，与艺术和知识精英过从甚密，他选择在剑桥意气相投的实证哲学环境里继续他的研究，当时，伯特兰·罗素和G.E.莫尔是剑桥分析哲学的执牛耳者。维特根斯坦是那种有着中世纪先烈般精神动力和富于探索精神的人，为了得到让他可以构思的宁静，他隐居到挪威的一处峡湾。1913年，他拿出了20世纪最有影响的哲学著作《逻辑哲学简论》（1921年出版）。在本书中，他以近乎数学严密性的词句勾画出语言作为有意义的沟通工具的范围。

在这种高度关注和应该怎样言说事物的环境下，风格和文学的典雅有它们自己的文学守护天使、暴躁的宣传家卡尔·克洛斯（1874—1936年）。他的著作实际上是对其他人作品的刻毒评论集。"人们仍然认为，尽管风格糟糕，人的内容还是可以很卓越，认为一个人的道德倾向可以独立于它而确立，"克洛斯写道，"但是我坚持……像廉价出售那么多糟糕的书那样廉价处理这些人太有必要了。要不然,议会应该召开一个语言会议,就像奖励杀死蛇的人那样,奖励每一个消灭陈词滥调的行为。"

没有什么比风格上的粗枝大叶、糟糕的比喻和空洞的惯用语更令克洛斯绝望的了,这是对他那个时候的学术氛围的雄辩证明,那个放在今天可能会给报纸编辑寄发一堆愤怒的读者来信的人拥有他自己的杂志《火炬》,所有稿子全部由他一个人写。其他国家——特别是美国,对于词语及其背后的真实性有着坚定的、准宗教的信任——当时,广告的根本原则开始了对整个美洲大陆广告牌的统治——使用多种语言的二元君主国的思想家们则因对他们使用的词语本身的怀疑而几乎陷于麻痹。另一方面,与真理的斗争则赋予其探索一种近乎精神性的重要性。

风格的伦理

对于公开反抗继承的表现方式的年轻一代艺术家,风格关乎道德诚实。"生活在变化,"评论家赫尔曼·巴尔(1863—1934年)写道,"但是精神仍然是古老不变的,它并不骚动、变动,现在,它却无助地遭受苦难,因为它孤独并为生活所抛弃……过去是伟大的,往往是美丽的。我们要为其举行肃穆的葬礼致辞。"

建筑师阿道夫·鲁斯(1870—1933年)曾经在路易斯·苏利文的芝加哥办公室工作过几年,后来他设计了世界上最早的一些摩天大楼,如布法罗的担保大厦(1895年),其严格的功能主义美学为那个时代设定了新的标准。这位年轻的维也纳建筑师既热烈地追慕怀疑论的、盎格鲁—撒克逊精神,也狂热地追随美国人的自信态度——这与哈布斯堡帝国统治下的维也纳普遍存在的惰性形成鲜明的对比。鲁斯既才华横溢又雄心勃勃,他以旺盛的热情打下自己的烙印,并把审美纯粹的福音植入首都的心脏。他以其兢兢业业为人所注意,并获得了现代化主义者的声名;他的努力终于使他受托在一个特别优越的位置——在市中心、皇宫对面。那里全是19世纪华丽的柱子、大力士雕像、装饰花瓶及新巴洛克丘比特——修建一所银行。他觉得自己的机会到了。

1910 年，拆除了脚手架的新高盛集团大楼第一次出现在公众眼前，当时，报纸对它发出了强烈抗议，市议会责令停工。在陛下最高存在的对面广场矗立着一座几乎咄咄逼人的功能主义风格的房子，没有任何装饰，没有门面。没有裸体、肌肉发达的英雄支撑窗框，没有有翅膀的婴儿、女神、花饰来装饰本来显得赤裸、僵硬的房子。相反，入口是笔直的绿色大理石柱子，柱子上面什么都没有——只有一排排方窗。对皇室感情惊人的不尊重尤其令人震惊。弗朗茨·斐迪南大公发誓永远不会再从米歇尔入口进入霍夫堡宫，皇帝亲自下令，任何时候他进入看得见那座违规建筑的房间，都必须把全部的窗帘拉上。

建筑师本人则不惮以他的思想直接面对老后卫，震动它，并抛出战书。他相信，艺术和建筑必须从恶劣品味的暴政及中产阶级审美观内在的虚伪中解放出来：

> 一个人越是善于模仿，公众越是喜欢他。对昂贵材料的尊崇——这是新贵地位最可靠的标志——决定着这一事实……在过去的几十年，模仿主宰了我们所有的建筑。墙纸是用纸做的，但是绝不能显露出来，而必须印上丝缎、织锦或者地毯图案。门窗是软木制作的。但是由于硬木更贵，因此必须把它们漆成硬木的样子。铁只好借助青铜或者铜漆模仿成贵金属。我们本世纪的材料水泥却被认为全然无助。但是，那本身是多辉煌的材料啊……

身陷一个充满无言的谎言、东模仿西模仿的世界，鲁斯争辩说，建筑和设计必须重新焕发形式的诚实。"这种家具没有任何风格，"他充满赞许地评价 1898 年博览会上的先锋椅子，"它们既不是埃及的或者希腊的，也不是罗马的或者哥特式的，也不是文艺复兴或者巴洛克式的。大家立刻就可以看出来：这些家具是 1898 年的。这种风格不会持久。之后，1899 年的风格会大行其道，而且会完全不同。"不诚实和装饰是同一枚假币的两面：鲁斯认为，装饰就是犯罪。

我有如下发现,并将之贡献给人类:文化的演进等于取消实用物品上的装饰……因为饰物(那是之前的、万物有灵论文化的遗存)与我们的文化不再具有有机联系,不再是我们的文化表达。今天制作的饰品同我们自身并无关联,与世界秩序并无关联。它停留在过去。

这不仅仅是一种艺术立场,更是一种政治观点。如果说鲁斯是建筑师造反派中的最突出者(因为他同意安装窗台,他的米歇尔广场建筑工程才得以于1912年完工),那么,最令人震惊的故事也许要算奥托·瓦格纳(1841—1918年)的转变。瓦格纳是历史主义风格的维也纳环城大道架构的大祭司们的继承人,是奥匈帝国最重要也是创意最多的建筑师之一。全世界没有一个建筑师像瓦格纳那样创建了更辉煌、更漂亮的历史主义风格的海市蜃楼。在他彻底重建维也纳的方案中(从来没有实现),景观恍如"清洁过的"空间彩绘,其高耸的拱顶和宏伟的构想,高贵的白色大理石柱子亮光闪烁,堪称历史主义艺术名副其实的杰作。这件作品是他史诗般地、极为成功地对过去美丽的淋漓尽致的发挥,其后发生了瓦格纳形容的他的"艺术宿醉"——这是审美反应过度的结果。

瓦格纳已经快60岁了,与他同龄的大多数同事都在考虑退休了,而他则改变了自己的风格,也因此,改变了建筑历史的进程。他重新设计了维也纳的交通系统,并且证明现代城市的需求同优雅的功能性设计可以成功结合:他设计的地铁站和两座多瑙河大桥迄今仍然是艺术丰碑,分布在哈布斯堡帝国首都的其他一些公寓也是。他成为了最聪明、最高超、他身为其中一员的大资产阶级朝后看乌托邦最华美的实现者。在他典雅的公寓里,任何一个细节都精心考究,以其新文艺复兴的辉煌,让入住其中的每一个教授和银行家都觉得自己是美第奇家族的一员。

瓦格纳一直在思考和选择形式和功能问题,以及"任何不实用之物都不可能是美的"和每一个建筑元素的目的都可以创造真正美的作品这一事实。阿道夫·鲁斯完全拒绝装饰,并在事实上拆除了他的建筑的门面,而瓦格纳则更进一步,他显示设计精到的建筑元素的审美优雅。

走进他设计的维也纳市中心邮政储蓄银行（1903/1904年），无法不为之兴奋：其彻底的形式纯粹、大厅的拱形玻璃屋顶、光线感和简朴的美感、间断的铝材管道像是抽象雕塑。不同于鲁斯及后来的勒·柯布西耶及其追随者，瓦格纳体现的不是纯粹的功能主义，而是美和实用性之间的更为协调的象征性结合，从来不对二者厚此薄彼。这样的空间代表着这座城市20世纪美学灵魂之争所确定和占据的立场。鲁斯认为赌注很大，认为文明的道德危如累卵。很多同事都同意他的观点。

在公共性方面，没有任何艺术超过建筑艺术，也没有任何其他艺术形式比建筑更具政治性：一个人可以选择不读某一本书，不进一处画廊，但是要避免看见某些建筑或者城市的某些部分则困难许多，历史主义和早期现代主义之间的美学和代际冲突在全世界的城市留下了看得见的痕迹——它们是不同美学认识和人性认识的灯塔。美国为鲁斯这样的人提供了创新精神的伟大启示，在这里，新的城市不受传统的支配，结合如改进的钢材和强化水泥等建筑材料及电梯的完善所创造的新的可能性，已经诞生了一种新型的结构：摩天大厦。欧洲随后跟进。1911年修建的利物浦皇家利物大厦就是钢架结构。现代主义美学在1910年左右强势登场。1909年，建筑师彼得·贝伦斯为德国新兴制造商AEG修建了一座涡轮大厅。这也是大众生产欢呼的功能主义设计的一座丰碑，而年轻的沃特·皮乌斯在为德国汉诺威附近的法古斯工厂设计的行政区体现的功能主义强调的简朴则是一个真正的先兆。

1900年世界博览会历史主义狂欢之后的14年，一种新的美学应运而生。不过，这样极端的艺术纯粹性并不是唯一的前进方式，在所有的艺术形式中，艺术的发展不是一个进步的问题，而是另辟蹊径的问题：作曲家西贝柳斯、埃尔加、普契尼和马克斯·雷格与显然更具冒险精神的勋伯格和德彪西同时都在搞创作；马克斯·贝克曼和伊利亚·列宾这些杰出的"俗套"画家与马勒维奇和康定斯基这些叛逆者同时都很活跃。在建筑界，范围扩展了——在地域上以及在艺术风格上——从巴塞罗那的安东尼奥·高迪和何赛普·玛利亚·朱乔尔·艾·吉尔伯特这些有机形式的大师，到圣彼得堡和莫斯科的费奥尔多·谢克特尔、弗拉基米尔及格奥尔基·科肖克夫对传统形式的现代阐释。

在维也纳，建筑界和绘画界把形式和功能的综合作为共同奋斗的事业。约瑟夫·玛利亚·奥尔布里希1898年为分裂艺术家群体所建的庙宇式建筑宣告了这种合作伙伴关系。它距离令人敬畏的新文艺复兴艺术学院及其教授们（本来他们可以接收年轻的阿道夫·希特勒，从而改变未来历史的进程：他1907年申请就读该校未果）仅一步之遥，等于宣布公开反抗艺术上的当权派。

画家古斯塔夫·克里姆特（1862—1918年）是分裂群体的创始者之一，他本人经历了与瓦格纳类似的艺术转变。每一个时代都需要有自己的可耻天才，以其长袍、一连串的私情及有时候太过明确的色情绘画著称，克里姆特正好作为一种更自由的生活方式的使徒。无论是因为真正的怪癖，还是聪明的诡计，大师的癖好为人们接受，吸引了无数的崇拜者，作品也卖出大价钱。像瓦格纳一样，克里姆特强调其作品的象征性，而他的象征具有危险的暗示性。"赤裸裸的真相"是他帮助筹建的群体的座右铭，该群体出版的期刊《圣春》强调他们信奉艺术真实甚于学术惯例。分裂群体的真实富于感性和颠覆性，并以其诱惑力而破坏了维也纳完美的社会门面。克里姆特神秘的肖像（有些形象有着"良好"社会背景的妇女特征）抛弃了世纪之交那种把身体安全地包裹在不自然的形式和繁复的精选织物之中的体统。这些从画布上看过来的目中无人的淫荡眼光不再满足于在传说的池塘中端庄地洗浴，而是决心探索潜在的、优序良俗认为应该谨慎地予以拒斥的深度。学院艺术创作的仙女需要以安全的距离进行撩拨；而这些新的女神则直接面对观众的欲望，更令人震惊的是，直接面对那些画中女人的欲望。

分裂群体的真相声言也表现为一种悖论。采用了学院绘画所有幻术技能的画作结果可能是对观众的欺骗，它标榜现实主义，却造成虚假印象，这与建筑的精致门面如出一辙。分裂派画家不再相信自然主义是刻画内在世界的最佳途径。如果他们想穿透内在的真相（他们相信，那是欲望和经验的核心），就只好对他们的对象做风格化的处理，采用神话的平面空间表现原型，重新回到不受基督教和资产阶级道德束缚的过去。克里姆特为其群体展览所画的海报清楚地表达了这一计划。忒修斯和牛头怪、盾牌上挂着美杜莎头颅的帕拉斯·雅典娜——男性和女性的原理以其最高贵、最可怕的变身体现出来,并经过风格化而将他们与希腊花瓶画的标志性世界重新接续。然而,他最引人注目的妙招,以及足以挑衅所有学院派人士及沙龙里的小摆设和饰品一直堆上椽子的所有资产阶级成员的地方是,空间的中心部分完全空白,在神话男女的语境下,这个挑战性的虚空——它也反映了奥匈帝国核心处的虚空——像弗洛伊德所有的书一样,引起了许多麻烦的问题。

如果说克里姆特懂得如何躺在社会坚实的怀抱里去实施挑衅,那么,他年轻的朋友埃贡·席勒(1890—1918年)在探索的道路上则走得更远。席勒的存在主义明晰中不带任何瘙痒,也没有任何吸引某个时代绅士口味的诱人曲线。他的人物棱角分明、栩栩如生,在拥抱的那一刻感到孤独,丧失了克里姆特赋予笔下人物的神话般的保护,暴露在活体解剖者无情的目光之下。所有曾经是禁忌、不可说、不可显示的一切——性、偷窥、手淫——所有那些只能秘密进行而在公开场合被禁止的行为,都被席勒以稀疏的笔触暴露无遗,展示给大家看。他那些棱角分明的人物睁大眼睛看着世界,或者闪烁着恐惧,或者充满着蔑视,或者体现出深刻的孤独;他们的手要么是标志性的爪子,要么根本就隐匿不见,即便在触碰别人的时候,顶多也不过是瘦弱躯干上的枯枝。这些手不带来人类亲密的温暖感,它们不拥抱世界。同怀疑语言沟通能力的哲学家一样,为了把握世界,席勒不允许他的人物互相接触。

在席勒的作品中,最后一层遮羞布也被揭去了,心灵最后的安全地也被摧毁了。这位年轻的天才(他于28岁的时候死于1918年的流感,比他妻子多活了三天)构想的世界不是绝望的,而是有着奇异、荒凉的美。

席勒的艺术回荡着作为维也纳文化恒久主题的肉欲主义,也回荡着年轻一代回到生命本质、从元原则的角度重新构筑一切的愿望。画家、戏剧家奥斯卡·柯克西卡遵循类似的路线,另一位年轻艺术家理查德·格斯特尔也是这样。格斯特尔后来因为与阿诺德·勋伯格的妻子马蒂尔德的恋情而绝望自杀,因为后者在同画家经历一段短暂、热烈的恋爱后,决定留在丈夫身边。

1902 年，弗洛伊德已经等待教授职衔很多年了。考虑到他在行业里的资历（更不用说他作为创新者的光辉），这个职衔真的是姗姗来迟，所以，当它终于到来的时候，他报之以嘲讽："大众热情高涨。鲜花和祝贺雪片般飞向我，似乎性的地位突然受到陛下的承认，梦的重要性得到部长会议的批准，歇斯底里治疗的重要作用在议会赢得三分之二的多数同意。"

弗洛伊德尤其觉得苦涩的是，这个任命不是因为优秀，而是因为影响力——这正是他一直鄙视的哈布斯堡帝国少数特权阶层之间的网络。仅仅因为他的一位上流社会的病人答应给时任教育部长的宠儿项目、一个公共画廊捐献一幅昂贵的画，他才获得了升迁。弗洛伊德想，如果他的病人拥有更抢手的作品，他可能会得到大学的全职教授职位。他非常明白长期以来不利于他的那种小地方的偏狭观念，他也一直对维也纳和维也纳人表现出强烈的矛盾心理。他的潜意识理论建立在最新近的国际研究基础之上，在构想出他的思想之前，他广泛游历，综合吸收了科学成果。尽管如此（所有伟大的科学进步都一样），他的思想还是其环境和时代的产物。

哈布斯堡帝国的每一个臣民之于皇帝粉碎的父亲形象都是一个俄狄浦斯；每次在城里走一圈，每去一次剧院，都会更加强烈地感觉到表面与结构之间、外部生活和内在生活之间存在着危险的背反。在这个世界上，每一个有着与皇帝同样大的鬓角的公务员都是感情升华的例子；与帽店"甜美女孩"的每一次调情都表明这些感情仍然是人们希望得到的。在任何别的地方，犹太文化、尊重文字和尊重文本细致分析的塔木德传统都没有在社会思想中获得过这样的重要地位。任何别的地方的空气中也没有弥漫着如此的腐臭气息，这种气息锐化感官，刺激人分析对象的死亡原因。

赤裸裸的真实注视着维也纳社会的脸面，对此，维也纳社会不喜欢。知识分子倾慕和喜欢先锋作品（虽然勋伯格的音乐表演很可能会引发骚乱），但是，首都的大多数好市民同皇储弗朗茨·斐迪南站在一起。据记载，他在参观了分裂艺术家的画展后，发表了这样的讲话："应该把那些流氓身体里面的全部骨头给敲碎。"卡尔·克洛斯写道，二元君主国"是世界末日的试验站"，没有什么比诸神黄昏的天空更华丽、色彩更丰富。

四 1903 年：奇异的冷光

鲜有美国人认识到，在大城市弥漫的喧嚣间，天各一方的人们一直在互通信息，在屋顶上，甚至透过建筑的墙壁，在人们呼吸的空气中，川流着电写的文字。

——《纽约时报》1912 年 4 月 21 日

1819 年，当朋友们口中的曼雅·玛丽亚·斯科罗多夫斯卡（1867—1934 年）从波兰来到巴黎学习的时候，她已经习惯了逆流而上，或者说，习惯了让潮流冲击她。她于 1867 年生于华沙，成长于一个以占领与反抗为历史特点的国家和家庭。她的祖父是一位爱国者和共和党人，他支持 1864 年反抗沙皇统治的起义，俄国为此发起了残酷报复，其高潮是绞死了起于亚历山大城堡的造反领袖，结果，老先生的职业生涯彻底毁灭。造反领袖的尸体被扔在露天达数月，任由风吹、雨打、腐烂，最后填了乌鸦的肚子。这是对波兰人的一个阴森提醒,让他们知道,他们的沙皇决心粉碎任何反对。曼雅的父亲瓦迪斯瓦夫·斯科罗多夫斯基是一位狂热的共和党人与无神论者,他的信念导致他的事业遭到俄罗斯军官的阻碍,他们分配给他越来越屈辱、困难、薪水低廉的教职,直到他几乎不可能养活他的四个孩子和妻子——他的妻子患着肺结核,需要去国外进行长期而昂贵的治疗。她死于1877年,那时玛丽亚才10岁。孩子们没有感受过母亲的爱。即便她和他们在一起的时候,她也不碰他们,由于怕让他们感染上致命的病毒,她使用单独的餐具吃饭。

曼雅从小就立志要成为科学家,并决心去巴黎学习。由于承担不起去巴黎的旅费及生活费,她和姐姐约定:她当家庭教师挣钱支持姐姐的学业,等到她上大学的时候,姐姐照顾她的生活。在外省的这些年里,她已经表现出成为她终生特点的决心和独立:除开正式工作,她还教波兰农民孩子用母语阅读和书写。根据俄国的法律,这是叛国罪,可以被罚流放数年。1891年,曼雅·斯科罗多夫斯卡上了一列火车,随身携带着衣物、一床羽绒床垫、食物和水,以及为长途旅行准备的小板凳。这年她24岁。两天后,她到达巴黎北站,她姐姐到车站接她。在这里,这时自称玛丽亚的曼雅可以免于政治迫害;在这里,她可以实现自己的梦想和学习、做研究;在这里,她的生活将发生改变;在这里,她将和她的丈夫、物理学家皮埃尔·居里(1859—1906年)一起,成为享誉世界的开创性的科学家。

这一切都已成为居里传奇的组成部分,接下来发生的事情同样如此:多年躲在没有暖气的阁楼(她发现姐姐的寓所有太多的干扰)里耐心学习,练习完美的法语口音,以及与才华横溢、完全不谙俗务的科学家皮埃尔的相识、他们的爱情和婚姻,以及他们非凡的合作。在研究了磁的问题后,现在以玛丽·居里闻名的曼雅对于科学研究产生了非同寻常的直觉。1897年,她出席了法国科学院举办的科学家会议,在这次会上,物理学家亨利·贝克勒尔向同事们通报了一个无法解释的有趣现象,那是他在做当时最时髦的现象X光研究的一个副产品。在研究这种神秘的看不见的射线和一些不同的发冷光的材料之间的联系时,他发现铀散发出一种不同于X光的放射线,那好像是那种材料本身的一个属性。与会代表听完就转而讨论别的议题——主要是关于X光及其性质和可能用途方面的论文。

贝克勒尔的观察激发了玛丽·居里的好奇心,她决定研究这一现象——这个选择使得她默默无闻,因为科学兴趣、研究资助和事业机会存在于别的领域。在当时世纪末的欧洲,热门话题是X光。

两年前,德国物理学家康拉德·威廉·伦琴(1845—1923年)有一个神秘的发现。在使用阴极管——一只内部高度带电的真空管——工作的时候,伦琴注意到,如果把用来检测紫外线、涂有氰亚铂酸钡的板子放在本身是看不见的射线的放电路径上时,它会发出荧光。在以后的试验中,他发现那些看不见的射线会遮蔽感光板,插入阴极和板子之间的物体会在板子上留下印迹,密度高的组织比松软的组织留下的印迹更清晰。当伦琴请他的夫人把手放在屏幕前面时,这种戏剧性的效果更加清晰。照片冲洗出来后,她的手清晰可见——她的肉是包裹着骨头的模糊的轮廓,结婚戒指看起来像是漂浮在无名指的骨骼上。这位研究者无意中发现了无需切开皮肤就可以洞察人体最深层秘密的办法。

伦琴知道这是一个非凡的发现,但是他对于宣传他的发现非常谨慎。他复制了几张照片发给其他研究者,其中一位把图片泄露给了媒体。1896年1月24日,这些照片在伦敦《标准》杂志发表后,立刻产生了非凡的效果。X光成了医学热潮、时尚和治疗所有疾病的神奇灵丹。伦琴拒绝为他的发明申请专利,X光机迅速被模仿和使用。仅仅一年的时间,就有30多种设计不同的机器投放市场,用来诊断、对付感染和癌症、杀灭细菌;有位科学家甚至提出,可以把这种看不见的射线用来"漂白埃塞俄比亚人",让非洲人拥有同他们的欧洲殖民地主人一样的浅色皮肤。

然而,这种新的射线还有它邪恶的一面。在显示每一个活体的骨骼的同时,它们也成为了一种技术上的死亡象征,隐藏着一道高科技的禁律:记住你会死去。对许多病人来说,踏入这样的一个神秘玩意儿,经过其伴随着惊人噪音的过程,乃是一个超现实的真相时刻。医生成了主持生死仪式的法师,如同托马斯·曼的小说《魔山》中刻画的汉斯·卡斯托普的检查一样。他进入疗养院的"透柜"看望他的表兄弟约阿希姆:

这里有一种异样的气息。空气中弥漫着陈腐的臭氧。漆黑的窗户之间的区隔把实验室隔为大小不一的两个部分。屋子里有物理设备、玻璃杯、控制板、立放着的测量仪，但是还有放在轮子上的照相机似的盒子、玻璃的照相制版一行行地覆盖着墙面——说不清这是摄影师的画室、暗房，或者是发明者、技术巫师的工作室……

汉斯·卡斯托普看见一些肢体：手、脚、膝盖骨、股骨、胫骨、手臂、部分骨盆。但是，人体这些部分的圆形生命形式只让人觉得像是幽灵、呈气态；像是雾和黯淡的光芒，它姑且环绕着其核心，即骨骼。骨骼清晰可见、细节精确……

此刻，助手打开了控制开关。有那么两秒钟的时间，恐怖的力量发挥作用，足以穿透物质。汉斯回忆，那是数千伏、上十万伏的电流。被勉强驯服以满足目的的动力寻找别的途径以图重获自由。电流发出射击般的声音。设备周围爆发出闪着蓝光的噼里啪啦声。扩展的闪电沿着墙壁闪烁游走。一只红灯从某个地方像眼睛一样注视着一切，沉默、气势汹汹……然后一切归于寂静；光现象消失了，约阿希姆出了一口长气。结束了。

这是近乎于奇迹的科学，在分析和宗教意义上都是一种启示，X光的潜在力量令普通大众崇信，也令科学家着迷；在1900年之前的那些年，巴黎科学院60%的文章讨论的都是这个主题。亨利·贝克勒尔决定研究与物质已知品质的一个可能的联系。在X光的产生过程中，真空管释放出一种微弱的、类似某些物质发出的磷光——如果这些物质之前暴露在光下，那么在黑暗中就会发光。作为一位能干的科学家和法国科学科研机构的顶梁柱，贝克勒尔是做这项研究的理想人选；像他的父亲和祖父一样，他也是巴黎自然历史博物馆的馆长，拥有大量的自然标本可以使用。为了检验这些发出磷光的物质是否也释放X光，贝克勒尔首先把它们放在光下，然后把它们放在照相底版之上，看它们是否造成放射阴影。

当恶劣的天气迫使他中断研究时，贝克勒尔已经采用磷光的铀盐建立了自己的研究。他决定把铀盐包起来放进容器里，照相底版则用黑布裹起来以免曝光，等到阳光充足的时候再说。等他把那堆东西拿出来的时候，他惊奇地发现照相底版在没有光的情况下已经曝光了。铀发出科学未知的辐射。贝克勒尔觉得他的发现很有趣，但是还没有重要到足以让他罢手研究伦琴发现的那些射线的程度。

当时，正在寻找项目的玛丽·居里是博士研究生，她在一所妇女高职院校担任教师，赚取一份微薄的生活费。她怀着极大的兴趣聆听了贝克勒尔的演讲。她觉得这种未知的射线很重要，并决定接受这份挑战。在作为教师的职责之上，尽管她刚刚出生的女儿主要靠她自己照料，她还是挤出了时间，进行也许算得上是20世纪最艰苦最辛劳的一项科学发现。

居里后来回忆说，她在极其可怕的条件下从事研究：

> 物理学院不能给我们提供合适的场所，由于没有更好的条件，院长允许我们使用废弃的、原来做过医学院解剖室的棚屋。它的玻璃屋顶漏雨；夏天热得要死，冬天，只有靠近铁炉子才可以稍微减轻一点儿严寒。没有获得化学家们普遍使用的、必要的合适的设备。我们只有几张老旧的松木桌子，我们把熔炉和煤气灶放在上面。我们不得不使用相邻的院子，进行那些会产生刺激性气体的化学操作；即便这样，气体还是充斥着我们的棚屋。我们靠着这个设备开始了令我们筋疲力尽的工作。
>
> ……夜间进入工作室是我们的一大乐趣；那会儿，在微弱的光线下，我们看见周围都是装着我们的产品的瓶子和瓶盖的剪影。那个景象真的太可爱了，而且对我们来说总是充满新鲜感。发光的管子散发着微弱的、童话般的光芒。

为了进一步了解这种神秘的辐射，需要找到释放它的物质，并提炼这些物质。在自然界，它们只和其他元素尤其是盐或者金属化合物共同存在。贝克勒尔已经发现空气接触"铀射线"可以导电。凭借着她丈夫开发的、测量非常微弱的电流的复杂仪器，玛丽亚可以确定她实验室的空气传输电流的程度，从而可以证明辐射的存在。

居里研究了所有已知的元素，得到两个关键的发现：除了铀以外，钍也可以释放辐射；而且，尽管它们有很不相同的化学性质，含有两种元素的不同化合物释放出同样的辐射量。居里的结论认为，确定辐射强度的不是放射性物质的分子结构，而是其中铀或者钍的含量。换言之，由于铀和钍是特定的原子，是元素周期表的一部分，辐射只能是原子本身的属性，而不是分子结构的属性。这是一个革命性的发现：如果说之前认为是所有物质的可能的最小单位的原子在释放射线，那么，它们的结构肯定比原来的认识更加复杂。

在他们测试的所有自然放射性物质中，沥青铀矿，主要见之于西姆斯塔尔（今天捷克共和国境内的雅克摩夫）的一种富含铀的矿物，是最可能的进一步研究对象，特别是因为它有一个令人费解的特质：它比单纯的铀放射性更强，这表明它可能包含其他迄今未知的元素。皮埃尔放弃了自己的研究工作，和玛丽一起做研究，于是，夫妻俩一起着手取得大量的沥青铀矿（奥匈帝国科学院慷慨的、虽然并不是无私的捐赠矿物帮了很大的忙），用酸分解它们，一再结晶成不同的化合物，其中的一种化合物脱颖而出，1898年，居里夫妇获得充分的信心公布他们的研究，宣称"我们因此相信，我们从沥青铀矿中提取出来的物质包含一种以前不为人知的金属，其分析属性类似于铋。如果这种新的金属的存在得到证实，我们建议以我们其中一人出生国家的名字将其命名为钋。"同年稍晚，他们发表了第二项发现。他们写道，"钡化合物包含另外一种具有更强放射性的新元素。"他们将其命名为镭。

诺贝尔奖

年轻的科学家玛丽·居里的博士论文概述发现了一种属性未知的新元素，科学圈为之轰动。巴黎科学院的成员认为这样辉煌的成就应该获得诺贝尔奖，但是，不是给这位年轻女士的。他们推荐皮埃尔·居里和贝克勒尔共同获奖，瑞典科学院同意了。居里先生得到信邮的正式通知——但他拒绝受奖。他致信颁奖方，表示为自己被提名而感到荣幸，但是，最重要的贡献出自他的妻子，如果没有她，他不会取得如此杰出的成就。经过紧急磋商后，委员会同意皮埃尔和他的妻子共同享有他的那部分奖励，于是，1903 年，居里夫人凭着镭的发现而成为诺贝尔物理学奖的联合得主。

玛丽深受健康欠佳的影响，以至于不能去斯德哥尔摩出席颁奖仪式，而她的丈夫再一次证明他是一个忠诚的人。两年后的 1905 年，他们才一起前去领奖。在受奖演说中，皮埃尔列举了他对新元素的希望和恐惧：

> 如果落入犯罪分子手中，镭会造成极大的危险，由此提出一个问题：人类是否从了解自然的秘密当中受益，人类是否准备好了从中获益，或者这份知识会不会对人造成危害？诺贝尔发现的例子就是典型，因为强力的炸药帮助人类做奇特的工作。但是，它们也是把人类引入战争的犯罪分子手中可怕的毁灭手段。我像很多人一样与诺贝尔有着同样的信念：人类从新发现中获得的好处超过坏处。

诺贝尔奖为居里夫妇赢得了国际声望，皮埃尔获得了索邦大学的教授职位，也有了相应的单独实验室，这样，他们也终于有了更好的工作条件。突如其来的荣誉也有其不受欢迎的方面。媒体感兴趣于这对夫妇、他们的发现，以及这位凭着单纯的智慧和几乎超人的韧性在男人的游戏中击败了男人的女性。各种晚餐、仪式、采访、记者来访应接不暇——这些都是对研究工作的恼人打扰。镭以其看似神秘的特性抓住了公众的想象力。

居里夫妇最高兴的是脱离这种马戏团式的场面，埋首于他们的研究。皮埃尔甚至在右臂上绑了一个装着铀盐的玻璃瓶子，观察它的效果，结果他发现它造成烧伤，留下灰色的瘢痕，六个星期后都还不愈合；他还喜欢在背心口袋里装少量的铀，以便给朋友们说明其磷光特性。在茫然不知的情况下，居里夫妇受到大量放射性的无情毒害。

然而，当灾难袭击科学界最伟大的团队之一员时，放射性所起的作用仅体现在它伤害了皮埃尔生命的这一点。1906 年，濯足节周四那天，他穿过一条繁忙的道路。当时天下着雨，他打着雨伞，没看见迎面而来的一辆军需供应马车。他直端端地和马撞了个正着，摔倒在地，马车的一个后轮压碎了他的头。在他葬礼的几天之后，他悲痛欲绝的妻子在日记中写道："我的皮埃尔，我无时无刻不在想念着你。我的头烧灼如火，我感觉自己快疯了。我无法理解为什么我不得不一个人活着，看不见你，不能对我亲爱的生活伴侣微笑。"玛丽还是活下来了，尽管多年健康欠佳，还要忍受法国保守报纸发起的针对她的仇恨声浪，她仍然继续做她的研究。1911年，她以放射性的研究而获得了第二个诺贝尔奖。1934年，她死于辐射诱发的白血病。

确定性的瓦解

科学对于局外人是个好地方。非同寻常的制高点有时候让人能见其他人之所不见。玛丽·居里从她的祖国波兰一路奋斗到法国科学研究的中心。另一位科学天才的人生始于新西兰的土豆农场。他是一个早慧的男孩儿和有天赋的研究者，他在基督城市上学，申请了剑桥大学的奖学金。传说申请成功的消息传来的时候，他在地里收庄稼。他直起背，说："这是我挖的最后一颗土豆。"

厄恩斯特·卢瑟福（1871—1937年）为了了解物质的本质、原子的结构而研究放射现象。在同丹麦科学家尼尔·斯玻尔（1885—1962年）一起做的试验中，卢瑟福观察到超薄的金箔受到辐射时，大部分阿尔法射线（放射性物质释放的三种辐射之一）会穿透金箔，而少部分阿尔法粒子则弹离箔的表面。卢瑟福认为只有一种可能的解释，也就是说，原子并不是过去以为的那样。在此之前，原子，按他自己的想象，类似葡萄干布丁：扎实、均匀，里面散布着一些类似于六便士和葡萄干的电子。然而，这样的电子不会允许相对较弱的阿尔法射线穿透。只有在原子是由基本上为空的空间构成，更像太阳系而不是葡萄干布丁，其整个被压缩成一个太阳似的核心，这个核心比围绕它的轨道转动并决定原子的量的电子小几千倍，这种情况才可能发生。事实上，物质既不扎实，也不是静止的，而是——至少部分是，能量的一种状态，持续处于运动中。实际上，世界上就没有什么东西是静止不动的——在原子的水平上，一切都是速度和能量，无数颗星座旋转并飞过空无一物的空间，互相轰击和干扰，拥有无限的能量和电荷。

物质和能量之间的关系，或者二者的聚合，也是另一位科学的局外人工作之余考虑的主题，这位局外人就是伯尔尼国际知识产权瑞士办公室的"三等专家"、26岁的阿尔伯特·爱因斯坦（1879—1955年）。他从理论家角度构想的世界观强化了伦琴、卢瑟福和居里夫妇等人的发现。然而，他的怀疑不仅仅关涉物质构成这样的小事情，而是时间和空间的本质。爱因斯坦之后，世界再也不是原来的样子。

由于理论的进步与仪器的改善，遥远星球和电磁场的观察将当时的物理观念推向极致，并暴露出与当时世界科学模式的差距。有一个问题特别困扰科学家：为解释光和电波经过空间的运动，科学长期假定了一个介质，即天空的存在。正如声音脉冲造成空气振动，但并不能在真空（没有气体）中运动，能够在真空中运行的光波和电必定也需要看不见的太空作为一个传播媒介。

因此，找寻这种太空及其存在就成为物理学的一个主要挑战。最著名的一个尝试是迈克尔逊—莫雷实验。这两位科学家假设，如果地球沿着其轨道围绕太阳旋转时经过宇宙太空，那么，地球在其椭圆轨道（转向两极的时候更快，快接近它们时速度下降）上飞过太空时，从地球上看去，其飞过太空的不同速率应该导致光速的不同，正如逆风行驶的自行车手感觉风速快过与风向一致的自行车手感觉到的风速。正如两位朝着风暴的不同方向行进的自行车手在一个酒馆坐下来，通过加上或者减去他们两人在骑车过程中测量到的风速，得到真正的风速，以此核对大风的速度，迈克尔逊和莫雷认为利用测量到的光速的差异，就可以确定地球相对于太空的速度。

迈克尔逊和莫雷的实验基础是经典物理学的一个基本原理，即所谓的伽利略不变性。在17世纪，意大利物理学家伽利略假定物理法则对所有观察者都一样，独立于它们在时间和空间中运行的影响。如果一个人从比萨斜塔上掉下去，并被站在地面的第二个人看见，那么，他们测量到的降落时间是一致的（虽然降落者因为担心别的事情而没法观察），因为时间对他们而言是一个绝对的因素。

　　实验采用最复杂的、专门为此目的制作的工具，但结果总是不满意。独立于地球在其轨道上的速度、独立于一天或者一年当中的时间，测量到的光速总是相同。然而，如果光速独立于自此观察它的行星的速度，两项因素中必有其一是真实的：要么由于未知的原因，实验本身有缺陷，要么物理法则并非在牛顿和伽利略界定的所有情形下都起作用。科学家们陷入了僵局：对运动物体在时间与空间中本质的描绘与观察到的现象相冲突。关于光速及其经过时间的空间活动，物理学失去了做出准确预测的能力，也就是对一个科学命题的解释能力。

　　爱因斯坦的天才之处在于，他从可观察到的事实抽象出空间与时间理论的智力勇气，以及敢于思考不可思考的事物的勇气。1899 年，在其实验证明无果而终后，阿尔伯特·迈克尔逊宣称："物理科学的主要基本法则和事实都已经被发现了，并且现在已经牢固确立，所以，它们被新发现所取代的可能性微乎其微……我们的未来发现必须到小数点第六位以后去找。"——他的这番话准确地代表了当时许多物理学家的信念。在物理学迎来对世界的全新理解之前 6 年，它的一位主角认为事情已经结束了。

　　爱因斯坦从年轻的时候就是一个知识意义上的叛逆者，他才不会被这种正统给吓着呢。他认识到，如果说迈克尔逊和莫雷没有找到他们寻找的东西，那是因为他们思考的格局太小，没有把自己的分析从人类的经验领域解放出来。想一想那个从比萨斜塔掉下来的倒霉的意大利人和他那在一旁观看的朋友吧。他降落的时间对他和他的朋友可能看起来是一样的，因为在宇宙背景下，到地面的距离和降落的速度都非常微小，但是如果换到更大的范围，就会出现非常不同的情景。

　　我们来假设一下，如果掉落者从事故中幸存下来，然后运气很差，又被装进早期的宇宙飞船，以光速一半的速度飞向遥远的星球，那么，某种非常奇怪的现象会发生：宇航员基本注意不到时间流逝的差异，但是，飞船上的时钟似乎会比地球上的观察者的时钟慢。想象一下空中有一个新的星座，它定期向宇宙发射一系列闪烁的钟表。宇航员自己的怀表（这是一个奇迹，它从斜塔上掉下来的时候没有摔坏！）仍然正常计时，观察两个等距的天文钟的静止的观察者同时看它们稳定地滴滴答答，显示同样的时间，因为他的眼睛看到时钟的光传播耗费同样的时间。然而，在宇宙飞船上，则完全是另一回事：通过一个时钟的时候，宇宙飞船会在半途遇到从第二个时钟飞向它的光（其行进的速度是光的一半），因此会更早接收到它的信号，它在途中遇到的每个时钟都是这种情况。对于飞船上的人来说，飞船外的时钟走得更快，时间也流逝得更快，而在飞船里面，时间则是恒定的。

静止的观察者会有相反的观感：飞船内的时间似乎扩大了，随着宇宙飞船接近光速，这种效应会进一步增强。事实上，时间并非绝对价值，尽管时钟以同样的方式为我们所有人滴滴答答。依据每一个观察者的活动，时间是相对的，即便这种效应只有在非常高速的情况下才有意义。从比萨塔掉落的人测量时间的方式和旁观者一样，但是，飞船里面的人却并非如此。

这一优美的观念使得爱因斯坦得以解释为什么迈克尔逊和莫雷无法测量相对于地球速度的光速的变动。测量的时间相对于测量者，而事实上，光速则是恒定的，高速率状态下时间扩大意味着，光速并不是相对于观察者的速率，而总是测得相同的值：每秒299792458米。没有任何不具备质量的物体真的能达到这一速度（这样做要求无限的能量），但是，物体越接近这一速度，相对于较慢的或者静止的观察者，时间的流动就越慢，抵消了相对于光速的运动之间的差。地球在空间中的运动——时间比光慢得多——的时候，最小的时间膨胀也可以逆转从地球上测量到的光速的任何可能变化。

这一后来被称为狭义相对论的理论于1905年在《物理学年鉴》一经发表，年轻的专利局职员立即成为科学界的明星。爱因斯坦将空间和时间从人类经验中，从理解世界的旧方式中解放出来。他遵从了逻辑一致性，而不是感知。他认为，以前的理论无效，因为它们基于错误的时间和空间概念，这种概念的基础是比光速低得多的小的速度带宽。除开爱因斯坦的理论本身，更为重要的是这样一个事实：潜在于他理论之下的大多数数学和物理学概念已经存在，但是他的同人谁都没有足够的知识勇气往前迈出决定性的一步，跨进未知。居里夫妇、卢瑟福及德国的马克·斯普朗克和丹麦人尼尔斯·玻尔等科学家已经表明，物质的本质并不是其表面看起来的那个样子。这下，空间和时间本身也被改变了。

爱因斯坦激进的时空相对性和厄恩斯特·马赫的认识论印象派（我们已经在上一章中谈到了，认为世界甚至自我不过是个体感觉的聚合，给人以牢固和固定的感觉，但事实上根本不是这么回事）之间存在着明显的亲缘关系。另一个类似的哲学，或者类似的先例——因为它是 15 年之前、于 1889 年发表的——是法国人亨利·柏格森（1859—1941 年）的伟大著作《对意识的即时测试数据》（英文书名是《时间与自由意志》）。他认为时间成了空间的人质。就空间中的运动而言、在时钟的表面测量时间，使得时间这种纯粹存在、纯粹品质的持续遭受量、计数和衡量的控制。柏格森写道，被体验到的纯粹时长与空间、与表盘上一分钟的缺口和另一分钟的缺口之间的距离没有任何关系。然而，时长的经验很不一样：恒定的扩大和收缩，时而一闪而过，时而又奇慢：

> 如果我的眼睛跟随表盘、与摆的震荡相对应的指针的运动，我并不像别人以为的是在测量时间；我仅限于计数同时的时刻，而这是很不相同的。在我之外，在空间中，唯有时针和震荡的单个位置，因为它们之前的位置没有留下任何痕迹。在我之内，我的意识中有一个事实的持续组织过程和事实相互渗透的过程，而这构成真正的时间。

通过使这种生活的时间经验受制于空间的测量，西方文化有效地使生活经验成为事实和数字、英尺和吨构成的硬邦邦的空间文化的奴隶。柏格森的言外之意是，为了商业和科学成功，文明剥夺了它自身最基本的自由。

对柏格森而言，意识必须得依赖记忆才能创造一个连贯的世界画面，在此过程中，心灵的卓越作用类似于摄像机，展开静态图像，给人一种持续运动的幻觉，一种身份的幻觉：

如果你取消意识……事物就会分解为无数的震动,所有的震动都以不间断的连续连接在一起,互相捆绑在一起,……那么,一位跑步者的成千上万个连续动作就收缩成一个单一的象征性姿态,这个姿态是我们的眼睛感知到的、是艺术复制的、每个人心目中那个男人跑步的形象。

柏格森会为约瑟夫·康拉德《黑暗的心脏》(1902年)中的几句话而高兴:"一个黑暗的身影挡住了经理屋子明亮的门道、消失了,然后,大约一秒钟以后,门道本身也消失了。"叙述者看见的显然是闷热的非洲夜晚一个纯粹、无任何干扰的时刻。在非洲夜晚的炎热中,除了人形、形态及其他印象之外,什么都没有,这些东西全部由心灵活动塑造成一个连贯的世界(按照厄恩斯特·马赫的说法,一种人格)。

科学家们将客体世界碎化为相对价值和无形力量,物质和时间就像一个老姑婆客厅的明代花瓶一样被打翻在地,而哲学和艺术则把破碎的残片收拢,并为之举行盛大的葬礼。美国哲学家、小说家亨利·詹姆斯的哥哥威廉·詹姆斯(1842—1910年)说,真理本身只有,也只有能够被证明具有有益的效果,才有重大意义;所有对你有好处的东西都是真实的。他认为,这个实用主义定义之外的一切都属混乱和经院哲学。

德国人汉斯·费英格在他的《仿佛的哲学》中声称,如果说真理只不过是有用的虚构故事,那么,所有的思想莫不如此。他坚持认为我们把世界作为知识模型,并把这些模型当作仿佛对应于本质上不可知的真实。这些模型本质上是处理日常生活、科学和艺术挑战的知识工具。它们与任何真实全不相干,但是它们准确到足以预测未来、确立因果关系。然而,最终,这些模型——上帝、心灵、原子——都只不过是心理地图和有用的虚构故事,在被更好的东西取代之前,它们都是有效的。

西班牙人奥特加·伊·加塞特(1883—1955年)诅咒他做研究的德国大学城马尔堡阴郁的天气,从而粉碎了所有的知识和经验,并将其转化为个人的情况和可变的角度:"这种被假定为不可改变的、独特的事实……并不存在:有多少种观点就有多少种事实。"观点的重要性不断提高,对于以其所见之物进行创作的艺术家,尤其如此:身份的转变和时间与空间的碎片化在艺术中，在毕加索、布拉克、马勒维奇、康定斯基、卡拉和波丘尼的画布上，得到了最为惊人的戏剧化表现。

在事实和真理的疲劳及对语言本身的怀疑和多种经验观之中，现代性诞生了。总是语带讽刺的罗伯特·穆齐尔在开篇就对比科学家对客观性和经验内容的争夺，以此为他的《没有品质的人》定了调：

> 大西洋上的气压最低；它向西移动，在俄罗斯上空达到最高值，没表现出要转弯向北的架势。等温线发挥了应有的作用。气温与年平均气温、与最寒冷和最炎热的月份的温度及与非周期月度温度的变化都处于常规关系。太阳、月亮的升起与降落，月亮和金星及土星环的光线变化，以及其他许多重要的现象，都与天文年鉴的预测相吻合。空气中蒸发的水处于其最高的弹性状态，空气湿度很低。一言以蔽之，这真的非常好，但是听起来有点儿老套：这是1913年8月一个美丽的日子。

神经电流

一方面，在只有少数聪明的心灵能够理解的根本概念的水平上，世界遭到攻击、嘲笑、重塑和质疑；另一方面，对真相的科学重铸也产生了明显效果，影响深入到普通人的日常生活和想象。19世纪爆发的科学发现促使技术进入人类经验的每一个领域。煤气照明曾经征服了城市，现在自身也被电灯取代了——后者更便宜、危险性更低且没有油烟。电话将数以百万计的家庭联系起来，马可尼的电报通过无线传输（柏林的殖民办公室通过电报信号指挥轮船驶离西非）征服了越来越远的距离；技术和自然过程理解方面的进步通过汽车征服了街道，使普通大众能够用上便宜的照相机，通过人工合成色素、油漆和染料的发明给日常生活增加了色彩，在人工的、氨基肥料的帮助下把食物摆上餐桌。

这些发展的主角成为了大众英雄，知识界的半神一族取代了圣人和艺术天才。一如玛丽·居里之在欧洲，托马斯·阿尔瓦·爱迪生（1847—

1931年）在美国取得了标志性的地位。"如果说米开朗基罗和贝多芬是过往时代的创造性天才，那么，爱迪生就是'门罗帕克公园的巫师'，也是现代的巫师。相对于精神或者艺术的光照，物质是他的特殊天赋——电灯泡、电影放映机——虽然他也是蜡纸、碱性电池、滚筒油印机等的发明人……"其他科学家如庞加莱、伦琴、马克斯·普朗克、卢瑟福和科学家企业家维尔纳·冯·西门子等被视为小神。其中一些人家喻户晓，受到报纸文章和纪念明信片的颂扬，他们的名字被印上自动车和机器，驶入医生的手术室、时髦的百货商店，并以新灯泡的有效形式，进入普通人家。

电激动人心。1900年巴黎世界博览会上，巨大的电力宫这样的展览乃是明星，数百万人蜂拥而至，一睹上万只灯泡使夜晚明亮如白昼的奇迹，赋予大楼前面的大喷泉以神秘的色彩，而在发动机厅，亨利·亚当斯赞发出呼噜呼噜声的机器是新时代的创造力。那也是一种自愈力，或者人们至少有此信念。自从18世纪梅斯梅尔对巴黎社会名媛做试验以来，电在医学中有其地位，但是现在，新的可能性和新的焦虑结合起来。法国《晨报》的一个典型的广告呼喊"快点儿！"：

> 起床了！能治好我也能治好你。我吃过各种各样的药，都没有效果。但是电有效果。麦克拉福林医生的"电健壮器"治好了我，也会治好你。恭喜每位虚弱者都可以免费尝试一次这一伟大的治疗方法。它业已给数以百万的人带来了健康和力量。电健壮器将使你产生抵抗力。它会使你血管内的血液沸腾。你会感觉到奇妙的能量透进你的骨头……很容易证明电能恢复重要的力量，而这一重要的力量不是别的，就是电……早晨，你醒来的时候，会觉得生气勃勃精力充沛，你会满怀喜悦，惊奇地发现疼痛消失了……提供小册子和免费质询，巴黎蒙马特区大道14号，上午10:00到下午6:00。

活力、能量、重要的力量、喜悦的惊奇：在一个神经紧张的时代，这些词听起来有着魔术般的魅力。受到女性对其角色的挑战以及关于生育率下降、退化、机械化和焦虑的喋喋不休，男性身份已经遭到了动摇和微妙的破坏。电气浴被广泛应用于多种疾病，包括消化问题、头痛、月经来潮、阳痿和神经衰弱症。

继居里夫妇和他们在镭方面的工作之后，X 光和镭的治疗扩大了准神秘的医疗范围，这些治疗方法也被医生广泛地使用，尤其是在放射性被证明可以抗击晚期癌症之后。的确，这新的、神秘的东西似乎有无穷无尽的有益特性。很快，化妆品业抓住了公众的兴趣，推出含钍和镭的药膏及面霜，其中一种产品叫钍—镭，是法国生产、据说有神效的面霜。"如果愿意，你就丑下去吧！"生产商的口号如此宣告，而其产品惯于给灿烂的美的思想赋予全新的意义。

辐射治疗还处于令人好奇的状态，电则很快就像光的使者、据说是全面的能量疗愈之源，由于电是看不见的，因此更加强有力。1912 年 4 月 21 日《纽约时报》的评论指出："没几个纽约人认识到，在大城市弥漫的喧嚣间，天各一方的人们一直在互通信息，在屋顶上，甚至透过建筑的墙壁，在人们呼吸的空气中，川流着电写的文字。"

电既奇妙又令人不安，也可以要人的命。1890 年，美国的报纸已经跟踪了解爱迪生和西屋公司的争议，即交流电或直流电是不是第一把电椅最合适的动力手段——电椅被设计来执行威廉·凯默的死刑。他用斧头敲击情人的头 26 次，致其毙命。爱迪生投入了一系列的实验，确定合宜的步骤，以及致死人所需要的电流。有实验过程中，有几十只狗、小牛和马被施以电刑，它们被"巫师"的助手用电线给捆绑起来。1890 年 8 月 6 日，终于要对凯默行刑了，犯人显得平静而克制。他被绑进椅子的时候说："慢慢来，好好做，沃尔登。不用着急，你知道，我希望一切顺利进行。"

谁也没料到打开开关以后发生的情况。凯默不像爱迪生的狗那么优雅地死去，而是显出各种极其痛苦的征兆，他的脸变成了深红色，血管爆裂，指甲掐破了掌心。第二次电击才结束了他的生命。当时，房间里弥漫着烧焦的肉的气息。《芝加哥晚邮报》报道说："那个不幸的人事实上被由中世纪望尘莫及的极端的残忍折磨而死。"《纽约时报》如此描写旁观者的状态："可以想象很多人都很痛苦、膝盖发软……感觉他们好像都觉得自己参与的这个情景会被作为公众的耻辱、犯罪而被昭告世界。"

照亮世界的媒介那黑暗、危险的一面使之成为科幻小说的理想题材，它们很快出于自己的目的而抓住了这些新发现：电、放射性、X光及原子结构的无形的力量，对于幻想出最狂野、最引人入胜的情节堪称理想。早在1870年代和1880年代，儒勒·凡尔纳笔下科学的未来景象已经吸引了大量的读者。现在，新一代作家将其未来主义的写作带到一个新的想象与老练水平：射线枪、微缩胶卷、原子弹、核动力、人形机器人、巨大的飞艇、磁带录音机和电视、技术战、去遥远的星系旅行、外星人入侵、幸存的恐龙、超光速旅行和人体克隆，都可以在1914年之前的通俗文学中找到。虽然，它们的笔调与早期的科幻小说有差异。不再有凡尔纳的那种具有强大推进力的乐观和"科学意味着进步"的信念。新一代作家往往都是反乌托邦者，相信或者暗示利用或者释放自然的潜在力量的内在危险可能产生毁灭性的结局。他们写道，变化不可避免，但是无法确定那不会导向深渊。

H.G.威尔斯（1866—1946年）的作品对于技术的未来及其诸多陷阱提供了最引人入胜和最富预见性的描写。威尔斯是英国小说家，其想象力的无边无际一如其黑暗幽深。《时间机器》《被盗的芽孢杆菌》（这两部作品都发表于1895年）、《莫洛博士岛》（1896年）、《世界大战》（1898年）、《登月第一人》（1901年）、《陆上铁甲舰》（1904年）、《现代乌托邦》（1905年）、《空中战争》（1908年）、《一觉醒来》（1910年）、《世界解放了：人类的故事》（1914年）全都是描写由于物理学、技术和现代资本主义可能导致世界的变化，戏剧化地表现进入满目疮痍的未来和太空、坦克战和飞机战的情形。对威尔斯来说，新的科学世界在数世纪的无知之后只剩下征服世界：

对于电……人类在无数时代完全一无所知。有什么能比电更能引起强烈的注意吗？它在人们的耳畔响起雷鸣声，它以炫目的闪烁给人示意，有时候它夺人性命，看不出它能够引起人们足够的关心或者值得对它进行研究。在任何干燥的日子，它随同猫一起进入屋子，只要人们去抚摸它的毛，总伴着劈啪作响声。人们把金属放在一起的时候，它令它们腐蚀……在16世纪以前，没有记录显示有人问过为什么猫的毛劈啪作响，或者为什么在天寒地冻的时候头发不好梳理。在无尽的岁月里，人似乎最成功地尽了最大努力根本对它不予思考、直到这种新的探索精神对这些现象予以关注。

然而，这一新领域的效果常常是险恶的、灾难性的，正如威尔斯在《空中战争》中刻画的，主人公发现自己在一处空军营地，感觉迷惑不解："这个营地反映了创造它的现代科学的巨大力量。搁在地上的低矮的电灯造成一种特别的奇怪现象，它使所有阴影全部朝上，在飞艇侧面形成了他自己和他的手的巨大影子，影子重叠在一起，像是一个怪物似的动物：细长的腿及巨大的、扇形的弓着背的身体。"人类发现自己被科学给矮化了。

威尔斯的乌托邦震荡于良心和灾难之间，而美国人雨果·根斯巴克（1884—1967年）则描绘了2660年彻底的技术世界，在他的《拉尔夫124C 41+》中，作为发明者的英雄和主角使用未来的设备，如射线枪、太空飞船，实现传统的目的：营救自己的心上人。在欧洲大陆，通俗小说家们让他们故事的英雄使用新技术。保罗·德艾沃伊（1856—1915年）在他的冒险之作《镭的竞赛》中，对他的同胞玛丽·居里的发现做了戏剧化的描写，而阿诺德·加洛平（1865—1915年）则采用前爱因斯坦的物理学理论，让他的欧米茄博士进行太空竞赛，连证明的盗贼大师亚森·罗平也被他的创造者莫里斯·卢布朗（1946—1941年）派去帮助解决《三十口棺材之岛》（1919年）中神秘、恐怖的岛上的秘密。女主人公史诗般地寻找的东西、带来生机也造成死亡的"神石"，结果是藏在巨大的花朵中的镭石。

德语国家对未来主义的冒险故事没那么大的兴趣。新闻记者汉斯·多米尼克发表了一些讲述空间和时间旅行的通俗故事，但是没有哪个小说家把这作为自己的主题，没有出现填补这个空白的虚构英雄或者系列故事。或者说，这是一个空白吗？有没有可能是因为德国人拥有高速发展的城市、蓬勃发展的工业化和几乎已经成为日常新闻的发明和技术记录，所以他们觉得不需要更多的未来，而宁肯避居于更简单、更原始的生活？法国、英国和美国读者狼吞虎咽地阅读分期连载的科幻故事，从而使莫里斯·卢布朗和 H.G. 威尔斯这些人名利双收，最著名的德国通俗冒险作家卡尔·梅（1842—1912 年）专事讲述背景为中东或者未开化的（美国）西部的奇异故事。他最受喜欢的英雄是高贵的阿帕奇印第安勇士温尼头，他和他的白人猎手朋友老沙特汗一起经历了无数的冒险。梅从来没有踏足过他在小说中如此栩栩如生地描述的美国西部（虽然 1908 年，在创作了他的大多数小说以后，他的确参观了纽约），却成为了德国最受欢迎的畅销书作家之一。他的小说现在仍然不断再版。

卡尔·梅的名望当然与他对科学进步的怀疑有关，怀疑潜在于不懈进步之下，怀古世界继续存在，并将迸发进而扫除城市文明的成就。亚瑟·柯南道尔 1912 年的小说《失落的世界》描述了在遥远的南美高原（8 年后的电影《侏罗纪公园》效仿了这个故事）发现活着的、凶猛的恐龙的故事；同一年，埃德加·里斯·伯乐斯因其创作了《人猿泰山》（1912 年，第一个电影版本拍于 1917 年）而声名大噪。

对她毫无兴趣的文化震颤，玛丽·居里处之泰然，她继续从事自己的研究。1906 年丈夫过世后，她自己也成为了索邦大学的教授——她是这所法国最有声望的大学的首位女性教授。放射毒害（尚未被认识）和皮埃尔之死造成的悲伤给她烙下了深深的印迹，《费加罗报》的一位记者在她的第一次演讲报道中写道："我看着那张奇特的、不老的脸，它好像阅世太多，或者哭得太多；……那是一张饱含着冷峻的宁静、压抑的痛苦的脸……我听见背后有人说：

"——'这是怎样的职业生涯！'"

非常真实。

不是每个人都像《费加罗报》的那位记者那样对她怀着钦佩的同情。居里夫人的很多同事非常讨厌他们有一位女性同事。5 年以后的 1911 年，他们的机会来了。这位寡妇恋上了她的同行科学家保罗·朗志万。朗志万准备离婚。媒体曾经钦佩其获得诺贝尔奖的明星，现在，他们毫无怜悯地攻击玛丽·居里是毁了一个好端端的法国家庭的"波兰人"、一个不知道自己位置的女人。玛丽觉得非常恶心，尤其是，尽管她有着明显的成就，但是却未能入选科学院。这位在法国遭到唾骂的科学家在国外更受尊重。就在同一年，她获得了她的第二个诺贝尔奖——这次是化学奖。

"这个发现以骇人的力量打击到我，仿佛到了世界末日。所有一切都变得透明了，没有任何力量或者确定性。"这是1911年瓦西里·康定斯基读了卢瑟福小说后的反应。科学前所未有地回答了古老的问题，赋予工业及普通男女的新梦想以可能性。这些激动人心的前景的代价是旧世界的稳固与有形性质的丧失。可能性出现之处即确定性坍塌之地。

五 1904年：皇帝陛下和莫雷尔先生

> 最为有趣的是躺在灌木丛里看当地人静悄悄地从事一天的劳作。有些妇女……把干的香蕉捣成香蕉粉。目力所及之处，男人们在修建房子，做其他事情，男孩和女孩们跑来跑去，欢歌笑语……我一枪射向一个小伙子，子弹穿胸而过，以此开始了我今天的游戏。他像块石头一样倒下……密集的枪声倾盆大雨般扫向村庄。
>
> ——威廉·格兰特·斯泰尔斯上尉《刚果日记》1887年9月28日

1904年初，殖民政府一位无名公务员撰写的厚厚的打印报告由伦敦殖民办公室归档。作者受托调查有关与英属罗德西亚交界的非洲殖民地事态的大量传言，但是这份文件被认为没什么特别重要的。然而，它记载着人类前所未有的最大的恐怖和非人道故事。

这个故事的作者是罗杰·凯斯门特（1864—1916年）。他是爱尔兰人，在他20多年的职业生涯期间，在非洲多个地区担任大不列颠国王陛下的领事。前一年，他受命前往刚果自由邦报道殖民统治者虐待当地人的指控。凯斯门特以一位经验丰富的外交官超然的语言记录的发现堪称一份暴行、大规模致残、国家资助的奴隶制和谋杀以及巨大贪婪的清单。整个、整个的族群似乎全都消失了：

> 1887年我到访的时候，卢克莱拉有整整5000居民，今天，经过仔细列数，已经不到600人……
>
> ……（1887年）三个市镇（在另一个地区）的人口约为4000到5000千人……几十个男人被装上独木舟前来迎接我们，邀请我们到他们村里过夜。今年7月28日我买舟来到伊雷布，发现这个村子完全消失了，代之以一个很大的训练营，从刚果各地征召来的大约800名本土新兵被训练为战士……

除了村庄的整体消逝，报告还清晰地记录了一种野蛮的鞭笞和致残方式，特别是剁手：

> 我在湖区的时候，注意到两起这样的事例。有一位年轻人的双手被抵着树干，被人用步枪枪托给轧断了，另一位十一二岁的小伙子右手从手腕处被砍断。经我询问，年轻人向我描述了他的致残情形，他说虽然受伤的时候他完全感觉到手腕被截断，但是他一动不动地躺着，他害怕一动就会被整死。在这两起案例中，政府兵由白人官员陪同，我已经掌握了他们的姓名。

报告细致地记录了许多这样的事例，以及异常残酷的刑罚（有一个男人被倒吊在火上，妇女们被反复强奸，然后被开膛破肚，许多人被鞭打至死），以及无数妇女和儿童遭到监禁。

欧洲殖民者给当地人造成这种无法想象的恐怖的可能原因，是多年以前由和蔼的爱尔兰兽医、贝尔法斯特的约翰·邓禄普的发明所致。他为他儿子的三轮车设计了充气橡胶管，并进行出售。很快市场需求大增，1890

年,他停止照顾马,而投身于未来的运输业。配备了奇迹般的减震轮胎后,自行车成为了一个文化现象,以其速度、自由和身体健康的原因成为了年轻一代的标志。全世界对橡胶的需求十分旺盛。

迅速认识到这种需求是一种历史机遇的最终的商人入场了,他就是比利时国王利奥波二世(1835—1909年)。通过具有传奇色彩的探险家亨利·莫顿·斯坦利的妙招,国王于1885年获得刚果一块面积与欧洲相仿的土地。他不想把这块土地作为他国家的领土,而是纳入个人私囊,从一开始,他就把他命名为刚果自由邦的殖民地视为赚钱工具。这里的内陆有象牙,有无数的当地人可供役使、强迫劳作。当橡胶热潮发生的时候,利奥波发现他的殖民地正好有丰富的野生橡胶树资源,因此拥有在世界橡胶市场上施行实际垄断的潜力——至少在其他地方的橡胶种植场能够成熟到生产之前。国王明白时不我待:可以获取巨大的财富。他着手工作,或者说,为了促使可供出口的橡胶生产最大化,他不顾人道成本,实施了系统的恐怖主义统治。由于野生橡胶树需要人爬到密林间的树上,国王的官员们想办法把妇女和儿童扣为人质,直到定额完成才放人,以此控制男人们——他们带着镣铐没法爬树,放开镣铐男人们又会逃跑。任何反抗,甚至完不成定额,都要遭到驻军烧毁村庄和杀死全村人的惩罚。作为杀人的证据,黑人士兵被命令带回行动中的牺牲品的手——否则这些人可能浪费宝贵的弹药,用子弹进行狩猎游戏。行动可能需要几个星期,所以,为了保存砍下的肢体,需要进行烟熏。参与行动的军事单位有一个特殊的职位:"手的保管者"。想要得到更多杀人奖金的士兵获许可以砍掉活人的手,也可以砍掉死人的手,然后把被其砍手的人丢在原地。强迫劳动、集体强奸、扣押人质、千倍的谋杀以及有地方特色的暴行是自由邦能够为欧洲和美国贪婪的市场提供橡胶的关键因素。安坐在比利时的皇宫中,国王利奥波的富有程度超出了他最狂野的梦想。

不公平的交易

刚果自由邦正在发生的事情真相几乎是爱德华·提纳·莫雷尔（1872—1924年）偶然揭露出来的。他是一位英国运务员，在利物浦航运公司的工作，任务是核对往来于殖民地的货物。他是法国人的子女并讲一口流利的法语，工作职责的原因他经常去比利时，他监督刚果货船的装货、下货事宜：据比利时官方数据，这些货物是来自非洲的象牙和橡胶，以及作为货款和供交易的日用品。有一天，他在比利时刚果行政部门同高级官员开会时，年轻的簿记员知晓了一个情形。后来，他以使他成为一位非常厉害的记者的华丽辞藻，回忆了这个激发了他的怀疑和好奇心的情形：

> 一间其窗户可以朝上看见布鲁塞尔皇宫后面的屋子；一间阴暗的、铺着厚重地毯、挂着厚重窗帘的屋子；一间有着令人压抑阴影的屋子。在这间屋子的中间，一个男人坐在桌子后面。那是一个消瘦至极的男人，双肩窄小、佝偻；大额头、高高的鹰钩鼻子、非常靠近后脑勺的大耳朵；灯笼似的下巴，目光冷峻的双眼。处于养神状态的脸显出非人的冷漠、被动、苍白、呆滞，全是骨头、两颊塌陷的脸孔；这就是时任刚果自由邦"国务卿"的脸……他身体前倾，说话速度很快，断断续续，口音很重，他抱怨上一批机密的外运汽船货物信息被泄露给了报纸……他把消息指给我们看。看起来无伤大雅，只不过是船上的主要物品清单。但是物品单上详细罗列了球筒多少箱、步枪多少箱，雷管枪支多少箱，等等……错就错在这儿。这是专业守密的疏忽。斥责到这个巨大的轻率之举时，说话者站起身来，苍白的双颊泛起红晕，声音颤抖……他不要听任何借口，也不许人打岔。他一遍又一遍以强调的口吻重复"秘密人员"一词。

这个情景令莫雷尔大为诧异，他用自己公司的船运单进行核查，发现官方数据完全是虚应事故。外运货物主要是小型武器和弹药。没有任何与从刚果进口的橡胶生产商交易的证据。他还注意到，官方统计数字只报告了所获的小部分利润。看起来，某个人在秘密地从殖民地赚取数千万比利时法郎的收益。莫雷尔有足够的统计学和利润率经验，他知道这意味着什么：

> 这些数字透露了事情的真相……只有可怕、持续的强迫劳动才能解释如此闻所未闻的利润……刚果政府乃是这种强迫劳动的直接受益者；国王本人最亲密的合伙人实施的强迫劳动……我发现的累计意义令我头晕、震惊。无意中撞见一桩谋杀案已经够糟糕的了，而我撞见的是一个由国王挂帅的秘密谋杀集团。

莫雷尔是一个有着非凡决心和勇气的人。他找到了他的人生使命：揭露并终止刚果的恐怖。

莫雷尔不是唯一一个为刚果暴行所震惊的观察者。黑人记者乔治·华盛顿·威廉姆斯在1890年代已经揭露过利奥波政权，玛丽·金斯利长达一本书篇幅的报告文学作品《非洲之旅》自1897年出版后就广为流行。但是，莫雷尔是这项事业最有效能的冠军。他提供的信息总是十分准确，他具有传奇般的韧劲，他的风格既生动多彩又刚劲有力，而他的愤怒始终保持着他最初发现情况时的生猛。莫雷尔决心迫使全世界注意这件事，而他有着惊人的工作能力。28岁的他辞去了工作（拒绝了收买他沉默的几次提议），募集资金，与数百位目击者和身居高位的人通信，找传教士收集材料，从与殖民政府有联系的人那里取得文件，创刊了一份报纸登载那些骇人的消息，发表谈话和演讲，撰写了数百篇文章和数千封信件，找政治家们游说。这位小个子、大胡子，既没有稳定收入也没有有影响力的朋友的利物浦人成为了刚果被野蛮剥削的人民的捍卫者，他将成为一位从未踏足过非洲大陆的欧洲君主最坚忍不拔、最激烈的敌人。

全欧洲和美国的报纸得到莫雷尔提供的内部消息后，开始登载揭露和有损利奥波政权的文章；莫雷尔发表其关于殖民地暴行的著名演讲时，演讲厅通常被挤得水泄不通，国会议员及其他决策者收到富于审思和辩才的信件。几年征战下来，殖民办公室已经无法再继续忽视来自刚果自由邦的令人不安的消息，并派了其最可靠、最富有经验的罗杰·凯斯门特前往调查。

凯斯门特于1903年启程，租了一艘蒸汽船，在自由邦踏访了几个月。租船是一个重要的事实，因为这使他不仅独立于特许的橡胶公司和该地区的政府，而且也让他不会被控制。当他终于回国以后，他在提交给外交大臣的长达一本书篇幅的报告中，倾泻了他的愤怒。凯斯门特的调查结果证实了莫雷尔讲述的每一个令人毛骨悚然的细节。他详细描述了针对非洲人的毁灭战争："其中最大的一家刚果特许运营公司，"凯斯门特写道，"向其欧洲指挥官要求提供更多的球筒。指挥官满足了这个要求，并询问大约三年前运过去的7.2万个球筒的使用情况，回答是已经全部用于印度橡胶的生产。"

当地妇女被扣押在羁押营（她们通常遭到看守的强奸），以保证她们被派去割树脂的男人们返回，如果男人们没能带回足够数量的原料，那么他们也会遭到严厉的处罚："至于那些交不够橡胶而被扣在'人质之家'的男人们的境遇，当地代理人向我保证，他们没有受到不良待遇，'他们有饭吃'。另一方面，我得到确证，在很多营地，在那种情况下，处理那些不听话的土著的办法之一是用河马皮鞭抽打他们"。一页又一页的报告精心叙述了欧洲人的桩桩野蛮行径，有地点、有日期，也有目击证人。还有几个附录提供了额外的证据。

凯斯门特审慎的正式报告以其公正无私的笔调而具有非常平静的力量。它以分析一个工厂的方式，计算在不同地区获取的利润，所需要的工人、死亡人数对生产的影响。当报告于1904年4月在议会报告上发表时，对获得的利润和生产过程中被折磨、杀害人数的平静列举极大地促进了莫雷尔的行动。很快这两个人见面了，并成为坚定的盟友。莫雷尔叙述如下：

> 我眼前站着一个男人，身量同我相仿，非常轻盈、肌肉十分发达，胸脯前突，头昂得高高的——意味着他是在巨大的开放空间生活之人。黑头发和胡须满面的脸颊被热带的太阳给镂空了。极具特色的面目。深蓝色的犀利眼睛深陷于眼眶中。那是一张长而瘦削、黝黑的范戴克型的脸，既坚定有力，又温文尔雅。……在我经常的想象中，他一如那次刻骨铭心的会

谈时的样子，斜靠在照亮屋子的火炉边……以其音乐般的、轻柔的、近乎均匀的声音，以独具尊严与悲怆的语气，披露一个充满卑鄙阴谋的故事。他一连谈了几个小时，只是偶尔停顿一下，那是他的心被回忆的辛酸紧抓的时刻，这时候，他会中断叙述，喃喃地咕哝："可怜的人们；可怜的，可怜的人们。"

在同样的正义热情感召下，凯斯门特以各种可能的方式促进刚果自由邦的独立运动。他本人站在弱势方一边的动机也许根源于他的个人经历。作为一个爱尔兰人，他越来越憎恶英国人强加于他的国家的统治，也正是这个事实使得他和他的雇主发生直接冲突，这对他事业的发展应该不会有什么好处。他是一个能力超群的人，但是终其整个职业生涯，他被分派承担帝国边缘次要的、无足轻重的职位，也许这是因为他不属于贵族公立学校、不完全是英国精英的一族（他本人就读的是一所二流学校），而高级服务梯队的人都出自这个群体。凯斯门特还以另一个方式被边缘化：他是同性恋者。承认他的感情是难以想象的，于是他只好一次次同在港口和边远地方遇到的年轻人偶然满足一下情欲。他把这些偶遇都写到日记里。日记是他真实情感的记录，他在其中毫不掩饰他目睹剥削时心里的情感："8月30号，星期天。平静的一天。下午在阿比尔见了M.勒琼。16个男女和儿童被捆绑着——他们是城市附近穆包约村的。男人们被丢进监狱，在我的干预下，孩子们被放走了。龌龊！龌龊无耻的制度！"描写性经历的内容十分坦率："阿戈斯替纽多次亲吻。四块钱"、"下面点儿，噢！噢！快！大约十八岁"、"个子高。'多少钱？'"

虽然自己在多方面都是局外人，但是，富有魅力的凯斯门特却把保卫那些无力自我保护的人们当成自己的事情。作为领事，他的职责常常使他需要代表闯祸的醉酒士兵同警察交涉，或者倾听委屈的英国旅行者愤怒的长篇大论，这份工作是很劳累很令人沮丧的，对于正义的追求似乎终于对得起他的智慧和热情。

莫雷尔为国际宣传运动做好了准备：他有这位新的、宝贵的盟友襄助，还有约翰·哈里斯牧师和他的妻子爱丽丝·西丽·哈里斯提供的第一手证据，以及从刚果回来的浸礼会传教士表达的道德愤怒，并提供他们自己拍摄的照片及令人悲哀的纪念品：他们在公开演讲中展示的皮鞭和手铐。在向公众巡回展示这些恐怖的工具时，哈里斯牧师宣读报告。这是他的报告之一：

> 一个非洲村庄的40位瘦弱的儿子……排成一行，每个人都提着一小篮子橡胶。给每个人的橡胶份额过秤、收起，但是……有四个篮子没达到要求。命令简短得残忍——很快第一个没完成份额的人被四个精力充沛的"行刑者"抓住，扔在裸露的地上，绑住手脚，第五个人则举着一根长长的、弯曲的河马皮鞭，跨前几步。皮鞭迅疾、不停地抽打倒霉蛋，其锐利、齿状的边缘深深地扎进皮肉——背上、肩上和臀部，血从十几个地方喷涌出来。受害者徒劳地扭来扭去，却无法躲避行刑者的掌握，然后，皮鞭又抽打在颤抖的身体的其他部位——四个人当中，有一个人身体最敏感的部位也遭到了鞭打。"每人一百皮鞭"留下四具动弹不得的血肉模糊的身体，在橡胶征收点闪闪发光的沙地上颤抖。
>
> 这个决定性事件之后紧接着另一个事件。刚吃过早饭，一位非洲父亲冲上我们的泥巴房子的凉台台阶，把他不到五岁的女儿的手和脚搁在地上。

哈里斯夫妇向震惊的公众出示照片，以资证明。

这真正是罗杰·凯斯门特在刚果结交的朋友、波兰—英国海员、探险家约瑟夫·康拉德1899年的小说所勾起的"黑暗之心"。欧洲宣称其殖民世界是因为其道德领袖的地位和出于传教的热情，而这是侵蚀这种宣言的癌症。国王利奥波本人——他枯燥乏味、满脑子想着赚钱、怀着史诗般的贪婪——宣称其占用刚果是出于人道主义原因，他发誓自己学习过这些东西，而且是基督徒。他甚至创立了一个科学机构进行研究，他在布鲁塞尔及其周围的许多巨型建筑中，有一座专门用来收藏中部非洲温暖的极为庞大的物资的博物馆。但是，在这种慈善的表面之下，殖民地被剥夺的不仅是原材料，还有生命。上千万刚果人毁于利奥波的统治，他们被谋杀、致残，或者挨饿。这是世界历史上最大规模的种族灭绝。其杀人的生意也给他无数的扩建、改造项目提供了资金，包括拉肯的皇家城堡、一个有着愚蠢建筑的大公园、滨海城市奥斯坦德的海滨大道、为他最喜欢的跑马场的长廊、一个高尔夫球场和他宠爱的项目——纪念其成就的巨大的凯旋门。他还在其他国家置购富丽堂皇的财产，特别是在法国南部。他喜欢和他的情妇在这儿逗留几周。她是一位巴黎的雏妓，在他死前不久，他迎娶了她。

帝国之耻

（利奥波的行径）很容易遭人厌恶和鄙视，但是，在所有的殖民地项目之下，都隐匿着暴力压迫。然而，尽管（往往很真诚）口头说着基督教使命和"白人的承担"这样的花言巧语，部分多亏了莫雷尔不停歇的、极其有效的行动，国际媒体才越来越认识到官方文件、课本、身居高位的官员不会提及的一些殖民政策的真相。公众长期盲目认同帝国的行径，但欧美报纸长期报道的布尔战争（1899—1902年）最大程度上改变了这种公众意见。

欧洲报纸严厉批评英国的见利忘义，企图为国王夺得南非最有利可图的金矿，为此，他们甚至不惜灭绝当地的荷兰裔殖民者布尔人（现称"阿非利卡人"）。从圣彼得堡到巴黎，整个欧洲为英国军队早期的失败欢呼，视之为伟大的爱国主义的胜利。总是善于引起外交政策丑闻的德国皇帝发了一通电报给克鲁格总统，祝贺他击退了英国人1895年12月对杰姆斯的侵犯，从而引发了一起重大的外交事件。当帝国军事力量加强，进入反攻后，欧洲报纸在头版登载从前线发回的通讯，追踪一个个布尔部落及其指挥官的命运，仿佛战斗就发生在法兰克福或者里昂的街头。

英国企图征服勇敢的荷兰殖民者及其合法利益的行径在国际上引起了公愤，当然这种公愤某种程度上是政治性的，德国的情况尤其如此，因为它在南非也有战略利益。然而，其他国家的强烈反感则大多是非常真诚的，批判的声浪渐高，形成疾风骤雨般的抗议，这时，英国指挥官基齐纳勋爵采取了焦土政策，系统地毁灭布尔农场，把妇女和儿童赶进被称为"集中营"——这是这个词第一次出现——的拘留地。2.8万名平民,即1/4的俘虏,因为饥饿、露宿和肆虐的瘟疫而死于临时搭建的营房。这些受害者中,有2.2万人年龄不到16岁。1902年最后的和平协议签署后,奥匈帝国讽刺杂志《跳蚤》从一首顺口溜中捕捉到了许多欧洲人的情绪:"老英格兰,干杯!不再有战争了/我们现在可以去那儿了。/我们把德兰士瓦的矿石挑回家/我们过着国王般的生活,香槟多的是/只要剁碎布尔人就可以了。"

对布尔战争的反对常常来自左派。社会主义的维也纳报纸《工人日报》批判英国《针对英雄的人民的血腥战争》的文章反映了许多左派人士的感情。在英国,反对大资本及其参与到德兰士瓦英国金矿公司的争论常常具有反犹色彩,自由派作家J.A.霍布森的文字中就有这种意思。他在一本畅销书中坚称,金矿业几乎完全掌握在……犹太人的手里,"约翰内斯堡"不值得基督教士兵为之流血。正如德雷福斯上尉完美地体现了法国人的焦虑,怀着不可否认的经济动机的优越国家的靴子踏破正直生活的基督徒布尔人,这样的形象使他们成为一种共同焦虑的理想符号,凝聚起背景迥异的崇拜者。

欧洲观察者相对比较容易对布尔人显示团结,毕竟,他们本身也是欧洲人,而且敢于违逆英帝国这个巨人。这不完全是一场殖民战争,而像是一场解放战争,很像19世纪初波兰人争取独立的战争,这种观点与布尔人对他们自己及其战争的看法相同。尽管他们拿着毛瑟枪(令其进攻者胆寒),但是,这些蓄着大胡子的坚定男人骄傲地让报纸拍照、其照片在全世界发行,他们看起来像是保卫乐土的先知国民:这是一个虔诚的白人社会,他们为保卫它不惜流尽最后一滴血。他们为已经有效施行种族隔离的社会不屈地战斗,而不是为着争取什么黑人拥有民权的社会。当后来创立了童子军的罗伯特·拜登·鲍威尔上校武装起黑人,保卫被布尔人包围的英属马弗京,进攻部队的指挥官彼得·阿诺德·斯克隆耶对这一种族背叛行为十分不耻,他给战线对面的拜登·鲍威尔递了一条口信:"我请你停下来……即便这让你丢失马弗京,解除你的黑人的武装……在一场白人的战争中,承当一个白人的角色。"部分地由于这种可耻的诡计,拜登·鲍威尔拒绝承担那个角色，守住了城市。

对于英国本身，布尔战争是一场灾难，即便其军队最终于 1902 年 6 月打败了精疲力竭的定居者军队。胜利付出了骇人听闻的人命代价，只有最盲目的帝国主义者才会认为这是一场势均力敌的光彩战争。辉煌的英国军队遭到乌合之众的定居者队伍羞辱，在战争之初，后者几乎全靠勇气和顽强的毅力（后来，他们得到法国及德国的物质援助甚至志愿者的支持）。当他们终于迫使对方接受有利于自己的决定时，已经为此牺牲了上万名无辜平民，战争的动机也非常可疑。殖民者为其帝国辩护的崇高理由看起来不再那么纯粹。军事上的胜利仍然被视为绝大程度上的道德失败。"我们充其量证明自己在方法上不择手段，在方式上极其粗俗、低效，这种可怕的意识构成个人整个一生不愉快的背景……一对一的话，布尔人在尊严、献身精神和能力上都超过我们——是的，在能力上超过我们。"1900 年，在集中营和焦土战术之前，费边派活动家比阿特丽丝·韦伯在她的日记中厌恶地写道。

回顾这段较近的历史，英国政府对之后两年凯斯门特的报告保持沉默是可以预料的。对于非洲国家受到野蛮剥削表示道义愤怒难以取信于人。实际上，殖民统治实践没有显示出殖民宗主国的优点。以德国为例，它是布尔人最喧嚣的支持者，但暴力的癌症在同一年就暴发了，当时，德属南部西非洲一些部落揭竿而起，反抗威廉二世的军队。武装赫雷罗族战士包围了奥卡汉贾城，进攻该地区的农场和警察局，造成 140 名德国人丧命。

殖民总督只有一支人数不多的小部队，他向柏林请求援助，结果得到的支持超出了他的要求。德皇不顾大多数高级军官的反对意见，直接命令洛塔尔·冯·特洛萨中将赶赴前线。特洛萨有多年在殖民地服役的经验，以极为残酷闻名。当他发现自己没法在公开战斗中打败造反者后，他觉得自己面对一场让他大为光火的有效的游击战争，于是他采用更全面的战术，给赫雷罗人颁布了以下命令：

我，德国大将军，给赫雷罗人发布这封信。赫雷罗人不再是德国臣民。他们谋杀、偷盗，割人耳朵、鼻子和受伤士兵的其他身体部位，而现在他们胆小懦弱不敢战斗……赫雷罗人必须离开这片领土。如果他们不走，大炮会迫使他们走。在德国边界内，每一个赫雷罗人，无论是否持枪，无论是否牵牛，一律开枪击毙，而且，我不再庇护妇女和儿童，我把他们赶回他们的人那里，或者开枪击毙。这是我对赫雷罗人民说的话。

强大的帝国皇帝的大将军

特洛萨的军队大多数都已经由于不适应炎热而筋疲力尽，热带疾病致使他们虚弱、伤残，不可能执行这道残酷的命令。然而，面对其他做法和措施，例如，封锁水坑，结果大约3万名赫雷罗人逃到干旱的内陆地区，德国军队鞭长莫及。他们进入了无水的山德菲尔德沙漠，大多数的牛及大约1.2万至1.4万名男人、女人和儿童死于干渴。侦察兵后来发现了几米深的水坑，周围都是骨骼，但是没水。当柏林终于下令（伴随着媒体的疾呼）取消声明，停止仇恨，向幸存者提供人道主义援助的时候，大约1/3的赫雷罗人已经命丧战斗或者山德菲尔德沙漠。

如果说特洛萨的野蛮意图和赫雷罗人可怕的死亡数目是德国短暂殖民历史上的一起孤立事件，那么，在奥斯曼帝国，凶残的暴力则是频繁而系统性的。1894年到1915年间，数以百万计的亚美尼亚人死于军队及库尔德喽啰之手，还有一小部分，死在某些荷兰殖民地，如爪哇和苏门答腊。也是在1904年，荷兰中校范·达伦发起针对亚齐地区暴动的刑法远征（当时已经为内战困扰），过程中他的士兵烧毁了几个村庄，杀死了2900名当地人，其中包括1150名妇女。一名随行记录远征的摄影师拍的照片上，军官们骄傲地站在被杀村民的尸体上，一只脚踏在死者的头上。10年前，一位年轻的陆军中尉参与了另一次惩罚性袭击。他在给妻子的信中回顾了这次经历："我不得不把9名妇女和3名儿童赶到一起，他们哀求怜悯，但我要处死他们。这工作不愉快，但是我也别无他法。战士们用刺刀杀死了他们。"他写道，他接受了"殖民战士的可怕任务"。这位陆军中尉后来成为了荷兰外交部长。他奉命参与的那次远征中，约2000名当地人被枪杀或者劈死。

媒体战争

因为有莫雷尔和凯斯门特这样的人,这些暴行很难再避人耳目,世界范围内要求改变的公众压力增加了。莫雷尔的效率主要在于他极其善于利用大众媒体前所未有的影响力及渴望。能够阅读和买得起报纸的人比以往任何时候都多,报纸已经成为了主要的信息和娱乐来源。仅仅 10 年前,便宜、快速的排版技术、照相复制及印刷技术实现了报业的革命性改变,好故事总是能卖到钱,特别是涉及到外国政府犯下暴行的时候。莫雷尔给报纸喂料,并以其有效的宣传活动点燃了公众愤怒的火焰,1904 年 9 月,他到美国做宣传,其间他在华盛顿会见了罗斯福总统,并赢得了马克·吐温的支持;在欧洲,他已经获得了法国作家阿拉托拉·弗朗士及挪威诺贝尔奖得主比昂斯特恩·比昂松的支持。刚果委员会和社团在全世界涌现,从苏黎世的定期集会到新西兰的系列讲座。爱德华·莫雷尔几乎以一人之力使得刚果自由邦成为一个持久的问题。

报纸已经在公众意识中占有了一个新的地位。利奥波很快明白,抵抗莫雷尔影响的不二途径是自己走近媒体。他创建了一个精挑细选的有名望的传教士组成的委员会,在一个没有橡胶业不发达的荒僻地区工作。在系统的国际行动中,他收买说客影响政客,贿赂报纸编辑,让他们改变方针。他的德国代理人取得了了不起的成就,让曾经攻击利奥波是"住在布鲁塞尔皇宫里的肆无忌惮的商人"的柏林《民族报》在两年时间内转而贬低暴行报告是"老妇人的故事"。在英国,利奥波的代理人(他得到可观的报酬)更进一步,让在英国社会有头有脸的人组成事实调查团,而在他们一行到达之前,要到访的地方都经过了一定程度的装扮。两个团都带回一些闪光的故事。其中一位成员威廉·蒙特莫里斯子爵出版了一本过分热情的书,夸奖辛劳工作的官员和欢快的当地人。另一位旅行者、出版商玛丽·弗伦奇·谢尔顿由特许的橡胶公司官员陪着转了一圈,爱上了她乘坐的蒸汽船的船长,后来,她在《泰晤士报》发表的文章说:"我在伦敦街头看到的暴行比在刚果看到的多得多。"利奥波确保该看到的人都得到这条信息，自己掏腰包请谢尔顿做了一个演讲，然后在萨瓦设晚宴宴请500位嘉宾。

这一切都无济于事。刚果之战是媒体之战，尽管尽了最大的努力，比利时国王还是输了。这可能是他的战略错误所致。他瞄准的是他认为重要的人，他请这些人出席盛大的免费晚餐，把题为《刚果真相》的小册子放在豪华火车的头等车厢，而莫雷尔则对更普遍的公众讲话。但是也可能只是利奥波为不可辩护的事情辩护，甚至于散布其他殖民政权犯下的暴行故事，并把他那些不幸的刚果臣民的截肢手说成是孤立的恶性肿瘤案例，比利时医生给他们提供无私的治疗。针对他的进攻完全是势不可挡，比利时的政治重量太小，不足以抵抗其他大国出于战略原因发起的攻击。

比利时国王招募为之扭转公众舆论的游说者之一是亨利·I.科瓦尔斯基上校。此人是旧金山一位张扬傲慢、生活放荡的律师，他有着传奇般的腰身，以致在一次为科瓦尔斯基举办的晚宴上，旧金山市的市长发表了这样的讲话："我没法照本宣科阅读交给我的祝酒词。像我们的客人一样，这个题目太大了。"领着10万法郎年薪的新任公共关系经理人去布鲁塞尔拜访新老板，然后去纽约，在华尔街置办了一个华丽的办公室。结果"上校"——其军衔像他其他那些资历一样是欺骗性的。这是利奥波一个灾难性的选择。比利时殖民官员很快发现这位以花哨的服饰、在长篇大论的通信中称呼利奥波"我亲爱的陛下"的美国人令人尴尬，试图边缘化他。当布鲁塞尔方面不给发钱以后，科瓦尔斯基愤而改换立场，将他与利奥波之间巨量、详细的通信出卖给了报纸大亨鲁道夫·赫斯特。

比利时国王操纵报纸和华盛顿政客的证据被公诸于世，其效果是灾难性的。为了避免最坏的结果，利奥波试图再一次成立一个调查委员会。然而，这一次，天真的传教士们却不肯配合，而尽管其观点已经经过了仔细的审查才入选了委员会，去到刚果自由邦的三位欧洲法官却认真对待他们的工作，会见了上百位证人。在处理声明的过程中，有一位法官精神崩溃，失声大哭。有一位证人是一位酋长，他本人遭到鞭打并被扣为人质。他放了110棵细树枝在委员会的桌子上——每一棵树枝代表他的部落中为割橡胶而丧命的人。1905年3月，听闻委员会的第一批发现后，刚果总督保罗·可斯特曼用剃刀割喉自杀。刚果自由邦的时日已经不多了。

尽管事实上刚果当地人悲惨的直接证词摘自藏在布鲁塞尔国家档案馆的报告,即便利奥波设法哄骗许多国际报纸发表报告的"概要"——他以有益于自己的方式拿到了概要,概要没有提及系统暴行,但是,他自己的委员会的该死的发现在所有重要的方面都证实了莫雷尔的指控,而且这些发现很快也就为人所知了。此时已经年逾七旬的利奥波热衷于骑着三轮车在他皇宫的花园转悠,其强烈的疑心病和病菌恐惧症令他的宫廷惊恐不已。他终于决定不值得再保留他的殖民地(这时候由于国际市场上出现了其他橡胶生产者,橡胶生意已经不那么合算了)。他慷慨地同意将其卖给比利时政府。得到其君主授意后,比利时举债1.1亿法郎(相当于今天的3.3亿英镑),同意为国王的所有在建建筑工程出资,并额外付给他5000万法郎,"以示对他在刚果做出的巨大牺牲表示感谢"。次年12月,利奥波谢世。

经过10年的艰辛工作,敢于迎战一位国王的埃德蒙·莫雷尔赢得了胜利。他的这场征战是第一起国际人权运动,他在利物浦的工作室是第一个NGO(非政府组织),其资金主要来自小额的个人捐款,并将其压力直端带到一个世界大国的核心。这能够成为可能,乃是因为大众媒体在一定程度上实现了权力的民主化。即便在奥匈帝国和俄国这些还在执行新闻审查的国度,仅仅是出版业的数量就已经使得审查者成为多余。信息和观念像野火一样在城市扩散,几天之内就可以传到最遥远的农场。信息以巨大的压力促成改变,最终施加不可控制的舆论气候。莫雷尔并不是唯一一个受益于这种权力政治巨大变化的人。由于媒体运动,德雷福斯上尉得到重审和昭雪,虽然他的案子属于国内事务,由巴黎社会、政界和军方有权力的人"自上而下"推动。另一个表明报纸平衡力增强的重要案例是1913年基辅的贝里斯一案,该案涉及当地工厂的一位犹太簿记员门德尔·贝里斯。他被控以荒谬的"莫须有"的罪名:仪式性地谋杀了一位基督徒男孩。极端反犹的沙皇亲自指示法官认定贝里斯有罪,并给法庭施加各种压力。然而,在这里也一样,国际报纸对此案件的关注确保受控者立即被宣判无罪。

由收买"证人"和假冒专家出庭的虚假审判在全世界受到跟踪和评论，最终在这种压力下崩溃了。大众媒体把权力放在不同的基础上。过去，权力的形象最重要的总是政治权力，现在，却已不再是官方艺术家和宏大工程的领地，而是在报纸的办公室决定的。德皇威廉二世这样的现代君主竭力博取和利用媒体，并为达成这样的目的而创造并展现一种形象，但是，他也不得不认识到，这是与魔鬼跳舞，事态可能会在没有任何预警的情况下，转向一个不同的方向。每个时代的舆论导向专家都知道，感觉比事实更有效。

权力的成本

莫雷尔的成功表明赢得形象战有多么重要，大约一个世纪以后，历史学家对殖民主义本身的形象及其对于欧洲的重要性进行了彻底的重新评估。无疑，殖民地财富对于大国的自我形象至关重要。殖民地对于英国、德国和法国这些国家最为重要。它们与有实力的帝国一起创建了"大国"俱乐部，并造成了一种历史使命感和伟大国家感。

这种对于全球力量和威望竞相追逐的黑暗面非常突出：殖民主义给那些被殖民的人民留下了深刻的、常常是极其伤痛的记忆。在最恶劣的情形中，例如刚果，它抽干了这个已经遭受了数世纪奴役的地区的血（主要是被阿拉伯商人奴役。仅在欧洲人到来之前，他们每年抢夺刚果大约 50 万人口，把他们出卖为奴），使他们遭受后殖民历史时期的残酷、痛苦、独裁和内战。殖民主义留下的最好的遗产不过是相当随意的边界，也有铁路系统、学校、司法体系以及民主的外壳，但是并没有训练当地成长起来的精英进行管理。在所有情况下，它都留下了许多巨大的问题。

对于殖民者，殖民主义的形象和事实也是分裂的，认真的考察表明，我们对于殖民主义的认识受到一个世纪前的说辞的影响：殖民地对于大国的重要性与其臣民们的认识差得天远。当然，英国是受帝国事实影响最大的国家，统治了 1/5 的世界及 1/4 的人口。1897 年维多利亚女王盛大的钻石婚禧在全世界举行，动员了巨大的人群，至此，帝国文化达到其最高潮。帝国对于其母国是一个重要的贸易伙伴，也是年轻人寻找事业和运气的地方，同时，在某种程度上，也证明了英国民族的优越性。我们被告知，帝国使英国成其为当时的英国。

在一定程度上，确实如此。如果说英国在帝国的大多数地区（印度乡村的农民仍然由"得到认可的"当地统治者直接统治，他们对殖民政府官员的注意较少）扮演了重要的角色，那么，帝国在英国本土发挥的作用却小多了。贸易的平衡对英国有好处（并非最不重要的是因为伦敦在鸦片战争中的残酷战术，因此导致了在中国大发其财的鸦片生意），印度接受了英国大约20%的出口，提供了茶叶、棉花和药品等宝贵的商品。但是殖民者也要付出代价。这抑制了国内的纺织业，耗费大量的金钱进行管理。从长期的角度看，1900年前后在印度投入的2.7亿英镑也意味着，因此不能用这批资金升级英国的工厂，助其与欧洲的邻居竞争。

除此之外，"皇冠上的珍珠"使得英国必须维持世界上最大、最威武有力的海军，装备一代又一代贵得要死的战舰。一旦落后于竞争对手，特别是威廉的帝国，就意味着帝国的终结。为保证英国的战略优势，英国必须在世界上很不合算的地方投资：没有对苏伊士运河的控制，则不可能统治印度及相应的贸易；不控制住埃及和巴勒斯坦，则谈不上运河本身的安全。而统治埃及（事实上，它从来不是一个正式的殖民地），意味着镇守住其南边广袤的内陆地区，包括臭名昭著的战乱频仍的苏丹——喀土穆的基齐纳勋爵等在这个地区成就了"英雄"的名声，这个地区因此创造了自己的神话，但是，它也把帝国拖入无休无止、不温不火的军事冲突，这从来就不是一个赢利渠道。

如果说帝国创造的义务和责任很可能不相上下，那么，它一直是巨大的民族骄傲的来源。是否是这样，这取决于询问对象。殖民主义在英国有着不小的市场，英国人广泛相信"白人的承担"及英国人的历史使命之说，殖民地大臣约瑟夫·张伯伦将这种家长式的观念概括为："开发地产是地主的义务"。从充斥于维多利亚时代和爱德华时代中产阶级日常生活的无数小摆设中也可以推断出帝国的存在，其中许多东西都具有殖民地的含意。

例如，作曲家爱德华·埃德加爵士的家里陈设着埃德加夫人家的许多这类纪念品和传家宝：一些印度的黄铜烛台、一张雕刻精美的孟买黄檀方凳、两头象斗殴及一头象顶着象轿的大理石组雕、一尊带狗的大理石偶像，等等。

以上枚举可以作为帝国在日常生活中存在的证据，但是做出这样的声言是有问题的：马克斯·诺尔道讥讽维也纳、布拉格、布达佩斯大资产阶级家的摆设时，描绘了类似的东方物品，什么土耳其流苏、波斯地毯、印度匕首之类，虽然奥匈帝国根本就没有殖民地。对异国情调的欣赏在当时是一股强大的力量，作为发泄自由幻想的方法，异国情调、原始的尊严类似于爱德华·赛义德的"东方主义"；这不一定是帝国骄傲的证据。

由非洲大鳄、布尔战争的重要煽动者塞西尔·罗德斯所体现的殖民地骄傲（后来的耻辱）乃是最明显最残酷的帝国主义，但并不代表英国文化或者英国思想。如果说国外政治和政府说辞由帝国性质的事务主宰，那么，实际上，这些事情在人们日常生活中的影响相对较小。无怪乎历史记录表明公民对自己的生活、国内的阶级、工作和政治的关心远远超过对几千英里之外的社会的关心。报纸登载殖民地的新闻，但是，普罗大众的想象力并不太着意于女王或者国王陛下的外国财产。当然，男孩们有自己的文化，但是无论音乐大厅歌曲（可能流行歌曲《布尔人抓住了我爹地》是一个例外）抑或西区戏剧，不论文学还是绘画，都少有关涉殖民地。

对于画家而言，那种风尚已经过时了。弗雷德里克·莱顿勋爵创作的无名英国后宫宫女，及劳伦斯·阿尔玛-塔德玛爵士的颜色骚乱的人群与翻滚的乳房，都极富维多利亚风格的特色，都绝对属于 19 世纪。1900 的时候，情绪比以往更清醒。新一代艺术家不看印度或者非洲，而是把目光转向英国的乡村，或者英吉利海峡对面的法国。

除了鲁德亚德·吉卜林以外，英国作家从来没有真正把殖民地的生活作为主题，在 1900 前后，帝国没得到多少文学上的共鸣。从托马斯·哈代永恒的英格兰，到 H.G. 韦尔斯的乌托邦噩梦，小说家们选择的题材不涉及殖民地。韦尔斯的《莫洛博士岛》（1896 年）描写一位科学家企图通过手术把一个遥远岛屿上的动物改变成人类那样"没有恶意的族群"，然后以独裁者的铁腕统治它们。这部小说可以被解读为帝国主义的寓言。但是，恰好是其寓言人物使之成为对达尔文和马尔萨斯思想激烈论争的评价，并成为罗伯特·史蒂文森和弗朗西斯·培根传统的英国社会的一面镜子。

即便当殖民地或者殖民地角色出现的时候，他们也是次要的角色——非常类似前印度军队的沃森医生，实际上，类似于夏洛克·福尔摩斯忠诚但是从来不机智的朋友。大侦探的许多故事都有殖民地背景，但是，这种背景的作用只是提供各种奇异的毒药、鸦片、少见的蛇、无法解释的财富，以及健康毁灭后回到母国的人。这都是些有趣的把戏，而不是日常生活中的固有存在。今天我们所想象的帝国文化和意象，如诺埃尔·科沃德《私生活》中阿拉伯的劳伦斯（"你知道，我在全世界转了一圈……""怎么样？""世界？非常过瘾。"），E.M.福斯特的《印度之旅》（1924年），都可以追溯到第一次世界大战之后。在一个好玩儿的智力演习（但是没有幽默内容）中，已故的爱德华·赛义德假设正是由于1914年以前帝国指涉的缺失才证明英国弥漫着多么深厚的帝国主义、东方主义意识形态——如此深厚以至于它被作为一种隐含的潜台词。他是在试图倒果为因。然而，历史证据不能证明这一点。

在公立学校，一批又一批怀着帝国思想的观察者沮丧地发现，孩子们对于殖民地几乎一无所知。私立学校的情况也相似：孩子们脑袋里塞满了希腊和拉丁动词，阅读莎士比亚和丁尼生。如果选修现代语言，那么他们很可能学习德语或者法语。他们在寄宿学校、青年团这种军事化环境下的社会化可能为他们未来在殖民政府任职做好准备，但是他们的论文和学校辩论几乎不涉及帝国事务。帝国对他们大多数人而言是一种朦胧的情愫，尽管有"马弗京之夜"的惯例——每年春天举行，庆祝布尔战争期间英国据点解围的爱国主义周年庆典，这对于学童是个理想的机会，不仅可以焚毁克鲁格总统的画像，也可以享受普遍的混乱和无序。正如伯纳德·波特所说，孩子们在校园里嬉戏，在引入"牛仔和印第安人"之前，他们不是表演"定居者和祖鲁人"，而是扮演"英国人和罗马人"。斯坦利和利文斯通是民族英雄，但是后来沙克尔顿（英国南极探险家）、斯科特甚至阿蒙森也是，虽然作为殖民企业他们的勋绩没有价值，而阿蒙森甚至都不是英国人。但是他们是些豪侠英雄，是某种运动员，受到一个仰慕体育的民族的崇拜。

殖民地的行政官员在英国的大学接受培训。牛津的东方研究富有盛名，伦敦的帝国理工也是。这样的一些学校教授印度和非洲的语言与文化，编辑梵语教材，学习内容从艺术到农业无所不包，但是，他们的学员或者待在象牙塔里，或者外派担任统治者，同殖民地国家更广泛的文化没有什么交流。在十一章我们会遇见许多着迷于"原始"文化的艺术家，他们以此抗衡现代的、高度发达的文明世界以及大城市生活的无根感。然而，有趣的是，这些富有想象力的思想者几乎没有一个人转向他们生活的国家的殖民地。巴勃罗·毕加索非常迷恋法属中非洲的物品，在它们的帮助下，他从部落面具和雕塑中发现了一种新的美学，而其他人，如瓦西里·康定斯基去到乌拉尔与萨满共同生活，或者伊戈尔·斯特拉文斯基则重温了古俄罗斯人的意象仪式，以此寻找更接近母文化的灵感。在英国，威廉·巴特勒·叶芝特别追求一种更真的原初灵性，然而，他求助于爱尔兰神话和神秘学，而不是印度的庙宇。剑桥大学历史学讲座教授、约翰·史立勋爵发出了著名的感叹："可以说，我们似乎是在一不留神之间征服和殖民了半个世界。"

而在无休无止焦虑男性气概和国家命运都在衰落的法国，状况则大相径庭。法国的光荣与其帝国的命运有着千丝万缕的联系，这种情况从拿破仑时代就开始了。这部分地是由于，根据法国的法律，海外领地就是法国，法国人在印度尼西亚的丛林和阿尔及利亚沙漠的感觉应该像在皮卡第和香榭丽舍大街的感觉一样。媒体在让公众读到殖民地主题和形象方面居功至伟。例如，1904 年，流行杂志《插图》不仅刊发了广泛的文章报道俄日战争（对日本人流露出显著的钦佩），而且在每一期杂志上都有关于法国殖民地及其人民的长篇报道、系列故事、照片、图片、卡通和其他项目。日发行量达到近百万份的报纸《宠物杂志》甚至将其 1910 年 3 月 6 号的报纸献给"殖民地扩张的英雄们"。如同在法国政治中一样，法国也有朗声反对殖民地的派别。讽刺的《黄油碟》无情嘲讽殖民地思想（以及其他所有的一切),《回顾社会主义》则以"违背人性的痛苦呐喊"的名义进行激烈的争辩。

海外法国是法国人生活中恒久的存在：1900年巴黎博览会有一个巨大的殖民地展场，有完整的模型土著村庄，之后还举行了两次专门的殖民地展览会，1906年马赛展览会（有180万游客）和一年后有200万人参观的巴黎展览会。在戏仿其家居的环境中展示"真正的人"并配上珍禽异兽、舞蹈及仪式，这种展览会在整个欧洲都叫好又叫座。汉堡动物园的创始人卡尔·哈根贝克富有商业头脑，他从芬兰、锡兰和东非等各个国家引进动物，从1874年起在汉堡和欧洲其他地方，展示生活在其"自然栖息地"的样子。在这里，目瞪口呆的公众可以观赏到"澳大利亚的食人族，男女都有。这个野蛮种族的唯一殖民地很奇怪，被弄得很丑陋，是野蛮国家内部产生的最残酷暴虐的一个。这是最低级的人类。"1914年之前，全欧洲进行了三十来场这样的人种展览。

参观者去看这些展览纯粹是出于好奇。然而，在法国，他们的兴趣却植根于漫长的东方主义的异国情调，其历史可以追溯到尤金·德拉克洛瓦强有力的幻想，吉恩·奥古斯特·安格尔创作的闺房里含情脉脉的女人，福楼拜在《萨朗波》中的描写，还可以进一步追溯到拿破仑对埃及的短暂征服后出现的"埃及热"现象，甚至可以追溯到18世纪孟德斯鸠写的《波斯人信札》。对方距法国很近，这不仅仅是在地理的意义上。安德烈·纪德、路易-费迪南·席琳、儒勒·凡尔纳和居伊·德·莫泊桑等作家都追随维克多·雨果的创新脚步，他以其典型的妄自尊大的沉着和精心调谐的性意味宣称："去吧，大家伙儿！上帝把非洲给了欧洲。享用她吧……"

有位作家在可能的最个人的意义上采纳了雨果的建议（在东方，而不是非洲），那是通俗作家和法兰西学院成员皮埃尔·洛蒂（1850—1923年），他使自己与一位土耳其女士的爱情成为不朽的篇章。他以纯东方的方式描写他的妻子："她棕色的眉毛弯弯的，靠得很近，差不多要连在一起了；她的眼神流露着精力与天真；她有着人们会形容为是孩童般的表情，如此富有新鲜感和青春的气息。"作家对美丽的阿兹雅德的爱成了他生活中不变的主题——特别是在年轻的海军军官职责使他转战别处，而她竟然香消玉殒之后。他坚信她死于过度伤心。喜欢戴着土耳其毡帽照相的洛蒂以其描写精美、具有异域背景的伤感故事满足大众的口味。他热爱异域背景。他的家在大西洋海岸的罗什福尔，那是一座由石头固化的东方幻想，房子里有土耳其和阿拉伯风格的房间、复杂微妙的装饰和拱形门，以及华丽的纺织品和轻柔低语的喷泉。

殖民帝国对于国民的想象力有相当的把握——毫无疑问，1870—1871年普法战争中，法国人丢失了阿尔萨斯和洛林，弥补创伤的意愿也激发了这种想象。广受欢迎的法国政治家列昂·甘贝塔甚至认真地琢磨以法国的殖民地交换这两个地区。但是，殖民地真正的重要性是什么？它们对于民族经济像对民族骄傲感这么关键吗？当然不是。首先，法国没有多余的人口可以住到殖民地去——这是英国和德国的重要动机，这两个国家希望，如果可以让足够多的个人移居国外，那就可以遏止长期引起社会不安定的幽灵。法国只有通过引进移民才能保持人口稳定，因此，迁居外国领土对它毫无意义。在经济上，法属刚果像其相邻的刚果自由邦一样受到无情盘剥，与突尼西亚和阿尔及利亚（主要是进口便宜的酒）和印度尼西亚都有贸易往来，但是，完全无法比肩英国与其殖民地之间的贸易规模。

对于德国而言，拥有殖民帝国纯粹是为了向邻国看齐，这是一种全球权力政治游戏，而没有任何经济意义。在统治阶级中，殖民地是重要的民族骄傲来源，但是即便在这点上，德国人对此的热情也远不是整齐划一的。德国得到保守派的支持，最重要的原因是有势力强大的舰队联合会的支持，保守派要求建立一支庞大的海军，以此可以在国际上和在殖民地发挥更重要的作用，但是，无可挑剔的保守派德国总理俾斯麦认为这种想法整个就是一个耗资巨大的蠢行，并尽一切可能予以阻挠，直到1884年，作为一种政治权宜，他才转而支持殖民地思想。社会主义者在这个问题上莫衷一是：大多数人出于人道主义立场表示反对，而少数人则赞成，他们希望这可以帮助当地人"文明化"，从而使他们也成为潜在的社会主义者，希望殖民地不可避免的压迫会加快世界革命的到来。

尽管帝国有象征性的重要性，但是它在政治生活中无足轻重。实业家沃尔特·拉特瑙其时正试图打进政治圈，1907—1908年，他去德属南部西非洲进行事实调查，以此赢取筹码。然而，他说得很清楚，他对殖民地大臣一职没有足够的兴趣；他想执掌一个"重要"的部。柏林宫廷可靠的政治精英编年史家冯·斯皮则姆伯格男爵夫人在她的笔记中详尽描写了俄日战争、大国关系、奥斯曼帝国的瓦解以及摩洛哥危机。她只是顺带提及殖民地：1900年到1914年她去世期间，提到殖民地的唯一一句话是对它们的愤怒批评："德国的殖民地方式大错特错，一开始就引入了我们的官僚作风和独裁体制……英国人留出了多得多的个人自由。"

在普通大众中间，殖民地的文化存在意义甚至更少。直到20世纪，出售外国水果的蔬菜水果商店还被称为殖民地产品商店，但是在通俗或者中产阶级文化表达中，几乎不存在政府试图灌输的殖民地骄傲的痕迹，去殖民地的德国人也极少。教科书有赞美德国殖民权力的内容，但是布置的论文则关涉欧洲的主题——让学生们出汗的是齐格弗里德和修昔底德，而不太可能的是开拓德属南部西非洲。1900年的一个例子是：柏林一所中学收到的论文题目、学校图书馆图书、实用展品清单中，丝毫没有提到任何专门涉及殖民地的论文、地图、书籍或者标本。学子们了解到的最远的国家是古希腊。

相比于法国，德国没有什么描写殖民地主题的严肃文学、有写帝国的小说获得成功，特别是在1904年起义之后。前牧师古斯塔夫·福伦森（1863—1945年）的《彼得·莫尔的西南非洲之旅》甚至成为了一本失控的畅销书，1914年之前就卖出了20万册。尽管文化中有殖民地的形象，但是探险作家们更属意其他的异国形象，卡尔·梅表现尤其突出，他为数以百万计的年轻读者创造了豪勇的探险家、高贵的土著和冷酷的强盗；然而，他的故事背景几乎无一例外是中东和美国狂野的西部。男孩儿们玩玩具士兵，但他们的铅制敌人是法国人、俄国人或者"红种印第安人"，而不是非洲人。孩子们穿水手服，而不是卡其布衣服。不仅他们的卧室里没有殖民地，就连客厅也没有。很少人在殖民地政府或者驻外部队任职，如果当时的小说和报纸可信的话，殖民地几乎从来不是谈话的主题。如果说德国成为了一个殖民帝国，那么，这个事实几乎没给公众意识留下什么印象。

为什么会这样呢？也许1870年帝国的建立再一次改变了本来就非常不稳定的民族身份感，没有为新的定义留下什么空间。大多数德国人生活在内陆，历史上一直忙着击退入侵的敌人，而不是侵略别人，这也可能有一定的关系。帝国适合像英国、荷兰、葡萄牙和法国这样的海洋国家。奥匈帝国出洋需要经过外国控制的直布罗陀海峡，俄国受制于冰雪，这样的国家并没有认真准备建立起殖民帝国。

经济因素从来不是德国殖民地政策的要旨，批评者们说得对，殖民地和德国海军的大规模扩大使国家丢钱，并使之走上同英国和法国海外利益危险冲突的道路。德皇出于名望的考虑而抱持殖民地思想，因为要成为一个大国，必须得有殖民地——这种认识也导致意大利于1911年为寻求民族光荣而把数以百万计的金钱抛撒到利比亚的沙漠里。

帝国主义文化和东方主义形象并不是一回事。后者是1900年前后欧洲文化的显著特色。虽然，其功能不是要代表帝国主义，而是逃避现代生活令人目不暇接速度的途径。东方被投射为具有西方缺少的一切。男人们渴望裸体非洲女孩的"民族志"照片（偶尔也有男孩的照片）及文学作品对她们的描绘所象征的性自由：如同洛蒂热爱的阿兹雅德一样，她们性感、单纯，但是富有活力，有着成熟的水果般的嘴唇——保证满足中产阶级婚姻很少提供的愉悦。的确，强壮但是兽性的黑人、富有忍耐精神的亚洲人、戴土耳其毡帽的性能力强大的阿拉伯人以及源源不断的女人，这些流行形象象征着许多人认为欧洲正在消逝的生命力。对东方的迷恋也就是对"自然"充满强烈感情的感官世界的迷恋，对未被教会枯萎的手和大城市的变态所触及的情色天堂的迷恋。

东方主义的世界还有另一种强大的吸引力。其永恒感、沙漠及热带雨林和遥远平原（柯南道尔想象，这些地方可能保存着恐龙和龙的史前世界），以及祖先的文化统领着宿命论居民生活的古代城市，这类幻想正好对立于现代城市强加于其公民的驱逼、技术生活。即便从这个诱人世界进口的鸦片和大麻，也给人甜蜜的感觉，让人忘却，让人享有片刻逃离此时此地的幸福感。如果说速度是现代性的毒药，那么，东方就是其解药。

感觉到这种联系的一位艺术家是伟大的俄国诗人、小说家安德烈·贝利。他的小说《彼得堡》的主人公尼古拉·阿普罗诺维奇的父亲是一位唯理主义的高级公务员，最大的抱负是每天坐在马车里以"最快的速度"穿过涅瓦大街。终止学业后，他起得很晚，穿着一件布哈拉（在今乌兹别克斯坦）睡袍，戴一顶无边便帽，趿着一双波斯拖鞋。他把他的客厅变成了东方的舞台布景：

> 布哈拉睡袍还配有一把深棕色的凳子；凳子饰以条状乌木和珍珠母制作的嵌花图案；布哈拉睡袍还伴有某个时候被杀死的犀牛的厚厚的皮革制成的黑人的盾以及锈蚀的苏丹箭……最后，布哈拉睡袍还配有色泽鲜艳的豹皮，豹皮铺在地上，张着大嘴；凳子上放着深蓝色的水烟筒，以及月牙形的三足香炉；但是最令人惊异的一件物品是一个色彩丰富的笼子，里面是几只绿色的小鹦鹉，它们时不时煽动着翅膀。

如同洛蒂在法国的房子一样，这间屋子里混杂着各大洲及各种东方珍玩，满屋子都是对现代性暴虐的反抗。东方主义想象因这些幻想而兴盛，即便工业文明之外的生活现实与这些充满诱惑的脚本并没有什么相似之处。作为权力和声威（但并非利润来源）的象征，殖民地对于政客很重要，其重要性也因为它们允诺一种不一样的生活。

殖民帝国这种想象和现实之间的鸿沟在比利时控制下的刚果自由邦表现得最为残酷惊人。比利时人在惊叹于部落面具和新建的博物馆时，能够在报纸上读到以国家文明使命为名在非洲做的好事。然而，精心维护的帷幕背后的事实不仅恐怖，而且，其秘密的资产负债表使整个邪恶的勾当偏向于荒诞不经。在利奥波有效地垄断整个世界市场的橡胶贸易时，短期获利极其丰厚，刚果自由邦使比利时国王成为巨富，但是大规模谋杀的勾当也产生了经费。比利时历史学家让·斯坦厄斯估计，到1908年刚果自由邦给利奥波带来了6000万法郎的收益，交给比利时政府后国王又得到

2400万法郎。然而，国王和国家总共支付了2.1亿法郎的管理、防御及运输费用，净损失为1.26亿法郎。

如果说利奥波当局的生命成本无法形容，但并非不可测算。由于没有准确的人口统计数据，不可能精确判定刚果自由邦有多少人被谋杀致死，但是，结合各种信息，可供历史学家了解大致的情况。根据人口模式的变化，最近的历史分析认为，1885年到1908年期间，大概有1000多万人（超过第一次世界大战的死亡人数）直接死于利奥波党羽之手，或者由于不能种庄稼和照顾牲畜、被赶出家门，或者在人质集中营和丛林里挨饿，从而死于饥荒和瘟疫。

即便剥削前所未有地残酷，比利时从刚果自由邦赢利的时间也只有短短几年。如果说利奥波设法从他的殖民地有所斩获——在这个词的双重意义上——那也仅仅是因为他直接把利润装进自己的腰包，而把债务和重要的管理成本丢给他的国家，作为回报，他用浮华、自我膨胀的建筑项目装点从布鲁塞尔到布鲁日的街道。比利时为刚果自由邦的杀人犯、比利时窃贼的利奥波塑了许多像，感恩戴德地纪念一位伟大的君主。许多塑像屹立至今。

没有人为埃德蒙·D.莫雷尔和罗杰·凯斯门特立碑，而且两个人都死得不安宁。伯特兰·罗素口中"少数几位我深深敬佩的人"之一的莫雷尔为和平主义不懈奋斗，几乎遭到全世界媒体的诋毁。最后，他被关押在本顿维尔监狱，1917年的白天，他还被关单人禁闭，被迫缝制邮袋。当他终于获释的时候，他的身体已经垮掉了，但是仍坚持工作，最终成为英国第一届工党政府的议员。

罗杰·凯斯门特的服务得到承认，并获封爵士，之后，他越来越深地卷入爱尔兰民族主义运动。他赴美国找爱尔兰裔美国人募集资金，在黑市上购买枪械，用于反英暴动，随后又搭乘蒸汽船从纽约去德国，向德皇政府发出邀约：换取对爱尔兰独立的支持。凯斯门特提出把德国羁押的战俘变成爱尔兰自由战士旅，该旅为德国出战。回到爱尔兰后，他被逮捕并押解到伦敦，关在伦敦塔里。

朋友和支持者迅速组织了为凯斯门特辩护的行动。捐钱或者写信请求宽大处理的人中有美国黑人友谊联盟及作家亚瑟·柯南道尔和乔治·萧伯纳。在对凯斯门特进行审判并做出有罪判决后，警方迅速并秘密地扑灭了将死刑判决改为终身监禁的各种努力，他们确保议会和伦敦俱乐部区有影响力的人都看到凯斯门特日记中有关同性恋性交的罪证（往往非常明确）——这是他被捕后，他们搜查他的房子时查获的。叛国罪似乎是重罪，但是，作为同性恋者则是不可原谅的。宽大处理的呼吁遭到拒绝。

罗杰·凯斯门特爵士于1916年8月3日上午在本顿维尔监狱（仅仅1年以后，莫雷尔在此服刑）被执行吊刑。行刑前几天，他写信给一位朋友："我犯下糟糕的错误，错行累累，败绩连连——但是……最好的事情是刚果自由邦。"

六 1905年：冲天怒气

——暴风雨！暴风雨就快来临！
勇敢的暴风雨中的云雀，骄傲地
翱翔在闪电与狂涛汹涌的大海之间；
此刻，它朗声发出胜利的预言：
让暴风雨释放它全部的怒气！

——马克西姆·高尔基《歌颂暴风雨中的云雀》

1905年1月9号，星期天，一个明朗、温和的冬日上午，那是圣彼得堡最宁静的日子，谢尔盖·于勒维奇·维特，一位55岁的高个儿男人，下了床，走到他豪华公寓的窗前，朝外面的林荫大道望去。"我……看见一群工人、知识分子、妇女、孩童，沿着卡门诺-奥斯特洛夫斯基大街行进，手拿教会的旗子、照片"他写道，"这群人，或者说这支队伍，经过的时候，我马上跑到阳台，从这里我看得见特洛茨基桥，他们朝那儿进发。

我刚到阳台就听见枪声,有几颗子弹从我近前呼啸而过。一颗子弹击中了萨斯科·色洛·里希附近的一位门房。然后是一系列的连射。十分钟之内,一大群人往回跑,有些人抱着死者和伤者,其中有儿童。"

参加这次游行的人,无数的群众,也许有1万多人,怀着节日的心情,穿着最好的星期天才穿的衣服,准备去东宫觐见他们的小父亲沙皇。他们高唱宗教圣歌,有些人头一天晚上进行了斋戒和祈祷,其他人没那么乐观,他们写了道别信,甚至交代了遗嘱。这一天将成为俄国历史上的一个重要日子,一种前所未有的爱和忠诚的行为:人民要求他们的君主直接听取他们的要求。他们准备了一份交给沙皇的请愿书。"阁下,我们圣彼得堡的工人和居民……来到您跟前,寻求公道和保护,"文件写道,"我们已经成了乞丐了;我们受到超出体力的劳动压迫和负累;我们受到作践;我们不被当人看待,而是只能默默忍受辛酸命运的奴隶……"这些人认为沙皇不了解他们的艰辛,因此必须告诉他,然后他就会动手惩治资本家、官僚,以及所有俄国人民的压迫者。作为他的崇拜者,他们希望"在他的肩头哭诉自己的悲苦",带着他们高举的画像和希望,他们唱道:"拯救你的人民吧,哦主啊。"他们的呼吸在空气中形成水蒸气。路边的人在胸前画十字,教堂敲响了钟声。

赶往东宫会合的各支队伍很快在各个通道都遇到了路障:米特林斯卡亚、涅瓦河堤岸(就在维特家附近),以及瓦西勒夫斯基岛。主体游行队伍到达为纪念拿破仑失败而修筑的纳尔瓦门华丽的铸铜门前,一对骑马的近卫军掷弹兵向人群冲锋,把军刀拔出来又收回去。左边一座小桥边,一个步兵团向目标瞄准。第一阵骚乱后是片刻的静默。示威者挽起手,发出更嘹亮的歌声。他们聚集在一位身着长袍的东正教神父身边。那是一位富有领袖气质的年轻人。这时号角吹响了,这是开枪的信号。一位警官叫嚷道:"你们在干什么?你们怎么可以向举着沙皇像的神圣的朝圣者开枪?"他是第一批倒下的人。神父身边的同伴一个个在子弹的呼啸声中应声倒下。圣像和旗帜哗啦啦地掉进肮脏的雪中。然后人群四处逃窜。

在瓦西勒夫斯基岛,请愿者被芬兰近卫军团给阻止了。持白色手帕的使者朝士兵走去,试图解释他们的事由,他们不反对沙皇。看见士兵的枪指着他们,有些游行者袒露胸膛,让他们身着制服的兄弟朝他们开枪。开枪的命令一下达,枪声立时大作;骑兵砍倒那些跑得慢的人。有一张记录这个场景的照片幸存了下来:一排着冬季长大衣的士兵瞄准白得耀眼的广场另一边的人群。示威者们争先恐后地寻求安全;远处是些不明就里的黑点。有一个人孤零零地站在行人之间的无人地带。这个血腥的周日结束,在软绵的雪覆盖了这座城市的时候,据官方统计,有130名示威者丧命,299名示威者受伤。外国记者报道伤亡人数达4600名。

没有上帝!

这个后来被称为"血腥的星期天"的一天被广泛地视为沙皇让其军队对付自己人民的日子。它引发的愤怒点燃了长达数月的革命动荡,标志着俄国历史的一个转折点。当枪声在广场大作,眼看身边的同志纷纷倒下的时候,纳尔瓦门前游行队伍前列的高个儿神父发出了绝望的嚎叫:"世上没有上帝,没有沙皇!"他是嘉庞神父,他的喊声传到了遥远的西伯利亚边陲。

在很多方面,俄国城市与乡村之间的联系比其他任何大国都紧密。作为世界上第五大经济体,俄国的城市现代化、工业化程度高,但是城市居民大约只占俄国人口的20%。绝大多数人的劳作方式和思维方式跟数百年前一模一样,距俄国西边邻国发生的变化非常非常遥远。要理解俄国和1905年那场"小革命"必须从了解尘土飞扬的乡村广场开始。俄国共有几千个这样的乡村广场,四周围是低矮的棚屋,沙皇的大多数村民就在这样的棚屋里聊以活命。

农民村子得名于俄语"木头"一词,那是修建房屋的重要材料。这些房屋通常只需要几天就可以建好和拆除(如果没有先被火给烧掉的话)。几代人组成的大家庭住在一个屋檐下,多数人家只有一间屋子,有一个睡觉的炕,一张吃饭的桌子、一个供奉家宅圣像的圣龛——这是列奥·托洛茨基所谓的"圣像和蟑螂"的世界,这话不仅仅是在隐喻的意义上说的:

将其居民关在门里:"房门关得严严实实,窗户封得严丝密缝,里面的气氛无法用语言形容,"一位绝望的英国教友会教徒在家信中写道,"其毒性只有依靠经验才能认识得到。"

在这些"关得严严实实的"门背后,生活一如远古时代。19世纪末期以前,村民大多不识字;直到1917年,还只有20%的学龄儿童入学。大约1/3的乡村学校是东正教教会开办的,但是,神父对他们的人群并没有多少影响力。他们自己也不过是农民,非常无知;学习神学是教条式修道院里穿长袍的"黑色的神父"的专享,他们并不承担牧师职责。因此基督教教义知识非常少。高尔基曾听见一位喀山农民说,上帝"不可能同时在各个地方,生出来了那么多人,他忙不过来。但是,你知道,他会成功的。但是我一点儿都不理解耶稣!对我来说,他没有发挥任何作用!只要有一个上帝就够了。但是还有另一个上帝!他们说,是儿子。他是上帝的儿子又怎么样?据我所知,上帝并没死。"

在字面意义上,农民按照自己的意志生活。财政部长谢尔盖·维特估计,每1亿俄国农民有1万名警察,某种意义上的正义是根据任意和习俗实现的:通常由农民法庭采取公共羞辱或者鞭打的方式体现。最恶毒的惩罚针对的是通奸的妇女和偷马贼。被控背叛丈夫的女人会被剥光衣服,或者把她们的裙子绑在头上,然后抽打,或者被马车拖着在村里游街示众。偷马贼的处罚更可怕:他们被阉割、鞭打、烙印,或者用镰刀劈死。日常生活的暴力很极端,尤其是对妇女,她们遭到丈夫的毒打而得不到法律的保护。有一个俄国谚语说:"老婆越挨打,汤越好喝。"另一个谚语说:"毛越打越暖和,老婆越打越乖巧。"在婚礼上,年轻女人的父亲交给新郎一根皮鞭,以此象征性地确立丈夫的新权威。乡村筵席常常酿成酒后斗殴,有些参加斗殴的人永远不会再站起来,这被视为宴乐的一部分。

这大概可以作为农夫们的中世纪心智的一个衡量标准吧,尽管境况这么苦,尽管饥饿和饥荒是乡村的常态,但是俄国农村几乎没人移民。1897—1916年间为寻求更好的生活而离开祖国的300万俄国人中,70%是波兰人或者犹太人。村子外的生活几乎难以想象。

借自乡村

随着农村单个家庭的土地量比过去减少,家庭规模比原来扩大,上千万的人去城市的工厂打工,构成城市下层阶级,但他们从来不是马克思指望看到的工业无产阶级。与其他国家不同,大多数在城里就业的俄国农民最终会回到他们的村子。曼彻斯特、米兰或者埃森的工业无产阶级才是这个词真正意义上的城市选民。俄国工厂工人只是从乡村借来的。

尤其是男人。他们往往已经娶妻,于是把钱寄回家,他们挣到钱以后就会回到家人身边。女人面临的困难要大得多。从"无神的罪恶之窝"的城市回去后,她们被认为是打折货,不够贞洁,不易婚嫁。因此许多女人选择待在城市里,在工厂做工、做保姆和卖淫,勉强过着岌岌可危的生活。

回村的工人带回去残酷的变化。这些人一眼就认得出来:他们把衬衣扎进裤子里,甚至还拥有一件夹克;他们刮了胡子,再也不把头发剪成锅盖头。他们带回来钱和消费品、城市风尚的成衣、书籍和政治观念。他们见过世面,比待在家乡的人需要更多的独立。连那些在工厂做过工的女人也看得出来,她们"讲话更生动,更独立,性格更固执"。

随着城市开始渗透乡村,乡村也开始将其残酷和困苦带进莫斯科、圣彼得堡不断扩大的贫民窟和工厂宿舍,在这些地方,工人过着动物般的生活,许多房间没有自来水或者卫浴,也几乎没有采暖——只够满足每周工作六天、每天工作13个小时后的睡觉之需。甚至公共水井的水也不能安全饮用,整个区域被工业污水和人的粪尿淹溺。迟至1909年,一场霍乱还夺去了3万圣彼得堡人的性命。

妇女再次成为受罪最深的人。怀孕、无数次的分娩以及喝醉的丈夫或者情人的虐待令她们付出沉重的代价。1914年,一位医生的报告说:"一个50岁的女工视力听力都已模糊,她的头颤抖,双肩严重佝偻。她看起来像个70岁的老妪。显然,唯一的迫切的需要使她留在工厂,迫使她做超出体力的劳动。在西方,老工人有退休金,而我们的女工最好的期盼不过是在生命的余日当个厕所服务员:

……她们的异常之处在于,尽管天气寒冷,滴水成冰,但是,她们几乎都没穿什么衣服……松开的裤子,几片破布,而不是衬衣,几乎没有一样寻常称得上是服装的基本衣物。这里也有一些形迹可疑的妇女,提着篮子,穿着这些可怕的破布片,进行着活跃的交易。人们就在最近的门下面,甚至在众目睽睽之下,当街脱衣服,也没人特别吃惊或者好奇。显然,这是寻常事。

1905年,另一位观察者、记者阿列克谢·斯维尔斯基写道:

三天两夜,我游荡在这些生活的失意者中间。他们这些人不是在生活,而是像火烧后散落的烧焦的原木般苟延残喘着。在阴郁、半暗不明的肮脏的低级夜总会里,在拥挤、臭虫出没的廉价旅舍,在茶馆、小酒馆以及廉价的淫乱窝点——到处都在出卖伏特加、妇女和儿童——我遇到的这些人完全不像人。

法庭上的拳师

谢尔盖·维特从地方科员成为政府首脑,这种急剧跃升是俄国给其能干的居民提供失意与机遇的典型事例。维特之所以能够得到这种巨大的升迁,只是因为国家需要他的专业技术:他勤奋工作、能干,他所在的铁路行业是国家经济现代化的关键因素。不同于他的统治者,务实而富有远见的维特从一开始就明白,国家的这种局部整修不仅是非正义的,而且也是不可能的:"这是一条通则,如果一个政府拒绝满足人民的经济、政治改革要求,人民就会要求改变政治结构;如果政府不满足这种要求……就会爆发革命。"

维特以政治体制局外人的身份进入政府。他生于高加索地区的第比利斯,他的家庭可能有波罗的海德意志血统,这个群属为国家贡献了最能干的专业人员和管理者。他的父亲是一位高级公务员,他从小生活在危险的特权气氛下。后来被送到敖德萨上学。在大学时代,这位高个儿、笨拙的年轻人(他从来没有学会都市色彩,以其粗野的举止和乡音及嚼口香糖的习惯而著名)发现特权可以体现为放荡和流连妓院的形式,而参与任何政治或者公民活动都受到严厉阻挠:"你们这些教授可以自己聚会,但是只能打扑克。你们这些学生记住,我们会用放纵的眼光看待酗酒,但是如果任何人有自由思想,等待你的就是军装(即,25岁征兵入伍)。"基辅大学校长在全体教职员工集会上如此警示大家。

维特的政治气质与俾斯麦一样:本能保守,默默务实。他在大学的时候,正好是知识分子关于俄国未来性质辩论的高潮。这场辩论为未来几十年,也许包括今天,定下了基调。一派,即现代主义者,大力主张国家必须摆脱其"半亚细亚的"落后,尽最大的努力成为一个现代的、西方式的国家,而亲斯拉夫派反对者坚持认为这会置国家于万劫不复之地。他们争辩说,俄国与众不同,本质上是半欧洲半亚洲的,是上帝安置在地球上的特殊民族,根据独特的俄罗斯的生活观实现独特的任务,坚持农民的原始虔诚——土地,以及教会和沙皇的伟大。不用说,这种思路容不下民主、工业化、世俗教育、帝国不同民族的文化——沙皇 1/3 的臣民既不是俄罗斯人也非东正教徒,包括波兰人和蒙古人、穆斯林、芬兰人及犹太人。

有着大胆思想和充沛精力的年轻工程师维特迅速在初步发展的铁路业(1853年,俄国是世界上最大的国家,拥有650公里长的铁道)步步攀升,很快引起政府层级的关注,尤其是在他就一条线路的安全问题顶撞上级,导致自己失宠以后。他的警告被置之不理,这个疏忽差点儿要了沙皇的命——他乘坐的火车脱了轨。

这个事件加快了维特的晋升。他很快在圣彼得堡谋到一个职位,先是在交通部,1892年,他提出扩大铁路网,吸引外国投资的政策,得益于这些积极思路的帮助,他被任命为财政部长。这位43岁的帝国部长在很多方面都是例外。严格遵照资历进行升迁提拔的惯例有一个不可避免的结果,那就是,大多数重要岗位都由迟暮老人掌控,这些人既不懂得也不理解他们面对的挑战。晋升提拔遵循彼得大帝制定的层级表,包括14个层级，给官员们如"你的高贵的先祖"这类美妙的称谓，而且还让他们自动升格为世袭贵族。这个表还保证公务员、陆军与海军的职位相等。这使得从军职退休的高级官员成为同等职衔的公务员，意味着整个省突然之间由一位老态龙钟的大校领导，而这个人只不过在军官俱乐部浪荡过一阵子，对新兵吼过几嗓子，其唯一的实际经验可能来自年轻时参加的克里米亚战争，或者是在地方叛乱后捆绑过农民。这些人心目中，任何类型的改革都是最最靠后的选项，因此许多帝国官员的素质都差强人意。

圣彼得堡政府一般由王子和逐级升迁上来的官僚把控，更技术化、不那么显赫的职位则点缀了一些大学教授。维特是这个政府中的佼佼者。他强烈鄙视宫廷里那群奸佞的大公和将军。这种看法是相互的。贵族派把他看成粗野的暴发户，一心要以改革和其他要求扰乱他们的安逸生活，而部长对于沙皇任命的官员也啧有烦言。伊万·M.奥博伦斯基亲王受命去安抚叛乱的芬兰公国。他出自于俄国最显赫的家族之一，如维特所说，宫廷认为他是理想人选。他"在哈尔科夫州长任上成功镇压了农民暴动，从而显得卓尔不群；他亲自监督对暴乱者的鞭笞，亲王下令对农民实施严刑拷打，这被视为年轻和有决断的证据：'多么可靠的年轻人'、'多好的小伙子'、'芬兰总督舍他其谁'"。

关于基辅州长克勒格斯将军，维特认为他虽然"无疑比他的继任者好，但是这也不算是一种推荐。他是一个十分有限的人，没受过什么教育，对马的了解多过对人的认识"。同对远东的督抚、海军上将阿列克西乌的评价比起来，这是相当赞美性的评价了，"一个有着狡猾的亚美尼亚地毯商心态的人"，而他之所以能够创下一份事业，维特认为只是因为在年轻的大公亚历克西斯·亚历山德罗（他太迷恋一位情妇，为使他忘掉她，他被送到国外）在马赛的一家妓院胡闹时，他出手救了他，使他免于在大庭广众丢脸。阿列克西乌在法国警察面前承担了那件龌龊的事，自此以后，大公着力提拔他。

如果说维特对于帝国政府的上层人士没有多少认同，那么，他对沙皇及其家庭的看法则可以说更其不妙。当然，首先，维特认为皇帝尼古拉二世的个性好像"有个好家庭背景的寻常卫队上校"，随和但是完全没有能力，迷迷瞪瞪。"皇帝尼古拉二世跟他父亲很像：很有教养（比我认识的所有人教养都好），穿着非常讲究，从不说粗话，举止从不粗鲁。"——这是他对他的君主最高的评价。

俄帝国的核心是虚空的，皇帝的"个性或者没有个性"使他完全受制于其德国妻子亚历山德拉·费多洛夫娜，而她"沉闷、自负的性格及狭隘的世界观"明显体现在沙皇的政治意见中。"她也许适合做一位德国亲王或者一位有脊梁骨的沙皇的妻子，"维特恶毒地反思，"但是我悲哀地认为，这位沙皇没有意志。"结果就造成了完全与现实隔离的、充满贵族虚伪和无知的小世界："皇后……及其配偶把自己封闭在堡垒里——皇村的皇宫和夏宫。他们从避居的皇宫给那些死于卑劣的革命刺客之手的人的妻子发慰问电报，赞扬死者的勇气，宣布'只要俄国高兴，我个人的生命无关紧要'。"

宫廷几乎完全隔离在一个平行的世界，沙皇仍然认为自己掌握着老罗斯（即俄国）与其永恒的上帝之间的神秘结合，由于尼古拉二世本人的俄国资质相当薄弱，这个观念因此更加滑稽、不当。法国大使毛里斯·帕莱奥罗格盘算过，沙皇和他的表兄弟、国王乔治五世长得如此相像，如果他们互换衣服，连他们的随行人员都难以分辨，而且他也模仿他的祖先，娶了一位德国妻子，夫妻两个用英语交流；即便根据最乐观的分析，他的俄国血统也不会不超过1/128；而且，有传言说凯瑟琳大帝的儿子保罗不是她丈夫的骨血，而是她诸多情人之一的一位伯爵的种，如果这是真的，那么，尼古拉根本就不是俄国人。然而，在尼古拉的心目中，自己是俄罗斯属性之父、是圣命所定的斯拉夫灵魂的守护者，他决心保护它不受现代性的腐蚀和自由主义的张狂挑战。

作为一个非常反动的朝廷的务实派改革者，维特只好小心翼翼行事，而他善于根据谈话对象剪裁信息。当尼古拉二世的父亲、非常反犹的沙皇亚历山大三世问起当时的财政部长是不是"喜欢犹太人"时，并不喜欢犹太人的维特提出了一个问题作为回答："我问他可不可能把俄国的犹太人全部丢进黑海。如果可以，那么，犹太人的问题就解决了。但既然这是不可能的，那么，拒绝犹太人问题的唯一办法就是逐步废除所有针对犹太人的歧视性法律。"实际上，维特既心明眼亮，但同时又充满偏狭。他没时间关心"那些破产的犹太佬"，但是他认为当时所谓的"犹太人问题"是俄国自己造成的。他指出："反犹太法律遭到任意解释，俄国学校的负面影响强化了这种情况，促使犹太民众，尤其是年轻人，成为极端的革命者。"——他指的是由于法律限制犹太人的迁徙以及他们可以尝试的职业和强加的特别税，帝国境内的绝大多数犹太人处于令人毛骨悚然的非人境地。维特意识到，这些负担落在"最穷的犹太人身上，因为越富有的犹太人越容易花钱买出路"。他的态度很矛盾：虽然他咒骂爬到圣彼得堡社会上层的"犹太佬"，但自己却选择和一位离异的犹太女士结婚，为此不惜把他的整个事业置于险地，并全然不顾整个圣彼得堡"好"社会的恶意评价。那些人确实不失时机地疏离了这对夫妇。但大家都说他是个忠诚的丈夫。

危险的思想

沙皇尼古拉从未找到如何管理一个由现代工业经济支持和提供财源的中世纪国家的办法。这样的经济依赖一个受过教育的阶级，沙皇一方面寻求专业化中产阶级的实用技术和知识技能，一方面又害怕他们那些难以驾驭的自由思想。任何革新或者改革的企图，与自由主义理想的任何联系，最微弱的革命思想气息，都无一例外会被全能的官僚或者被秘密警察用更残忍的手段予以扑灭。除了地方自治机构外，并没有其他民主参与的途径。这种地方性的集会很快成为了改革者的凝聚点。没有国家议会，没有官方允许的政党，媒体受到一如既往的严格控制。

被人发现对思想感兴趣是一件危险的事情。最好的结果是会毁掉个人在公务系统的事业；最坏的结果甚至可能丢掉性命。1849 年，费多尔·陀思妥耶夫斯基因为背诵一首颠覆性的诗而遭到模拟处决。然而，沉郁的氛围只是使得自由的呼吁更加难以抵制。人们关起门来讨论革命思想，革命思想也通过杂志和书籍被引进俄国，然后这些杂志和书籍被人们抄写、广泛传阅。有时候，甚至连帝国审查官也会在某个关键的时刻把目光抬离办公桌。马克思的《资本论》之所以获得批准，是因为审查官想不到有谁会真的去读这本如此乏味的经济学理论著作。1862年，他有位同事那天心情特别差，因为尼古拉·车尔尼雪夫斯基的小说《怎么办？》呆板的风格和沉重的情节令他沮丧不已，他批准了它的出版。小说的主人公经受了可怕的考验，鼓起勇气参加革命，结果，为了强化对事业的忠诚，他只吃肉和睡钉床。一整代俄国醒悟的年轻人，包括后来以列宁著名的弗拉基米尔·乌里扬诺夫（1870—1924年），认为车尔尼雪夫斯基的作品感召了他们，他们因此被革命理想所征服。许多人不再相信宪政改革与和平演变的可能性。面对当局的恐吓、欺压与威胁，他们转而采取其他措施。在《怎么办？》出版当年，另一位学生革命者发表了他对未来事态的预期：

快了，很快，这一天就要来了，那时我们将张扬未来的伟大旗帜——红旗，喊着"俄国社会民主共和国万岁"的豪迈口号，反抗冬宫，消灭住在那里面的人……我们会报之以如今他们对待我们的残酷无情，诛灭帝国主义党羽。如果那伙肮脏的猪猡胆敢在广场现身，我们就在那里结果他们；我们将在他们的家里诛杀他们；我们将在城市狭窄的里巷诛杀他们；我们将在首府的大街上诛杀他们；我们将在村子里诛灭他们。记住：任何不同我们站在一起的人都是我们的敌人，我们可以采取任何手段消灭我们的敌人。

显而易见的事业的无望促使一整代革命者变得激进，使他们成为了革命的战士。现代世界第一波自杀式恐怖袭击常常使用的武器包括左轮手枪和家制炸弹——这种炸弹可以近距离使用，往往使袭击目标和刺客同归于尽。这个行动残酷有效：1917年之前的20年间，大约1.7万人死于恐怖袭击，其中包括两名总理和几位省长。如果加上许多的地方性反抗，尤其是发生在受到残酷镇压的波兰和芬兰的反抗，以及许多的农民起义和城市大罢工，那么情景就是持续的一触即发的内战，起义的爆发和官府的报复标志着这个国家脆弱的僵持状态。

一场胜利的小战

考虑到俄帝国的局势,其遭到粗暴对待的、愚昧的大多数农民,其受到残酷镇压的少数民族,其灰心丧气的中产阶级,其管理者们经常令人难以置信的无能,一场大的革命没有更早发生,简直可以说是一个奇迹。而当其终于发生的时候,原因既愚不可及又毫无必要:与日本的灾难性战争有关。

沙皇急于把他的帝国扩大到东南亚,在太平洋获得一个不冻港,为此,他一直在寻找巩固其在中国东北和朝鲜影响力的途径。他已经武力逼迫日本割让北方的萨哈林岛,强行让中国将中国北部和朝鲜之间的天然良港、具有宝贵战略地位的旅顺港租让给俄国。租让协议一签署,俄国立即着手派驻军队,强化其在东方的军事基地。这项任务由于跨西伯利亚铁路而变得更简单。这条铁路是维特心爱的项目,已经接近竣工,其目的显然是军事的,而非经济的。

这一切都触怒了旭日帝国,它悄悄地但是扎实地准备打仗,并重金聘请了普鲁士顾问,购买了英国战舰。1904年1月,日本敦促俄国接受在中国东北和朝鲜的双边领土保证条约,由于圣彼得堡几周都不予回应,日本天皇召回了他的大使。海军上将、远东督抚阿列克西乌正好在东京,他发电报给沙皇,告诉他日本人只是虚张声势。总理维亚切斯拉夫·普列维认为日本人永远不会进攻,而即便他们进攻,一场"胜利的小战"只会极大地改善俄国国内的形势。

1904年2月8日深夜,日本战舰和鱼雷艇包围了旅顺港,向无助地停泊在港口的俄国舰队开火。由于太平洋舰队基本被毁灭,沙皇的将军们只得眼睁睁地看着日本在朝鲜驻军,向俄国据点推进。在圣彼得堡,总参谋部一派惊慌失措。东方远远没有足够的军力抗衡日本人的进攻;跨西伯利亚铁路只有一根轨道,水域面积相当于瑞士的贝加尔湖周围的工程尚未完工。俄国只好把铁轨铺设在冰面上运送部队去战争现场,而湖周围的路线则以最快的速度赶修。几个月之内,它就向中国东北运送了41万名战士、9.3万匹马和1000门重炮。

在以后的几个星期，随着东方传来的消息不断恶化，恐慌引发了无序，催生了轻率的计划。波罗的海舰队受命解救被围困在日本海的部队，遂开始其缓慢得令人痛苦的旅程，穿过丹麦去非洲和好望角。俄国军队弥漫着混乱和疑神疑鬼，沙皇的海军在诺福克海岸附近的多格浅滩误把一艘英国的拖网渔船当成日本鱼雷船击沉，差点挑起与英国的战争。俄国战舰之间甚至互相开火。

尼古拉二世坚持他当初的选择，任命其督抚为战争的最高军事指挥官，对于这项决定，谢尔盖·维特刻薄地评论说："海军上将履行这个新职位的资格跟我差不多。他对军队一无所知，对海军所知甚少。"沙皇拒绝听取顾问们的意见，坚决不解除阿列克西乌的职务。为了挽救战局，他决定再任命一位指挥官。库洛帕特金将军是一位经验丰富、能干的军官，但是，由于互相矛盾的命令和虚荣自负的督抚不断的干涉，他根本无法完成任务。这些新情况令谢尔盖·维特大为震惊，在库洛帕特金赴任之前，维特同他交谈，恳求他等阿列克西乌将军一到就立即将之逮捕，并押解回圣彼得堡。库洛帕特金"哈哈大笑，离开的时候，说'你是对的'"。

在接下来的几个月，情况已经非常明显，不可能取得这样的胜利。5月，俄军在鸭绿江战役中伤亡惨重；8月，旅顺港的俄国舰队试图突出重围，结果以灾难告终；1905年2月，经过一场代价惨重的大规模战斗，日本人迫使库洛帕特金从其距旅顺港400公里以北的总部撤退。俄国军队装备差、训练差、互不协调，情报搜集水平极低下，军队只好依靠伦敦的《泰晤士报》获知部队行动的准确信息。沙皇企图激励其军队抗击"黄祸"的士气和使命感，把大量的圣像，包括上帝的圣母和各种东正教的圣人，送到前线，这种倡议被很多人视为典型的中央集权政府的优先考虑和盲目无知。"日本人是在用机关枪攻打我们，"德拉格米洛夫将军说，"但是没关系：我们用圣像打他们！"

结果还是枪的力量大些。1905年5月，波罗的海舰队在环航地球、终于到达目的地的时候，日本海军上将们拥有全部的机会与俄军决战。他们在朝鲜和九州之间的对马岛附近发起对俄国军队的战斗，击沉了8艘战舰，有效地结束了普列维希望的"胜利的小战争"。为了竭力挽救俄国惨遭动摇的威望，谢尔盖·维特受命去美国求和。

如果说俄国政府严重地高估了它的军事实力，那么，它对国内局势则做出了致命的误判。小战争演变成了大灾难：它不仅没有令批评者闭嘴，反而引起了抗议的风暴，并很快将战争的决定与将军的无能、政府的无知和傲慢联系起来。1904年7月15日，残忍但是能干的俄国内政大臣维亚切斯拉夫·普列维命丧一位年轻的社会主义革命者一颗16磅的炸弹。没人哀悼这位不受欢迎的强硬分子。他的死讯传到华沙，人们跑到街上舞蹈，奥匈帝国大使艾伦赛尔伯爵向国内报告说，同他交谈的几个人都表达了这样的看法："为了改变最高当局的想法，需要多来几次类似于暗杀普列维的灾难。"

皇帝匆忙弥补政府核心突然的权力真空，他任命彼得·德米特里耶维奇·斯维亚托波尔克-米尔斯基接任，希望他能平息事态，因为米尔斯基被广泛地认为是一个正直的人、一个温和派。沙皇对时局的严重性判断可以透过这个事实得以推断：米尔斯基以神经衰弱为由谢绝任命，沙皇向未来的内务大臣保证，如果他接受这份工作，"每年可以休几个月的假"。米尔斯基慢慢着手他希望会改变皇帝想法的行动，让他准备接受不可避免、早该施行的改革。自由派报纸，尤其是一个全国性的地方自治联合会，即中央议会的前身，以越来越强的信心要求改革。然而，沙皇很快就脱离了政治现实，一度甚至似乎同意了其大臣关于全国地方自治联合会可以接受的意见，但是补充说："那他们就可以看动物的问题了"——这是马脱缰以后关上马厩门的经典案例。当米尔斯基警告否则就会发生革命时，尼古拉只是保持了礼貌的沉默。

随着地区性的地方自治联合会——长期以来，这是这个国家要求变革的重要力量——增大了对内务大臣的压力，要求允许所有地方自治委员会在首都聚会，米尔斯基同他们的代表达成了妥协。他告诉他们，他不可能批准展开正式会议讨论宪法改革和立法会议机构，但是，没人能够阻止他们到圣彼得堡办私事和在朋友的家里社交，去"喝杯茶"。在那儿说什么就不关他的事了。这次非常政治化的茶话会于1904年11月6日到9日在圣彼得堡各个显贵的住处举行，其中包括弗拉基米尔·纳博科夫，他的儿子、未来的作家，旁观了整个过程。

11月，局势每况愈下。被包围的旅顺港向日本人投降，此举被视为沙皇的军事指挥官们又一个懦弱与无能的事例。在国内，地方自治的活动者们模仿1848年法国革命之前的革命宴会，举行了一系列要求民主的"专业宴会"。中产阶级阵营的这种力量表现导致了独特的局面，帝国的审查官们受命允许在报纸上进行讨论，显然是希望借此防止事件扩展到大街上。报纸上涌现出要求进行宪法改革和抨击政府的文章，很快事情就很清楚了：公众舆论争夺战失败了，新的开放性失控了。

反抗的呼声甚至突破了尼古拉喜欢滞留的皇村的高墙。皇帝在道德和军事意义上都喜欢"背靠墙壁"（他的将军告诉他，一旦国内发生叛乱，政府的力量困守中国东北，不可能控制俄国的城市），他把有毒的圣杯丢给米尔斯基伯爵，命他起草一份改革圣旨。接到改革草案后，沙皇取掉了自由派最希望的内容。他说："我绝不能同意政府的代表形式，因为我认为这对上帝交付给我的人民有害。"至此，米尔斯基已经明白，对于能够做成任何事情感到绝望。"彻底完蛋了，"他对一位同事说，"我们修监狱吧。"

一个有用的牧师

为控制这种不满的风潮，莫斯科秘密警察头子S.V.祖巴托夫发明了一套他特别引以为傲的新策略。他不是镇压所有的工人俱乐部和工会，而是协助创立了得到警察容忍（也不断遭到窥探）的爱国工人协会。这些组织可以满足一些工人的要求，同时传播精心参照俄国东正教的信条撰写的信息，估摸这些信息能够唤起刚从乡下进城的农民的所谓虔诚，激发对国家和皇帝的忠诚。集会以主祷文开始，以圣歌结束。

最初的报告显示，这个策略的效果出奇地好。圣彼得堡俄国工厂工人和电站工人协会由年轻、富有领袖魅力的前监狱牧师乔治·阿波罗·诺维奇·嘉庞（1870—1906年）神父领导。协会会员很快达到3万人。嘉庞是一位天才的组织者，几个月之间，他就建立起了一个图书馆、阅览室、保险计划及社会活动的网络。积极的社会主义者把神父看作警察的跟屁虫，讨厌他的动机，而很多人则喜欢俱乐部的氛围，喜欢那里有启发性的演讲及阅读政府支持的保守报纸。嘉庞本人善于演讲和交流，但是，在政治上极其天真，其动力来自远大的个人抱负。

即便在1904年夏天，嘉庞还公开表示他对沙皇的孝忠。菩提洛夫钢铁厂的一个工人后来回忆神父在一次演讲中告诉工人们："虽然沙皇很遥远，上帝高高在天，虽然当局所知不多，但是，我们不仅要让工厂主知道劳动人民的境况，也要让沙皇和上帝了解。"神父向听众保证，如果人民的父亲知道他的孩子们的艰辛，他会感到惊愕，并惩罚那些以其贪婪和冷酷给工人们造成痛苦的人。

嘉庞神父是一位聪明人，他明显厌恶官方教会的保守，选择积极参与社会活动。他了解来找他的工人们日常的生存斗争，熟悉他们的痛苦生活状况，知道他们时常面对各种危险，如事故和贫困、饥饿、酒精、困扰他们生活的疾病。他同意社会主义者的观点，认为这种局面难以为继。然而，与革命者不同的是，嘉庞确信，只要善良的沙皇不受到他奸诈的顾问的误导，一切都可以改变。资本主义毁坏了俄国人的心灵，因为它插入了一个有害的官员和富裕的企业家阶层，拆开了沙皇与其人民之间的古老纽带。因此，解决办法很简单：必须亲自告诉"小父亲"，远离周围奸人的影响。

嘉庞神父的劳工协会的发展势头远远超出了允许其组织和影响力增长的当局的设想。他开始和知识分子、政治活动人士及商人一起举行会议，他还和一个内部圈子的人一起，起草了一份请愿书，准备在时机成熟——也许是发生又一次重大的军事失败，沙皇只好听取人民呼声的时候，递交给沙皇本人。这个机会甚至比嘉庞神父设想的来得早得多，当时，4个机车工人被佩特罗夫钢铁厂草率地解雇了。这4个人都是嘉庞组织中的成员，于是，同时也许也是为了证明他在实际工作领域的实绩，他准备亲自出马说情，为他们挽回工作。厂方十分强硬，指出这些工人懒惰、不可靠。在紧张的局面下，该厂1.25万名工人于1月5日罢工，声援他们的同事。

嘉庞为他们的行动撑腰。他突然发现自己成了野火般扫荡整个城市的巨大罢工浪潮的首领。1月4日，法俄机器厂的工人加入罢工，一天后，涅瓦机器与船舶厂1.6万名工人、涅瓦纺织厂2000名工人及其他小厂的成百上千名工人一起参加了罢工。三天之内，380间工厂约14万名工人拒绝上班。

在嘉庞神父的总部，人们表现出狂热的乐观情绪。在整个城市，会议一个接着一个，一直开到深夜，组织认识到，罢工给了他们前所未有的权力基础。如果要让沙皇看到他最卑微的臣民所处的绝望境地，那么现在就到了说话的时候了。大家决定和平游行去冬宫：工人第一次去到权力的中心，请求陛下倾听他们的呼声。意识到这个行动带来的危险，嘉庞神父亲自给内务大臣米尔斯基写信，要求他允许游行，并随信附了一份准备在皇宫门前递交给皇帝的请愿书。所有的组织成员被要求于1月8日穿上最好的衣服，带上圣像及其他宗教标志——严肃、冷静。

请愿书（之前已经引用过了）采用了最恭敬、最谦卑的语气，在结尾处几乎是对皇帝铺天盖地的赞美："因此你会使俄国既高兴又出名，你的名字将永远铭刻在我们及我们的后代心间。如果你……对我们的请求置之不理，我们就死在你皇宫的广场上。我们无处可去，也不想去。"这份文件在其他方面都无伤大雅，但是也许其中包含了威胁和决心的意味，所以政府决定不准许游行和撒传单，警告将以"恰当的措施"处理任何大型集会。

沙皇本人完全没有表现出任何一丝陪工人玩儿的意思。1月8日，他待在首都以外的皇村，而在首都的战略路线上都布置了步兵和骑兵把守。与此同时，工人们继续他们的准备工作。有传言说不准许他们游行，但是总是有这样那样的传言。参与他们所有集会、听他们发言的便衣警察没有暗示有任何问题。有人说，如果他们遇到持枪械的士兵，他们会走上前去，说"兄弟，你真的想对我开枪吗？"他的话赢得了一致的赞同。

1月9日早晨，圣彼得堡弥漫着一种诡异的气氛。天气温和，新下的雪覆盖了台阶；第一批数百、其后数千工人聚集在城市各个地点，准备开始游行。这时，这个罢工城市正常的交通和活动都停顿了。他们不确定等待自己的将是何种命运,但是他们预先估计了最坏的结果,于是让强壮的人站前排。一位工人对在瓦西列夫斯基岛等待的人群说:"你们知道我们为什么而去。我们去找沙皇要求真理。我们的生活无法忍受……现在,我们必须把俄国从给我们造成痛苦的官僚手中挽救出来。他们榨取我们的血汗。你们了解我们工人的生活。我们十家人住一间屋子。我说的是不是实情?"人群齐声赞同,他们温热的呼吸混入冬日的空气。"所以我们要去找沙皇。如果他是我们的沙皇,如果他爱他的人民,他就必须听取我们的心声……我们敞开胸膛去找他。我们走第一排,如果我们倒下了,第二排会跟上。但是他不可能对我们开枪。"然后,大家念了主祷文。喃喃的声音中混杂着抽泣声。游行开始了。

游行者慢慢迈往特洛茨基大桥(此刻,睡眼惺忪的谢尔盖·维特从他家客厅的窗户眺望)。马克西姆·高尔基也在游行队伍中,后来,他描写了哥萨克骑兵杀死一位游行工人的情形:

  重骑兵围住他,像个妇人那样尖叫着,在空中挥舞着他的军刀……他从跳跃的马上扑过来……他猛砍他的脸,伤口从眼睛一直拉到下巴。我记得那个工人惊骇地睁大的双眼……杀人者的脸因寒冷和兴奋而泛红,他咬紧牙齿,咧嘴笑着,胡髭竖立在翘起的嘴唇上。他挥舞着他受损的钢刀,发出又一声尖叫,喘着粗气,朝死者吐了一泡口水。

抗议者遭到枪击,受到哥萨克骑兵的军刀刺杀,希望的幻灭比士兵的子弹更令他们难过。眼看身边的同志们纷纷倒下,圣像从他们已经没有生气的手里掉落到雪地里,嘉庞神父哭喊着:"没有沙皇,没有上帝!"人群朝周围的街道四下逃散,神父则逃到了高尔基的公寓,百万富翁、革命企业家、喜欢扮演其作家朋友保镖的萨瓦·莫若佐夫让他进了门。(用契诃夫的话说:"在革命之前他像黎明前的魔鬼一样快步疾跑。")脸色泛绿、张皇困惑的神父喊着:"给我点儿东西喝!酒。都死了!"高尔基徒劳地试图安抚神父——为了避免被捕,神父这会儿刮了胡子,伪装成平民。首要的事是向工人们证明他们的英雄没有死(已经有传言说他是第一批死者之一），于是高尔基把艺术剧院的院长阿萨夫·提克霍米偌夫叫到他的宿舍，给受伤的神父化了妆，让他显得有活力些。剩下的就只能靠伏特加了。

在血腥星期天的晚上，嘉庞神父出现在自由经济协会一群工人和知识分子面前。当他和高尔基一起站到台上时，人们看见一位身材小小的、胡子刮得干干净净的男人穿着奇怪的衣服，看起来"像是一个优雅的商店营业员"，人群中发出激动的叽叽喳喳声。嘉庞的话像他的衣服一样陌生，他叫嚣着说："和平手段失败了，现在我们必须采取其他手段！"并对"命令杀死无辜者的叛徒沙皇"发出"牧师的诅咒"。当晚深夜，已经成为革命者的嘉庞逃到了芬兰，转道去了慕尼黑，在那里，他遇到了列宁。

沙皇本人也为当天的事件异常震动。他平常的日记都是忠实记录天气以及狩猎打死的动物数量，但在这天的日记中，他写道："可怕的一天。部队不得不在城市的多个地方开枪，死伤很多。上帝，多痛苦多糟糕啊。妈妈立即从市里过来做弥撒。我们一起吃午饭。同米莎一起散步。妈妈和我们一起过夜。"

陷入混乱

工人们对血腥星期天的反应非常迅速。圣彼得堡发起了总罢工，铁路工人加入罢工以后，首都的生活陷于彻底瘫痪。武装"工人保护"组在街上巡游，同警察发生小规模战斗。局势迅速恶化，其他城市也爆发了罢工和骚乱，莫斯科的情况尤其严重。面对这一迫在眉睫的灾难，沙皇的对策是任命迪米特里·特里波夫将军担任圣彼得堡市长。这是一位强硬的骑兵，用维特的话说，是"出生军士长，相信杀鸡用牛刀的人"，沙皇命他用铁腕恢复秩序。特里波夫主持摇摇欲坠的社会秩序，忙着把本来能够缓和街面局势的民主活动人士关进监狱，而君主则无所作为。

这时候，即便其最保守的仰慕者也对统治者表示绝望和幻灭。1月22日，为上流社会画像的画家伊利亚·列宾写信给朋友说："以他那种卑鄙、贪婪、掠夺成性的贼人天性，他（沙皇）同时又那么愚蠢，所以，他也许很快就会落入陷阱，这会令进步的人民普遍欢欣"。列夫·托尔斯泰评论说，沙皇"听他叔叔们的话，听他妈妈的话……他是一个可怜的、微不足道的，甚至是冷酷的人"。另一位观察者波伯林斯基伯爵在日记中写道："沙皇睡着了。他睡在火山口上，"然后又说，"沙皇还是没有主意——他在昏睡。沙皇和皇后坐在皇村紧锁的门后面。大公们惊恐万状。"

这种瘫痪恐惧的结果是，亚历山大·G.布利金于1月20日取代善意的米尔斯基伯爵出任内务大臣。布利金可以忠实地执行命令，而不会发布命令。然而，即便是新的内务大臣也坚持必须做出让步。沙皇批评说："人家会以为你害怕爆发革命"，结果被告知："陛下，革命已经爆发了。"终于，在2月18日，沙皇发表宣言，同意根据新的方案选举协商杜马，自由派记者估计，根据新方案，圣彼得堡只有不到1%的潜在选民能够投票。在其他选区，合格选民的比例甚至更小。按照维特的说法："这个机构在各方面都模仿西欧议会，但在一个根本方面除外：执行法律的权力。"

布利金杜马远远不能满足街头革命者的要求。但是他们真的是革命者吗？1905—1906年起义等于革命吗？在"革命"一词的严格意义上，也许不算。没有协调行动，没有权利转移。然而，经过一年的罢工及一些城市零星的内战后，"小革命"致使俄国脆弱的公民社会完全崩溃及法治的近乎全面暂停。罢工进行了一整年，在相对安静的9月，罢工人数达到3.6万名工人，在革命高潮的12月，1.3万家工厂的41.8万名男女工人丢下了工具。全国的大学都成了学生愤怒抗议的场所，当年的剩余时间里大学关了门。在大城市，抢劫成了常见现象。在下诺夫哥罗德，他们任意攻击所有衣着体面的人，一天之内就打伤了70多人；在莫斯科，10岁的孩子们被指责"煽动叛乱"，在警察眼皮底下遭到愤怒的群众毒打；在莫吉廖夫，警察也横冲直撞；而比萨拉比亚的基希纳乌州长则害怕城市会变成"内战的战场"。工人群体经常性的恐吓遭到反恐怖：黑色一百——一个有着漫长的反革命暴力历史的右翼组织，对那些他们认为颠覆了秩序的人实施攻击。他们认为犹太人是所有不忠实和左派骚动的幕后主使，所以他们对帝国范围内的犹太人发起群体性行动及针对个体的行动。

在情况最好的时候有些乡村也在法律的触角之外，这时候，局面更是演变成普遍的无政府主义,农民组织租金罢工,非法砍伐地主的树木,攻打庄园。统治阶级那些颓废的资产阶级奢侈品统统被砸毁,劈得粉碎,或者干脆被掠走,由村民们瓜分:瓷器、衣物、整个的书房。有一次,农民甚至把一台大钢琴砸毁,瓜分了象牙琴键。到1906年初,大约3000所庄园遭到劫掠,或者被烧毁。

政府已经失去了对很多区域的控制。在血腥镇压了有10万人参加的游行,士兵朝人群开枪,导致93人死亡后,华沙宣布进入戒严状态;芬兰发起了总罢工;格鲁吉亚西部实际上由马克思主义民族解放运动统治。仅仅距莫斯科80英里的地方,谢尔盖·色么诺夫,一位托尔斯泰的倾慕者,成立了马尔科夫共和国,拒绝承认俄国政府,按照民主委员会制度,统治着由几个村庄组成的一个地区。共和国向圣彼得堡提出的要求包括国家立法议会、农民的公民权、自由普选、迁徙自由、释放政治犯。只有满足这些要求以后,马尔科夫共和国公民才会向沙皇纳税,或者以任何方式服从他的权威。色么诺夫是这个勇敢的临时国家的总统,1906年,其短暂的故事以其领袖们被关进莫斯科监狱而告终。

整个帝国的秩序崩塌压垮了当局,他们情知已无法依靠武装力量恢复秩序。士兵们往往本身就是农民,多年来他们被强征入伍,微薄的工资迫使他们自己补靴子,自己种菜、养牲口(奥兰多·菲格斯称他们是"一支补鞋匠和农民的军队"),现在要他们镇压乡村起义,他们不肯听从命令。

军队中技术要求最高的部队是海军,其中有文化的人和社会主义者的比例也最大。海员的不满情绪很强烈,海军上将阿列克西乌能力差得可怜,在旅顺港和对马岛同数量上差得多但训练好得多的日本海军打仗中造成的船舰和人员损失更增加了这种不满。军舰还停泊在黑海的时候,仅仅是一片腐肉就引起了其中一艘军舰——波特金战舰的全面反叛。该舰的医生在6月14日决定船员应该吃有一面已经爬满了蛆的牛肉,海员表示抗议,船长命令海军陆战队集合,对付船员。由于害怕遭到领导的即刻处决,海员们对军官发起突然袭击,杀死了其中7名军官,他们中间一位叫格里戈里·瓦伦楚克的人也倒下了。起义者控制了波特金号,他们挂起红旗,驶往敖德萨港——前一夜,罢工工人和政府军已经在这里发生了游击战。

波特金号事件给政府传递了清晰的信号。即便沙皇也已经无法否认事态超出了通常叛乱的范围，不是可以靠几百鞭打和把一些人关进监狱就可以解决的问题，连他最反动的亲密顾问也敦促他成立杜马，答应自由派反对者的主要要求。他们说，否则有力但分散的罢工早晚会整合起来，造成无法阻止的革命运动。他们在皇帝跟前争论当前的选择是：要么放松他的权力，要么冒不仅失去皇位而且可能失去生命的风险。沙皇起初不为所动："我不害怕失去我的生命，"他说，"我相信上帝对我们所有人都有安排。"

沙皇完全不知道该如何应对其统治面临的高涨压力。在绝望中，他求助于他不信任也不喜欢的人：谢尔盖·维特。维特刚刚在纽约的谈判桌上取得了显著的成果，与日本达成了有利的和平。1906年10月9日，沙皇召见维特，询问他对时局的看法。他告诉沙皇拟议的布利金杜马没能满足革命者的要求，国家现在处于革命边缘，只剩下两个可能的行动方案：同意宪政改革，举行杜马选举，通过普选产生议会，或者任命"一个可靠的人，赋予他事实上的独裁权力，以无情的力量镇压各种骚乱"。维特警告说，第二个选项会非常血腥，由于部队可能站在起义者一边，所以不能保证成功。他坚持认为，时间是根本：目前为止大城市的罢工是自发性的，但是，由于流放归来的社会主义运动领袖组织和指挥真正的革命，局面随时都会变得不可收拾。皇帝犹豫不决，反复思虑，最后他听从了他叔父们的话，改变了心意。

谢尔盖·维特——作为对他在谈判桌上的成功的嘉奖，他现在已经是维特伯爵了——对这种拖延非常恼火。"陛下不容忍那些他认为智力比他高的人，也不容忍那些和宫廷秘密顾问，即他的家奴，不一样的意见，"他悲叹道，"作为一个意志薄弱的人，他最相信使用暴力……摧毁他真正的或者想象的敌人，他把反对无限的、任意的农奴制的人视为私敌。"随着罢工运动集聚起新的力量，连超级反动的尼古拉·尼可拉耶维奇大公都劝告他的侄子说，首都的部队太少，连保卫铁路都不够，更别说平息一场全面的革命了。沙皇终于妥协了，示意他愿意允许召开杜马，尽管他的左右人员刻意传播谣言，谣传宪法方案是维特为了替自己争夺权力，因为他已经把自己想象成俄罗斯共和国的总统。

10月10日,一场组织良好的罢工导致整个国家陷于瘫痪。没有铁路也没有电车,没有报纸也没有电、电报、电话,在中国打仗的俄国军队得不到弹药和补给。从无顶四轮马车夫到马林斯基剧院的芭蕾舞演员,从医生到股票经纪人到大约4万工人,大罢工使俄国陷入彻底停顿。没有哪个国家见过其劳工大众发起过更大规模的游行示威。面对普遍的不服从,警察也停止执行任务,一些帮伙在街上游荡,竭力掳掠、抢劫和搜刮。军队总指挥库洛帕特金将军与其西伯利亚的总部失去了联系,俄中银行的间谍报告说部分军队加入了革命,莫斯科着火了,圣彼得堡的战斗已经导致3万人死亡,沙皇和皇后分别逃往卡朗斯塔德和丹麦。这些消息令他非常不安。

10月17日,沙皇终于解除了他的内务大臣布利金的职务,颁令于次年5月召开自由、普选的国家杜马。这个决定对他来说并不轻松。两天后,他写信给母亲说:"你不能想象那一刻之前我经历了什么……俄罗斯全国上下都在呼吁,他们为之乞求,我周围的很多人——非常多——都持有相同的观点——除了画十字架、给予每个人都要求的东西,别无他途。"

沙皇的命令发表后,人们上街庆祝。对自由派来说,10月17日是一个新的民主时代的开始。政治统治的权力被打破了(很快会重新获得),俄国会跻身现代国家的行列。但是还有更大的痛苦在后头。被黑色一百活动者杀害的一位工人的葬礼演变为一场有20万人参加的大游行,引起游行者、黑色一百民兵和军队之间的混战,莫斯科遭遇了一场激烈的内战。

城里设置了路障,有几个工厂,尤其是工人及其家庭撤入的施密特家具厂和普罗霍洛夫纺织厂遭到军队炮击。在起义被镇压下去前,莫斯科有近1000人死于炸弹和子弹。施密特工厂21岁的厂主、革命的同情者尼古拉·帕夫洛维奇·施密特在诺夫恩斯基大街16号的家里被捕。如果警察肯费心查看一下他的地下室,就会发现成箱的步枪和手枪,"还处于航运运输要求的油脂密封的状态"。事实上,他们审问这位给造反派提供经济资助的年轻人,八天不让他睡觉和吃饭,威胁要杀了他。施密特终于签署了供认状。2月12日,他写信告诉姐姐,夜晚很恐怖,他害怕再来一次。第二天早晨,他被发现躺在囚室的地上,脖子上、手上和下臂有刀口,脸上有瘀伤。警察的记录是自杀身亡。

接 管

就在资产阶级阵营兴奋地组建政党、选举议会之时，对罢工的支持却动摇和崩溃了。国家渐渐恢复了秩序，或者说残酷的暴力强行维持了秩序，因为政府着手进行长长的一系列报复行动。色米欧诺夫和第16列特人军团以在帝国城乡滥施残暴而臭名昭著，恣意杀人、强奸、鞭打、毁灭。村民被召集在一起，不交出当地造反领袖就一直挨打，造反领袖则无需审判，直接在附近的树上吊死。喝得醉晕晕的哥萨克人获许横冲直撞，上万所建筑被烧毁。

1905年10月至1906年4月之间，估计1.5万名农民和工人被吊死或枪毙，另有2万人受伤、4.5万人被流放，在城市里，5000名革命者被判死刑，还有3.8万人被判入狱或者接受劳役监禁。发起总反攻后，听到兴师问罪和右派复仇取得成功的消息时，欣喜若狂的沙皇兴奋地叫嚣：这挠到了我的痒处！一波针对犹太人的野蛮措施横扫俄国。沙皇又一次坐稳了马鞍。骚乱令人惋惜，但是他的世界观未受触动，这从他写给母亲的一封信可见一斑：

> 人民对革命者和社会主义者的傲慢和大胆非常愤慨，因为这些人90%是犹太人，所以所有的仇恨都指向犹太人，因此有针对犹太人的措施。在俄国的所有城市和西伯利亚，这些措施如此不约而同、如此同步发生，这真令人惊异。自然地，英国人说这些混乱是警察组织的。但这已经是著名的谎言。受罪的不仅仅是犹太人，还有工程师、律师以及其他各类坏人。在托木斯克、辛菲罗波尔、特维尔和敖德萨发生的事情清楚地说明，在愤怒的风暴中可能发生什么样的事情——革命者的房子遭到包围、烧毁。没被烧死的人只要一露面就会被杀死。我接到来自各地的感人电报，感谢我给他们自由，并明确宣称他们希望保持专制。

都是犹太人的错。现在恢复了平静。这种平静,如弗里德里希·席勒在近一个世纪以前说的,是"墓地里的平静"。

在铁腕重新施加秩序的表象下面,热度只不过进一步加强了,实际上,革命已经开始吞噬其自己的儿女。嘉庞神父,这位血腥星期天后继续反抗的不知情的始作俑者,几次企图成为革命领袖,但都没有成功。他无法在社会主义理论家中保持其地位,曾经回到俄国又离开,有人在蒙特卡洛看见过他,最后他企图在圣彼得堡成立一个新的工人组织。他在政治上无能,但广受欢迎,结果革命者和秘密警察都把他作为靶子。谢尔盖·维特的线人指控嘉庞参与阴谋和背叛,以此败坏他的名声,在一起涉及到一个双面间谍的阴谋黑幕中,业余革命家嘉庞被人诱入欧泽斯基芬兰湖度假村附近的一座茅舍进行秘密审讯。接下来发生事情的真实原因不清楚,但是有一份记录留了下来:屋子里有几个人等着嘉庞,对他进行审讯。他们通过无记名表决,认为他该死,并着手绑他的手。他们把他绑在墙上的挂钩上,这时,惊恐不已的神父大叫:"兄弟们,亲爱的们,住手!给我一个最后的交代!"——挂钩太矮了,有一位攻击者只好坐在嘉庞的肩头,直到他窒息而死。

每个人都有所害怕

1905年的经历给俄国社会蒙上了一层不祥的黑暗。走出灾难性停滞的所有理性道路似乎都被独裁统治给堵塞了。专制统治的门最终被紧紧地闩上了,只有爆炸才能把它炸开。整个社会陷入了沮丧和愤怒、无力的挫折感和宿命的确定性,另一次更为血腥的灾变只是一个时间问题。年轻一代的艺术家有力地表达了这种生活的绝望感。在伊凡·布宁的故事《旧金山来的绅士》(1909年)中,远洋客轮在波涛汹涌的大海上航行,船上的乘客只能听天由命。他们在优雅的沙龙里跳舞,完全没有意识到火焰燃烧的地狱般的锅炉房,以及外面凶残的海洋,也无力影响自己的命运。

在其伟大的小说《彼得堡》中，安德烈·别雷也勾起了他那代人的困窘感。别雷恰好在血腥的星期天那天抵达首都，当天的事件给他留下的印象太深刻了，所以他写了一本以骚乱为背景的小说。通篇小说中，城市笼罩在红色多米诺的幽灵恐怖中，耸人听闻的新闻尽情夸大一种幽灵般的场面，而实际上只不过是一位高官的儿子穿着戏剧服装。主人公的状态既恐怖又荒诞：他答应帮恐怖分子投一颗炸弹，结果发现他要炸的目标是他父亲。惊惶之间，他还是准备好装置，在他苦于不知道怎么办的时候，装在沙丁鱼罐子里的装置嘀答作响。古典主义的皇宫极之华丽，但是，几小时后就会陷于混乱和毁灭。

陷于谋杀困境的不仅仅是主人公，整个城市都被一种威胁感给攫住了：

在车间、印刷厂、理发店、牧场、肮脏的小酒馆，都笼罩着同样的阴暗。他把从血迹斑斑的中国带回来的蓬松的毛皮帽子拉下来遮住眼睛，口袋里揣着不知道从哪里弄来的勃朗宁手枪，把印刷质量非常差的传单塞到人们的手里。

每个人都有所害怕，有所希望，人们涌上街头，聚集在一起，然后又分散了。

至于彼得堡，它已经陷落了。

在那些天里，好像地球上的人都从他们的住处冲了出来。斗争很激烈，这个世界从来没有见过这么激烈的斗争。亚洲黄祸将从他们古老的泥砖房子出发，血的海洋将染红欧洲大地。

1906年之后，俄国遍布这种恐惧感和闹剧。杜马一开，沙皇立刻夺回了权力，维特再一次痛苦地赋闲。沙皇的宫廷变得更加蒙昧、更加孤立，而彻底堕落的神棍拉斯普金这样的神秘主义者、疯子控制了已经脱离现实的皇帝夫妇，沙皇透过被奉承和酒精搞得视线朦胧的双眼认识他的国家。与此同时，俄国文化却爆发出愤怒而耀眼的创造力。世界上没有一个地方比这个为不可避免的变革力量所撕裂和窒息的社会感受到更急切的不稳定感,这一点最为清晰地体现于许多艺术家的作品中,他们觉得自己的职业就是以其他手段继续革命,或者逃离这个荒诞的惨遭蹂躏的地方,进入一个纯洁的、由神秘的力量唤起的象征世界。

我们以为巴黎和维也纳是世纪之交的艺术革新中心,但是1906年之后,莫斯科和圣彼得堡与它们的差距并不大。在狂野梦想的刺激下,一代艺术家着手塑造一个新的世界——野蛮而陌生,机械到残酷的境地,黑暗,难以理解。年轻的伊戈尔·斯特拉文斯基在《神圣的春天》里体现古老革命血腥的痉挛,芭蕾表现青年人残酷的牺牲,编舞使用芭蕾舞短裙作简单的罩衫,用皮鲁埃特旋转表现极度的愤怒;亚历山大·斯克里亚宾的钢琴曲让人们听得见他的错位感,它浮动在松散的音调之间,浮动在他结合了声与光、给人以铺天盖地感觉的管弦乐诗中;康定斯基在画布上以其烦躁不安的、脱节的几何图案表现萨满教仪式的原始符号;马勒维奇从抽象中发现不妥协的力量,画家米哈伊尔·拉里奥诺夫以与布拉克和毕加索相似的参差不齐的形状再现他心目中支离破碎、令人恐怖的世界。旧价值观死了。拉里奥诺夫宣称:"我们今天的天才:裤子、夹克、鞋子、有轨电车、公共汽车、飞机、铁路、壮丽的轮船。我们不承认个性在艺术作品中有任何价值。"1905年左右,他的作品从温柔、抒情的表现主义风格转变为坚决的孩童般的原始主义,色彩饱和,形貌粗糙。刮去了淡淡的那层文明,拉里奥诺夫发现自己处于半男人的野蛮女人、狂欢作乐的下等人,以及抽烟、双腿叉开坐的土耳其人和马戏团扮演者之中。其他画家,如罗伯特·福尔克、彼得·刚察罗夫斯基和拉里奥诺夫的伴侣娜塔莉娅·刚察诺娃经历了类似的发展过程。

贯穿于俄罗斯那想象的深深黑暗和荒诞血脉浮现在这个时期的文学作品中,这在瓦莱里·勃留索夫的《苍白的马》中体现得最突出。这首诗的中心意象不仅获得天启骑士,而且也得到青铜骑士的启发。自从普希金的同名诗发表后,圣彼得堡街头昂首阔步的彼得大帝骑着猖獗种马的塑像就主导了俄罗斯作家的心灵。在别雷的《彼得堡》中,骑士纵马冲过夜间的首都,他的血红色的坐骑又出现在马勒维奇和库兹马·彼得罗夫-沃德金的画作中,它也跃进勃留索夫描写的吓人的残酷幻影中,飞越熙熙攘攘的圣彼得堡，就像几年前冲破生活结构的革命一样：

> 街上的情况好似暴风雨一样。路过的行人像是被不可避免的命运追逐着。汽车、出租车、公共汽车在首尾不见的狂怒的人流中间轰鸣。从高得可怕的30层楼上，信号灯像高空中变幻的眼睛一样，旋转着，闪烁着。车轮发出骄傲的嗡嗡声，报童尖声叫卖报纸。突然，风暴中——传来一阵地狱般的耳语。只听见一阵奇怪的刺耳的脚步声，一阵震耳欲聋的尖叫声，一阵巨大的碰撞声。骑士出现了。马疾速地飞奔而至。空气震颤，回声翻滚。时间在颤抖，景象令人惊恐。骑士的纸卷用火光拼出了死亡一词。

勃留索夫的生活像他注射了吗啡般的想象力一样充满着暴风骤雨，有几年的时间，他深陷于与安德烈·贝利及心理失常、纤弱的妮娜·彼德罗夫斯卡亚之间的三角恋情，无法自拔。这两个男人只差没有为她而决斗。

像希望摧毁社会、从头开始的革命者一样，许多先锋艺术家认为现状没什么值得保留的。米哈伊尔·拉里奥诺夫、娜塔莉娅·刚察诺娃、弗拉基米尔·马雅可夫斯基及其他一些人在莫斯科游荡的时候，用油彩涂脸、翻领上戴着木头勺子或者萝卜——而不是鲜花。他们的衣服上装饰着字母和符号。瓦西里·卡缅斯基声称，像无政府主义恐怖分子一样，他们也想"朝普遍忧悒寡欢存在的不快乐、粗鄙的街道扔炸弹"。而拉里奥诺夫与一位朋友则在他们的一份未来主义宣言中写道："我们涂抹自己的脸，因为一张干净的脸显得唐突，因为我们希望预告未知，我们想重新生活。"

"给大众品位的一记耳光"是1912年一群艺术家发布的一份宣言的标题；先锋派艺术家竭力想表现其进攻性、亵渎神灵和粗野。在俄罗斯农民的知识体系中，权威不过是暴力征服的一种力量。俄罗斯年轻艺术家们的文章反映了这种情绪："展眼望去，眼前的世界一派赤裸，在她的塔周围是剥了皮的山脉，像是一块块血淋淋的熏肉。抓住它，撕裂它，用牙齿咬它，嚼碎它，重新创造它——都是你的，是你的！"

莫斯科和圣彼得堡的先锋艺术家们激烈地摇摆于不同的极端之间：乌

托邦式的希望和彻底的绝望、疯狂的色欲纠葛与独身主义（从来不会太长）、空洞的姿态与纯粹的辉煌时刻。勃留索夫在他惊人的故事《南十字共和国》中描写了南极洲一个虚构的城邦，巨大的屋顶保护它不受各种因素的影响。人类工程学的这一巨大成就里面是地球上最先进的社会，那是一个壮丽的、民主社会，有高架道路、舒服的房屋、免费教育、图书馆、精美的食物及最精致的娱乐活动。实际上，那是一个邪恶的乌托邦，生活在小说创作之后一个世纪的人们熟悉它的某些特质：

> 必须得说，这个民主的外表掩盖着前一个特拉斯特股东和董事们的纯粹专制暴政。他们把董事会的代表位置让给别人，但是，必将让他们自己的候选人担任董事。董事会掌控着国家的经济生活……董事会在共和国国际关系中的影响力非常大。其决定可以毁灭一个个的国家。他们确定的价格决定了整个地球上数以百万计的劳工的工资。而且，董事会的影响在共和国国内事务中具有决定性。实际上，法律制定部只不过是董事会意志的谦卑的仆人。

勃留索夫患有隐疾的理想城市最终因"矛盾"爆发而灭亡，这种病导致受害者反抗一切不合理的事：

> 受灾者不是说"是"，而是说"不"，希望说亲切的话，结果却口吐恶言。大多数人在行为上也自相矛盾：本来想往左走，结果却向右转，心里想的是抬高帽檐好看得清楚些，结果却把帽檐拉下来遮住了眼睛，等等。随着疾病进一步恶化，矛盾控制了患者的整个身体和精神生活，体现出与各自特质相融合的无限多样性。大体上，言语不知所云，行为荒诞悖谬。

许多像勃留索夫、贝利和神秘的女诗人季娜伊达·吉皮乌斯这样的时髦艺术家，其作品多是象征性语言的"芳香牧场"，他们试图借助巫师降神会把握一种更高的真实，其他艺术家则对难以忍受的现实采取对抗性的姿态。列昂尼德·安德烈耶夫的小说《被绞死的七个人》通过了审查，出版（明确表明时代已经变化了）后，引起了一场丑闻。作者以无情的新闻描写的方式，讲述了7位被判定为恐怖分子的人等待第二天早晨行刑之前在监狱度过的那个晚上，故事令读者不知所措。他们是善良、深思熟虑的人，被极端的情形逼迫，采取了极端行为（暗杀失败）。小说复述了审判过程，讲述了父母们——他们都是体面人——的反应，揭示了囚犯们之间的交谈，以及他们独自的思想：

他被变成了等待屠宰的动物、从一个地方带到另一个地方的聋哑人，被火化、被敲碎。他说什么都无关紧要，没人会听他说话，如果他试图叫喊，他们会用一块破布捂住他的嘴。无论他是否能够独自行走，他们都会把他带走、绞死。

如果他反抗、抗争，或者躺在地上，他们制服他，把他抬起来、捆起来，把他抬到绞刑架那儿。这份机器一样的工作将由像他一样的人去执行，这个事实赋予他们一种新的、奇异的、不祥的感觉——他觉得他们是为着这个目的而来的幽灵，或者像是弹簧上的自动木偶。他们会抓住他，把他抬走，把他挂上绞架，拉他的双脚。他们会砍断绳子，把他取下来，抬走，埋掉。

安德烈耶夫小说的结尾像开头一样阴冷可怕，最后死者的尸体被装进廉价的棺材。

俄国从来没有出版过这样的作品，它们令读者心烦意乱，无法把这些年轻人视为恐怖分子。他们的动机、在行刑前探望儿子的老军官的悲痛，安慰其他人的高贵的年轻女士——这些都被官方宣传给抹得干干净净。在小说家冷峻、专心的注视下，公正、真理这些价值观都瓦解了。米哈伊尔·阿尔志跋绥夫的色情小说《萨宁》的主人公像现代的萨德侯爵一样浪荡一生，完全没有道德感，完全漠不关心，一味追求欲望的满足。作者以审查官所能允许的最大尺度生动地描写了无趣味的性，几乎所有角色的结局都很糟糕。在小说结尾处，主人公慨叹道："人是一个多么拙劣的玩笑啊！"

"可以毫不夸张地说,全俄罗斯回荡着发自内心的呼喊'不可能再这样生活下去了。'"谢尔盖·维特如此评价这些年,其间俄国文化带着所有重度精神分裂症的所有特征。这是一个暴力粉碎暴力的时代,而不是和平的时代。有一点是非常清楚的:事情不可能有良好的结局。灾难何时、以什么方式发生还不确定,但是正如《被绞死的七个人》中学生们一再对彼此说的那样:"不会太久了。"

七 1906年：无畏舰与焦虑

我们要颂扬战争——世界上唯一的卫生事业——军国主义、爱国主义，那是自由带来的破坏性姿态，是值得为之付出生命的美丽思想，是对女人的轻蔑。

——F.T. 马里内蒂《未来主义宣言》

香榭丽舍大街和蒙梭公园的大房子几乎都属于犹太人；有时候，透过打开的窗户，孤寂中听得见音乐声：那是某个犹太人在治疗他的神经官能症。

——爱德华·德鲁蒙《犹太法国》

1906年，朴茨茅斯。随着轻柔而洪亮的"嘭"的一响，一瓶澳大利亚酒掉到了巨大的船体上，不过，它被花环挡了一下，没有摔破。挂在长绳上的酒瓶荡过来，有人抓住它，递给国王。国王爱德华陛下穿着海军元帅制服，戴着羽毛帽子。他刚爬上平台，看得出来还在喘息。他又一次松开了手。这一次，瓶子摔破了，里面的酒溅湿了一大片的灰色钢板——钢板是现场的主角，令随同的人群显得无足轻重。国王宣布："我把你命名为无畏舰。"然后，他拿起一把小小的槌子，动手敲打系住停泊在干船坞里、新命名的船的最后一根绳子。巨船开始滑下活动梯："眼前的船一下变小了，"《曼彻斯特卫报》的通讯员报道说，"然后一声巨大的水响刺激了人们的其他感官。人群发出欢呼声，乐队开始演奏《天佑吾王》。拖船拉响了汽笛，空气中弥漫着酒香和花香。"

即便对于剪丝带、砸酒瓶和敲礼仪槌老手的国王，这也不是寻常场合。1.8万吨重、527米长、配备了所有大炮的无畏舰的启航代表着一个新时代的开始。它比所有船舰的速度更快、更强大、破坏力更强。为了纪念这个特殊时刻，皇家海军使出了浑身解数：温彻斯特主教主持的礼拜以诗篇107（"他们那些乘船出海的人，那些在大海上讨生活的人；他们目睹了上帝的杰作以及深深的奇迹。"）开始，祝福了无畏舰，男童合唱团唱了赞歌，数千工人、海员和度假的旁观者争先恐后想看一眼这个有四座凯旋门烘托的巨型钢结构物，水面上的军舰和无数的游艇给这个场面增加了魅力与色彩。

大船的启航总是欢欣鼓舞和振奋人心的景象。虽然，那些挥舞旗子的小男孩儿的激动程度比不上第一海务大臣、海军上将约翰·亚毕诺"杰基"·费舍尔。他站在国王身边，劈头盖脸地报告技术数据，尽展他的热切心情。他给国王介绍最高速度、火力、射程、军备、机动性及其他细节，国王则礼貌地假装听得饶有兴致。对于费舍尔，这是他多年为之努力的活动的高潮，是他改革英国海军的个人之战，他想再次将其打造为如同100年前在特拉法加那样有效、凛然威风的战斗部队。无畏舰是英国海军力量至高无上的象征，他已经为之朝思暮想了十多年。

费舍尔绝不妥协、钢铁般的决心是1914年之前几次把欧洲国家拖入危险边缘的国际军备竞赛的结果。军备竞赛部分缘于一个人童年时代在海滨度假的记忆。德皇威廉二世从不羞于承认他的舰队建设方案背后这种非常个人化的动机。"还是个小孩子的时候,"皇帝在一次正式晚宴上告诉他的舅舅爱德华七世,"我获许同好心的阿姨和友好的上将们手拉手去朴茨茅斯和普利茅斯参观。我很羡慕那两个超绝的海港里骄傲的英国船舰。那时候,我心里就燃起了一个愿望:有一天我自己也要建造像这样的船,长大后,我要拥有一支英国人这么好的海军。"

德国皇帝和英国海军之间的关系表明他处于最疯狂的自恋、不安全和矛盾状态。他的英国母亲维多利亚皇后(她一直思念祖国,从心底里嫌恶脚后跟碰得喀嗒响、过分殷勤、军事化的普鲁士人)在他还是小孩子的时候就早早在他心中植入了矛盾。威廉在回忆录中写道:"她论断一切,觉得我们做的什么都不对,觉得她称为'家'的英国什么都比我们好。"在年幼的王子心中,他母亲"亲爱的英国"在很多方面成为了参照点,由于他几乎不擅长波茨坦皇宫里珍视和钦佩的那些技能,情况就更是如此。他出生时发生的医疗失误导致他左臂萎缩,几乎无用,所以,骑马、打猎及其他贵族的消遣对他构成考验。特别是骑马,那是他儿童时代最害怕的事情。他母亲觉得皇位继承人不擅骑马是"不可容忍的事",于是制定了严苛的训练计划,甚至把哭哭啼啼的八岁小孩拉到没有放马镫的马背上,让他策马驰骋。他的教练对此显然很满意:"他不断摔下来;每次摔下来以后,尽管他祈祷、哭泣,还是被放到马背上。经过几个星期的折磨后,终于完成了这个困难的任务:他掌握了平衡。"

去英国探望祖母维多利亚女王的时候,威廉远离了这些折磨,远离他操练般平日从早晨六点持续到下午六点的教育。在奥斯伯恩庄园相对随便的气氛中,他呼吸更自由些,可以跟别的孩子玩儿,观看宏大的海军战舰悄无声息地滑进朴茨茅斯港。后来,雄心勃勃的王子在怀特岛考斯帆船比赛周期间驾驶帆船。他有一艘名叫"流星"的奢华赛艇,其明确的目的就是要击败他的舅父、英国王位继承人伯蒂。令威廉怒不可遏的是,尽管他对皇家游艇中队委员会发泄了洪水般的抱怨,抱怨障碍和规则,抱怨针对他、而且只针对他的不公平,他还是年年落败。

考斯是英国贵族生活的完美体现,有一种懒洋洋的优雅,威廉极其渴望成为其中的一员。一到考斯，他就穿便服，像英国绅士那样讲英语，在他的皇家游艇霍亨索伦上举行奢华的晚宴，但是，他的舅舅总是所有人注目的中心："他戴着一顶游艇帽，抽着大雪茄，总是拿着一根乌木拐杖。他突出的眼睛呈淡灰的蓝色，充满善意……总有一圈密友跟随着他；……有美丽的乔治·吉宝夫人、声名狼藉的兰特里夫人，有时候还有他的妻子亚历山德拉皇后——我觉得她是那群夫人中最漂亮的一个。"有位目击者回忆说。

威廉无法逃避他舅舅的影子。爱德华推荐他侄子成为专有的皇家游艇中队的成员；女王让他监督和控制威廉。伯蒂非常讨厌这项职责，他的心思在别的事情上，尤其是，尽管为他的英国血统而骄傲，这个年轻的普鲁士人根本进入不了活动的精神境界，那实质上就是一个装饰着华丽舰船的大型游园会。作为一位赛手，他用力太猛了，一门心思想赢，这是最大的禁忌。作为参与者，他习惯于和他的游艇一起出现在外海，看起来好像帝国的半个战斗舰队都前呼后拥着他，在小圈子内引起有趣的评论。作为一个交际人物，他经常太过爽快、太闹腾，他的那些拍别人背、熟不拘礼的做派使得绅士们卑躬屈膝。有时候，他又会因为觉得没有受到足够的尊重而闷闷不乐，对于那些每个公立学校的学童都会告诉他最好一笑了之的事情，他却高声抱怨。简言之，这位未来的皇帝令自己招人讨嫌。最终，1895年，他宣布比赛的不公平，决定不再参加考斯的比赛。

但皇帝还是急于想超过他的舅父，于是他在基尔创办了自己的比赛周，希望可以比英国的比赛周更加盛大。这里环境非常好，但是情况还是那样，在军乐声中僵直立正的军官和士兵无法同考斯慵懒的风格相比。基尔成了非常个人化的关切，正如皇帝的兄弟海因里希亲王所说："毫无疑问，我们的人买游艇、参加比赛都是为了讨好我哥……他们有一半人从来就没见过海。但是如果他们去海边，了解一下皇帝的游艇……如果对海一无所知的富裕商人为讨好皇帝而成为游艇队员，那就会激发兴趣，我们就可以为海军弄到钱。"在一个没有很强的近期海军传统的国家，皇帝的帆船赛成了新富们的游乐场。有钱的美国人喜欢到这里和贵族厮混。客人们住在豪华远洋轮改成的水上旅馆里。威廉在这里很开心，在有些比赛中，他还会亲自掌舵——虽然表现并不很好。总理布洛总是当面热情吹捧皇帝,但背地里却酸溜溜地说:"皇帝亲自驾驶的时候,经常撞击浮标。"

德国气势汹汹的海军政策也有个人化程度较低的、更为合理的政治目的。帝国蓬勃发展的工业大获成功,人口迅速增加,因此激发了政治家们的扩张主义情绪。随着国家获得殖民地,准备在海外使用其力量,这时,其全球化愿望就面临一个困境:由于港口在波罗的海和北海,德国舰船只得通过(英吉利)海峡环航英国,或者绕行苏格兰才能进入外海。考虑到强大的英国海军可以随时封锁这些出海口,德国其实是需要英国怜悯的殖民大国。如果国家满足于欧洲大陆及经济力量,如果帝国海军接受这一束缚,那么,这一地理难题就不打紧。然而,这就意味着放弃成为一个严肃的殖民大国的抱负,只依靠传统力量,即它的强大军队建立威望和安全。但是,威廉治下的德国决心扮演与英国和法国相似、也许最终超过它们的全球角色。皇帝宣布:"我们的未来在海上。"长远而言,冲突不可避免。

德国摆脱英国海军钢铁般包围圈的构想是由阿尔弗雷德·冯·提尔皮茨提出的,这个构想既简单又优雅:除了德国以外,与英国争夺海军优势的对手还有法国和俄国,这两个国家都奉行扩张性的海军政策,德国海军只要强大到让英国海军得靡费巨资才能打败它,使英国海军自身也要蒙受沉重的损失,从而在与它的其他对手冲突时不能保证其海岸及商路的防守,德国就能够获得独立。这项政策看似简单,但它将德国的伟大梦想锁定在耗资巨大的海军建设工程上。

像德国皇帝一样,提尔皮茨——他的女儿们在切尔滕纳姆女子学院就读——是个亲英派,能讲非常好的英语,平常阅读英语小说和报纸。像他老板一样,这位年轻的军官驻扎在普利茅斯的时候就非常羡慕英国海军。朴茨茅斯是襁褓中的德国海军的供应基地:"我们觉得这儿比宁静、田园牧歌般的基尔更像家。在基尔,人们只知道抱怨普鲁士,"他日后回忆道,"我们小小的海军军团非常羡慕英国海军……我们像是依附英国海军生长的藤蔓。我们喜欢从英国那里得到补给。如果引擎运行顺利……如果绳子或者链子没有断裂,那么它肯定不是本国生产的,而是英国工厂的产品……那些日子,我们无法想象德国枪能与英国枪比肩。"像威廉一样,提尔皮茨也对受英国海军军官帮助非常敏感，对德国在世界上的地位十分热衷。

提尔皮茨给德国皇帝的海军热情赋予了决定性的形式。问题是战略性的：德国需要一支强大的海军，但是为了什么目的以及战略思想是什么？在布尔战争期间，德国只能袖手旁观，在这份痛苦的鞭策下，威廉希望有一个适应于一个全球性玩家、行动敏捷的远距离巡洋舰，在国外施加压力，保护德国的航运。但是，巡洋舰对抗不过更强大、能够在敌舰近到可以开火的距离之前就将其击沉的远距离火炮。所以提尔皮茨说服德国皇帝，他首先急需的是保证海路、对抗任何海上封锁的战舰。他在一份备忘录中直截了当地要求在 1905 年之前花费 4.8 亿马克准备好 19 艘战舰，"对德国来说，目前最危险的海上敌人是英国。"战舰的武器更重，所以运行范围较小，根本不可能用它们来保障德国在公海的利益。它们只能在德国本身的海岸迎击强敌时才有用。建造这样的战舰给伦敦传递了明确的信号。

海上制权

海军上将杰基·费舍尔听到了这个信号。费舍尔以实现英国海军的现代化为己任。在早年事业中，他在中国和地中海的英国训练船上工作。他认识到舰队不是一种有效的打击力量：其舰船和枪都是克里米亚战争时期的，其战略仍然仿照纳尔逊的胜利，在舷侧交手，每周进行登上敌舰进行短刀肉搏的训练。为英国在特拉法加赢得胜利、装有黄铜大炮的三层木船仍然是海军部的典范。最后建造的一艘这样的船——HMS 维多利亚号于 1879 年起锚。在一个钢铁船、射程达几英里的现代大炮时代，这些都过时了，但是各级都持守经过尝试和检验的方式。雄心勃勃的费舍尔没有时间关心这些光荣搏斗的先入之见，也没时间关心军官团的社会风气。他本人是凭着自己的本事一步步升上来的：他父亲曾经是锡兰（今斯里兰卡）的殖民军官，他毁在一个咖啡种植场上，在他儿子 13 岁时把他送进了海军。男孩再也没见过自己的父亲。

19世纪晚期，英国成为世界第一海上强国；只有法国海军能够挑战维多利亚女王的海军。由于缺乏竞争，英国海军变得飘飘然起来，军官们关心的主要是驾驶的船要优美、以磨石打磨、经过油漆、打磨得光亮可鉴。磨石打磨，即用浮石磨擦木头甲板，是海员的日常惯例，他们让木头表面像镜子一样光亮，结果却被下一阵溅起的海水弄脏。这项工作让海员们忙碌，正统观点大行其道。规矩同法国海军相似：向所有活动的东西（上级军官）敬礼，油漆所有不活动的东西。海军生活的其他方面保存了过去好日子最残酷的部分。费舍尔评价说："作为一个小孩儿，参军的第一天，我看到八个人遭到鞭打——我当场就晕倒了。"

海军迟迟不改革，那些想革新的人往往很沮丧，职业生涯也处于危险之中。1886年，富有进取精神的舰长珀西·斯科特爵士担任爱丁堡号的指挥官，他发现船上的射击标准很糟糕，而且海员也有抵制训练的思想，因为这可能玷污他们的完美工艺。"我们领先时代20年，"他后来回忆道，"最终我们却不得不采取别人的做法。于是我们放弃了重炮的教练，把钱花在瓷漆上，打磨船上的每一寸钢，很快获得了有一条漂亮船的名声。她外表当然很好。船尾甲板的螺栓螺母都是镀金的，弹药库的钥匙是电镀的，墨丘利塑像多于左轮手枪架。"

海军上将费舍尔认为这些细节对海军的未来、对国家的未来毫无用处。他曾经指挥过一艘衰朽的船，连风浪都承受不了，更不用说同敌人交战了。他决心从下至上改革海军，这个任务非常重要，不能让社会礼节挡道。他宣告："英国舰队背负着大英帝国。只有有犯罪倾向的先天性白痴才会允许篡改维持我们的制海权的思想。"他所传递的信息是，装备了重炮的浮动堡垒之间的现代战争可能以迅雷不及掩耳之势决出胜负。"一旦挨打，战争就结束了，"他如此解释，"在地面遭到攻击，你可以在几周内凑出新的部队，但是你不可能凑出一支新的海军，那需要四年。"

德国海军建设计划开始升温之时，费舍尔修订了英国的战略，此前英国把法国作为最可能的敌人。在以装腔作势闻名的提尔皮茨强横严谨的驱使下，德国议会批准了一个又一个的海军法案，为其制海权提供越来越多个百万的资金,船厂夜以继日地生产出了越来越多、越来越惊人的现代、高效的战舰,吨位越来越高,装备的炮也越来越多。1893 年到 1903 年,德国生产了 14 艘大型战舰(平均排水量为 1.1 万吨)。之后十年,又造出了 22 艘新一代战舰,排水量增加到了 1.2 万到 2.8 万吨,这些怪物的体积大约是泰坦尼克号(远洋客轮)的一半,装备了强大的涡轮发动机、12 英寸口径的大炮和钢装甲板。除此之外,德国码头还有在建的大约 70 艘巡洋舰、鱼雷艇及其他小型战船。

费舍尔决定不冒丧失英国海军卓越地位的危险。得益于他与国王爱德华之间的友情,他施以哄骗、威胁、请求等诸般策略,让政府给他更多的钱装备更多更强大的舰船。他本意倒不是要玩德国那样的游戏,而是要提高赌注。1904 年费舍尔计划建造舰船的目标就是要让整个德国的舰队变得陈旧过时。它们速度更快、体积更大、武装更精良。它们要在德国海军靠近之前就一举将其赶出海域。他已经宣讲了这么久的战争突然性观点终于得到了完美的体现:HMS 无畏舰。像其他梦想家一样,费舍尔从被敌人当作傻瓜和疯子中获得反常的满足感,但是有国王的支持,他坚持下来了。有了两队无畏舰级战舰,英国海军尽可以施加它自己的海战新规则:英国的规则。

批评者指出新型战舰将使德国,而且也将使皇家海军的旧舰过时——就大型战争而言,世界上最大的战争舰队将在一夜之间成为破铜烂铁。为了同德国军力并驾齐驱,需要更多甚至更大的无畏舰。费舍尔没被吓住。1904 年 12 月 22 日,他召集船只设计委员会开会,采纳了一位意大利工程师的建议及对马岛战争的经验——对马岛战争期间,英国海军观察员观看了日本新建的、毫不妥协的现代海军的行动。登上了舰队司令 Togo 的旗舰后,一位观察员向国内报告:"当 12 英寸口径的大炮射击时,10 英寸口径大炮的炮弹直接被忽略,而 8 英寸、6 英寸口径的大炮,射出的不过就是豌豆。"

在无畏舰上,工业效率就是一切,无论是其建造还是操作。例如,之所以只要单一口径大炮就是考虑到这样就只需要一种弹药,可以训练全体船员以同样的效率操作所有的大炮。使用同样弹药的大炮更容易瞄准目标,因为以同样的角度开炮,它们应该都击中同样的点位。费舍尔感觉欢欣鼓舞:"假定 1 台 12 英寸的大炮每分钟射击一个目标。6 台大炮就会让一艘被有意瞄准的舰只每 10 秒钟爆炸一次。50% 的射程是 6000 码。3 台 12 英寸的炮弹每分钟爆炸一次简直就是地狱!"

费舍尔把工业逻辑再朝前推进了一步,以惊人的速度前进。1905 年 10 月 2 日,舰只的龙骨安放之前,早已造好的钢板已经堆在朴茨茅斯造船厂了,从此,每天都可以看到巨大的舰只越来越成形。两个月之间,世界上最大战舰的外壳就已经气势汹汹地耸立在船厂,工人们给它上漆。1906 年 2 月 9 日,启航仪式当着肥硕的国王举行,其时,国王明显受到呼吸问题的影响,而不是动了感情。以后几个月间,无畏舰的装备以创纪录的速度进行:3 月装锅炉,5 月装涡轮发动机并刷了六层漆,6 月和 7 月装大炮。9 月,HMS 无畏舰已经造好、准备好了,很快就要开赴西印度群岛接受电池测试。只用了正常时间的一小部分,一件规模闻所未闻的武器就造好了。

世界有史以来最大规模的海军军备竞赛很快演变成了全球性现象。法国和美国、俄国、奥匈帝国、日本、意大利、奥托曼帝国和其他几个国家都建造了自己的全大炮战舰,这些战舰很快又被更大的战舰取代。军费开支吞噬了法国和俄国超过 1/3 的国家预算,英国稍少,德国和奥匈帝国则几乎占到了 1/4。

男性力量

无畏舰竞赛是那个时代的典型症候。整个社会由军人和军事力量主导。仅俄国一个国家就拥有 140 万常备军,并实行适用于军队也适用于民事行政的军衔制度。俄日战争表明军队及其领导可悲地低效,但军队在对内控制方面从来都是一个重要因素。从 1874 年起普遍服役名义上已经存在了,虽然在实际操作中大多数年轻人可以溜掉,或者通过行贿逃脱,从而使最贫穷的农民肩负服役 22 年期限的负担,他们去军队之前家乡村子里的教士会给他们举行一个迷你型的葬礼,因为家人无法指望他们能活着回来。军队令村民又怕又憎,像乌云一样笼罩着人们的生活。

在法国,军队和社会也强烈交错。这个国家有军人充当国家首脑的漫长传统,从拿破仑到1873年的麦克马洪元帅,1888年的博尔兰格和1940年的贝当,一直到戴高乐将军。总是被两种视野——一种是共和思想,一种是保守的天主教思想——所分裂的法国,无法就军队的公民功能达成共识。保守派认为军队是国家荣耀(已经在1870年的失败中遭到严重败坏),雅各宾传统则将其主要视为国家的学校,混合了社会各阶层,向新兵灌输共和主义公民身份及国家团结的价值观。这一观点在社会主义领袖让·饶勒斯的著作《新军队》(1907年)中得到著名的表述。他公设短期服役比少数职业军队在民主和军事两方面都更有好处,因为军队经常对宪法秩序构成威胁。这并不是空泛的推论:1889年,博尔兰格将军只差一点点就进军爱丽舍宫,当时爱丽舍宫被热烈的支持者们给围了起来。

德雷福斯案暴露了社会整体的焦虑,尤其是军队,有些人认为军队哄闹导致正义的可耻流产,他们把这作为军队反动的证据;相反,保皇派及那些默认犹太军官有罪的人则把军队视为他们讨厌的国家全部治理方式的缩影。法国人无休止的争论,为军队骄傲、怀疑军队与认为军队是侵略者的人数一样多。如西奥多·泽尔丁所说,久负盛名的圣西尔军事学院的飞行学员被劝说去巴黎的一些地区时穿便服,以免出事,有一位军官则抱怨说:"民众把我们视为敌人。资产阶级则认为我们是傻瓜。"

如果说军队的身份不明确,那么,有一点是各方都同意的:无论好坏,正如法国《军事手册》(写于1893年,1913年还在重印)所说,军队代表"管辖、阳刚精神和男性骄傲"。"一个人一旦成为军人,"有位农民新兵的妈妈告诉他,"他就成为了男人。"真正的男人,以及那些有荣誉感,特别是有军人荣誉感的人,誓死维护自己的荣誉,他们认为自己有义务为了哪怕是半点儿礼仪借口而干仗。1880年代,决斗风靡一时,这种情形一直延续到20世纪。

习惯于互相挑战的不仅仅是军官。马塞尔·普鲁斯特特别骄傲他曾经挑战文学评论家让·洛兰(他公开暗示普鲁斯特是同性恋者),并能够活下来讲述这个故事；1908 年，他向一位年轻的朋友发起挑战，而对方甚至不知道自己做了什么冒犯他的事。原来是这位年轻人、19 岁的马塞尔·普兰特威格内斯在听到一位女士议论著名诗人"不寻常的道德"时没有跳起来为他辩护。患有严重哮喘的普鲁斯特很体贴，让年轻人的父亲选择替他的儿子决斗，还让他选择决斗武器。在父亲强硬的坚持下，这件事没有通过暴力就解决了，但是显然普鲁斯特认为自己不可以允许自己强大的男子气概受到丝毫诋毁——所有认识他的人都觉得这是一个可笑的想法。然而，危在旦夕的不仅仅是面子。作家在一封信中对保罗·苏台承认："我在决斗中的秒数会告诉你我是不是表现了一个娘娘腔男人的虚弱。"

甚至连社会主义政治家、作家列昂·布鲁姆（后来成为了总理）和让·饶勒斯这样致力于和平、热爱和平的进步人士，也会毫不犹豫地拿起武器捍卫自己的荣誉。已知的法国最后一次持剑决斗发生在加斯顿德菲尔和雷内里比埃之间，决斗双方都是 1967 年国民议会代表。戴高乐总统觉得应该正式禁止他的两位政府部长决斗。1906—1909 年、1917—1929 年两度出任总理的老虎乔治·克列孟梭（1841—1929 年）参加过 12 场决斗：7 次持枪决斗、5 次持剑决斗。他是一位好得可怕的击剑手，美国记者威斯·威廉姆斯报道了总理的一场决斗：

> 敢于面对其剑尖的敌人根本没有机会。他乐于首先以闪烁但极好的第二杆解除他们的防范。这是击剑中最有力的打击，几乎足以令手臂瘫痪。老虎会嘲弄地大笑、鞠躬，同时等着取回武器。然后他会根据自己选择的解剖部位轻弹对手。他的整个动作做得很刻意，造成的伤害刚好足够满足荣誉的需要，并足以终止整件事。

作为激进党的领袖，如果克列孟梭觉得他的政治对手太过分，他也会毫不犹豫地挑战他们。1892 年，在警官的控制下，他当着一大群人，与反犹作家保罗·德罗林持枪决斗。六年后，作为德雷福斯的拥护者，他与臭名昭著的《法国的犹太人》一书作者爱德华·德拉蒙特决斗。对手们两次都失手了，很可能是故意的，因为用枪射击敌人被认为"不礼貌"。然而，军刀或者剑的决斗至少先见血，常常导致严重的甚至是致命的伤。决斗被认为是针对现代呆滞、衰落生活的健康良药，用1921年诺贝尔文学奖得主阿纳托利·弗朗士的话说，这是"文明的第一件工具，是人类调和野蛮本能与正义理想的唯一手段"。

军事美德，军事恶习

对于一个由穿军装、蓄胡须、把鞋跟碰得咔咔响的军官统治的社会，其代名词当然就是威廉二世的德国。世界上没有一个国家像德国这样，国家和军队之间、军队和国家历史之间的联系如此紧密。军队把普鲁士从一个没有自然资源或者自然资源匮乏的无名之地变成了一个世界大国，这个奇迹产生于普鲁士国王们与他们的贵族之间的公约。1870年取得普法战争胜利后，普鲁士将军和士兵开进了凡尔赛宫的镜厅；普鲁士纪律和人力资源是新兴的德帝国的基础。用当时的一句陈词滥调来说，帝国"缔造于战场的白热"，这句话至少具有部分的真实性。

当然，并不是说整个德国都是普鲁士，操场心态和操正步的傻样也不仅仅只受到外国人的嘲笑，在斯图加特、汉堡和属于普鲁士但是信奉天主教的莱茵地区也一样遭到嘲笑。然而，在构成德意志帝国的联邦州中，普鲁士是最强大的，普鲁士文化通过学校、军队本身以及充斥于生活各个领域的宣传得到贯彻。后来，两位德国历史学家这样描述许多家庭的装饰，"人们喝酒的杯子装饰着各种各样的军械符号和图案、告别的情景（战士要去前方）、宣传口号和霍亨索伦王室的介绍；他们吃饭的盘子上有战争场面，他们用军事小摆设装饰自己的家：陶瓷士兵、微型城堡、音乐军团、纪念碑和大炮、锡兵战斗队形以及'预备役啤酒杯'"。在作为德国家庭福佑象征的圣诞树下，男孩子们希望找到当时一首流行歌曲承诺给他们的东西："圣诞老人明天来，他会带着礼物来：鼓、管子和枪、旗子和军刀，还有很多别的东西。是的，我想要一整支军团！"

这个国家的孩子们一上学就被操练和军事精神包围。一本流行的小学教师手册就使用什么样的命令给出了有用的提示:"坐直!安静!闭嘴!把笔拿直!给我看看你的练习册!——校订作业后出去!……必须训练(学生)服从命令,懂得发号施令成为教师的第二天性、立即听从命令成为学生的第二天性。"如果说教师要成为民族的教官,那么中学教师则有一种重要感,不仅反映对教育的深刻尊重,而且也反映社会的彻底等级化。尽管薪水微薄、衣衫褴褛、常常穷得不能婚娶,但是即便是对其中地位最低的老师,学生跟他们说话时也要立正、称他们教授先生——海因里希·曼的短篇小说《垃圾教授》唤起的那个世界令人印象深刻。后来,这部小说被拍成了德国的一部经典黑白电影《蓝色天使》,其中玛琳·戴德利扮演的舞女引诱一位中学教师走上歧途,导致他的社会宇宙崩溃。正如当时在布拉格上学的汉斯·科恩后来回忆,德国中学告诉学生们的世界与当时的政治现实并无联系:"政治——奥地利的、欧洲的、土耳其的或者亚洲的——对我们没什么意义,我们一无所知。当时的人不像现在的人这样外出旅行,我们的眼界很大程度上是由我们的古典教育和德国语言决定的。虽然我们全神贯注地阅读陀思妥耶夫斯基和其他俄国作家的时尚小说,但是,我们对邻近的斯拉夫世界并不熟悉。"

国家对其公民的教育往往并不教他们成为公民。年轻的托马斯·曼以典型的直觉表达了德国孩子对他们生活其中的德国社会的感觉:"孩提时代,在我的想象中,我把国家拟人化,想象它是一个有尾巴的木头人,黑色的胡子,胸口佩戴一颗星,有军队和学术头衔,完美体现他的权力和可靠性:它的名字叫作冯·斯塔特博士将军。"

军事精神是社会,或者说某种社会的组成部分。为了爬到行政机关、司法机关乃至工业界的最高位置,雄心勃勃的年轻人最好成为12万普鲁士储备军官中的一员。如果他是一位学者,希望为未来的成功做出更大的努力,那么他会加入兄弟会或者学生联谊会。这些组织大多数都极其反动,成员是反犹太主义者和民族主义者,纵情于饮酒、唱歌、喝更多的酒——以及持军刀决斗。这些决斗往往都没有什么真正的缘由。荣誉并未受到威胁,但是(决斗)可以赢得荣誉。用枪或者轻型的剑决斗(这是法国的习俗)被鄙视为"女孩儿们的战斗",德国学生联谊会的学生们是用更坚硬的材料做成的。他们裸身至腰,然后,测量双方的距离——一个执行到最小细节的仪式——用沉重的军刀互相攻打。决斗双方按规定的距离站好,不许挪脚,防守性的剑术被人鄙视,当脸颊、前额或者下巴出现第一个讨厌的伤口以后,全副武装的裁判命令终止决斗。好几次决斗中,学生决斗者的鼻子被砍掉。对于学生联谊会学生来说,冒险是值得的:脸上的伤疤就是通行证,保证他们会得到曾经也是联谊会学生、深怀同情的上级提拔。

如果说学生联谊会里的决斗是一个入门仪式,创造他们自身的、有强烈社团感的一类人,将其作为男性化、勇气和归属感的外在标志,那么,为荣誉而决斗的情况也很普遍。然而,这种决斗有着民族特点。只有军官和大学毕业生——很多情况下,也只有非犹太人——才被社会广泛接受为为了荣誉发生纠纷,其言外之意是,其他人没什么荣誉需要可操心的。男人的荣誉必然借由军服得到最好的象征,因此,在大众生活中,制服无所不在。军官和普通士兵身着皇帝的斗篷招摇过市;公务员出席正式场合穿着制服;商人甚至学者也常常穿着他们的预备役制服;街上到处都是警察;政府成员穿制服,皇帝本人热爱精致的军装,为了有机会穿一穿他的海军上将制服,或者外交团的军官服。他是外交团的荣誉成员,外交团有许多套军官服,因为皇帝会进行距离遥远的旅行。他在杯子上、油画上、明信片上的照片时而戴着鹰头盔,时而戴着闪亮的胸甲,时而穿着他的警卫团简单的蓝色短上衣,但任何时候,他都把右肩侧向观者,而把他残废的左臂小心谨慎地揣在衣兜里,或者搁在军刀上。

1906年10月16日,在首都,一位陆军上尉命令一排去营房途中的士兵全部上了火车,前往柏林附近的克珀尼克市政厅。这件事表明对制服及军队的尊重到了何种程度。在那里,他逮捕了市长,把他押送到巴黎,没收了市里的现金柜,写了一份收据,命令士兵们留在岗位上,然后扬长而去,不见踪影。六周以后,罪魁祸首弗里德里希·威廉·沃伊特被抓获,结果他不是军官,也从来没有当过军官。他因为小偷小摸、诈骗等各种事情坐了29年牢,经过两周的搜索,从当地的当铺里弄到了一套军装(第一近卫队上尉制服)。一旦穿上制服,小骗子摇身一变成了神。看到一位军官走进办公室,倒霉的克珀尼克市长马上起立,站得笔直,手指贴着裤缝，听喝听令。沃伊特发现市政厅的治安警卫睡着了，他操着真正的军官的刺耳声音，对他进行了严厉批评，吓得警卫的双脚在靴子里发抖，保证将来小心执勤。士兵们丝毫不怀疑地听从一位根本就不认识的上尉的命令。沃伊特显然很享受整个场面：他带着400多马克、让他的俘虏们上车回柏林以后，自己忍不住也跟去了，躲在警察局对面的一个咖啡厅里，观看俘虏与他们的看守到来，火车站陷于一片混乱。

沃伊特被判入狱4年，但是皇帝很快就亲自赦免了他，因为皇帝风度够好，这件事令他乐不可支。克珀尼克事件很轰动。出版了一本写这件事的书，还印行了数千张明信片。出狱以后，曾经的骗子在露天马戏场、夜总会讲他的故事，签送自己的照片，过着一种不错的生活。他甚至去了一趟德累斯顿、维也纳和布达佩斯。在伦敦，人们买票去杜莎夫人蜡像馆看他穿着上尉军服的蜡像。

如果说沃伊特大胆的恶作剧轰动一时，欧洲人普遍觉得好玩儿，那么，此事之所以能够发生乃是因为本已存在英雄气概形象及其主要的偶像皇帝的市场需求。从来没有统治者以如此的热情利用媒体，也没有哪个君主像他那样乐此不疲地塑造英雄气概形象。年迈的哈布斯堡皇帝弗朗茨·约瑟夫照相时通常穿着军装，但是不带武器，也几乎不佩戴勋章，其权威形象来自他的白胡须和镇定的目光；爱德华七世快活而以淫乱出名，很少看到他穿军装；身材矮小的尼古拉二世陶醉于流苏、金辫及军功章。然而，就连沙皇也比不上他的德国表兄弟的煞有介事。

急躁的威廉

自命不凡是尚武男子气概的化身、性情冲动的"急躁的威廉"只要出现在人群面前（他经常这么干），其对宏大、华丽修辞无法控制的喜好常常使他的官员陷于绝望境地。据克利斯朵夫·克拉克说，从1897年到1902年，皇帝至少去了123个德国城市233次，而且他总会抓住机会发表即兴讲话，将阁僚为他准备好的发言稿丢在一边。总理布洛花了大量的时间在老板的讲话见报之前编辑那些夸张的言辞，结果却被皇帝指责"取消了最好的部分"。这些从官方发表的版本中去掉的"最好的部分"往往直抒皇帝胸臆，更多地表达了他的个人情绪，而不是政治上的优先考虑。1890年，他对社会主义危险忧心忡忡，以至于提醒警卫团新兵必须准备好"如果他要求他们，他们就要对他们的父兄开枪"。1900年，为派往中国镇压义和团的远征军送行时，他发表了勉励士兵向匈奴人看齐的名言："不存在怜悯，不接受俘虏。要像1000年前的匈奴人一样……为他们自己赢得名声，他们的威名至今回响，所以，要让德国的名字像这样被中国人知晓，使他们再也不敢睥睨德国人。"1907年，他向听众保证，德国鹰将"再次在欧洲上空展开翅膀"，在正式版本中，这句话被修改为"在德意志帝国的上空展开翅膀"。

皇帝热情高涨的修辞并不反映德国政治家们的思想，他们的愤怒在《每日电讯报》事件之后达到了顶峰。这件事是1908年英国发表的一篇威廉访谈引起的。皇帝在海克里夫城堡住了几周，这座城堡是他向其主人爱德华·杰姆斯·蒙塔古·斯图尔特-沃特利上校租来的。陛下以英国乡村绅士的身份为荣，他在漫长的炉边闲谈中，大方地向他的房东剖白心思，斯图尔特-沃特利以这些交谈作为他交给《每日电讯报》的"访谈"的基础。文本已经同德国总理府会商过，但是这次却获许发表——无论是由于疏忽还是盘算——其中包括皇帝惯常的攻击性言论。这一次他抨击了英国，这让伦敦和柏林的外交官们非常恼火，因为他们正在进行一轮细腻而微妙的谈判，试探避免两国海军计划冲突的可能性。皇帝拙劣的虚张声势犹如给两国关系扔了一颗炸弹："你们英国人疯了，疯得像是三月的野兔……总是误判，对我反复的友好表示，以嫉妒、不信任的眼光权衡和审视，令我不胜其烦。我一再说我是英国的朋友，你们的报纸……令英国人民拒绝我伸出的手，暗示我另一只手里拿着匕首。"

引起愤怒的不仅仅是敌人。柏林朝臣斯皮则姆伯格男爵夫人在她的日记中写道："这是皇帝犯下的最丢脸、最低级、最轻率、最令人忧心的错……（他）毁了我们的政治地位，让我们成为全世界的笑料！……我们只好抱紧自己的脑袋，不确定这是不是一座疯人院！"更多的公众声音同样充满责备意味，特别是那些当选的政治家们，他们眼看自己的努力再一次被他们鲁莽的统治者破灭，不禁怒火中烧。自由主义政治家厄恩斯特·巴瑟曼在德国国会大厦站起来发泄他的"无限吃惊的感觉，深深的悲哀"，社会民主党的保罗·辛格表达"正当的愤怒，德国人民深深的羞愧"，甚至连普鲁士极端保守的厄恩斯特·冯·海德布兰特也发泄说："即便在迄今对皇帝和德国的忠诚无可置疑的圈子中，多年来也积累了担忧和厌恶感。"

皇帝的母亲很生气，她在1892年惊呼："我希望可以在所有公开发言的场合把他的嘴给锁上！"但是她儿子昂首阔步的浮躁无法控制，尽管跟他最亲近的人，包括他最信任的顾问菲利普·祖·于伦伯格伯爵（后来的亲王，1847—1921年），都做了很多努力。只有伯爵一个人敢对他的君主那样说话，于是国务部长们经常找到于伦伯格，希望他让他们飞扬跋扈的君主看清形势。德意志帝国议会的成员嘲讽于伦伯格是"德国政府派给皇帝的大使"，而他对于自己的非正式影响力极为满足。他足够精明，知道自己之所以能对皇帝拥有非凡影响力乃是由于他一直置身于官方权力领域之外。"无论什么时候他进入我们在波茨坦的家，"皇帝说，"就像是给例行生活投进一片阳光。"皇帝几次邀请他加入他的政府，伯爵总是礼貌地予以拒绝，并温和地自嘲，表示更喜欢担任更卑微的普鲁士驻维也纳大使，后来他在德国城市奥尔登堡、斯图加特和慕尼黑担任普鲁士代表："像我这样一个没见过世面的可怜的家鸡，被宠溺成了鹰。我听得见自己咯咯叫，而不是用爪子抓，我看到自己下蛋，而不是蹲在威廉大街76号（外交部）的山墙上，瞪着一双目光如炬的眼睛。这件事根本不可能。"

对于皇帝来说，"菲力"伯爵于伦伯格，这个比他年长12岁、他1886年和朋友一起打猎时结识的男人不像柏林那些闹哄哄、卑躬屈膝的官员，他们老告诉他这个不能做、国会不能通过那个或者不能出那笔钱。他是一个纯粹的、无私的朋友，他在利本伯格乡下的房子是僻静的天堂。皇帝在那里一待数日，打猎，享受简单的友情、漫长的交谈，晚上和朋友们一起围着钢琴，主人演奏他的曲目，威廉自己则急切地为他翻乐谱。这种氛围与皇宫里、在他严格的导师欣兹彼得手上的教育恰好相反。在利本伯格，皇帝可以跟亲王和有教养的库诺·冯·毛奇伯爵这些志趣相投的朋友一起，可以欣赏他的朋友菲力讲好玩的淫秽轶事的才华,以及他的音乐和文学才华——毕竟于伦伯格不仅是一名职业外交官,而且也是一位雄心勃勃的作曲家,他的《玫瑰的歌曲》唱片销售了50万张,同时他也是剧作家,其作品是专业水平的。于伦伯格的妻子和孩子有时候也获允出席,女儿们会演唱父亲的歌,她们走了之后,就又只有男人们了。

威廉迷上了利本伯格的气氛和亲王,他告诉欣兹彼得,于伦伯格是"我唯一的知己"。于伦伯格似乎也真的喜欢风度翩翩但是反复无常的年轻皇储,他在给威廉的信中把他们的友谊形容为"我生活中的光芒"。许多观察者议论这份亲密的关系。从俄日战争和平谈判回来后,前俄国总理谢尔盖·维特去罗明登乡村庄园拜见皇帝。于伦伯格亲王到火车站迎接他,他和皇室家族一起过了一夜。夜间围炉夜话时,维特注意到,"皇帝对待于伦伯格亲王的态度让我尤其吃惊。他坐在亲王椅子的扶手上,右手搭在亲王的肩头,几乎是搂着他。"

威廉如此倾慕他的大朋友,他对他的关怀超过任何人。威廉是一个根深蒂固、粗鲁的恶作剧者(有一次他当众打趣地拍了保加利亚国王的屁股,离开柏林的时候,国王"脸都气白了");他在波罗的海巡游的时候,经常召集所有客人早晨在甲板上做操,然后他会趁机推倒一个将军,使他双手和双膝着地,摔成一团,以此取乐。但是他从不这么对于伦伯格。亲王只是说:"皇帝从不碰我,他知道我不会忍受。"

如果说于伦伯格缓和的影响力很大程度上是积极的,帮助皇帝避免了一些更具灾难性的想法,但他也的确利用皇帝的权力,通过复杂的阴谋帮助他赞赏的一位候选人谋得一个重要的职位。有一次,外交部的权力经纪人、长期的盟友弗里德里希·冯·荷尔斯泰因要求于伦伯格问问俄国驻巴伐利亚大使,可否请沙皇向他的表兄弟德国皇帝推荐某位外交官,使其担任驻圣彼得堡的德国大使。然后,于伦伯格认真给他的君主进言,认为如果违反尼古拉二世个人自发表达的愿望,将是严重的侮辱。任命正式下达。

菲力的陨落

为了保持稳定且越来越广泛的影响,于伦伯格一直避免接受政府公职。然而,最终,他非同小可的力量甚至引起了他最亲密的盟友的敌意,他们密谋摆脱他,这项行动以个人的侮辱为始,很快变得不可收拾,演变为德国前所未有的最大丑闻。这一连串事件肇始于一封辞职信,其本意是为了表达自尊心受损,而并不希望被当真。这封信的作者弗里德里希·冯·荷尔斯泰因(1837—1909年)是于伦伯格的盟友。他是柏林威廉大街外交部的第一委员、敌人眼中"迷宫里的怪物",他在他的木板办公室里秘密操纵国家大量的外交政策(也是一些灾难性失败的责任人)。像于伦伯格一样,他也对当官抱有疑虑,屡次谢绝升迁,理由是高位所具有的社会责任和外交接待浪费时间。每次皇帝来外交部,这位俾斯麦的门生、深居简出的人都会从后门溜走。他喜欢静静地在自己的办公室里一周工作6天,一天工作12小时,周围是默不作声的听差,他们进门、鞠躬、把文件放在他的桌子上,然后一语不发地离开。他不接受去时髦宅邸的邀请;他独自起居;他甚至一个人吃饭——博查特餐馆为他保留了一个房间,他从办公室出来走几步,从侧门进去。聚光灯下的总理、外交部长换了几茬,而他的工作,以及对政策默默的、牢牢的掌控一如既往。

荷尔斯泰因卓有贡献和能力,但他也是一个著名的小心眼,哪怕是丝毫的不尊重都会令他很光火,而且很不容易原谅。即便对自己的上级也是如此。如果有人反对他的意见,他就会威胁说要辞职,以此常常让他的上级恐慌。他的报复心和发脾气的行为得到包容,正如于伦伯格伯爵指出的:"荷尔斯泰因的天赋(被认为)不可或缺。他对于具有国际重要性的复杂问题的理解无人可以代替……为了皇帝和政府的利益,必须迁就他,就像为了那个好鼻子,就只好迁就一只坏脾气、行为古怪、极其危险的运动犬。"

外交部核心位置上这个不可控制、隐蔽但是才华横溢的人是一份昂贵的奢侈,1906年,新任外交部长海因里希·冯·契尔斯基觉得这种放纵太过头了。荷尔斯泰因刚刚涉入了最近的外交政策灾难,即1905年引发了与英法之间不必要且无利可图战争的摩纳哥危机。现在，他的上司冯·契尔斯基决定加强对这头迷宫怪物的控制。荷尔斯泰因的反应跟过去一样：他提交了辞呈。然而，这一次，他表演过火了。他的长期政治盟友布洛总理将他的辞职信交给了皇帝，并建议皇帝同意他的辞呈。干了几十年外交工作的荷尔斯泰因失业了，他气得七窍生烟。

谁在阴谋反对他呢？谁厚颜无耻到攻击外交部的灵魂人物呢？荷尔斯泰因在心里把他的朋友和敌人统统检视了一遍。他琢磨布洛是太忠诚、太老的盟友，不可能背叛他。然而，在皇帝签字同意他辞呈的当天，于伦伯格在皇宫吃午饭。荷尔斯泰因对政治局势做出了少有的但是全面的误判。他觉得一定是于伦伯格高深莫测、邪恶的拍马言辞毒化了威廉的心思。皇帝听信于伦伯格，而于伦伯格曾经跟他唱过对台戏。因此，必须灭掉于伦伯格。

荷尔斯泰因马上部署行动措施。他跟于伦伯格友好相处了几十年，像朝中的任何人一样，他知道一个公开的秘密：亲王讨厌带给他八个孩子的婚姻，实际上，他对女人并不感兴趣，在他所有的文化与男性情谊背后隐藏着德国法律声名狼藉的《刑法》175条予以惩罚的罪过。他愤怒地给他的老朋友写了一封信，信中写道："我亲爱的菲力——你无需把这个开头视为一种恭维，因为现在称一个人'菲力'并不意味着——嗯，什么奉承。现在你实现了你谋划多年的目的——我的退休……现在，我可以自由地按照处置一个有你那种怪癖的可鄙的人的方式处置你了。"

即便对于温和、没有军人脾气的菲利普·祖·于伦伯格，这样的一封信也只可能有一种行动方式：他提出同荷尔斯泰因以手枪互射，"直到残疾或者死亡"。两位资深政治家要决斗，这令外交部长冯·契尔斯基大为震惊，他采取了旋风般的政府内部外交行动，成功地争取到荷尔斯泰因的勉强道歉，但是这多一重的羞辱只是使得受到轻视的外交官决定寻找其他更有效的毁灭方式打倒于伦伯格。他找到一位能够有效毁灭于伦伯格的伙伴——马克西米利安·哈登（1861—1927年）。哈登是调查记者、《未来》报的编辑，长期以来一直是政府的眼中钉。得到荷尔斯泰因提供的政府机密文件后，哈登发起了全面进攻，始则暗示、继则公开指出于伦伯格在利本伯格的圈子里的人是同性恋。

哈登在这件事中的主要兴趣（除了个人巨大的自我以外）是政治性的。于伦伯格象征着威廉如此喜欢的非民主、不负责任、个人化的政府风格，民主派的反对极受鄙视。哈登是一位具有论战天分而又冷酷无情的记者，他明白这是他的一个机会，他要揭露一个秘密控制着世界上最重要国家的堕落、变态小圈子，他们对皇帝施加黑暗、不健康的影响。于伦伯格的社会性毁灭是这位记者极其愿意付出代价来换取的。

在威廉治下的德国（实际上，其他欧洲国家也一样），一个人仅仅被怀疑是同性恋，其生活和事业就足以遭到破坏，即便是——也许应该说，尤其是——社会最上层的人士。就在几年前，奥匈帝国的路德维希·维克特（"卢希-武希"）大公、皇帝弗朗茨·约瑟夫的兄弟，因为被外界知道他嗜好在公众场合穿女装，在传出与一位男按摩师的韵事后，只好流放到萨尔茨堡省。1902年，在德国，欧陆最富有、最有势力的实业家弗里茨·克虏伯被公开指控不是去卡普里晒太阳，而是冲着岛上的年轻人去的，随后，他自杀身亡。

哈登没有证据证明于伦伯格是同性恋，但他在一篇又一篇文章中指出："我用手指指着菲利普·弗里德里希·卡尔·亚历山大·波索·福尔斯特·祖·于伦伯格，"他的第一篇檄文说，"他……在皇帝耳边鼓吹只有他才能统治……至少必须把这个人的阴险行为暴露在光天化日之下。"第二年，他说得更明确。他暗示说利本伯格圈子抽掉了德国外交政策的男性力量，使得皇帝在应该强硬的时候退缩，结果政策柔弱而优柔寡断，因为这个圈子已经不再"梦想燃烧这个世界"，因为他们"已经够温暖了"（德语俚语，指同性恋）；不久，他公开指出于伦伯格具有"不健康的性生活"。

如果部分指控是说非选举产生的贵族和随从的"宫廷奸情"使得皇帝脱离现实，那么，威廉的反应本身则提供了最好的说明：1907年5月3日，皇储交给他父亲一份登载了一篇恶毒文章的《未来》报，皇帝由此才第一次听说整件事情。总理布洛和其他官员觉得不让这些细节给皇帝添堵比较明智。文章令皇帝目瞪口呆，但是他迅速撇清曝光可能引发的任何危害。其中一位被指控的人、他长期的朋友库诺·冯·毛奇立即被解职。第二天，皇帝致信于伦伯格，询问他准备采取什么措施还击这些指控，同时还问他是否觉得"某些暗示无可非议"。月末，威廉给他曾经非常崇拜的导师下了最后通牒：起诉哈登，或者离开德国，"回避一切宣传"。二人从此再未谋面。

皇帝的反应"令人作呕的俗气"，使得于伦伯格深受伤害，一段强烈的、长达20年的友情就此终结。次年，德国公众聚精会神地读到一系列的诽谤事件。于伦伯格提起诉讼，并洗刷了所有的指控。库诺·冯·毛奇要求同哈登决斗。记者拒绝决斗要求后，冯·毛奇在法院对他提起诉讼。据揭露，皇帝被他利本伯格的朋友们称为甜心，一大群遭人厌恶的男妓——过去的和当时的——证明他们认识那位绅士。冯·毛奇输了官司。他提出上诉。他证明"我从来没有做过任何脏事"，另外一位主审法官判他无罪，哈登则被判四个月监禁。

哈登策划了另一起审讯作为报复，这一次他是为了捍卫自己，他指控一篇报纸文章诽谤了他，但是是他私下里给钱叫别人写的。重新做了准备以后，他携着新的活力，向慕尼黑区法院提供了奶商乔治·里德尔和渔夫雅各布·厄恩斯特两位证人，他们都声称作为年轻男子与于伦伯格有私情。厄恩斯特宣称："我们只要出去远足，就会做脏事。"于伦伯格已经在审讯压力下发作了一次心脏病，这次他彻底完了。法官把他羁押起来，押送到柏林慈善医院。他的老朋友、皇帝命亲王交还他的黑鹰标牌——帝国最高级的饰品。于伦伯格感到幻灭、恶心，把黑鹰标牌连同他得到的其他所有勋章一起交还给了皇帝。他的健康进一步恶化，每天只得被人用担架抬到法庭。

当他的猎物已经病得不能离开病房的时候，哈登让145个证人（大多数都有犯罪记录，或者有精神病史）挤在病床边，盯着这个心力交瘁的男人，口称是的，他们的确跟他有亲密关系。于伦伯格衰退的健康状况最终给这场闹剧画上了句号。审判延迟到1909年，但是再没有重新开审。1921年，于伦伯格痛苦、孤独地在利本伯格庄园亡故。冯·斯皮则姆伯格男爵夫人在她的日记中感慨："这些事情令人说不出来地悲伤，因为社会（对于伦伯格和冯·毛奇）的灭绝如此彻底，但是，道德和道德意识要求抵制、彻底禁绝这种罪人。"

面对其发起的行动残留的瓦砾，就是马克西米利安·哈登本人可能也改变了想法。他采用了他自己不赞同的偏见去毁灭一位政敌，他不确定自己是否做得对。记者在琢磨政治利益毁灭一个人的生命的道德问题，而1908年威廉童年时代的同志迪特里希·许森-哈塞勒将军、军事内阁首脑，在于伦伯格事件后，受命清洗普鲁士军官中的同性恋，这残酷地让皇帝威廉想起他那被抛弃的朋友。许森-哈塞勒来到为皇帝举办的狩猎聚会，他穿着"粉红色芭蕾舞裙，戴着玫瑰花环，随着音乐起舞"。表演完毕后，他向鼓掌的人群鞠躬，随后倒地不起。客人们一阵骚乱。女主人福斯顿伯格公主哭得不能自已，焦虑不安的皇帝来回走着，但是，匆匆应召而来的医生无能为力，宣布哈塞勒死于心脏病发作。当人们终于把注意力转向将军时，尸体已经僵硬了，很难脱下已故军事内阁首脑的芭蕾舞短裙、给他穿上更得体的军装。

男同性恋

20年间许多导致第一次世界大战的大丑闻牵涉到军队及对同性恋的指责。因军官、拳击迷昆斯伯里侯爵的控告，同性恋诗人奥斯卡·王尔德在伦敦受审；1906年以犹太军官的完全赦免和复职告终的德雷福斯一案中，潜在的因素既是由于反犹也是由于性；在于伦伯格案中，柏林的军事指挥官库诺·冯·毛奇代表军队并付出了代价；奥匈帝国的叛徒及双面间谍阿尔弗雷德·雷德尔上校因为向俄国人出卖军事机密——俄国人以他与另一位军官之间的恋情敲诈他——而在其上司的逼迫下自尽；1916年，庭审期间，罗杰·凯斯门特的同性恋证据就足以使他被判绞刑。

随着运转良好的机器代替肌肉的力量，男性力量在工作空间的价值下降以及妇女角色的转变，两性关系的根本问题因此出现。在一个工业化的社会，男人对自我的信心、对于应该承担怎样的角色以及保留怎样的传统男性美德——勇气、荣誉、力量——的空间，都不那么确定了。在这些不安全感中，同性恋成为了令人担忧的幽灵，可能会打破生活，肯定会成为头条新闻。

同性恋在所有欧洲国家都是犯罪，同性恋指控，即便是匿名的，也会导致社会排斥和长期监禁。但是，如弗洛伊德表明的，如此强力禁止人类情感的社会必定会有操作程度的虚伪才能存在。例如，在英国，同性恋景象相当繁荣，早期性学家、精神病学家马格努斯·赫希菲尔德（1868—1935年）在他的报告《柏林的第三性》（1904年）中进行了深情的描述。赫希菲尔德写道，大城市允许个性免受邻里控制而蓬勃发展，结果就出现了所有长着眼睛的人都看得到的情形："那些知情的人在柏林的街上和各种咖啡馆里不仅仅看到传统意义上的男人和女人，也经常看见举止甚至体貌与众不同的人。似乎不仅仅只有男人和女人这两种性别，还有第三种性别。"

赫希菲尔德采用当时时髦的称谓（出自王尔德《认真的重要性》中一个众人皆知的双关语），以惊人的坦率描写了柏林的"同性恋"现象。这种几乎没有隐藏的、广泛的亚文化存在于咖啡馆、酒馆、啤酒花园、俱乐部、健身房、游泳池，甚至舞会这种几乎只有男同性恋光临的社交场合："见过来自外省的同性恋第一次来到这样的场所，因深刻的心理冲击而放声大哭"，赫希菲尔德谈到这种场景对那些终身"被剥夺了权利和遭受羞辱"的人具有解放效应。

华丽的桑多

做一个男人在不同的国家有不同的含义。德国总理布洛在他的老团——威廉一世轻骑兵团的前头策马经过皇帝身边，这一壮举随后立即受到嘉奖，他被委为大将军，对他来说，这是一个荣誉和巨大的骄傲。历史学家罗伯特·马西说得很正确，不可能想象英国首相索尔兹伯里、巴尔弗、坎贝尔—班纳或者阿斯奎斯做出这种滑稽的动作。英国是一个平静、有板有眼的平民国家，它斜眼观看其邻国的尚武姿态。然而，（两国）潜在的当务之急高度相似，看看当时的报纸就明白了：同样的保证治愈"男性疲惫"的酊剂广告，同样的增强"男性活力"的药片及对付中年体型的隐形紧身胸衣——只不过在伦敦或者曼彻斯特，英雄的身躯不太可能包裹在军装里，而更可能穿着豹皮裤衩。

上面提到的豹皮裤衩套在尤金·桑多（1867—1925 年）肌肉极其发达的腰上。桑多是一位铁腕人物、健身先知、商人及一种国际现象。桑多本来的名字是普通的弗里德里希·威廉·穆勒，出生于东普鲁士的飞地柯尼斯堡。他矢志打造完美的形体。他在省级博览会上展示其力量的壮举，之后传奇娱乐经理人佛罗伦斯·齐格菲尔德将他抢到手里，他很快成为盎格鲁-撒克逊世界的明星。从芝加哥到新西兰的因弗卡吉尔，他的表演票被抢购一空；公众向他们的偶像欢呼，索要签名，女人们来到后台，花 300 美金摸一摸他紧绷的肌肉，他题为《桑多身体训练法》《力量及获取方法》《健美运动》的书畅销一时。"澳大利亚剧院从来没有见识过如此兴奋的场面，"珀斯一位记者兴奋地写道，"公众对桑多的精彩演出如痴如狂，至少把他请回来了 15 次以上。"

桑多不满足于在舞台上模仿希腊塑像和提起不可思议的重物，他认为自己负有改善一小批人类的使命，于是，他创建了 20 多个健身房，以及一本体能杂志和邮购服务，提供的商品包括桑多雪茄、桑多哑铃和练习本，帮助其他个子没那么健壮的男人达到他那种神奇的比例。他取得了非凡的成功。乔治五世和亚瑟·柯南道尔爵士都是他的朋友，在 1901 年第一次正式的肌肉发达的男人选美比赛中，他在伦敦阿尔伯特音乐厅的大比拼总决赛吸引了 1.5 万名公众莅临观看。

可能英国男人不像他们的欧陆兄弟那样担心自己的现代身份——毕竟工业革命在这里发生的时间比欧洲其他地方早得多，在发达国家中，这个国家的农业人口比例最低（1911 年，处在工作年龄的英国人中，只有 8% 的人从事农业，德国是这个比例的 3 倍，法国是 4 倍），城市生活和城市文化历史更悠久；但是，如果说军队在英国公众生活中的可见度比海峡对岸小很多，那么，值得记住的是，军队在英国历史上的重要性也要小得多。英国军队只是其欧陆邻国规模的一小部分，而且驻扎在地球上遥远的地区，受到尊重，但是很遥远。毕竟，英国是一个著名的岛国，一个几百年没遭受过侵略的海洋帝国，海军是英国打击力量的关键，英国赋予它显赫的位置。无畏舰竞赛不仅仅只是为军事事务，那是对民族自我形象的捍卫。所有政治家和报纸都同意，大不列颠就是必须得拥有制海权。简单地说，身背最大的枪有其必要性。

英国人对于他们根本上的平民文化非常骄傲，但是其邻国的军事狂热暴露了潜在的焦虑。谁能说他们是否能顶住侵略企图？谁能说他们仍然有气概及纯粹的道德力量在自己的国土上打败敌人？英国没可能已经遭到外国间谍破坏吗？总是寻找耸人听闻故事的英国《每日邮报》觉得如此劝告其读者是明智之举："拒绝让奥地利或者德国侍应生为你服务。如果你的侍应生说他是瑞士人，要求他出示护照。"

间谍服务员，带有可疑口音、过分好奇的理发师，用嘴少用耳多的出租车司机——这些人实属常见。小说家威廉·勒·奎尤科斯（1864—1927年）警告英国公众说：

> （大多数外国人）都是德国人，他们服过役当过兵，来到英国做侍应生、办事员、面包师、理发师及家仆，他们受到对祖国的誓言约束，为国家充当间谍。遵照帝国的命令，每个人加入德国军队的时候就已经在其上衣翻领上置放了一个形状奇特的按钮，这个按钮早就给到他了，凭着它，马上就可以认出他是德国皇帝的忠诚下属。

这种流行的偏执发生了重要的转变。自从征服者威廉，当然还有自从拿破仑以来，法国一直是传统的敌人。然而，1900年前后，德国越来越被视为威胁。公众不停地讨论那些可怕的数字。本来就是军事英雄的罗伯茨勋爵推测有8万名德国军人生活在英国，而保守党议员约翰·巴洛爵士则宣称仅仅伦敦及其周边就有6.6万名德国陆军预备役军人。畅销小说家们很快利用了这个想法。在非常成功的《沙岸之谜》中，作家厄斯金·奇尔德斯让两位英国人偶然发现帝国皇帝的一个卑鄙阴谋，其中一位主人公表达了对德国皇帝的强烈钦佩：

我对德国的确有所了解，可以对她不倦的询问做出有一定权威的解答……我描述上一代期间她在其统治者力量和智慧之下的神奇觉醒；她强烈的爱国主义热情，她如火如荼的工业活动，最强大的是，她塑造现代欧洲的力量，她的殖民帝国梦想促使她从一个陆地国家成为一个海上强国。我们无法骚扰其建立在巨大的国土资源之上的牢固基础，她的人民的模糊本能不仅仅受到其统治者的天才指引，而且也在其预料之中，她是我们当前巨大的贸易竞争对手，她成长了，力量增强了，她等待着，未来，在我们帝国的微妙网络中，她会是一个更强劲的因素。我国像小蜘蛛网一样对震荡敏感，我们从一个以商业为生命的岛国向外辐射，连日常的面包都有赖于海洋的自由通行。

以"男孩子自己的"故事的方式，两位英雄最终认识到，他们在德国海岸观察到的费解行动指向一个巨大的危险："最后我明白了。我这是在协助一个大场景的实验彩排，也许不久就要付诸行动——其时，许多满载着士兵而不是载着半船煤的远洋驳轮将同时出发，七个整齐的舰队，从七个浅浅的出海口，在帝国海军的护送下，穿过北海，把自己的身体投放在英国海岸上。"问题——或者说小说的一个主人公认为的问题是，英国人是不是已经变得软弱了："我们已经享受了这么长久的安全，变得这么富有，我们已经忘了我们所欠的。但是那些自称为政治家的笨蛋没有任何借口，他们拿钱就是要看到事物的本来面目……出于爱，我们想要一个德国皇帝这样的人，他不是等着被人踢，而是像黑鬼一样为他的国家工作、懂得展望未来……我们没有做好对付她（德国）的准备"。

其他作家表示赞成，既赞成其情绪，也赞成其公然的种族主义，诺斯克利夫勋爵发现事件足够重要，因此让他的《每日邮报》连载威廉·勒·奎尤科斯的小说《1910年入侵》。小说中，以接近皇帝威廉在他臭名昭著的"匈奴人"讲话时心中所想的方式，英国遭到德国人的蹂躏。他们一路抢劫、烧、杀、强奸，向首都进发。他们开始的时候占领了首都，但是被英国人的愤怒和坚忍不拔的勇气淹没，最终不可避免地失败了。发行这本小说的时候，挂着广告牌的人穿着蓝色普鲁士军装、戴着尖刺头盔，在牛津街来回走动。这部小说卖出了 100 多万册，让勒·奎尤科斯恶心的是，在德译本中，德国皇帝战胜了他长期嫉妒的英帝国。

英国最大的一个魅力是其公民拒绝把任何东西当回事，即便是，对于他们自己的伟大符号；她最大的一个弱点是太过关注阶级的微妙之处，就像德国人太过关注肩章。1910 年指挥 HMS 无畏舰的海军上将比较痛苦地学到了这个教训，或者以为他学到了这个教训。当时，他在船上接待阿比西尼亚皇帝。皇帝的来访是通过电报通知的，海军已经使出了浑身解数：红地毯、仪仗队、旗帜招展、军乐队奏乐、全体船员穿着最好的衣服立正。由于接到通知的时间短，一时找不到阿比西尼亚国旗，因此就用它临近的桑给巴尔的国旗代替。皇家代表团未受这些细节的干扰，被领着参观舰船，一位翻译对着陛下的耳朵嘀嘀咕咕。眼前的船让他们震惊。一个电灯开关先是吓了他们一跳，然后令他们莞尔。在参观期间，他们还要了祈祷垫，并给一些军官赠送了他们国家的军事荣衔。

几个星期以后，《每日镜报》上一篇耸人听闻的文章才揭开了这些参观者的真实身份。代表团成员提供了一张在船上拍的集体照给报社。他们实际上是一群英国朋友，在脸上涂了油脂漆，戴着假胡须。代表团成员包括邓肯·格兰特和年轻的弗吉尼亚·斯蒂芬（戴着妩媚的假胡须）——她后来同伦纳德·伍尔夫成婚。参观期间，他们用刚在火车上学来的斯瓦希里词语，并熟练地混以上学期间学过的维吉尔《埃涅伊德》的片段进行交谈。参观团的"翻译"和假扮的外交部代表都未加修饰。他是霍勒斯·德·维尔·科尔、此次活动的主谋和出资人，他一生中花了大量的时光构思和执行策划缜密的恶作剧。他是伪装的老手：在剑桥上学的时候，他打扮成桑给巴尔的苏丹，中年的时候，他利用他和拉姆齐·麦克唐纳长相的相似，安排这位工党领袖暂时在伦敦的出租车上"迷失"，而他自己则代替拉姆齐参加工党的会议，并发表讲话，让工人们多干工作少拿钱。

疯子与肌肉犹太人

对男性力量的崇拜可能开出奇异的花朵，也许最奇异、最能表征这个时期忧虑的莫过于马克斯·诺尔道对于肌肉犹太人的调用，将其作为犹太复国主义的身体和精神目标。诺尔道朦胧但是影响很大的畅销巨著《变性》使他成为批评一切的主要声音之一。他批评一切他觉得有弱化作用的现代生活和艺术。诺尔道宣称，对文明的威胁很严重，它来自于：

……鄙视传统习俗和道德的观点……对传统规则的实用主义摆脱……肆无忌惮的淫乱，释放了人的兽性……鄙薄对其同类的所有考虑，将所有约束对金钱的残酷贪婪和享乐欲望的障碍都踩在脚下……对所有人来说，这意味着一种确定的秩序的终结，这种秩序几千年来符合逻辑，限制了人的堕落，在每一个方面都发展出了某种美。

诺尔道在反对他感觉到新的、来势汹汹、超速的机器的过度使用，或者现代艺术的退化时，绝不手下留情。他如此评价19世纪传奇诗人保罗·魏尔伦："我们看到这个令人厌恶的败类有着不对称的头骨，长着一张蒙古人的脸，一个浮躁的流浪者与醉鬼，由于其反道德的罪行而被打入监狱……他年老昏聩，语无伦次，无意义的表达，意象模糊，无法表达心里的任何明确的思想。"这种机械衰弱的生活及不道德过度激发了一种反常现象："身体上，病态而虚弱；道德上，一个彻头彻尾的坏蛋；智力上，一个无法形容的白痴，以选择事物的色彩艺术式地装扮房间、观看机械的鱼的运动、嗅嗅香水、饮饮酒打发日子……是最低层次的寄生虫。"

诺尔道本人是医生，他必须灭绝寄生虫，他毫不犹豫地把他的科学原则应用于生活：

弱者及退化者将灭亡；强者将使自己适应文明的成就，或者使它们服从自己的有机能力……20世纪的艺术将在任何一点与过去的艺术接续，但是它要完成一个新的任务：为单调的文化生活带来多样性，这种影响也许只有许多个世纪之后的科学才能够施加于大多数人……任何人只要像我一样相信社会是人类的自然有机形式……任何人只要相信文化是一种有价值的善，值得捍卫，都必须毫不留情地捏死反社会的害虫。

对于它的作者，这种暴烈的言词只不过是一种姿态。1849 年出生于匈牙利佩斯特（后来成为了布达佩斯的一部分）的诺尔道是一位名叫苏德·菲尔德的正统拉比的儿子。疏远宗教以后，年轻的马克西米利安·苏德·菲尔德改变了方向——不仅仅是人生的方向，他把名字也改了，他把南方换成了北方，把菲尔德（田地）换成了梅多（草地），于是诞生了马克斯·诺尔道博士，一位自我造就的政论家，并终于在巴黎开业，出版了一系列文化方面的书籍。像维也纳外国通讯员西奥多·赫茨尔一样，诺尔道非常厌恶德雷福斯事件期间法国高涨的反犹主义浪潮，很快，这两个人就开始讨论他们关于犹太人民未来的思想。诺尔道成了赫茨尔最热烈的支持者，但是他的犹太复兴思想含意与赫茨尔有差异。后者的思想主要是实际的，而《退化》的作者则把西方社会的衰退和堕落与其人民的未来这两方面的关切融在一起，构成一种奇妙但是有影响力的混合体：英勇的犹太性，一个具有"清醒的头脑，坚实的胃与坚硬的肌肉"的新犹太人种族。

诺尔道的讯息恰好应和了犹太解放的焦虑，急于与反犹太主义者描述的犹太人刻板形象——住在贫民区、面色苍白、身体虚弱、眼睛因学习而泛红、瘦弱的身体了无生气、连身体里的血都是呆滞而死气沉沉的，一群贫穷的陌生人成为了资本家，剥削凭体力劳动的诚实的人——拉开距离。仇恨犹太人的作家如理查德·瓦格纳的英国女婿休斯顿·斯图尔特·张伯伦（1855—1927 年）等深刻而广泛地兜售以下信息，诺尔道接受了他的论断：

微生物学教导我们，一旦不给氧气，本来生活在露天下无害的微生物就会变成可怕的、致病病原体，用技术的语言表述，它们变成了厌氧生物。政府和人民最好当心把犹太人变成厌氧性人类。无论他们做什么，他们要付出高昂的代价才能摆脱这些因他们的罪责而变成害虫的犹太人。

对于诺尔道来说，犹太复国主义并不是一种政治必需品，而是对精神重生的呼唤，他的许多读者同意，犹太人只有成为自己国家的主人，同时成为其健康身体的主人，才能获得真正的自由。游艇体育俱乐部雨后春笋般地涌现，它们的名字往往让人联想起《圣经》里的战士：巴科克巴（1898年），柏林的犹太体育俱乐部马卡比联盟（1902年），维也纳的哈括亚（"力量"）（1909年），欧洲其他地方还有十多个体育俱乐部。这项运动有自己的杂志、自己的锦标赛及自己的偶像。其重要性从这一事实也可见一斑：世界级的大力士尤金·桑多在他的《桑多杂志》第一期发表了一篇关于犹太身体文化的文章。

对于豹纹皮肤的桑多，同对于骄傲的新犹太人一样，男性气概是头等大事。诺尔道夸张地说：

> 我们的新犹太人还没有恢复其先祖的英雄气概……参加战斗，与训练有素的希腊运动员及北部强壮的蛮族一决高下。但是从道德的角度讲，我们今天好于昨天，因为昔日的老犹太杂技扮演者为他们的犹太身份感到羞愧，试图通过手术把他们的宗教信仰标志给隐藏起来……而今天，巴科克巴的成员则骄傲地、自由地宣示他们的犹太身份。

整个欧洲的犹太复国主义青年热情支持新型犹太人，诺尔道兴高采烈地接受这种新犹太人角色寓言。然而，最讨厌的是他身边的先知。他写道，他最仇恨的是那个"显然生来就是疯子"的人，他对西方文明的影响完全是负面的。"从第一页到最后一页……仔细的读者似乎遇到一个疯子，他眼光闪烁，手势疯狂，唾沫乱飞，口吐震耳欲聋的豪言壮语……看起来，从这些无尽的词句及其基本的要素中可以提炼的意义，是一系列不断重申的精神失常的想法，这些想法源于感觉和病态的有机过程中的幻象。"

当然，这个疯子就是弗里德里希·尼采。

焦虑的男性生殖力

尼采的梦想是抗击衰退习俗的奴役并渴望成为"超人",整整一代人跟随他一起做梦。这个时代的任何一个受过教育的人都熟稔他的著作。他的一些书,如《查拉图斯特拉如是说》,被反复阅读,互相传阅,人们尤其是年轻一代将它视为伟大的预言话语,进行讨论。他的一些慷慨激昂的句子合在一起具有极大的知性微妙和深度,不过可惜很容易被断章取义。这种情况,以及他精神失常后,他的姐妹伊丽莎白·福斯特-尼采(后来成为了希特勒狂热的崇拜者)对他的作品所做的毁灭性编辑,使得他的遗产非常矛盾,也使得思想家本人被诸如19世纪末的虚无主义者和国家社会主义者这样非常不同的运动作为先知。

诺尔道如此鄙视尼采的是,为了使人性(或者少数有力量的人)恢复到精神力量能够把握直觉的前现代天堂,他决心推翻所有的资产阶级价值观。作为一位被同化的犹太人,诺尔道不希望抛弃文明的祝福、纪律和秩序;他只是认为它们受到了威胁,希望用带有明确无误的达尔文主义色彩的方法予以净化。当然,具有讽刺意味的是,诺尔道以只有那些看不见的人才具有的深刻盲目,似乎没有认识到这一点:他对力量的梦想与早前尼采的那些梦想非常相似,他理想的肌肉犹太人就是被严重误解的、经过诺尔道所说的"手术换肤"的尼采超人。诺尔道的身体、犹太复国主义及广泛的文化批判实际上就是较弱化的、老人的革命思想的第二个版本。犹太复国主义作者并不是唯一一个遭到这种屈辱的人。力量和男子气概崇拜是1914年之前文化的主导特点,在尼采的阴影中,它们受到广泛的歌颂。

尤金·桑多、威廉皇帝、无畏舰战舰、决斗、健身、水手服、盛大的阅兵仪式都在对男子气概的力量崇拜中发挥了作用,它们,至少部分地,是对于广泛蔓延的男性美德和男子气概本身不确定性的反映。一个新的时代似乎要求新的标杆、新的身份,的确,对于加在他们身上的要求,男人们困惑了。这至少是法国作家从出生率下降中得出的一个结论,这当然也是从瑞士到苏格兰,一波一波的男性神经衰弱患者涌入疗养院的原因。

1914年,女权主义作家罗莎·麦雷德对这种现象进行了分析。"在其他情况下起关键作用、构成其主权基础的'强大的拳头'已经完全多余了。"那些男人面对无法预见的变化,想不出别的办法,只好抱着过时的道德准则,他们非常可悲,没有为现代城市的匆忙生活做好准备:

> 理智主义像疾病一样折磨现代人……一旦分析到男子气概,被教育对所有问题保持批评意识的人就最长期地不采取批判态度,这不值得注意吗?要有男子气概……尽可能有男子气概……是他们眼中真正的区别;他们对于失败的残酷不敏感,一个行为只要符合传统男子气概的标准,他们就对其纯粹的错误无动于衷。

这种标准正在走向穷途末路。罗莎·麦雷德这类妇女不仅仅要求选举权和更好的工作条件,我们将在后文看到,她们有些人公开挑战作为西方文化基础的价值观:男人和女人的关系,荣誉的概念,财产和身体的勇气,还有父权制本身。即便是那些拒绝走那么远的妇女参政权论者也挤进了男性的领域,显示她们的决心、效率,而不是充当什么家庭里的天使。在早期媒体时代,这些争论及其常常粗暴的主角也是报纸和交谈的日常主题。各种各样的妇女参政者审讯、绝食罢工、艾米琳·潘克赫斯特发表的演讲、安妮塔·奥格斯珀格她们的妇女行动,以及萨拉·伯恩哈特、杰妮·丘吉尔、阿斯特夫人等强大的女性形象都引起了国际媒体的兴趣。

面对那些最高霸权的威胁,男性文化通过最传统的方式颂扬男子气概,从德皇的热爱军装,沙皇对军装细节的崇拜,到先锋派人物纪尧姆·阿波利奈尔和他的性快速充电机、未来主义者菲利波·马里内蒂旺盛、昙花一现的精力,以及军队在公共生活中的地位,都不难看出来。柏林、巴黎和圣彼得堡的街头从来没有过这么多穿军装、蓄胡子的人;从来没有过这么多人在家里如饥似渴地阅读奥托·魏宁格和朱利叶斯·莫比斯那类畅销书,这些书公开宣扬厌恶女人,颂扬男性的伟大。然而,所有的趾高气扬、游行、捻胡子、抛光的大口径枪炮,都不能掩盖游戏已经开始的事实。某种新东西必须得代替它——也许是一种新的生活方式,一种新的世界观。

八 1907年：梦想与愿景

灭绝你所有的日日夜夜！
清除家里所有的外国画！
让阴雨天的黑暗笼罩你的土地！
听着：血液里的音乐将响彻你的心怀！

——恩斯特·斯泰德 1910 年

1907 年 6 月 15 日，来自 42 个国家、主要由老年男子组成的 256 个代表团齐聚海牙，参加国际和平会议开幕式。他们只有一个共同点：对和平条约不感兴趣，私下里，大多数人觉得和平条约不过是个累赘，阻碍各国的发展。他们只是迫不得已才来到这里，穿着硬领的正式礼服和制服挥汗如雨地工作，与世隔绝于骑士厅（荷兰议会通常的聚集地），因为那些糊涂的想法令公众舆论很兴奋，任何国家都不希望被人认为在原则上反对和平。所以，他们来到这里。他们都是些身经百战的国际外交老手，口袋里揣着他们的统治者的命令:不付出任何代价,最重要的是,绝不同意任何会限制政府行为的有约束力的创制。他们本是应邀来讨论和平的,但他们都做好了战斗的准备。

大国的高层都不为这次会议费心,代表俄国的谈判任务落到籍籍无名、年事已高的米哈伊尔·内力多夫肩上,他频繁生病,所以,在谈判的大部分时间都待在自己的房间。美国的代表是75岁的约瑟夫·霍奇斯·乔特,英国是82岁的爱德华·弗莱爵士和仅60多岁的恩斯特·萨道义爵士,马绍尔·冯·比巴斯滕男爵(一个完美的普鲁士人,蓄着卷曲的胡子,有几处决斗留下的伤疤)是前德国驻君士坦丁堡大使、现威廉二世的特使,他也60多岁了。受制于礼仪与把和平提上议程的公众舆论要求,代表团不情愿地在全体会议期间花了25分钟讨论这个话题。4个月磋商期的其余时间,代表们讨论的是战争规则的形式化,包括控制在陆地和海上使用地雷(水雷)的规则、战时对待敌方商船的规则、中立国的权利,等等。9月17日所有参会国签署最后的声明时,世界和平事业一寸都没有得到推进。相反,一些大国达成了幕后秘密协议。与会国政府宣布对会议结果感到满意,其他人,即那些非政府与会者则满腹愤怒和沮丧,尤其是不屈不挠的诺贝尔和平奖得主伯莎·冯·苏特纳男爵夫人,她觉得错失了一个历史机会,认为这是人类的悲剧。

苏特纳男爵夫人(1834—1914年)是一位卓越的女士。她出生于布拉格,生来就是金斯基女伯爵,她的家族属于哈布斯堡帝国最显赫的家族之一。伯莎出生之前她父亲就过世了,她的童年受到她精神紧张、冲动的母亲控制,嗜赌的母亲很快将家族的剩余财富挥霍殆尽。年轻的女伯爵只好自己挣钱养活自己,尽管她的贵族教育除了优雅的客厅生活之外,并没教会她更多。从一开始就富有进取精神的她试图成为歌手,然后准备当音乐教师。但是尽管她的琴艺很好,要以此维持生计还是很困难,于是年轻的她选择了她那个阶级成员唯一选项:1873年,时年30岁的她在维也纳的冯·苏特纳家当了一名女伴。接下来发生的事情好像是浪漫小说里的情节。年轻、一贫如洗的贵族女子爱上了雇主的儿子亚瑟·冯·苏特纳。面对对方父母的强硬反对,她逃离了诱惑,奔往巴黎。她在报上看到一条广告,一位"富裕的老绅士"招聘私人秘书,她应聘了这个职位。老绅士的忧郁和文雅性格令她着迷。他是工业家、炸药发明人阿尔弗雷德·诺贝尔。然而,几个星期后,情感战胜了理智,女伯爵回到维也纳,与亚瑟一起私奔。

这对分文不名的夫妻没有可能选择自己的流放地,他们去到高加索(今格鲁吉亚),因为家里有位朋友在那儿拥有一所庄园。之后是12年的艰苦生活,其间伯莎时不时给维也纳的报纸写文章赚钱,亚瑟则教授法语口语和骑术。1877—1878年俄国与土耳其战争期间,伯莎从受伤士兵和平民身上看到战争的痛苦,她非常惊骇,并把自己在第比利斯的家变成了临时医院。这个印象如此深刻,她下决心用自己的余生促进和平。1885年,夫妻俩的经济状况和与冯·苏特纳家族的关系足够稳定,他们设想搬回维也纳,在那里,伯莎写了一部自传小说《放下你的武器!》,1889年小说出版后畅销一时。她描写的痛苦的妻子、母亲和遭残杀的士兵,以及以光荣和祖国的名义毁灭的生命和希望,感动了成百上千的读者,伯莎·冯·苏特纳的名字顿时变得家喻户晓。之后她又写了30多部小说。

苏特纳男爵夫人的名声不可避免地引发了争议。资产阶级道德常常不把战争视为悲剧,或者是一种必要的恶,而是一种历史进步的健康、刺激机制。一百年以前,德国哲学家弗里德里希·威廉·黑格尔为这种概念提供了理论基础:历史是文明和自由的不断提升,这种进步体现于互相冲突的理想之间的斗争及其创造的更好的新事物。人是这些理想的承载者,这是世界精神选择在历史上主张自己的方式。因此,战争对于人类的进步是必要的,当一个更强大、健康、先进的民族强加其文化,创造新的文明,直到其不可避免地被另一个体现了更先进的世界精神的民族取代。

这种观念在中产阶级道德中根深蒂固,它认为放下武器的号召根本就是在敌人和历史面前的怯弱。敌人之于进步的必要性,一如黑夜之于白天。讨伐战争的男爵夫人知道报纸的嘲笑:她认真的情感诉求很容易成为靶子,她持续的演讲和笔下的一篇篇文章和小说使她看起来不像是和平鸽,而是忙着下文学之蛋的多产的母鸡。她是外行。她不懂。她宏伟的思想让她过度紧张了。她歇斯底里。毕竟,她只是一介女流。

在社会达尔文主义和"自然法则"的争论风靡一时的时候,无怪乎不仅对苏特纳的反对,就是这些辩论本身,也被性别化了。男人来自火星,女人来自金星。"理论上讲,"奥地利社会主义领袖罗莎·麦瑞德写道:"战争是最高级的男子气概的可怕极端,是绝对的男性活动最后、最恐怖的结果。"丽达·古斯塔瓦·海曼,当时的德国妇女参政权论者与和平活动家(我们将在后文看到,这两个身份经常结合在一起),把这个逻辑往前推进了一步:女人来自金星,但是她们陷入了火星的奴役:"男性、毁灭性原则与女性、建设性原则截然对立。后者基于互相帮助、优雅、理解和对话之上。在现代的男性国家,女人不仅被剥夺了任何表达其基本特性的可能,而且还不得不屈从于男性原则,被迫承认它。她们被强奸了。"

苏特纳男爵夫人并没被性别政治、批评和讽刺给吓着,她继续进行她的活动。她与阿尔弗雷德·诺贝尔之间的柏拉图恋爱并没有随着她返回恋人身边而终止,她和老先生之间保持着稳定的通信。他扮演了她的父亲的角色。在她短暂地担任他的秘书期间,他曾经告诉她:"我真希望自己可以生产一种具有可怕效果、能够实现整体毁灭的材料或者机器,以使战争根本不可能发生。"他对和平与国际仲裁的兴趣是真实的。本来用于工程、修建隧道、煤矿和道路的炸药也改变了战争。诺贝尔强烈地意识到,他的财富部分是依靠破坏所得。所以他决心将其利润用于促进和平。1892年,他们两个人计划以诺贝尔的名义给和平活动家颁一个奖。诺贝尔于1896年亡故。他在遗嘱中交代将其全部财产交给一个基金会,颁发物理学、化学、生理学和医学、文学与和平奖。

1905年,诺贝尔和平奖被颁给了伯莎·冯·苏特纳。她刻画了工业战争时代战争的末日图景。她宣称,在未来的战争中:

> 所有的国家都会化为齑粉,所有的工作都将停顿,所有家庭的火炉都会被掀翻,只有哭声在边境回荡。每个村子都会毁灭,每个城市都会成为废墟,每块土地都将堆满尸体,战争将进行得如火如荼:海底,鱼雷艇将巨大的轮船拉到海底;云端,武装的飞艇攻击他国空军,身体残缺不全的战士像血淋淋的雪花,从6000英尺的高空掉落下来。

奇异的和平冠军

如果说战前那些年是军国主义猖獗的时期,那么,同时也是和平活动密集的时期。苏特纳的诉求传到了大量为大国军备竞赛紧张、为"不文明"的批量屠杀感到震惊的人们的耳畔。随着世界一年一年以更加飞快的速度奔向灾难,一些重要的反文化寻找和宣告不一样的社会愿景。每个国家和每个城市都有和平活动者,这些人往往(并非总是)也是妇女选举权和社会主义的支持者。公众的好战与和平运动之间的反差在德国体现得最强烈。德国拥有欧洲最大、最活跃的和平运动。伯莎·冯·苏特纳和记者阿尔弗雷德·赫尔曼·弗里德创建的德国和平协会仅在德国就拥有1万名会员,而且会员数量稳步增加,而真正的支持者更为广泛。几乎所有社会民主党(1912年,德国国会选举中,登记支持者达35%)的追随者都认为战争只不过是资产阶级压迫个人的方便途径。1911年,柏林有10万人参加的和平游行反对德国在摩纳哥危机中的强硬姿态,德国的所有主要城市都发生了相似的示威运动。同年9月,25万之众的人群聚集在柏林特雷普陀公园,进行反战示威。在政府层面,各国议会联盟(几乎完全由社会主义者组成)1912年有来自三大洲40多个国家议会的3640名代表,其中有157名德国代表,141名俄国代表和516名法国代表,包括让·饶勒斯这样的政治人物。

尽管有小说、小册子和演讲、大会和煽动,但是国际和平运动似乎还是没法改变欧洲政治的军事气氛,甚至只好眼看其言论被用来推进非常不同的政治目标。1898年,世界和平事业得到最不可能的支持者——沙皇尼古拉二世的援手。全体俄国人的统治者沙皇以前所未有的姿态,要求世界大国于次年参加在海牙举行的和平会议。年轻的君主大肆吹嘘他新信奉的事业。他指出,和平是一个历史目标,同时,大国并没有离它更近:"不断增加的财务费用在源头处打击并导致公共繁荣的瘫痪;各国的智力和体力、劳动力和资本大部分不用于自然该用的地方,而用于非生产性的地方;上亿的金钱被用于获得可怕的毁灭工具……民族文化、经济进步和财富生产由于它们的发展,要么瘫痪,要么滥用。"无论是伯莎·冯·苏特纳还是卡尔·马克思都不能比他更雄辩。

撇开其全部绚丽的热情，沙皇诉求的历史完全是不折不扣的闹剧。这全都起源于一起扎实的俄国间谍案，经由此案，亚力克塞·库洛帕特金将军、后来俄日战争中俄军悲剧的指挥官、1918年的战争部长了解到奥匈帝国正准备投资射击高度六倍于俄国武器的快速射击野战炮。只消看一眼战争部耗竭的武库就很清楚，俄国无力竞争。于是，库洛帕特金想出了一个恰当的主意，向俄国的主要对手奥地利提出一项武器禁令。他把他狡猾的想法提交给财政部长谢尔盖·维特（其时他处于权力的巅峰）。维特以其典型的实用主义精神指出，他的合约中没有任何让哈布斯堡帝国的部长们感兴趣的地方，而只能"把我们的弱点暴露在全世界面前"。为了安抚战士及他的盟友、外交部长穆拉维约夫伯爵，维特稍微讲了讲现代和平思想与国际谈判、创建国际仲裁委员会的连续尝试，以及召开国际和平会议的呼吁。穆拉维约夫的贵族熟人圈中很少讨论这类想法，这个前景对他完全是新鲜的。国际和平会议不仅可以解决俄国的财务窘境，而且也可以使俄国显得像是人类的恩人。

穆拉维约夫知道几乎不可能让沙皇相信这个策略的好处。俄国是通过军队施行统治的，尼古拉最开心的莫过于置身于战士中间。然而，《战争的未来》一书的出版助了伯爵一臂之力。这部卷帙浩繁的六卷本著作的作者是波兰犹太人、实业家伊万·布洛赫。布洛赫综合研究了军事和技术发展及其战略含意，他的结论是，19世纪的经典战争——军队在战场上以巨大的、定位进攻对抗丰富多彩的军队，凭着勇敢的骑兵冲锋陷阵和个人的勇猛制胜——已经成为过去。布洛赫解释了无数的统计数据、国家能力及因素（细至到炮弹的射程及军装纽扣的价格），他确信，战争将会工业化，依赖总体生产能力、铁路及后勤，只有当对手在经济上耗竭——所有参与各方最终都会耗竭——以后，国民经济之间吞噬一切的冲突才能得胜。任何军事胜利也将是民族的自杀，随后将带来崩溃和革命。一旦发生战争，社会主义革命将不可避免，这一前景甚至足以暂时将沙皇从光荣的胜利梦想中惊醒过来，于是他决定做国际和平的拥护者。他的邀请不可能遭到拒绝。

1899 年，在公众的巨大兴奋和外交官们的深刻怀疑中，海牙第一届和平会议召开。德国代表团团长蒙斯特伯爵深感恶心，用他的话说："会议把全世界的政治痞子带到这里。最糟糕的记者……布洛赫这样受过洗礼的犹太人和苏特纳夫人这样的女性和平狂热分子……所有的乌合之众，在年轻的土耳其人、亚美尼亚人和社会主义者积极支持下参与讨价还价，在俄国的保护下公然进行他们的活动。"

其他一些代表看到一副更积极甚至具有预言性的图景。这个国家集会能否成为一种永久性结构——也许是欧洲国家联合会，或者国际联盟？仲裁不可以导致在这次召开和平会议的地方海牙建立一个国际法院吗？在当时，这些都是遥远的愿景，公众对于世界和平提议的想象力几乎失控，这极大地强化了这些愿景。"每天收到的奇怪信件和古怪建议令人惊异，"据身经百战的美国大使安德鲁·D. 怀特记录，"毋庸讳言，贵格会教徒全力以赴……有计划、方案、观念、妙方、各种怪念头，敦促我们、试图占有我们时间的人数堪称巨大。"

随着会议深入到现实政治以及关于现代战争和种族屠杀的细节谈判，乌托邦策划很快退入背景。限制其军队的话，俄国和德国一个字也不要听（德国上尉格罗斯·冯·施瓦茨科波夫在一个场合爆发了，由此戳穿了沙皇的宏大说辞），"德国人民没有被军备开支压倒……他们没有奔向耗竭和毁灭！"美国不同意对其海军雄心的任何限制，英国则小心谨慎地派了海军上将杰基·费舍尔前往阻止任何可能威胁到珍贵的无畏舰项目的事项。在社交场合，费舍尔作为杰出的舞者鹤立鸡群。然而，在委员会里，只有他一个人坚持打拍子——主导事态的方向："多亏约翰·费舍尔爵士积极有力的态度和坚持不懈的努力，原来条款中很可能以任何方式束缚或者为难交战方自由行为的条款都被细致地消除了。"如释重负的海军部首席勋爵做了如此记录。

到 7 月会议结束的时候，很显然，所有的和平与裁军努力都撞毁在政府不妥协的岩石上，"寒冷，所有的心都觉得寒冷——如同穿过嘎嘎作响的窗户的气流般寒冷。我觉得彻骨寒冷，"全程待在海牙、感到幻灭的伯莎·冯·苏特纳在她的日记中写道——其时是气候温和的夏日，但她感觉不寒而栗。1907年，沙皇尼古拉二世召集第二次会议。这一次他企图在俄日战争后恢复国际威望，但结果与第一次会议差不多。苏特纳悲叹："这不是关于和平的会议，而是关于战争习惯的会议。"她说得对。

塔里的狄俄尼索斯

旨在反对主流的战争文化、军事演习和强迫性的男子气概文化的和平运动只是对不同社会、不同共同生活方式的一种设想。每个社会都有自己的退出者，每个富裕、僵硬的社会（见证1968年）都有另外的文化——它们往往以他们宣称其所鄙视的安全为基础。当欧洲和美国社会奋力应付正在改变其生活的爆炸性变化时，大量的其他运动、预言家及潮流风起云涌，有的具有令人钦佩的远见卓识和深刻的学术性，有的则古里怪气，疯疯癫癫。

所有这些新生活鼓吹者的最初先知来自俄国。作家、社会改革家列夫·托尔斯泰伯爵（1828—1910年）很幸运，他得以享受简单的生活，做农民打扮，同时也拥有庞大的地产以及享誉世界的小说带来的收入。托尔斯泰想象的与自然相和谐的生活常常招致批评，但是，他对中产阶级生活五花八门的苛评中流露的自由思想对读者很有吸引力。

这些新奇的生活构想常常与波希米亚式生活交织，它们互相之间也交织，精神领袖和各类逢迎者、神秘主义者和学者、万人迷和骗子构成一个不断变化的景致。在托尔斯泰自己的国家，这种对神秘学的着迷穿透了权力的核心。拉斯普京其人是最好的体现。他支配着皇后及其圈子。但是皇村墙外还有其他更具颠覆性的组织。在大众层面上，有像嘉庞神父那样的克里斯玛型基督教人物；而在政治领域，社会主义者、共产主义者和无政府主义者的世俗救世论引起了最大的兴奋和争论。

但是也有更深刻的颠覆性人物，其愿景不只是改变政治秩序，而且要改变人们的感觉模式以及度过生活的方式。其中最著名的是维亚切斯拉夫·伊万诺夫（1866—1949年）。他是一位聪慧的古典主义者。他溜出学院，进入了自己构想的世界。如同伯莎·冯·苏特纳的故事一样，他的故事也始于私奔——也许，对于那些希望逃离资产阶级价值观的人，这是一个重大的事实。1893年，他认识了诗人、翻译家莉迪亚·蒂米特伊维娃·茨诺维耶娃-阿尼拔。像伊万诺夫一样，她当时也已结婚。夫妇俩先是住在雅典，然后搬到维也纳，经常去巴勒斯坦、埃及和意大利。在意大利，这位学者迷上了悲剧性的、过分的、黑暗的神狄俄尼索斯。结果他改宗神秘异教，并在他的第一部重要著作《苦难之神的希腊宗教》（1904年）中做了记录。

1905年，伊万诺夫夫妇回到圣彼得堡，把自己关进人们称作"塔"的塔楼建筑。在塔里面，当时俄国社会严格的规则完全失效。巨大的公寓根本没有墙，而是用低矮的书架分割，以东方艺术品装饰。厚重的地毯、散发着浓烈的性感香味的百合花、照亮这个奇异王国的蜡烛共同组成了大合奏。屋子里没有时钟，没有固定的时间。伊万诺夫常常早晨八点上床睡觉，下午晚些时候才起床，准备接待众多的宾客。他为客人提供大量的茶、酒和神秘主义，他们想待多久就待多久。

他的一些年轻的崇拜者对他的话信以为真。开创性小说《彼得堡》的作者安德烈·别雷有一次在这个神圣的园子里待了整整五个星期；其他人，如他的朋友埃米尔·K.梅特内尔，在这儿最多待两天。晚上客人来了以后，大家无休止地讨论哲学、宗教、文学、诗歌和艺术。伊万诺夫阐述他的未来宗教思想，这一伟大的敬拜奥秘中混合了耶稣和狄俄尼索斯，救赎和狂喜，征服来世并享受现在，还有完整的狂欢仪式：产生于古代隐秘冲动之中的文化重生。深夜，大多数客人离开以后，留下的一些人继续讨论，还有一些人则谨慎地成双成对地离开，找一个更隐秘的角落，继续进行无需过多言语的交流。

那些宣扬新生活方式的人的思想中非常频繁地出现狄俄尼索斯和耶稣。尼采把这位希腊的神从神话的死亡中唤醒，其狂喜、非理性的一面强烈地吸引那些童年时代被严格的纪律观、理性和自我牺牲控制的年轻一代。有意思的是，这一不同生活方式爆炸的中心处于德国和奥匈帝国。

波希米亚者和赤脚先知

维也纳和慕尼黑是形形色色的先知集聚之地，它们是这个小宇宙的两极。有些人是古怪的、因其使命感而忘形的社会主义者或者天主教传教士，但是其他一些人则有更激进、更个人的愿景。施瓦布区是德国波希之家与艺术家属地，作家托马斯·曼和弗兰克·魏德金、讽刺杂志《傻大哥》、画家瓦西里·康定斯基、弗朗茨·马克和加布里埃莱·蒙特是慕尼黑的常客和灵魂人物。施瓦布区是生活设计的实验室。

这群人中最具象征性的人物是范妮·冯·雷文特洛（1871—1918年），其短促、艰难而丰富的生命在痛苦中燃烧殆尽，但是她留下的《女士先生的笔记》（1913年）对施瓦布做了最滑稽、最敏锐的分析。出生于德国北部一个贵族家庭的年轻范妮很早就反抗家里的保守价值观。婚姻看起来是个解决办法（她还怀着另一个男人的孩子），但是这位年轻的女子觉得这也非常约束自己。不到30岁、已经离婚、狂热的波希米亚者搬到慕尼黑学习绘画，结果发现自己没有天分。以后几年间，反叛的伯爵夫人过着朝不保夕的生活，她一边做着翻译、记者、厨师、秘书、装饰玻璃画家和保险代理人，同时追求她的艺术家梦想，并受到几位施瓦布文学狮子的追慕。她抱以热情的回应，同几个人都建立了关系——这些插曲都被她写进了她在慕尼黑那些年的生活记录中。

雷文特洛的小说不仅以漫画手法描绘施瓦布那群人绚丽的言行举止，也阐述了一个变化的世界里男性焦虑的主题。主人公赫尔·戴姆，即"女士先生"，不断为其可笑的姓氏寻找说辞，他相信他永远也找不到一位愿意被称为"女士夫人"的女子。因为名字的原因而被视为局外人的赫尔·戴姆观察那些构成当地圈子生活的艺术家、先知和冒名顶替者，记录他们荒诞的聚会和流淌着神秘主义、新词和阴暗私语的谈话。"我觉得我好像只好把我的头拆卸开，然后重新进行组装，"主人公抱怨说，"到此为止运行的方式以及我理解和习惯的思路都没用了——我想把它们关掉，让它们不发挥作用，直到我能够在这一切新奇中间更安全地活动。"

这个群体不断讨论母权制、酒神仪式、古代宗教和异教仪式，并最终导致了一个庆祝酒神节的项目。这是模仿（如同小说的其余部分一样）施瓦布当地的半神卡尔·沃尔夫斯凯尔家举行的一次真实的晚会。提议的庆祝半是仪式，半是狂欢，保证有激动人心的新内容，圈中成员投入到这个盛大事件的准备当中："我们去买精编网眼织物（缝制合适的服装），走了无数个商店才找到制作花环的红色藤叶和玻璃制作的象征性的露珠。"当盛大的时刻终于到来的时候，有一位狂欢者出于误解而把自己打扮成了皮埃罗（走江湖的丑角），结果对正直的男子气概造成了又一次滑稽挑战。这多少有些玷污了整个活动。

  戴留斯（一位男士）穿着罗马女舍监的黑色斗篷来了；他头戴黑色面纱，手握金属三角形，并用一颗小棍子敲击出悦耳的声音。教授打扮成印度的狄俄尼索斯，穿着紫色上衣，戴着紫色藤叶花环，手持一根长长的金杖。跳舞期间，他猛冲狂奔，眼波流转，我评价说他有强大的身躯和黑色的胡子，是个漂亮的男人。他也好像令好几位女士开心，他一直用欣喜若狂的眼神凝视她们，认为她们都美得没法用语言形容。现场不缺少热情，如果可以这么说的话，我觉得他充分表现了他的角色。只有一个瞬间他有些恼火——在一个生动的时刻，玛丽亚试图攀登他那巨大的金杖——他兴高采烈地看着她，随意把金杖交给她，金杖啪的一声从中间折断了。

一个男人要满足历史时刻要求于他的任务并非易事。"女士先生"和学者派头、权杖被女狂欢者折断的狄俄尼索斯是这种困惑的两个例子。

施瓦布的波希米亚者们玩得很高兴，高谈阔论，抽太多的烟和装扮自己，而慕尼黑吸引了更激进的先知。这里有威廉·狄芬巴赫雄伟的身影，他胡子拉碴，长发披肩，如果说他也算穿着衣服的话，那其实不过是裹着长而宽大的袍子。他是个画家，创立了一个有25名成员的团体，他们拥护裸体主义，执行严格的素食。令当地媒体觉得无尽好玩儿的是，狄芬巴赫大多数时间待在院子里,因为他和他的追随者坚持至少要在自己的房产范围内裸体散步:"他的学生",《穆克尼尔邮报》带着显而易见的喜悦之情报道说,"来自吕贝克的糕点师之子雨果·霍贝勒,一位有着紫红色面颊、性感黑发的美妙青年……他被认为有罪,因为他在阳光明媚的草地上穿着亚当的服饰(裸体之谓),臀部无礼地朝向天空。"这位被议论的年轻人辩解说,他的行为是"令神喜悦的",但是他在院子里赤着脚的形象因为被认为是严重猥亵,结果导致他被关了两天监狱。法官认为这群人的行为纯属胡闹。技巧高超、多产的艺术家狄芬巴赫终于被当地的政客们打倒,他们让他几乎不可能展出画作、维持生计。1913 年,他死于肺炎。

以任性的艺术天才的追随者身份出庭的雨果·霍贝勒,像菲度斯一样,注定会成为德国最著名的画家之一。他一直保持着对美丽的身体、裸体主义、别样生活方式的兴趣,并将其兴趣转向所谓的古日耳曼仪式、宏大的太阳神庙设计,以及一系列极为流行的画作和带有性爱刺激的绘画作品。

还有其他一些被称为"赤脚先知"的人:令人不安地像是基督的古斯塔夫·纳格尔。他留着整齐干净的胡子,长发披在裸露的肩上,住在一个洞穴里,在周围地区漫游,宣扬他的基督教裸体主义福音;江湖先知及生活改革者格斯托·格拉泽儿把他安稳的资产阶级生活连同衣服一起扔了,赤脚步行到了意大利。他留着大胡子,长发垂肩——一位真正的嬉皮先锋。沿途的农民揭下帽子,朝他欢呼:"噢基督!"格拉泽儿参观城市,发表友好讲话、背诵自己的诗、散发新生活传单,不断被沿途城市逮捕、驱逐,最后终于建立了以博爱为名义的自然群落"真理之山"。对慕尼黑生活感到幻灭的范妮·冯·雷文特洛是他的早期信徒之一,还有年轻的赫尔曼·黑塞——他后来获得诺贝尔文学奖,其小说散发着强烈的逃入一个有着细腻的神秘主义世界的意味。他父亲是瑞士一位严正的加尔文教牧师,当时正是资产阶级道德摧毁他前后的那段时间。其他还有很多很多的人建立试验社区,反抗威廉时期的道德以及产权安排的传统礼仪。

这种反叛和寻找更简单的自然生活与更合适的外观相伴而来。1896 年成立于德国的流浪者运动吸引了成千上万的年轻人。不同于英国巴登-鲍威尔童子军强调纪律、生存和准军事化的教育,年轻的"候鸟"们已经受够了军装、训练和纪律。他们想自由漫游,在乡间长时间骑自行车,一般都是为了逃离资产阶级焦虑的约束,进入一个无拘无束的世界,围着篝火尽情歌唱。不出所料,这是一种不稳定的混合体。男孩女孩在一起,经过了漫长的、令人振奋的骑游,在上帝的露天下,亲密无间,无人监督——出于某种原因,对于良善的威廉时代的心灵,这种想法是可恶的。长期而言,那些在篝火旁听吉他弹奏的夜晚对德国社会的改变也许超过任何数量的议会辩论。虽然,易变性被证明也是知性的。运动以惊动一时的方式分崩离析,部分人为环保主义和自然主义所吸取,其他人则加入了希特勒的青年团。

有一个长期置身事外观察的群体传人有着流浪者运动讲实际的热情以及改变所有价值观、创造新人的尼采式愿望,那就是犹太复国主义运动。犹太复国主义诞生于奥匈帝国恶毒的民族主义辩论以及沙皇俄国的无情压迫,它主要是一个政治运动,目标是给犹太人一个国家——因为任何民族都有自己的国家——使他们的处境正常化。然而,有些犹太复国主义者有着更远大的目标,他们想要的是犹太文化和参孙英雄力量的精神重生。

血液的声音

精神犹太复国主义最引人注目的一个例子是布拉格的一个学生联谊会。这是一群出身于犹太资产阶级家庭的年轻人,他们以2世纪巴勒斯坦传奇的反罗马造反者巴尔·科赫巴的名字作为他们的群体名称。他们远不是唯一的犹太兄弟会(由于遭到其"雅利安"同学的排斥,许多犹太学生成立了自己的联谊会;有些人甚至持军刀决斗),但是他们互相之间以及与他们邀请前来讲座的著名哲学家的联络构成其思想的珍贵记录。

这些热情的年轻人寄予厚望的先知是恰好留着胡子的马丁·布伯(1878—1965年)。他是一位塔木德经大学者的孙子。年轻的学者先是一位诗人(主题既有犹太人的,也有非犹太人的),后来他的兴趣发生了改变,致力于从哈西德派犹太人的生活传统中复新犹太文化。哈西德派强调非理性和神秘主义,这是其本人对亚洲和西方神秘主义传统兴趣的补充。他1908年出版的《巴尔谢姆传奇与拉比纳奇曼的故事》引起了广大犹太读者群对他的关注。年轻的布拉格学生们成长于一个完全同化的环境。他们从来没有与街上的任何一个正统犹太人说过一句话,也没有可以与之交流的语言,因为正统犹太人只会讲意第绪语和希伯来语,也许还会一点点俄语;而另一个犹太人则说德语,可能还有法语、拉丁语和希腊语。在布伯的书中,他们看到了突破反犹太主义与"外国"文化这双重局限以及重新发现其犹太自我内在声音的可能性。布伯在一系列的讲座中鼓励他们这么做:

> 一个人发现带来生命的祖祖辈辈、父亲母亲的代代传承的那一时刻……血统的融合……会使一个人感到代不绝传以及血统的共同体……此外,……他会从他的血统的发现中找到根植于每个个体之中的滋养性力量。这种发现就是,我们存在的最深层部分是由血统决定的,它赋予我们的思想和愿望以色彩。

这样一些思想把布伯置于一种始料未及的语境:当时保罗·德·拉加德这样的德国新浪漫主义民族主义者、布伯著作的出版人尤金·迪德里希斯以及其他一些人宣称要从其古老血统的贵族性中实现德国人的精神复活,例如朱利叶斯·兰格贝恩在他广为流行的巨著《作为教育家的伦勃朗》(1890年)中,把这位荷兰天才画家刻画为内在性、创造性及诚实这些德国理想的真实体现者。他的其他著作的标题是《新神秘主义》《基督教的德国化》《德国血统的亲和力》。

布拉格巴尔·科赫巴的犹太学生热切地倾听血统的声音,并通过自己的阅读加强这种讯息。他们热情阅读和互相交换尼采、恶毒的反犹主义者保罗·德·拉加德、主要的种族主义者休斯顿·斯图尔特·张伯伦、保守的法国天主教作家保罗·克洛岱尔和法国哲学家、生活力不假思索的鼓吹者亨利·柏格森等人的著作。吊诡的是,对人的群体、血统的群体、土地及非理性生命力的强调并没有把犹太学生从同化的束缚中解脱出来,而是同化了欧洲特别是德国知识界的种族主义思想。种族主义思想直接诞生了国家社会主义（纳粹主义）。这种言论的诱惑力似乎无可逃避。

生活崇拜、真正群体的思想和不受制于社会规则的自由精神思想，以及恢复长期丧失的真理的意愿也同样令德国艺术家陶醉。对于彻底的资产阶级代表人物——理查德·施特劳斯，这种迷醉表现在他为管弦乐作品选择的主题中，从英雄的隐士查拉图斯特拉到传奇的中世纪恶作剧制造者、激进的局外人梯尔·欧伦施皮格尔（他被不懂得欣赏他幽默感的法庭判了绞刑），到唐璜千变万化的激情。古斯塔夫·马勒选择的文本唤起对大自然和天真的热爱，其火热的程度表现了艺术家与自然充分融合、回归到原始社会生活的渴望。

在群体崇拜方面走得最远的当数保守诗人与审美家斯特凡·乔治（1868—1933年），他对普通人单调生活的不屑程度只有他对美的文本和年轻美男的热爱能够比肩。乔治是德国心灵专制的、理想主义的崇拜者，喜欢被称为"主人"，在他游历德国的多年间，他获得了很多的追随者。他把他的家从一个城市搬到另一个城市，一直小心避免被必须谋生的平庸所污糟。他的诗在当时受到高度评价，但是他真正的影响却是通过他所到之处吸引到的聪明、俊美的年轻人施展的。其中一个青年是英年早逝的马克斯·科梅雷尔，他的记忆成为了对诗人名副其实的崇拜，诗人在诗作中以"马克西敏"为名恢复了美好的记忆。

可以在于伦伯格王子周围贵族化的利本伯格的圈子中找到乔治那酷热的男同性恋圈的反响，这种反响进一步说明威廉二世害怕卷入身边朋友和顾问的丑闻。媒体、法官和法庭里，于伦伯格和冯·毛奇的迫害者表现出的愤怒也是他们对另外的、那种以群体为基础的生活观的颠覆性文化的反对，许多正直的市民觉得这会破坏威廉治下的生活的基础。寻求一种特定生活和社会理想的选择性社群与有着严格道德强迫的社会信念形成冲突，这种紧张关系在德国社会和艺术中体现得非常明显。在1887年出版的《社群和社会》一书中，斐迪南·滕尼斯已经指出了这种紧张。他在书中对比了这两种极不相同的社会组织模式及其影响，认为社会总是容易压制共同愿景富有魅力的发酵。

令人不安的愿景

在任何地方，只要别样的愿景与官方的机制相摩擦，就会出现麻烦。如同我们在第三章看到的，维也纳年轻艺术家们的分裂运动本身就包含着创造不同生活方式和看待世界方式的强烈因素，没有人比古斯塔夫·克里姆特更雄辩地表达了对差异的渴望。他习惯于穿着自己设计、与托尔斯泰的农民装束相似的衣服，出了名地不修边幅、肮脏、显然有着超人的能力可以满足女性倾慕者及其长期情妇艾米丽·弗洛格的愿望。克里姆特的世界是一个人的别样世界。他的态度不只是艺术家惯常具有的波希米亚式态度。克里姆特无政府主义、以性为中心的生命观直接反映在他的作品中。这种直率引发了一战前维也纳最大的艺术丑闻。

整个事件始于1894年高度官方化的赞扬。年轻的艺术家克里姆特已经以其环城大道华丽地扭动、宏大的历史主义场景而名动一时，教育部找他定制三块嵌板，装饰新落成的新文艺复兴风格的大学楼的仪式大厅。三幅作品是表现光明战胜黑暗的总体效果的组成部分，克里姆特负责表现大学四个系之中的三个系：医学、哲学和法学——19世纪经典寓言类的东西，以可能的最高贵最异乎寻常的方式表现。画家不慌不忙地处理这一声名显赫的任务。这段时间正巧是他彻底重新进行艺术定位的时候。他那些华丽的队列和建筑梦幻已经为他赚了大钱，但是，他已经对以这种方式表现事物失去了信心。他觉得，事物的真正本质更黑暗、更古旧、更感性，必须以极不相同的方式表现。

1902年，克里姆特终于把嵌板交给大学的时候，这些作品见证了作为艺术家的他对社会的认识阶段从仅仅是暗示到彻头彻尾无耻的演变。第一张嵌板刻画哲学，其黑暗的快感令人不安。在画面的底部，面具一样的斯芬克斯盯着观看者，而上部则是一片模糊的东西和大量的尸体，从幼儿时期开始，经过两对情侣，坠入老年的绝望和孤独——这种存在主义的视野与启蒙运动的理性乐观精神和维也纳哲学学派分析的、实证主义的预测严重冲突。第二张嵌板是医学，位于画面突出位置的是凛然的海吉娜，一个不可接近、打扮华丽的女性形象，手里握着一条蛇和一只烧杯。然而，画面的其余部分则表现绝望的纠缠和根本的孤独,就像由一位精神错乱的东方通演出的施尼茨勒戏剧。右边是一团裸体人物,每个人都绝望、孤独,他们围着一具骨架,骨架失明的双眼对着左边一个单独的女子,从正面和下面看,女子一副挑逗的样子,这是丢失在空间里的欲望形象。赤裸裸的真理直端盯视着观看者的脸。

风格上最先进、最富有挑衅意味的是法学。这副作品克里姆特断断续续画到1907年。在这个嵌板中,寒冷的正义幽灵隔得远远的,只占整个画面不到1/4的位置,那是一个微不足道、遥不可及的形象,两侧是其梦幻般的伙伴:法律和真理。然而,画面由克里姆特自己的绝望感主导:陷于可怕的海底,落入一只巨大、无情的章鱼,一个裸体男人的圈套——男人年届中年、身体佝偻、面部皮肤松弛、表现出异乎寻常的胆怯模样——预计会遭到不可避免的惩罚,低垂着头。他的周围是三个裸体的复仇女神,很性感,但是她们具有血腥的报复心,无法接近。用卡·肖斯科尔的话说,这种"湿冷的地狱的情色噩梦"不承诺正义,而只是围绕着微小的三位一体、脱离身体的无情脸孔审视目光下的痛苦,好似乡村教堂里巴洛克丘比特的戏仿。年轻画家宣称,对他来说,资产阶级事物的秩序没有任何指望。能够寄望于帝国大机构及其道德的最多不过是卡夫卡式的恐怖和存在的隔离。

维也纳大学的教授们大动肝火。87位教授联名签署反对这些画的请愿书,指责它们"以模糊的形式"呈现"模糊的思想",只不过表达了艺术家内心混乱和困惑的"悲观幻觉"。保守派们怨声载道,认为这是对公众道德和体面的攻击,而进步批评家则尴尬地发现,他们跟那些他们在街上碰见都不会打招呼的人有着一致的观点。例如,著名的自由派哲学家弗里德里希·约德尔反对这些画的理由是,大量的蒙昧主义和神秘主义成分威胁到文明、理性社会的成就,哈布斯堡帝国主要的大学最不需要的就是一些表现心灵黑暗和理性无能的画作。

在克里姆特本人那种战斗姿态(一位友好的记者在一篇访谈文章的最后说,他从抽屉里拿出一把左轮手枪,让她走,因为这会儿他要等自己的敌人)的刺激下,教授们对画作的拒绝引发了激烈的关于自然和艺术本身目的的公开辩论,一下把画家置于一个突出的位置:丑闻艺术家、邪恶的美丽形象提供者、奥匈帝国报酬最高的艺术家。

揭掉面纱的伊希斯

对现实和美好未来的不同认识可以采取多种形式,在个性和辛辣的细节方面,最丰富的莫过于这场最重要的运动,它拒斥所有显然的真理,而是假定指引人间梦幻的精神世界:神智学和人智学。这一世界观的鼻祖和启发灵感的人是海伦娜·布拉瓦茨基(1831—1891年)。她是极端实用主义者、俄国总理谢尔盖·维特的表妹。

名扬世界的"布拉瓦茨基夫人"早年的生活相当动荡,结婚仅仅三个月,她就逃离了婚姻,投入一位了无意趣的官僚的怀抱。她上了一艘去往君士坦丁堡的蒸汽船,其后十年间她的行踪说不清楚,她宣称她游历了世界各地的精神中心,尤其是西藏,据她说,那里的和尚引导她进入了古老的启蒙奥秘。几乎是事后她才想起她也做过马戏团演员,在西伯利亚做巡回音乐会钢琴家,在敖德萨开办和运营一家油墨厂,在巴黎做鸵鸟羽毛进口商,同法国皇后欧也妮成了密友。在开罗同一位歌剧演唱家发生了一场热烈的恋情,过了一段苦日子后,布拉瓦茨基于1873年突然出现在纽约。后来,她写道,她在西部开始新生活的打算失败了,过了一段戏剧性的日子,其间她见到了埃及的喀巴拉派、在希腊海岸附近船只失事、在意大利为加里波第战斗,1860年代在美国的内陆边疆同印第安人结识,之后,她回过头,决定在纽约安顿下来。

布拉瓦茨基惹人注目的外观——深深的、悲伤的、富有洞悉力的眼睛,不停抽烟,"像黑人或者科茨沃尔德母羊般卷曲"的头发,充满梦幻意味的长袍——给她遇到的人留下深刻的印象。她在纽约先是当裁缝,然后成了隐匿性的巨著《揭掉面纱的伊希斯》(1877年)的媒介与作者,然后,她和她的伴侣亨利·斯太尔·奥尔科特带领着一群深层真理追求者。他们的探索通过来自灵性世界的绿色信笺、金色墨水的信指引,由媒介本人发给追随者，其中通常包含对她有利的规定。她和奥尔科特一起创建了神智学会，搬到印度，从印度去到德国维尔茨堡、伦敦。1891年，她死在伦敦。

布拉瓦茨基夫人隐秘的、受到印度启发的启蒙教导有很多的追随者，尤其是在英国、德国和俄国。她宣称，科学作为认识世界的方式太有限了，因为它排除了灵性世界的真实。这是达尔文的主要错误（在纽约的时候，布拉瓦茨基房间里有一只填充狒狒，臂弯里夹着一本《物种起源》），如果他的心胸更加开放，他的错误可以得到纠正，那么，他本来可以成为一位伟大的科学家。布拉瓦茨基接着写道，物理真实只是灵性真实的干扰，只有通过冥想和启蒙才可能转移对尘世身体的关注，把注意力转向星际身体，作为最早生活在地球上的物种，人类老早于其物理身体之前就拥有星际身体。

布拉瓦茨基令伦敦的知识分子着迷、好奇。爱尔兰诗人 W.B. 叶芝怀着探索神秘的心情来到她家，费边派社会主义者萧伯纳写了她的生平介绍，产生了同她的思想密切联系的神秘思想，建筑师埃德温·鲁琴斯是她的运动最热烈的赞助者和追随者。奢侈的两面派查尔斯·韦伯斯特·利德比特也是，他很像布拉瓦茨基夫人，假装在转向神智学和最终的启蒙之前经过了各种奇异、隐秘的冒险。

利德比特无可置疑的真实热情关系到他所培养的青年男子，据称要找到将成为下一位伟大导师的纯洁灵魂。在印度，他相信克里希拉姆提是他寻找的那位非凡的人。克里希拉姆提是一位英俊但大家都认为智力落后的青年。他和他的兄弟很快搬去同利德比特同住，推行一个严谨的方案，收取特殊学费，传授普遍的奥秘，包括严密控制青年们的饮食和洗澡时间。最终，利德比特（他让人们知道，公元前40000年，他是安妮·贝赞特的妻子，他们共同的孩子就是克里希拉姆提）搬到英国，继续他为男孩子们制定的教学计划。他们追随着他，而他们的父亲给予他们谨慎的祝福，他也许知道，也许不知道，他儿子们的导师曾在1906年被指控鸡奸两名美国青年，并被赶出了神智学会，对此，他声称他只是跟他们提到自慰是一种健康的成长。在他一封针对许多控诉之一的编码信被发现后，他的自我辩护显得苍白无力。他在这封信中说:"我亲爱的孩子……一周两次是允许的,但是,你很快就会发现带来最佳效果的方式……如果不用帮助就达到了,他就需要更频繁的摩擦,但是也不可以太频繁,否则他就会比较困难……高兴的感觉太愉快了。吻你一千遍,宝贝。"

到了1911年,英国的神智学会已经发展成重大的运动。它拥有1.6万名成员,成员被组织到各当地旅馆,享受精心安排的野营欢娱,着仪式长袍、制服,佩戴特殊的首饰。所有活动的中心围绕着小小年纪的圣人克里希拉姆提那半神的身影,在他不习惯的英国那种没有光照的灰黯环境中,他显得抑郁、压抑。

即便在他们的小圈子之外也有很多英国人对神话抱有相当的兴趣。苏格兰人类学家詹姆斯·乔治·弗雷泽的畅销书《金枝》(1890年出版,1905—1916年期间大幅度扩充、重印)在中产阶级中间影响很大,但是弗雷泽清醒的阐述并不给读者提供唯心主义的幻想。相反,这位人类学家、学者把耶稣置于佛陀之后,分析基督教信仰中各种神话的共同之处。他对于消解宗教的神秘化居功至伟。

中产阶级追求不同信仰的风尚往往也伴随着性观念的变化。活动家、前牧师爱德华·卡朋特(1844—1929年)体现了这种万能的态度——他有着非常个人化的、混杂的思想,包括同性恋解放、裸体主义、有机农业、英国国教、素食主义、社会主义和诗歌。卡朋特是他那个阶层中第一个敢于公开和男伴同居的人,并于1908年出版了《中间性别》一书。他在书中也阐述了性解放和心灵解放的破坏性潜力:

> 厄洛斯(译者注:爱神)具有一种强大的校准作用。也许真正的民主依赖……一种能够轻易跨越阶级和等级的情绪,在最亲密的感情中整合社会最疏远的人群。一个引人注目的现象是,地位和出身优越的同性恋者常常被粗鲁的人——如体力劳动者——所吸引,并常常产生非常牢固的关系,这种关系虽然不被公开认同,但是对于社会制度、习俗和政治倾向具有决定性的影响。

卡朋特的"同性恋"倾向与政治活动给他制造了很多的敌人，当他与萧伯纳一起创建独立工党时，他和他的追随者惹恼了乔治·奥威尔，奥威尔后来抱怨说："所有喝果汁的人、裸体主义者、穿凉鞋的人（和）性欲狂"这下都认为他有一个政治讯息。奥威尔这样严肃的社会主义者都对卡朋特明显的轻浮感到震惊，另一些人则受到他的事例的鼓励。小说家E.M.福斯特从卡朋特那里获得灵感，创作了《最长的旅程》，刚从剑桥毕业的年轻人鲁珀特·布鲁克则开心地组建了一个"新异教徒"圈子，其仪式主要包括和与维吉尼亚·斯蒂芬等同样喜好冒险的朋友在月夜去河里裸泳。

英国初期艺术家和知识分子波希米亚者的这些实验还只是开始。各种各样重组了英国文化的愿景、试验流派、艺术运动和先锋出版物将在战后开花结果。毕竟，这一反文化最重要的核心、围绕维吉尼亚和瓦妮莎·斯蒂芬姐妹（后来的维吉尼亚·伍尔夫和瓦妮莎·贝尔）发展起来的布鲁姆斯伯里集团只是刚刚诞生。还有多产、极其淫乱的奥古斯塔斯·约翰，他是一位画家，穿着绚丽的吉普赛服装，有着真正极其旺盛的力比多和断然不同于流俗的道德，但是那些年他主要待在巴黎，因为他觉得同巴黎的波希米亚者更意气相投。

与此同时，在德国，有一位神智学会的成员已经开始走自己的路。鲁道夫·斯坦纳（1861—1925年）、奥匈帝国施蒂利亚乡村一位站长的儿子，是一位具有奇异魅力的属灵真理先知，而且其遗产一直流传至今。斯坦纳是一位聪明的文学学者，深谙哲学、历史和自然科学，曾在维也纳和罗斯托克学习过。27岁那年，他受邀编辑约翰·沃尔夫冈·冯·歌德的科学著作。这个项目的工作地在魏玛。这位研究者在魏玛待了8年，他不仅为歌德的诗歌所吸引，而且虽然自然科学家们表示怀疑，但他觉得歌德的科学思想传达了更高层次的自然知识。

斯坦纳去柏林的神智学会演讲过，并于1904年被任命为德国和奥匈帝国分会的领导，但是，他很快就发现布拉瓦茨基学派对佛教的强调太过局限，遂创建了竞争组织人智学会。学会极富成效，多年间，他一直担任教师，也是其关键人物。作为一个真正的博学之士，斯坦纳远不仅仅是旨在开发潜在认知器官以认识属灵世界的"灵性科学"创始人。他的文学产量堪称巨大，还包括6000场演讲和几十部著作。在写作、在欧洲不断旅行和讲座之外，在生命余下的21年间，他还腾出时间创办学校，设计全部课程，和农民一起实施一个与宇宙协调的畜牧业体系，这个体系后来以生物动力农业闻名。他还做雕塑、画画、写隐秘的神秘戏剧；启发产生了多种表现主义舞蹈形式，加上一个以他的17座建筑设计为支撑的设计学校；开创了一种类似于同种疗法的医疗方法，以及一个新经济学思想学派和一种合作银行；一战以后，他创立了以天主教和表现主义美学为基础的宗教团体。

斯坦纳似乎不知疲倦，他的很多追随者将这归因于神秘的力量。1913年，他决定为他的运动修建一所精神中心：歌德堂，临近瑞士巴塞尔的多尔纳赫。这所中心致力于灵性真理及其使徒歌德的崇拜。中心建筑完全是木结构，连最小的细节都由"博士"——这是追随者对他的称呼（直到今天仍然如此）——亲自设计。斯坦纳有着僧侣般的举止，黑黑的发光的眼睛，以及神秘的话语，因此他吸引到的人素质优于神智学派。他显然的智力和广泛的阅读令人印象深刻，他的体系兼具复杂性和一致性的双重好处，尤其是他总是告诉他的学生，重要的是，不仅仅要相信他告诉他们的东西，而是根据复杂、科学的灵性和冥想体系，把他的教导作为自己发现灵性世界真理的方法。

人智学会的教导把严峻、僵化的社会现实降到一个微不足道的次要层面，以耶稣和路西弗、波斯神阿里曼体现的邪恶力量之间的神秘斗争解释世界，对于当时的很多人，这是一种有吸引力的逃避社会制约与取向丧失的途径。说到底，技术与快速机器的涌现只不过是阿里曼控制凡人心灵的物质方式。人智学对一切问题都有答案，很多有神秘倾向、对世俗知识不满意的知识分子觉得其吸引力无法抵抗。安德烈·别雷为斯坦纳的魅力所倾倒（他的朋友、辉煌的维亚切斯拉夫·伊万诺夫则屈服于布拉瓦茨基夫人执拗的灵性魅力），他的影响波及到德国诗人克里斯蒂安·摩根施特恩、俄国作曲家亚历山大·斯克里亚宾、瑞典诺贝尔奖得主塞尔玛·拉格洛夫、指挥家布鲁诺·瓦尔特和画家皮特·蒙德里安。他的另一位遥远的钦佩者是和平活动家伯莎·冯·苏特纳，她在几部著作中提到斯坦纳。长达数年间，斯坦纳住在柏林，他的关系深入到威廉社会的核心。他是总参谋长赫尔穆特·冯·毛奇伯爵（他是颜面扫地的前柏林市长库诺·冯·毛奇的堂兄弟）的私人朋友，受到德皇政府成员——包括其最后一任总理——的称赏。

斯坦纳教导中的历史命运思想及其种族主义色彩不仅符合那些追求超出理性的更高真理的人的口味，也投合具有保守的德国背景的人的思想。在所有的轮回、基督论与属灵世界的烟幕背后，其历史哲学完全是黑格尔式的，其想法是通过斗争，最后实现基督教、欧洲、雅利安，尤其是德国文明的主导地位。在辩证法与决定论的处理中，斯坦纳还吸取了黑格尔关于其他民族优点的思想，认为他们代表着人类发展较早的阶段。

这类主张表明斯坦纳不是真正的首创者，而是他的时代和他的奥地利乡村背景的真正孩子。他的有些作品看似原创和创新，另一些则是平庸之作，显然是借用别人的。他的追随者们最为崇敬的他的那些艺术作品其实非常糟糕。人智学体系的基础是印度神秘主义、纯化的天主教基督教、表现主义美学，以及近乎万物有灵论、自然世界由生活中潜在的、接近德国人的力量居住，类似于尼采的生命崇拜。所有这一切中都加入了大量黑格尔、歌德的宏伟和雄辩以及少量的康德式方法。

那些带着狐疑参加其讲座的人觉得这一锅炖煮难以下咽。赫尔曼·黑塞宣称它们"难以消化"；弗朗茨·卡夫卡回忆斯坦纳的一次讲座，说他"善于言词"，但是也有"吹笛人的气质"；阿尔伯特·爱因斯坦嘲讽说："这人从来没有听说过非欧几里得几何！超性感的经验！真是一派胡言！你至少得使用你的一种感官才能体验任何东西！"即便作为更赞同他的观察者和从前的朋友，社会主义者罗莎·麦雷德也怀着明显的困惑："我不能理解他对人民的影响。他出现在那儿，穿得像个牧师，黑袍扣得紧紧的……语言单调，太多的感伤和夸张的效果，就像一个传教士。他的话可以分为三类：从他广泛的阅读中获得的机智的格言；以习惯说法为基础的空话；无法理解的超感官能力的暗示……"

生命学派

令人惊异的是，对欧洲的考察表明，对不同生活和未来思想的兴趣很不平衡。德国、奥匈帝国和俄国很强烈，而在英国很小，在法国则几乎不存在。这种不同教育的传播是一个很好的例子。

德国以其相对整齐划一、国家控制的教育制度又一次名列榜首。威廉的帝国是滋生养育和教育孩子方法的沃土。瑞典教育家艾伦·基1900年出版的《儿童的世纪》影响惊人，迅速被翻译成几种语言。到1929年，这本书仅仅在德国就销售了3万册。基看待儿童的方式与大多数教师和教育家不同。她认为，儿童有权利享有慈爱、诚实的教养，免于虚伪、限制和体罚，独立和有自由判断地接受教育。"塑造个体意识的根本条件是……给予孩子良心的确定性，敢于违背一般的看法、共同的习俗或者熟悉的感情。"基继续写道，目前的教育是在"谋杀心灵"，通过对他们施暴和令他们厌倦而在精神上把他们变成懦夫。在一个许多校长像是教官、学校的榜样是军队的世界，这种主张犹如发射大炮般振聋发聩。

帝国的各种教育改革者听到了基这样的呼吁。保守的赫尔曼·利茨在德国开办了四所学校，而他的学生、后来的竞争对手古斯塔夫·维内金反对教授经典和公认的学说，并创建了一所以诚实和同志关系的"青年文化"为基础的实验学校，由此制造了很多的敌人。由于对现代生活不人道的匆忙有着相似的厌恶，保罗·吉希布建立了两所学校，其中第二所是欧登华学校，其影响力异常巨大。在其他欧洲国家，相似的行动包括意大利人玛丽亚·蒙台梭利1907年开办的儿童之家，1901年弗朗西斯科·费雷尔在巴塞罗那创办的无政府主义现代学校，以及智慧、勇敢的牙努什·科扎克在华沙创办的孤儿院。孤儿院由孩子们自己管理，在他们自己的民主议会里，他们做所有决定——从预算到课程到纪律。1942年，尽管有人提供了虚假文件让他逃离祖国，科扎克还是在特雷柏林卡遭到谋害，一起遇难的还有他那些他不肯放弃的孩子。

这些学校中最成功，也最具前瞻性的是尤金妮·施瓦茨（1872—1940年）在维也纳腹心创办的私立女子学校。施瓦茨富有、充满自信，是一位真正的知识分子（她拥有苏黎世大学的博士学位），她希望为孩子们提供不同于她自己那种沉闷的、鼓舞人心的教育，于是开创了反映维也纳艺术先锋派世界观的课程。这些先锋派的主要奉行者经常光顾她著名的沙龙，有些人接受她的邀请到学校任教。阿道夫·鲁斯在这里教授建筑学；阿诺德·勋伯格教孩子们音乐。只有画家奥斯卡·柯克西卡对当局是个问题。他不具有官方的教学执照，所以教育部不许他任教。当施瓦茨提出抗议，指出他是天才的时候，部长冷冷地说："规则不允许天才。"

一位富有、聪明的女人精力旺盛地参与维也纳的知识分子生活，这引起了几个男人的愤怒，尖刻、厌恶女人者卡尔·克劳斯尤其愤怒。他在他的杂志《火炬》上毫不留情地，几乎是着魔般地嘲笑她。在小小的沙龙世界，两个人常常不期而遇，持缓解态度的尤金妮有一次抗议克劳斯好像从来不记得她，从来不招呼她。"你必须原谅我，夫人，"他回答说，"我以为你是那个可怕的女人施瓦茨。"

英国的局势要平静得多。对那些处于选择地位的人，一直存在私立学校，但是这些学校强制执行的思潮助长的只是新的乌托邦世界。那些有不同教育理念的人还可以选择去贵格会和天主教会创办的以信仰为基础的学校。最接近欧洲大陆的改革运动、实际上启发了后来的许多学校的是1889年由苏格兰人塞西尔·雷迪创办的阿伯茨霍尔姆学校和1893年约翰·哈登·巴德利创办的彼得莱斯学校。他们创办这些学校都为了回应维多利亚时期教育的限制。

顺便说一下，布鲁姆斯伯里圈的核心人物、聪明的斯蒂芬姐妹从来就没有上过学。她们在家里由父亲教育，他让她们随便使用他的图书馆——这是英国最好的图书馆之一，这个事实也提供了另一个小小的机会，让人洞察为什么英国缺少乌托邦大师和群体。英国人对于未来的不同思想似乎根本上是个人的、家庭的。宏大的回答被付之一笑或者不被信任。伦敦知识分子中，卷入神秘的世界认知方式的两个人叶芝和萧都是爱尔兰人。

如果说教育方面不太可能与法国进行对比，那么，这个事实本身就耐人寻味。法国没有私立的实验性学校，原因很简单，因为那不合法。1905

年与1906年，法国教会和改革体制之间的长期战斗达到高潮，结果前者遭到几乎是致命的打击。在此之前，许多学校都由政府提供资金，但是由天主教会管理。然而，教会和国家分离的法案通过以后，这种局面一夜之间就改变了。现在，共和国的所有学校都由国家出资和管理，配备根据共和国的理想培训出来的可靠教师。在这个新世界，没有不同教育思想的存身之地。

同其莱茵河对岸的邻居比较起来，一般而言，法国对于社会、教育或者精神乌托邦的热情小多了。社会主义者是一股重要的势力（想起让·饶勒斯的和平主义运动），巴黎是每一个存世过的先知、骗子行程中必到的一站，但是，生活改革、自然主义、神秘主义和人智学派在法国的信徒很少。也许前一代人经过了痛苦的社会分化可以为此提供一些解释。1871年5月巴黎公社遭到残酷镇压，这不仅给了保守政府一个机会围捕各种意识形态敌人，把他们关进监狱或者流放，它也在民族心理上留下了深刻的瘢痕，这个伤口由于德雷福斯案再次被撕开。现在需要在共和国的旗帜下疗愈和团结。

当然，并不是每个人都遵循这条道路。巴黎仍然有其传奇性的波希米亚者，磁铁般吸引着全世界的艺术家和怪人，但是，一群不守常规的人并不意味着一种未来的愿景。甚至那些真正追求不同生活方式的人也是把这作为美学或者知识项目，不是一种拒斥，而是一种装点。安德烈·纪德是通过其享乐主义的同性恋，阿纳托尔·法朗士是通过论证严密的评论和小说，小说家皮埃尔·洛蒂也许是通过以东方幻想的方式庆贺生活。这里看不到一个赤脚先知或者拯救世界的素食主义者。巴黎的素食主义者？这个想法似乎亵渎神灵。

世纪之交的空想家有一个共同点，他们不是从肤浅的角度，而是在根本方式上，觉得当下有不足，只有彻底重新思考文明，才能应对生活以及人之为人的意义的改变。时而快乐时而残酷，狄俄尼索斯反抗遭罪的耶稣，生命反对科学，自然反对习俗，血液的声音针对理性的声音，性反抗任何阻碍它的东西。继承而来的结构已经不能为匆忙的生活提供答案，也回答不了城市、工业化社会、消费主义以及女性的新自信造成的新的社会现实问题。

九 1908年：女士们的石头

> 他们（男人们）抓住一切机会，坚持他们比女人优越，并固守这个可怕的想法——这是那些身处社会底层的可怜的家伙最后的堡垒——因为，如果女人都不比他更蠢了，还有谁会比他更蠢呢？
>
> ——克里特·迈泽尔-赫斯

议会对面汽艇上的女人们一派喧闹、挑衅的姿态，她们邀请议员们去露台上喝茶。一份给议员们看的海报写着"6月21日，海德公园"，另一份写的是"特别邀请议会成员"。邀请者们通过扩音器向困惑的男人们承诺，不会抓人，他们会受到警察的充分保护。

议员们对她们善意的邀请充耳不闻。一艘警船想抓捕捣乱者，但是没能成功，众议院露台上的人似乎根本就不太可能考虑看一眼那个六月天发生的事。他们错过了一个巨大的场面：近50万人（有的渠道认为超过50万人）——这是迄今为止有记录的最大规模的人群聚集——聚集在首都的中心。在这里，设在公园各处的十个平台上，演讲者们在活动组织者的密切注视下，对公众发表演讲，穿着制服、骑着马的弗洛拉·德拉蒙德将军光彩夺目，同时，四十支与之匹配的乐队分布在整个区域，款待群众。这与爱德华时期的任何官方活动没什么两样，唯有一个重要的差异：50万人众中，大多数人（包括佩肩章、持马鞭的德拉蒙特将军）、演讲者、乐队成员、勤务员、组织者，都是妇女。她们是在争取选举权。

这个活动旨在造成声势及让批评者哑口无言。组织者是妇女社会与政治联盟（WSPU）的成员，在保证筹办的活动能够产生宣传效果方面，这些人可谓是专家。除了穿着双排扣华丽制服的40位女乐手及乐队指挥以外，现场还有数万穿着联盟白色、绿色和紫色衣服的女性。她们分为整齐有序的七个队列，从犹斯顿火车站、特拉法加广场、维多利亚堤岸、切尔西堤岸、肯辛顿大街、帕丁顿和马里波恩路出发，到达海德公园，打着700面8英尺×3英尺的横幅及10面巨大的丝质横幅和成千上万面旗帜。商店橱窗以联盟的色彩装饰，张贴的海报要求给予妇女投票权，公共汽车变身为活动广告平台，参加这次伦敦游行的有工党领袖凯尔·哈迪、萧伯纳、小说家以色列·赞格威尔、托马斯·哈代以及另一位有远见的作家H.G.威尔斯的夫人艾米·凯瑟琳·威尔斯。伦敦《每日纪事报》估计参加活动的人数达30万之众；《泰晤士报》认为有25万到50万；《妇女投票权》杂志胜利宣告："毫不夸张地说，这是全世界单个活动现场聚集人数最多的（一次活动）。"

并非所有在这个温暖的周日下午来到海德公园的人都致力于妇女选举事业，实际上，很多人——也许大多数人——只是为了看热闹，正如妇女参政运动发言人海伦·弗雷泽在日记中记录的："21号好极了。成功，但是并不完全令人满意——人群达50万……有三个讲台发生了粗暴行为……在我的讲场，听众反应热烈。然而，我觉得，大多数人只是出于好奇——不是基于同情，也不是基于反对——只是漠不关心。"

无论是否从政治角度讲，海德公园集会的成功都远远超出了妇女参政运动者们的想象。首相阿斯奎斯长期忽视妇女参政权呼吁，理由是他不相信许多妇女对此有兴趣，仅仅为了安抚一小撮激进人士就做出这么大的改变,这是太可笑的事。他声称,妇女根本天生不适合政治权力的短兵相接:"她们的天然领域不是政治的尘埃,而是社会和家庭生活圈……我们应该反抗和取消的不公平……是男性不劳而获的特权和人为的区分……而不是自然赋予的、带给人类社会多样性和丰富性的那些不可磨灭的能力和功能。"妇女参政者愤怒地予以尖锐地反驳:不是这样的。她们定下了雄心勃勃的目标:如果 1867 年 6.7 万名男士在海德公园集会就足以推翻压制公共场所政治集会权利的《改革法案》,那么,她们要让那个数字翻一倍,以证明其运动得到广泛的支持。

投票与劳工妇女

1908 年海德公园集会发生在英国妇女参政运动的转折点,这不是欧洲和美国最大的,但是是最壮观的妇女权利压力群体。经过十多年的耐心努力、发放传单、递交请愿书、游说议员、收集数以万计的签名、在全国各地召开会议,现在,沮丧和愤怒取代了原则性的热情。运动在战前的伦敦达于壮丽的巅峰,但它并非发端于首都,而是从北部的工业城市蔓延到政府所在地的。

妇女投票运动根源于妇女权利活动和著述,始于 18 世纪末期的玛丽·沃斯通克拉夫特,但是,为这些要求提供了必要的社会砝码,使之成为一场民众运动的是曼彻斯特、哈德斯菲尔德、布拉福德和索尔福德及其周围地区的纺织业。纺织业雇用的女性比例超过其他任何行业,一般超过一半的劳动力。例如,1900 年左右,布莱克本、伯恩利和普雷斯顿有 75% 的未婚妇女接受雇佣,其中 1/3 在婚后继续工作——这与英国北部矿区的情形形成鲜明对比,那里大多数工作由男性从事,薪水比工厂高,这种模式加上观念非常保守,矿工们希望妻子待在家里,而这里一般的家庭规模在劳工人群中是最大的。

矿工的妻子不参与政治,处于当时妇女运动的边缘,而兰开夏纺织工们的工作生活则必然培养独立精神甚至反抗精神。妇女自己有钱拿回家

（总是少于男人，一般是男人全薪的75%）；她们与工厂里的其他女工一起上班、讨论面对的问题；她们自行组织了改革俱乐部、协会、协作商店及工会，如妇女工会联盟和合作协会。

如果说妇女（经常也包括她们10岁以上的孩子）是家庭的挣钱工具，她们同时也承担着工作的冲击。她们被嘈杂的织布机和纺纱机包围了12小时后，回到家里还面临繁重的家务（没有节省劳力的机器，当然也没有女仆帮忙）及照顾多达6个以上的孩子——总是在金钱问题的腐蚀性压力之下，一些家庭被迫在一个又一个周末典当自己的节日盛装。劳动妇女奋力争取尊严和清洁，不断有陷于债务和堕入济贫院的危险，她们被锁定在无情的僵硬状态。女裁缝拉维纳·索顿斯托尔如此描绘这种境况："在我生长的地方，一般说来，妇女每周一洗衣服、周二熨烫衣服、周三觅偶、周四烘焙、周五洒扫、周六上市场或者觅偶、周日去教堂。当然也有例外，有上百种例外，但是这些例外被认为是不守妇道之举，或者是怪异之举。"对于这些激进人士的未来，拉维纳不表幻想：

> 女孩子一旦表现出政治倾向，或者表露自己的想法，大多数妇女就会觉得她忽视家和家庭事务，因此不适合与其品行端正的女儿或者姐妹交往。如果姑娘们渴望一种不同的生活或者有更异想天开的想法，她们的母亲就害怕她们会成为社会主义者或者妇女参政权者——社会主义者觉得可以占有别人的手表和钱包、别人的丈夫或者妻子，而妇女参政者的家里常常乱七八糟。

终其一生忙碌于擦洗、劳作、养儿育女。这种生活的异常艰辛在艾什顿妇女汉娜·米切尔的回忆中可见一斑。她记得生下第一个（也是唯一一个）孩子后：

> 一个星期五，做完了周末清洁，白天又烤了一批面包后，我希望晚上好好休息一下，但是还没开始休息呢就要分娩了。孩子直到第二天才生下来，那是二十四小时的剧痛，无知的接生员一点儿也不采取措施缓解我的

痛苦……我的孩子是在没有打麻药的情况下,用工具带到这个世界的……回忆当时的痛苦,我只记得一件事:我决心再也不生孩子了。我觉得不可能再次面对个人的痛苦,也不可能再把第二个孩子带入贫穷。

尽管妇女的家庭地位低下,但是她们为自己做决定,妇女参政运动几乎是自然而然地源于她们的讨论和关切。不同于大多数与她一起生活和工作的妇女,汉娜·米切尔决定不生育更多的孩子,并得到了她丈夫的理解。她也投身于妇女参政运动。其他妇女也决定改变她们的母亲和祖母既定的模式。

历史学家吉尔·李丁顿发掘了兰开夏一些女权工作者的传记,生动地揭示了这些女性形象及其参与政治的动机。李丁顿生动地描写了玛丽·高索普的故事。玛丽于1881年生于利兹,童年时期生活在红砖排屋——那是当时典型的工人居所:

楼下,壁炉前面矗立着沉重的木桶(后来代之以锌的浴盆),周六晚上一直有人使用。地面铺着椰衣垫和自制的地毯;她母亲宝贵的缝纫机也一直不停地转动,缝纫机靠在火炉的左边,以获得最好的光线。楼上是两间卧室。四个女儿和一个儿子都出生在那张大床上。在十多年间,他们一个个以固定的间隔时间降生,"完全由自然的节奏控制"。没有室内厕所,所以,卧室里放着"夜间需用的不可缺少的必需品"——要不然就要在黑暗中去梅尔维尔街区可怕的室外公共厕所。

玛丽的母亲从10岁起就在工厂上班。她父亲是一位积极的圣公会教徒,大多数时间忙于教会事务以及为保守党进行游说。实际上,他能够当上工头,部分原因是因为他的老板正好是当地的议员,对他的活动能力很赏识。家庭、教会和党的约束、清洁、信仰,这一切都在父亲发生婚外情后瓦解、乱套,当他发现他的政治信念可以在酒馆得到最有益的讨论以后,他迅速失去了宗教信仰。对于致力于节制的母亲,这是一个巨大的打击。玛丽后来回忆说:

我站在炉边。妈妈也站在那儿。父亲刚进门——他错过了喝茶和晚饭的时间。他在解释原因,妈妈说:"别婆婆妈妈了!"……妈妈的眼睛看着我。我分明有一种感觉,我在校园里坚称父亲绝不饮酒,因为我们家里不喝啤酒,但是那一刻我知道,父亲确实如有人所说,并不完全禁酒。

回顾往事,我发现那是自己的变化时刻,我第一次,默默地,站在了妈妈一边……

玛丽是个聪明的女孩子,13岁的她上学的时间超过大多数女孩儿。大多数女孩儿要么已经进工厂做"半日工",上午上6个小时班,下午在学校的时候抓紧时间补补极其需要的瞌睡,要么做裁缝或者女佣。这时,她有机会成为学生教师——教师学徒,从而避免成为家佣的生活。"头一天我还是学生,"她感言道,"第二天我就成了学生教师"。

女孩儿在学校表现出色,而母亲则在不可靠的丈夫和无法承担的工作的双重压力下摇摇欲坠。45岁的时候,她已经掉光了牙齿,奋力完成日常生活的要求。玛丽这时候已经是教师助理了,年薪50镑,她决定和母亲一起摆脱酗酒的父亲、丈夫。她接受了比斯顿山一份提供住宿的工作,这时候,她已经是养家糊口的主力,家人只好跟着她去。她父亲拒绝搬迁,在那个离婚仍然是家族名声污点的时代,她可能本来就是这么计划的。母亲、玛丽和弟弟吉姆自行走了。"我们离开了他……这件事办好了。我们离开了父亲。"

有一张照片,小小的,因为潮湿而受到损坏,右半边几乎被抹掉了。这是玛丽这个时期的照片。她是一个美丽的女孩儿,双目炯炯有神,举止流露着自信,她头顶扎着发髻,穿着一件深色的棉布衣服,胸前是三片刺绣的白色条带。她是一位充满活力与聪慧的年轻女子,对自己信心十足,一副谁也不是傻瓜的样子。学校的工作让她有机会接触到独立工党及利兹艺术俱乐部的思想。俱乐部的创办者是一位怪诞而富有才华的老师、尼采崇拜者,从社会主义到神智学,她什么都感兴趣。在这里,玛丽接触到全世界的思想,这些观念和视野,在她辛勤劳作的父母家里,或者在操练似的学校课程中,闻所未闻。她在艺术俱乐部第一次听妇女普选权讲座,其思想令她激动不已。她暗自发誓,从此以后,她要献身于争取妇女普选权。

在此期间,1904年左右,由曼彻斯特活动家艾米琳·潘克赫斯特(1858—1928年)和她的女儿克里斯塔贝尔领导的第一波普选权运动已经经过了最初的、几乎是怯生生的、受尊重的演讲、收集签名阶段,而采取更直接的手段给政治家们施加压力。至此为止,她们获得的只是礼貌的保证和施恩布道。在利兹的一次政治会议上被问及什么时候给予妇女选举权时,内政大臣赫伯特·格拉斯通认为,"议会机器(60万票数)已经够大够麻烦的,如果给予妇女选举权,她们就会像男人一样,有资格参选所有政府职位",这个事实显然令他不快。并非他的所有男性同僚都为维多利亚时期这么多的混淆所迷惑。独立工党的维克托·格雷森干巴巴地记录道:"宪法把妇女置于婴儿、傻子之列,我觉得这既不男人,也不公正。"

格雷森这样的声音是个例外。面临相当麻木不仁和无动于衷的反对,妇女参政者决定向前一步。一位普选权活动家在独立工党的抗议集会上说:"新的、更革命的思想和方法将逐渐取代旧的、更屈从的思想和方法,因为妇女开始认识到自由的真正意义!"而玛丽则是这批新抗议者中的先锋。"那些真正认真的人,"她写道,"必须愿意在世界的评价中要么是个人物,或者什么都不是,无论公开还是私下里,无论是否时髦,誓言支持被鄙视被迫害的思想及其提倡者,并承受后果。"她和志同道合的活动家一起,干扰政治会议,诘问发言者,要求妇女选举权,这种做法总是导致她们被赶出会场,经常受到服务员和公众的粗鲁对待与侮辱。玛丽不气馁。她成为了妇女参政运动的核心人物,并在下一波更宏大的运动中发挥作用。每一次会议、每一次游行、遭遇的每一次仇视,似乎只是坚定了她的决心。

这个运动提出逃离无权和狄更斯式贫穷以及被工作、得体、不断怀孕所撕裂的生活,吸引了一些年轻妇女,其中之一是拉维娜·索顿斯托尔。她于1881年生于赫布墩桥附近。索顿斯托尔一家靠着父亲在染料厂的工资勉强度日,不断在便宜的住所间搬进搬出,房子的潮湿损害了他们的健康:拉维纳5岁的妹妹死于肺结核,9岁的弟弟死于同样的病。拉维纳的运气比不上玛丽·高索普。她10岁就到工厂做了"半工"。生活逼迫着活泼的女孩儿。后来她充满苦涩地回忆道：

> 因为我是裁缝，所以很多人认为缝制裤子和背心、针织、钩边和缝纫是我的天职，感谢上帝给我这个生活阶段。
>
> 我被认为应该忽视那些重要的东西——文学、音乐、艺术、经济学、周围人的生活以及我这个时代的罪恶——从而百无一用。他们认为我应该关心清理家门口和侧面板盖——这类无足轻重的事情……

"要紧的事物"总是由外部规定的，这不仅仅对于劳动妇女是如此。社会对于妇女有其期待，那是无从逃避的压力。

在已经确立的政治力量中，自由党看起来最有可能在议会引入普选法案，但是在1906年压倒性的胜利后，情况很快明朗，首相亨利·坎贝尔-班纳曼政府推进的变化之筏上，不急于装上选举制度改革。曾经为自由党选举摇旗呐喊，觉得应该分享其胜利的妇女参政活动家们很生气，感觉遭到了背叛。看起来，安静的、体面的、合法的压力不足够，活动家们决定改变战术。

1905年10月13日，妇女参政论者克里斯塔贝尔·潘克赫斯特和安妮·肯尼迪在曼彻斯特自由贸易厅打断了爱德华·格雷爵士的演讲，不断高呼："自由党政府要给妇女选举权吗？"她们始则被置之不理，继之则被警察拖离。警官态度粗暴，两位年轻妇女对警官竭力又踢又叫又吐口水，这种蔑视行为导致她们被起诉，法庭判她们每人罚款5先令。她们拒交罚款，宁肯坐牢。这件事轰动了英国媒体。狂暴的妇女——来自体面家庭的年轻中产阶级妇女不仅因为她们完全不淑女的行为，而且也因为政治观点而遭监禁，这一切引起了英国公众深深的共鸣，并激励了玛丽·高索普这样的妇女参政论者：

> 克里斯塔贝尔·潘克赫斯特和安妮·肯尼迪第一次被逮捕……这件事吹响了嘹亮的号角……
>
> 一旦新闻报道两位女士被关进监狱，而不是交纳罚款，我听见了号角

并于次日立即响应号召。我给关在斯特兰奇韦斯监狱的潘克赫斯特小姐写信说，如果为了赢得选举权需要坐监狱的话，我已经做好了准备。这个声明使我与克里斯塔贝尔取得了直接联系……她通过接二连三的剪报了解我的情况。

玛丽并不是唯一的自愿者，经过1906年对自由党的失望以后，情况很快变得明朗，新一代妇女参政论者的时代到来了，对于她们，拘谨的凑款茶会、斯文的游行都不够了。拉维纳·索顿斯托尔和她的同伴认识到，只有报道壮观事件的新闻能够影响公众意见，给政治家施加压力。她们决定发起另一场选举权请愿行动——然而，这一次不是去高级政治家的办公室私下里递交，而是在众议院楼前递交。她们不请自到，计划浩浩荡荡开进众议院，强行进入辩论室。1908年2月11日，她们将计划付诸行动，遭到逮捕并出庭受审，在法庭上，拉维纳只是说警官"拒不让我履行义务"，此外，一言不发。她被判入狱6个月。其他人跟她一起被送往霍洛维。

暴　力

妇女参政运动变得越来越暴力。有人朝牛津街商店的橱窗扔石头，有人朝议员和政府部长的窗户扔石头，1912年，唐宁街也被人扔石头。被捕的妇女往往受到残酷处置，她们总是选择坐监狱，而不是付罚款或者被拘束，她们不肯保持和平。政府很紧张。媒体充分利用暴力的警察普遍粗暴对待女士和女工的故事。很快，另一种情形使得局面更加剧烈。1909年6月，一位被监禁的妇女参政论者拒绝进食。一位妇女因得不到选举权而饿死自己，内政部要为此事负责。这对于内政部是一个太大的责任。因此，政府下令给绝食妇女强行灌食。这个措施引发了更加严重的公共关系灾难。报纸做了详细报道：几位狱警把她们按在椅子里，医生则把橡胶管子从鼻子插进胃里，注入流质食品。这是一个漫长而曲折的过程，有时候甚至能置人于死地。至少有两位女士因为粥被灌进了肺而不是胃，因此差点儿死于感染性肺炎。

利奥诺娜·科恩是这样一位投身妇女选举权事业的极端反对者。她于1873年生于利兹，父亲是一位持进步观点的艺术家、石匠。她的丈夫亨利·科恩是一位珠宝商。他们的婚姻本身就是一种反抗行为，因为她未婚夫那来自俄国和普鲁士的犹太移民父母对于儿子与一位教外女子结婚感到震惊，并与他断绝了关系。利奥诺娜当然不是女工。她丈夫的生意做得很好，他们的儿子雷金纳德被送到寄宿学校，科恩先生是利兹和郡自由俱乐部的重要人物之一。一直幸福地打理家务和养育儿子（她的一个女儿死于结核性脑膜炎）的她对政治产生了兴趣。作为一位38岁、当地有头有脸的商人的妻子，利奥诺娜处境艰难，这从她一开始投入政治活动就体现出来了。在她所有的朋友和熟人中，唯有她丈夫无条件地支持她："他为我尽其所能，"她后来写道，"我失去了所有的朋友……我的名字成了污泥。"

至此，妇女参政者冲击议会的行为已经成为了公共奇观，旁观者和记者等着妇女们出现。《约克郡邮报》的一位记者有些瞠目结舌地写道：

> 所有与议会毗连的道路都被穿蓝色衣服的壮男给封锁了。他们站立成排，严阵以待女性冲击者……穿便衣的男人们在路灯下鬼鬼祟祟地闲逛；救护人员一副傲慢自大的样子，东游西荡……我们没发现威斯敏斯特宫将要遭到扰乱的迹象……
>
> 但是，风云突变。摄影师的闪光灯宣告敌人从卡克斯顿厅（妇女参政者的集合点）过来了……伦敦警察厅的军官们脸色苍白、紧张，他们知道他们不得不采取行动。钟楼那边传来大本钟低沉的报时钟声，此刻时间8点……

这一次，如同其他几次行动，利奥诺娜·科恩处于战斗的中心。妇女们试图冲破警察的防线，冲进议会，但是她们被击退了。据后来回忆，在随后的战斗中，她的"下巴遭到一位警察的拳头重击，倒在一位警察的马下"。她站起来，朝地方政府委员会的办公室扔石头，击中了一扇窗户。

石头裹在报纸里，报纸上以绿色的文字写着：

妇女选举权

这是我对自由党政府的反对，我反对它背叛和曲解大不列颠的妇女参政者，她们要求得到选举权，成为公认的公民。

签名：利奥诺娜·科恩

利兹

跟其他活动家的情况一样，利奥诺娜·科恩被判入狱，而这个经历使她决心升级抗议。在当时日益激烈的激进主义氛围中，发生了火烧空建筑物和信箱，甚至给首相阿斯奎斯投递邮件炸弹这类事件，在这样的背景下，科恩认为这类战斗具有象征意义，因此，应该针对象征物。她后来回忆说："我去了伦敦，买了一本指南。我从中寻找艺术画廊，天知道还有什么。然后我翻到'T'的部分。伦敦塔。我想，就是这里了。从来没有妇女去那里闹过事。"

她的确惹事了。1911年2月11日10点30分，利奥诺娜带着一根铁棒，买了一张游客票进入了伦敦塔。她等巡逻的卫兵走开以后，扬起铁棒，敲击王冠所在房间的展示柜。卫兵逮捕她后，问她："你为什么那样做？"她回答说："那是我对政府就大不列颠劳动妇女背信弃义行为的反抗。"她再次出庭受审，虽然这一次由于技术问题只好释放她。另有一次，砸破窗户以后，由于她在监狱里不吃不喝，她的情况发生了严重的转折，根据《猫鼠法案》（该法案允许警察重新逮捕由于健康原因被释放、体力恢复以后的妇女）只好释放她。她的健康受到严重影响，有几天她徘徊在生死之间。她活下来了，而且活得很长久：她于1978年以105岁的高龄辞世。

在妇女参政斗争最后最决绝的阶段，她们的活动演化为游击战，采取纵火、零星袭击政府人员（一般是用伞，而不像俄国那样用手榴弹）以及戏剧化的绝食。警察的措施是加强监控，甚至怀揣秘密拍下的被囚禁过的妇女参政者照片，以供识别。有一张照片偷拍的是最激进的活动家之一莉莲·莱顿，照片显示她正走过监狱院子，头发垂肩（监狱禁止使用发夹），穿着一件薄外套,她面容憔悴,精疲力竭,但是有一种默然的坚定。照片中的她看起来像是今时的妇女,因此更加引人注目。

1913年6月4日,激进阶段达到一个悲哀的高潮。那是在叶普森德比郡,艾米琳·维尔丁·戴维森试图冲进跑道,拦截国王的马。马和她撞在了一块儿,三天后,她因伤不治身亡。5年前她们在海德公园策划了令人难忘的示威运动,而她的葬礼则代表着这场运动最后的盛大一幕,这一次是铺天盖地的黑色。很快,战争就将掩盖所有的国内问题,很多妇女参政论者把精力投入到战争工作中。英国妇女参政运动的主要人物艾米琳·潘克赫斯特再次到全国各地演说,不过这一次的内容是激情四溢的爱国主义。然而,与此同时,像其他地方一样,在英国,战争也成为了改变的强大催化剂:在工厂和煤矿,大量的女性代替了男性,从而在实践中证明了她们在理论上被剥夺的能力。这改变了舆论的平衡,但是,妇女还得继续等待仇视结束,才能被视为完全的公民。1918年,30岁以上的英国妇女获得公民权;直到1923年才获得平等、普遍的选举权。她们获得选举权的时间远远晚于新西兰(1893年)、澳大利亚(1902年)、芬兰和挪威(1908年),以及加拿大(1917年)。

托尔斯泰与独裁统治之间

玛丽·高索普、拉维纳·索顿斯托尔和利奥诺娜·科恩的生活是那些为了妇女参政事业不知疲倦地努力和活动的成千上万名妇女的范例,在英国,这项事业比欧洲其他国家有着更强烈的政治戏剧色彩。历史性的正统观点认为,欧陆的妇女运动没能实现她们的目标,但是,这无疑是一种短视的认识。事实往往有更多的层次,更复杂。

十月革命之前的俄国女权主义的确显然地、全面地失败了。俄国的中产阶级规模很小,社会又弥漫着沙文主义和男性偏见,妇女最多不过能够表达一些象征性的姿态,这更具悲剧性,因为俄国劳动妇女通常过着难以言表的艰难生活。在城市里,她们很多人唯一能够活下来的途径是做妓女。

世纪之交，圣彼得堡有3万到5万名街女和豪华妓女（同维也纳和巴黎的数字相仿），对于一个居民人口140万的城市，这个数字能够在相当程度上说明这个社会的情感和心理状态：平均每10个男人就有1个妓女。

然而，这种合法的妓女只是堕落和痛苦的冰川一角。1906年的一份政府报告引起了官方对于日益严重的儿童卖淫的关注，不到5岁的孩子被提供给酒鬼，收取几个科比，而且往往在交给"顾客"之前已经被麻醉了。俄国还有儿童性奴交易，他们被卖到远至伊斯坦布尔和阿根廷这样的地方。

俄国女孩子没什么机会。迟至1907年，俄国中学只有12万名女生在读，一年以后，帝国教育部长A.M.施瓦茨试图——但是最终未果——把所有的女子学校变成家长培训学校。妇女生活角色的思想本来就牢固而反动，而托尔斯泰的反女权主义及坚持女性绝对服从的思想使这些思想更加时髦。面对这种情形，俄国的女权主义者，如令人敬畏的安娜·费洛索佛娃（1837—1912年，哲学家迪米特里·费洛索夫的姑母，创意舞蹈天才谢尔盖·佳吉列夫的姨母）、安娜·尼基蒂奇娜·沙巴诺娃（1848—1932年）最多在地方上开展一些工作，此外只好无力地、沮丧地眼看着姑娘们和妇女们继续被当作二等公民。

1905年的血腥星期天事件给这种局面带来了唯一的一线曙光。大屠杀带来了混乱的、乌托邦式的结局，这给妇女运动带来了新的动力，各种协会和俱乐部应运而生。俄国的妇女参政论者以英国同行为榜样，也试图进入议会，即新建的、短命的杜马，结果只是受到绝情或者公然敌视的议员的侧目，他们觉得自己还有别的鱼要烤——他们有更重要的事情要考虑。保守议员伯纳德·佩尔斯在回忆录里描写杜马大厅"遭到妇女参政活动者的突然袭击。她们留着短头发，戴着眼镜。她们大多数人都很柔弱"。一位年长的农民代表好心地把一位妇女拉到一边，告诉她："听着，听我给你一句建议。你结婚吧。那样你就有个丈夫，他会照顾你的一切。"一位农民代表把妇女们的入侵视为城市病的表征，他愤怒宣称："我们的女人不关心普选权。我们的女人照顾家庭、子女和做饭。"

尽管111位代表在一份支持妇女选举权的宣言上签名，但女权主义活动者很快发现，即便自由的青年党也认为他们不会把妇女普选权作为重要的工作内容,而应该先处理其他各种问题。更糟糕的事情还在后面。混乱的局面恢复正常以后,镇压以新的凶猛再次开启,妇女参政权论者的"新奇"思想属于首先被抛诸脑后的事情。1906年,最大的女权主义组织妇女联盟有8000名成员。一年以后,成员数量萎缩到800名,因为政府禁止(她们)召开会议,杂志也被停刊。与此同时,丹麦的全国妇女委员会有8万名成员。当其他地方的妇女组织起来的时候,俄国的运动却几乎销声匿迹了。

不可能改变个人境遇,不可能改善显然无法忍受的境况,结果俄国妇女就处于历史学家理查德·斯蒂茨所谓的"沉溺于空想而一味怠惰懒散的作风"——一种深刻的冷漠和听之任之,即便是那些经济地位足够优越、无需工作的妇女也是如此。一位中产阶级妇女在她的日记中写到不知道要如何度过一生:

> 我没有准备、没有热情或者持之以恒的精神进行认真的学习。现在我已经老了,太晚了。你不会在25岁才开始学习。我既没有天分也没有独立的艺术创作欲望。我五音不全,对音乐一窍不通。至于绘画,我只是在学生时代学过几年。所以只剩下文娱活动。但是哪种类型呢?所有讽刺杂志嘲笑的慈善时髦吗?那好比是修补一块破碎、腐烂的肉。在我们需要大学的时候开办扫盲学校吗?我自己就嘲笑这些尝试是想用茶匙把海水舀干。或者,也许我应该转向革命?但是要革命,就必须得相信革命才行。可是我没有信仰,没有方向,没有精神力量。我还剩下什么可做的?

然而,有些女性确实有信仰、有方向,并真的转向了革命。由于根本不可能合法地表达怨气,数量庞大的女性加入到无政府主义和社会主义革命中。1905年,在敖德萨,一位妇女因为参与恐怖主义活动而被捕,另一位妇女则向一位政府官员扔炸弹并开枪自尽。还有另六位妇女受到恐怖主义行动的指控。乡村教师吉娜·康诺菲娅尼科娃杀害了1905年莫斯科暴动中残酷的"安抚者",被施以绞刑,参与杀害司法部长什切格罗维托夫的布尔什维克学生莉迪亚·斯特鲁夫遭到同样的惩罚。在赴死之前,她请求父亲为一个贫穷学生基金会捐助十卢布。列昂尼德·安德烈耶夫苛刻的小说《被绞死的七个人》中，沐思雅这个人物就是受到她的影响。在所有这些被浪费、受到残酷对待的生命中，唯一一个鼓舞人心的例子是玛丽亚·斯皮里多诺娃。她在月台上直接朝1906年报复行动的屠夫之一、卢折莫夫斯基将军的脸开枪。抓捕她的士兵凶残地打她，扯掉她的头发，用烟头烫她的乳头。他们对待她的方式极其卑鄙，经外国报纸报道后，引发了国际社会的强烈抗议。在欧洲通讯员的怒视之下，斯皮里多诺娃事件的结果异乎寻常：玛丽亚没有被处死，而是被判决流放西伯利亚10年。最后，她以胜利者的姿态从那里凯旋。

蛮横的女人

1914年以前，欧洲各国的女权主义运动在风格和强度上的差异之大，令人吃惊。芬兰和挪威妇女早就获得了选举权，已经在积极参与政治。作为革命的祖国，法国有大量的行动，但是少有有效的组织。公众舆论似乎仍然由于德雷福斯案而处于疲乏的状态，而对于政府分离国家与教会的激进措施，舆论陷于分裂，总之，公众全神贯注于这些事件，没有精力关心女权运动。有一些协会致力于女权事业，支持和反对女权的著作都有，既召开过大型的会议，也践行过小规模的妇女选举权游行，还创办了几份杂志。演员、记者玛格丽特·杜兰德（1864—1936年）在奉《费加罗报》之派参加了一次女权主义大会并为之采写了一篇诋毁性的文章之后，开始支持女权事业。杜兰德采信了她听到的论辩，并创办了《弹弓报》。这份报纸完全针对女性读者，完全由女性撰文、排版和印刷，目的是宣传女权主义诉求，范围从妇女入读美术学院到征召她们加入正规军。好像是为了强调其严肃的动机，杜兰德牵着一头宠物狮子在巴黎街头漫步。

玛德琳·佩尔蒂埃（1847—1939年）在信念的极端和不妥协方面超过英国女权活动者。她本是精神病医生，也是第一位在国家精神病院工作的女医生。佩尔蒂埃留着一头短发，穿着男士衣服，戴着圆顶礼帽，完全是一副反抗男性习俗的样子。她申诉妇女政治权利,但是也深入更具争议的领域,鼓吹自由堕胎和改变女子教育的激烈措施,她的著作题目记录了各种要求:《为权利斗争的妇女》(1908年)、《昔日的意识形态:上帝、道德和祖国》(1910年)、《妇女的性解放》(1911年)、《堕胎的权利》(1913年)以及《女权主义女子教育》(1914年)。

1908年,佩尔蒂埃作为法国妇女参政论代表参加了海德公园的妇女会议。她是一位根深蒂固的活动家,她也积极参与无政府主义者活动,还是法国联合社会主义运动(1905年)以及法国最早的女性共济会的创办者之一。她的多种热情最终使她成了一个悲剧人物,因为她在不同运动中的同行者难以理解她意识形态方面的混杂品味,纷纷与她分道扬镳。最终,她的政治理想导致了她的倒霉:由于坚持公开实施堕胎手术(在法国仍然遭到禁止,整个欧洲的情况也是如此,只有在医疗急救情况下才可以实施),她于1939年被逮捕并被送到精神病院——这一次是被强迫的,以囚犯的身份。一年不到她就过世了。

尽管进行了华丽的宣传,政治女权主义仍不是法国人关注的重点。即便自由派总统乔治·克列孟梭的妻子就是一位决绝的进步女性,他还是坚决反对女权主义,而且他反对的理由在当时法国人的争论中也很典型:经过奋斗并终于于1906年取消了教会在教育和社会中的主导权之后,他相信绝大多数妇女,尤其是城市妇女,会支持圣职派,从而毁灭他视为其事业中最重要的一项成就。这种态度根源于雅各宾派的、在法国社会根深蒂固的强烈厌女症:法国直到1944年才施行普选权,而法属阿尔及利亚妇女则要等到1956年。

另一个因素可能也导致法国女权主义在公共辩论中的弱势:公共生活中一些妇女独立的、有时候引起非议的存在可能使得女权显得不那么急迫。大科学家玛丽·居里两次获得诺贝尔奖;女演员萨拉·伯恩哈特的名声及于大洋彼岸;雕塑家卡米尔·克洛岱尔被认为是一位当之无愧的艺术家,仅次于她长期的情人和导师奥古斯特·罗丹(然而,他总是淡化她在他的作品创作中的重要性)。科莱特的小说造成了文学轰动,其他一些女作家也成功地建立了声名:娜塔丽·克利福德·巴尼、芮妮·费雯以及一度是科莱特情人、为了保护自己而采用笔名的米西（马蒂尔德·德·莫尔尼），以及讽刺小说家基普（西比勒·加布里埃尔·玛丽·安托瓦内特·里奎蒂.德·米拉波）。此外，还有一些富裕的妇女公然奉行与父权制道德无关的道德思想，完全以意志坚强的独立方式生活：维拉雷塔·辛格、德·波利尼亚克公主（美国女继承人）、海伦·范·路易伦，以及年轻的葛特鲁德·施泰因（另一位跨大西洋舶来者）和诗人、社交女主人、普鲁斯特社交圈的中心人物安娜·德·诺瓦耶德。没有哪一个欧洲国家的女性在公共生活中有着如此强大的影响，也没有哪个国家拥有这么多明星，她们的波希米亚道德和个人丑闻不是她们倒霉的根源，而是法国首都巴黎的神话和魅力及荣耀的组成部分。

两个德语国家的情况大不相同，既没有英国那样激进的妇女参政论者、俄国那样的无政府恐怖主义者，也没有崇拜巴黎妇女的公开的解放妇女。然而，尽管貌似被动，德国女权主义者的目标却往往很远大，世界还得再等待两代人的时间，直到1970年代，她们有些人的思想才会再次浮现。

英国妇女参政论者的坚定行动引人注目，但是，她们的要求主要是希望成为有选举权的爱德华七世时代的女人、能够进入社会——而并不寻求改变社会基础。然而，许多德语女权主义者只是把选票作为通向更深刻改变的序幕，正如安妮塔·奥格斯珀格（1857—1943年）所说："男人与女人的根本关系是否需要改革的问题不仅仅只能给予肯定的回答，我们甚至可以说，必须对其基础进行革命。"婚姻和性、自由恋爱、同性恋、计划生育和堕胎——短论、演讲和辩论对这一切都有分析，所有这些价值都等待着得到尼采式的重新评估。在英国，这些想法受到质疑或者直截了当地仇视，因为这些问题被认为破坏了妇女参政运动的体面。妇女参政重要人物之一的米利森特·加勒特·福塞特批判"把要求妇女公民权与社会和职业独立同攻击婚姻、家庭联系在一起的"任何企图。

也许这是英国和德语女权主义者之间最大的区别。大多数女权主义运动包括经典的活动和反卖淫，支持禁酒，支持妇女选举权、教育机会和法律平等，也有一股激进的女权主义和文化骚动寻求改变社会基础。我们前面引用过安妮塔·奥格斯珀格的话。她是德国女权主义运动最雄辩有力、最不屈不挠的倡导者。许多女性感觉男性主导的社会习俗及生活对年轻女性的期待令人窒息，对于她们，奥格斯珀格的人生故事很有感召力。她出生于一个外省小镇，是一位律师的小女儿。她上了一所平常的"高级女儿"（即中产阶级的女孩子）学校，学习作为妻子和母亲的生活技能。奥格斯珀格后来的情人、长期的战友、女权主义活动家丽达·古斯塔瓦·海曼生动描绘了这样一种少女生活的种种沮丧——年少的安妮塔的感觉应该差不多："我已经是个少年了……我非常恶心男人们的自我高估和傲慢。他们对待女性——尤其是他们的妻子——的那种居高临下、轻蔑的态度，让我觉得恶心。成年以后，我在心里发誓，我绝不允许哪个男人限制我的个人自由——在一个男人的领域，在特定情况下，只要有可能。"

奥格斯珀格也是在男人的领域开始了她的职业生涯：她在父亲的律师事务所帮忙，同时上教师培训班。然而，很快她就觉得这种非常传统的生活令人沮丧，前景黯淡。她上表演班，在德国和荷兰的剧院工作，但是她被要求根据既定模式表演角色，这让她觉得灰心丧气。放弃表演以后，她慕范妮·冯·雷文特洛之名，搬到波希米亚气息浓厚的慕尼黑。她和另一位女士苏菲·古德斯迪克共同租了一套公寓，开办了一家照相馆，迅速获得的狼藉声名使她们名声大噪：

> 两位三十出头的女子生活在一起，事业成功、独立，两位女子都蓄短发——想一想，那是在上个（19）世纪80年代——她们在家里接待刺激、有趣的朋友，公开争取妇女解放，两位女子都从事体育运动，骑马、骑自行车、漫步，通常按照自己喜欢的方式生活——这一切在慕尼黑掀起了一股巨大的恐慌。

她们的照相馆埃尔维拉工作室迅速如磁铁般吸引着慕尼黑的波希米亚者，一度是最时髦的照相馆。连巴伐利亚王位继承人也在这里照相。然而，奥格斯珀格又一次觉得烦躁不安。她和苏菲·古德斯迪克的关系结束了。她渴望新的挑战。1893年，她搬到苏黎世。苏黎世有德语世界唯一一所向女性颁发全部学位的大学。她修读法律，4年后毕业，成为了德国第一位女性法律学者和博士。

这时候，奥格斯珀格已经是老练的政治活动家，参与的事业涵盖女子教育和合法卖淫条例。她搬到柏林，与丽达·古斯塔瓦·海曼一起生活，继续从事政治工作，编辑《妇女选举权报》。奥格斯珀格的活动反映了她对英国妇女参政活动者的崇敬，她也通过参加1908年的海德公园会议表达这种崇敬。

奥格斯珀格早就认识到，德国权力精英对于理性辩论充耳不闻。于是，她选择采取挑衅的方式促使他们理解自己的信息。例如，1905年，她公开号召抵制婚姻，指出一位自尊的女性不会答应一旦签下结婚协议，就要失去合法财产权和自决权。她宣称，"自我保护、自尊的要求和受到丈夫尊重的要求使得自然法婚姻成为唯一的选择"，并历数妨碍女性成为自我决定的人的种种困难："你想租个场地从事专业工作，房东要求你丈夫的许可，希望和他签协议……你去银行，想把自己的收入存进去，或者取钱，他们无礼地索要你丈夫的签名。"

在决定行动的关键事项时，活动者们的选择不胜枚举。一位瑞典艺术学生因为没有男性陪同、独自行走而被当成妓女遭到逮捕，活动者们大肆宣传这件事（为了证明这点，奥格斯珀格设法让一个狐疑的警察逮捕了自己）；另一件事真的非常可怕，一位事务所的女仆在易北河一个岛上遭到四个年轻人轮奸。强奸犯们在汉堡法庭受审，法官宣判他们无罪，因为他发现这个女孩子"不再是无辜的"，她已经在之前同其中一位攻击者发生过性关系。奥格斯珀格公开怒斥法官是"残暴的野兽"，结果以侮辱法庭为名被罚款。

像那个世纪后来的许多激进女权主义者一样，奥格斯珀格认为性几乎是反抗男性压迫的唯一形式，"性奴隶制直接给一些人以压力，直接给所有妇女以压力"，这种思想促使她采取了与天主教会相去不远的立场："自然设计性的唯一目的是维持和提升种族，但是在我们的文化中，它本身已经成为了目的……它已经堕落并继续堕落，毁坏和消灭我们的种族。"

奥格斯珀格和海曼这些中产阶级妇女不仅要求充分的公民权，而且也要求充分的个性、思想、性的表达权,她们面对的问题似乎与劳工妇女阶层不同。自从社会主义领袖奥古斯特·贝贝尔在战前出版了她销量达到15万册的《社会主义下的妇女》(1879年)一书以后,德国社会主义把妇女解放纳入了工作范围。

贝贝尔"早在第一个奴隶存在之前,妇女已经是奴隶了"的洞见是对社会的挑战,并决定了德国社会主义运动对这个问题采取的方法。孤立地争取妇女权利是不够的,因为:"社会及其法则的真正性质是这一发展的基础,必须在设想有机会成功取消这些不公正情况的运动之前给予理解。"换言之,妇女解放只是伟大的阶级斗争的一个局部,全心全意追求它只不过是资产阶级转移核心问题视线的策略。社会主义活动家、工党领袖克拉拉·蔡特金(1857—1933年)采纳了贝贝尔的分析。她说,社会主义首先要求的是一个没有阶级的社会,它自然而然会带来妇女解放。蔡特金弃置了女权主义者,视之为资产阶级,认为她们的目的是坚守其阶级特权,而不是争取普遍正义,但是,她本人从事争取妇女权利和更公平法律的活动,她是有17.5万之众的妇女运动的领袖,因此,至少在名义上,她是欧洲最大的女权组织的领袖。

德意志帝国女权运动的政治效果由于妇女运动者和社会主义者的妇女权利思想分裂而受到局限,但哈布斯堡维也纳的女权主义者把争论的边界朝前推进了一步。尽管遭到强大的反对,女权主义还是在奥匈帝国蓬勃发展。多瑙河帝国文化以非同凡响的激烈争论为特点,维也纳社会(与巴黎社会非常相似)赋予非凡的妇女以更多的声望和文化影响力,这当中既包括和平运动者伯莎·冯·苏特纳、声名狼藉而又以其声名狼藉吸引人的阿尔玛·马勒、女权主义小说家罗莎·麦雷德、教育家欧也妮·施瓦茨沃尔德,还有像贝尔塔·扎科尔坎德尔这样的文化女主人与资助人,更别说埃利奥诺娜·杜斯以及其他几乎受到偶像崇拜般热情追随的演艺明星。

这种氛围下产生的女权主义思想往往流于激进,不仅仅针对妇女的社会、经济、法律不平等,也针对她们的意识形态先入之见。例如,激烈的作家格里特·迈泽尔-赫斯(1879—1922年)通过攻击两位备受崇敬的反女权主义者奥托·魏宁格和弗里德里希·尼采,而将战斗的矛头对准反派。迈泽尔-赫斯出身于布拉格一个有声望的家庭,在维也纳大学学习(作为客座学生,这是开放给妇女的唯一可能性),她通过分析男性的态度而把战斗的矛头对准了反对派。尼采著作中有些很成问题的篇章,其中对妇女的仇恨在欧洲产生了深刻的影响,对于这些内容,她很不以为然:"即便伟大心灵的体验也不超过五个指头宽;紧接其下,思考停止了,无尽的愚蠢空间开始了。"

迈泽尔-赫斯是一位能干的哲学家,她抨击反女权主义者的观点支柱。她不失时机地显示反犹主义、厌女症、支撑魏宁格《性与性格》的伪科学这些往往疯狂混杂的思想,并雄心勃勃地投入对西方社会的性分析。魏宁格和尼采都是最初的见证者,即便不是在他们本人所希望的意义上。她在她开创性的著作《性危机》(1909年)中写道:"文明的人性的主体遭受……这种费力抑制自然情感状态所产生的痛苦……性精神病因此是我们的性痛苦的最广泛的病理后果。"

迈泽尔-赫斯争辩说,西方文化使人性背离了自然的、不被权力和财产关系污染的、自然对待性冲动的方式。同样的系统教给孩子们人文主义价值观和道德纯洁,然而却把情感和行为区隔开,使得女性要么成为性奴隶,要么只好禁欲。同时,它也迫使男性与妓女建立性关系,这不仅有损于他们的健康,而且也是道德上的荒芜。所有性关系因此都遭到所有权逻辑和对妇女的压迫的污染,甚至连生命创造本身都被变成了完全的欲望:"资本主义允许年轻人不时赚取几个钱,使他们能够买妓,把他健康的、创育生命的种子倾泻到她经过人工消毒的子宫……(资本主义)轻而易举地阉割了这个社会的公民。"

像格里特·迈泽尔-赫斯一样,女权主义作家罗莎·麦瑞德(我们已经遇见过她了)认为"性问题"的解决有赖于克服现代的成见。这会导致男人和女人——他们以不同的方式同为一个有害的、不自然的道德系统的牺牲品——实现充分的性解放。麦瑞德的父亲开着一家旅店,他有钱送子女上好学校,并鼓励他视为掌上明珠的女儿与哥哥弟弟一起学习。一张引人注目的照片呈现了这位16岁的姑娘,那是1880年代常见的在照相馆拍照的样子:站在不可避免的盆栽棕榈树之间,配有装饰性缪斯和一张怪异的历史主义风格的写字台;她的身上裹着一件深色天鹅绒连衣裙,侧着身体,展示她及腰的、端庄的发辫。她的脸上散发着好奇的聪颖。麦瑞德自己的艺术兴趣——她是一位技艺高超的水彩画家,写了几本小说,还为维也纳作曲家雨果·沃尔夫的一部歌剧写了剧本——很快让她意识到资产阶级女孩活动圈极其有限,她的雄心可以得到迁就,但是永远不会受到认真对待。她积极投入社会主义政治和妇女运动,并迅速成为这两个领域的重要倡导者,她在全国性报纸上发表文章,一跃成为激烈的辩手。

1905年,麦瑞德出版了《对女性化的批判》,概述了她对女性和男性性身份的思考。麦瑞德雄辩地分析了妇女受到社会与性的征服、她们的必要解放遵从一种传统模式,而她对男性角色的理解使她的论点更富争议。她指出,目前的局面使得男人拥有支配地位,但是,代价是将其情感生活扭曲到可怕的程度,并迫使他们——最终还有整个社会——盲目尊崇早就被取代的、英勇的男子气概:"像一位老的神圣偶像,即便早就不发生奇迹,却仍然在承受必要代价的情况下受到公众的尊崇和赞颂,男子气概的概念在我们的现代文化中占有一席之地。与这一偶像联系的概念内容充满了惜时的残余,以及过往情形的残羹。"

麦瑞德写道,在分析到其心灵的这一特征时,男人选择性失明:"许多杰出的男人,其精神倾向往往是开明的,但在涉及女人时,他们却成了庸夫俗子。其原因在于一种特殊的男子气概的本性,那是一种有利于规范暴力的性爱主义(即性的、性别的身份)。"现代社会已不需要作为战士的男人,甚至连体力劳动也只需要很少的体力,然而,男人被继续要求坚持一种他们已经无法实现的理想:

> 甚至连男人的工作都被机器取代了。机器操作工只是某个特定动作的执行者,(这种事情)女人和儿童都可以做……"强大的拳头"在其他情形下至关重要,构成男性统治权的合法基础,但是,现在已经完全变得多余。然而,即便原始的男子气概的效力在现代生活中一天天越来越有限……野蛮的评价仍然继续存在于我们的道德和社会规范中。军人仍然被视为社会秩序的第一等级。

拥有男子气概……尽可能男性化……这是男人们眼中的正确方向；他们对于失败的残忍不敏感，对于一个行为纯粹的错误不敏感——只要它符合传统的男性准则。

　　只有停止强加给女人她们应该成为什么样子的假定，我们才能知道她们真实的样子。

　　文明使得男人和女人的生活相似，从而令男人女性化："文化和教育弥合了男人和女人之间的差距，使得男人女性化、反男性。文化越发展、越复杂，反男性的影响就越会增强。"

　　麦瑞德激发了退化论哲学家和男性力量理论家们宣说的最糟糕的噩梦。她总结说："文明——几乎纯粹是男性智力的成果——是一个过程，其间，男人们自己毁灭了男子气概。"并把这一分析同当时的病象相联系："办公室、工作场所、专业实践、工作室——它们都是男子气概的棺木。但是，不朽的陵墓是城市本身……城市生活的所有影响共同增加了与男性性格反差最大的病：神经衰弱。"

反　弹

　　社会从来不是静态的，从维多利亚时代妇女享有相对自由到两个世纪后几乎被完全压制，两性之间自由和权利的平衡在历史过程中摇摆不定。但是，此前的变化从来没有这么迅速、这么大、具有这么强大的力量。这种变化既广泛又普遍，影响及于每个人的个人关系，由于它没有迅速、方便地在传统的参考框架内被概念化，所以更加势不可挡。它并不通过一种新的宗教、新的国家、新的先知进行表达，而是从内部改变社会和个人，因此更加持久。

　　这种潜在的革命以惊人的速度发生，加快人们涌入城市的速度以及新的社会现实——这些现象肇始于19世纪中期，并于1890年代和1900年代初期成为一种全新的力量——的产生。在不到一代人的时间内，曾经被视为生活秩序和性别角色的真理大多数都失效了。数以百万计的非女权主义者甚至仇视女权主义的妇女中,每个人的生活都受到女权主义的影响,表现方式或者是找一份工作,或者是接受初步教育,或者是选择比她们的母亲、祖母生育更少的子女。

当然,有反弹。反女权主义短论和协会(有些得到妇女们的积极支持)很多,很多人把怒斥"不似女人"的新女性、反对丢失传统价值、反对各种形式的现代性作为事业。反对者把妇女解放与新秩序的其他新型社会弊端相提并论。

科学方面对于妇女新觉醒的雄心抱负的打击主要出自德国精神病学家保罗·朱利叶斯·莫比乌斯(1857—1907年),其代表作《妇女的生理低能》(1900年)在战前出了几个版本。莫比乌斯凭着对男性和女性大脑及其不同部分的测量,声称自然创造女性完全是为了生育和养育子女,她们的大脑在其他方面非常微弱,几乎毫无用处。这种论点并不新颖,但是其科学话语和假想证据的深度受到那些希望把女性安置在家庭和炉边的人热烈欢迎,将其捧为一种突破。

对妇女最恶毒的反对来自维也纳。我们已经知道才华横溢的记者卡尔·克劳斯的厌女症以及他对尤金妮·施瓦茨沃尔德的敌视,但是同躁狂的奥托·魏宁格(1880—1903年)比起来,那真是小巫见大巫。魏宁格是犹太博士生,有一天(也许是1902年)他来到犹太医生西格蒙·弗洛伊德家,请弗洛伊德阅读一份手稿。那是一本以他的博士论文为基础的书。弗洛伊德读了以后大为震惊,建议年轻人永远不要发表他的著作。魏宁格还是出版了这本题为《性别与性格》(1903年)的书。他混乱的、燃烧着仇恨的诽谤之作上市后立即大卖。

魏宁格的"科学"推理在当时产生了巨大的影响,因为它把多年来文化争论所暗示的事情直言不讳地说清楚了:犹太人和女人是个性和男子气概的两大敌人,他声称"真正的犹太人和真正的女人,这两者都只是其种类的一部分,而不是个体",并以冗长的数据和分析佐证他的论点。他主张两者都没有进行创造性和原创性工作的能力,两者都天生败坏、低级。显然由于性幻想的驱使,他对他的时代文化得出了关键的认识:女人和犹太人造成麻烦,他们造成同样的、性的麻烦。

在第一章,我们已经了解到法国人关于生育能力的争论和德雷福斯案,以及反犹主义所发挥的作用。资本主义、城市生活、报纸、股票市场及现代生活的其他方面与犹太人有很大的关系,他们在这个环境下繁荣昌盛,部分原因在于他们期待已久的法律解放和随后的同化,部分原因是由于在这个对他们关闭了大门的世界上流浪了数个世纪之后,他们养成的学习文化及国际的、具有企业精神的视野。

由于工厂工作的工业化束缚常常被等同于离乡背井、身份盗窃、象征性阉割(见证了生育率下降在这场争论中的作用),反犹主义的定见有效地把犹太人塑造为柔弱的城市人,他们诱使阳刚的农民离开土地,进入他们的工厂,并把这些真正的男人及民族心灵的携带者变成无力的机器奴隶。

针对妇女参政者(在她们不被指责为堕落和性疯狂的妓女的时候)一般被形容为男人化、没有吸引力,或者是如一位俄国杜马议员说的:"戴眼镜、短头发的年轻女人,大多数都显得很柔弱"——及其许多评说中也含有同样的恐惧。有些女权主义运动的倡导者,如安妮塔·奥格斯珀格、玛德琳·佩尔蒂埃,由于穿男装、持马鞭、留波波头,招致这类批评,但是即便是最淑女的女权主义者,其性取向和女性气质也难免遭到质疑。这些人根本不被视为"真正的"女人,而是怪物似的雌雄同体者、大自然的怪胎。她们破坏了自然秩序——自然秩序本来是分为男人和女人的,男人和女人各有明确规定的领域。

一旦魏宁格的胡言乱语引起注意,女人与犹太人的类比就显而易见了:她们也是在现代城市环境下发迹并获得了新的声望,她们找到工作、教育自己,她们侵占了男人的权利和男人的领地,而且她们减少了生育。报纸漫画里的贫民区犹太人瘦弱、脸色苍白,即便不完全像女人,但也不像男人。妇女参政者的刻板形象是男性化的、猛冲猛撞的女同志。看起来,女人和犹太人要合盟搞乱古老的性别秩序,创造一个怪异的、危险的第三性别,不是男人,也不是女人,而是现代城市的怪物。

魏宁格没多少时间享受其著作的伟大成功。这本书不仅影响了右翼思想者,也影响到一些真正有趣的思想家,如罗伯特·穆齐尔、埃利亚斯·卡内蒂及路德维希·维特根斯坦。作为一个典型的自我敌视的犹太人,也是一位深受自己的性冲动困扰、病态的厌女症患者,这位学生作者对其自身存在的反感令他不堪重负。书出版之后不久,他在贝多芬亡故的那所房子租下一间屋子,他最后的可怜之举是饮弹自杀。时年23岁。

如罗莎·麦瑞德敏锐的分析所示,现实对于女人和男人都改变了。旧的价值观不再反映现实,即便大多数国家的统治精英决心坚持前工业化时代残存下来的、尚武、侠义的理想男性观念。在机器和专业技术专家主导的世界里,以肌肉力量为定义的男子气概已经毫无价值,膂力输给了脑力,尽管有反女权主义科学家的振振有词,智力并非男性的独占领域。在经济生活中,肌肉力量现在只是与最低等、薪水最低的职业相联系——如果不是被彻底贬谪到游乐场的话。

反犹主义者和反女权主义者将看得见的受过者与看不见的变化原因混为一谈,把仇恨发泄到他们认为堕落和性取向不正常的群体身上。他们认为这个群体有着无法餍足的堕落(加诸犹太人和解放妇女身上的指控),或者象征一种危险的不稳定的性别身份,它可以在眨眼之间从原初的根源堕入无性的不道德。犹太人和女人都象征着男性对于被变成机器的了无生气的附庸、从而失去男子气概的恐惧。男人们担心不人道的生活步调,它肯定会削弱哪怕最强大的人的神经,把他抛进虚幻的人生,这远离了自然法则,而自然法则正好认定他的位置位于顶层。

如果说男性化的女人和女性化的男人像怪物一样萦绕1900年前后那些反女权主义者的想象,那么,雌雄同体的意象和其他性别身份的游戏对于许多艺术家则有着强大的吸引力。格里高里·德·契里科1913年的油画《诗人的不确定性》顽皮地讽刺其男同胞们的恐惧。在这幅作品中,一具女体位于一堆成熟的香蕉后面,她没有头、没有手臂,有得体的双乳、诱人的臀部——这简直是性目标的极致——香蕉好似一堆从她阴部冒出来的阳具,这是终极的男女结合,是向有着自然华光的"野蛮的"、被假定具有蓬勃生殖力的非洲男人的致敬。背景处的一列蒸汽火车吐着白烟,快速穿越地平线——这彻底阐明了画家的观点。德·契里科的表达一点儿也不微妙。在另一幅表达这个主题的作品《梦想变换》中，一个悲哀的父权制神——也许是宙斯或者波塞冬——的头，他双眼凝视着眼前的一堆香蕉，香蕉无能为力地杂乱地摆在一对睾丸一样的菠萝前面，后面是一列行进的蒸汽火车。两幅作品都表现古典文明中肢解、安详的人物面对自然的残暴力量和技术的蓬勃力量，两幅作品都表现性别身份处于根本的、绝望的失衡状态。

法国人安德烈·德兰那照相机般的眼睛紧盯着现实。在《舞会士兵等级》中，他表现士兵舞会上的一切都乱了套。三个穿军装的男人面无表情地站在背景处，其中两人把巨大的军刀放在裤裆前面；舞池里，一位士兵被一个女人引领着，他一副倒霉蛋的样子，抱着她，一只充满占有欲的手搁在她的臀部，却没有给她以丝毫的感觉；她个子高、自信、显然很无聊的样子，他试图把她转离画面的中心，画布像一把刀子一样把他们切开。他没有机会。他属于一个劣质品种的矮小成员，徒劳地试图主宰一位现代的亚马逊女战士。

由于性别身份迷失于社会建构和自由意志，女性化的男孩和男性化的女孩侵入了作家和画家的想象。他们的形象见之于科柯施卡早期的作品《做梦的男孩》（1903年）和托马斯·曼的短篇小说《威尼斯之死》（1912年）——其中年迈的作家对一位美少年产生了无法抵挡的激情，以及穆齐尔《没有品质的人》中乌尔里希与他的假小子妹妹克拉丽丝之间的乱伦关系和俄国人库兹马·古德洛夫—沃德金画作中女性化的男孩子。同样的意象也可见于毕加索早期作品和伊迪丝·斯特维尔这类古怪的艺术家的作品，以及年轻的安娜·阿赫玛托娃笔下的瘦高美女与萨拉·伯恩哈特的矛盾魅力。这种雌雄同体表现于著名的伊莎朵拉·邓肯对于男人和女人的公然兴趣。

这种矛盾心理并不是末世象征主义者面对怠惰青年的强烈、堕落的性欲亢奋——那是一种危险的性向，是对20世纪初形象和幻象的威胁。它并不可能将诱惑变成奢想的超越，而是对被潜在冲动无限可能性破坏的自我的威胁。没人确定他的神经构成或者道德宇宙能够抵抗现代城市的诱惑，也不确定着紧身衣、长外套的女人有没有隐藏着令人吃惊的愤怒和红牙血爪、并准备撕开文明的薄层:女人是野蛮、性欲旺盛的动物,如同德国人埃米尔·莫尔德画中乡村女巫安息日里狂喜的舞者,即便画里的女人也不再端庄地躺倒。

十　1909年：快速机器崇拜

> 必须得说……驾驶汽车是一种病。一种精神病。这种病有一个漂亮的名字：速度……（人）已经无法站立不动，他颤抖，他的神经像弹簧一样紧张，一旦到达某个地方，因为不是另一个地方，他就迫不及待地要上路，另外一个地方，总是另外一个地方……
>
> ——奥克塔夫·米尔博《第 628 E-8》，1910 年

"我独自一人。我什么都看不见。有那么 10 分钟的时间，我完全失去了方向。这是一种奇怪的情形：在英吉利海峡上空，没有指导，没有指南针。我的双手、双脚轻轻搁在控制杆上。我让飞机自行决定航向。然后，在离开法国海岸 20 分钟后，我看见了多佛的悬崖、城堡，再往西，是我原本应该着陆的地点。"

几分钟后，飞行员于 1909 年 7 月 21 日、星期天早晨 5:13 分降落在多佛城堡附近的一个高尔夫球场。法国工程师路易·布莱里奥特（1872—

1936年）成为第一个飞跃英吉利海峡的人，得到《每日邮报》的1000英镑奖金。整个飞行过程耗时31分钟。他取下皮飞行帽、从他自己制造的机器的座舱里爬出来，护理了一下他在一个月前的飞行过程中（这位飞行先驱已经遭遇过50多次事故，他的裁缝只好根据他的伤情修剪他的衣服）严重烧伤的右脚，准备接待记者以及一看见他便立刻跑步迎来的军人仪仗队。第一批战士来到飞机跟前，布莱里奥特向他们亲切致意。他用英语问道："可以劳驾把手杖递给我吗？"飞跃英吉利海峡一事在当时很轰动。飞行员在多佛受到大批民众的欢迎；当日稍晚，他雄赳赳地到达伦敦，接受财雄势大的媒体大亨诺斯克利夫勋爵给他的奖励。全世界的报纸都在头版报道了这个法国人的壮举。《晨报》兴高采烈地大事宣扬："英国不再是一座岛！"

这项纪录差一点儿被布莱里奥特的对手修波特·莱瑟姆抢走。他八天前才尝试过飞越英吉利海峡。飞到中途的时候，他的发动机死机了，他掉进了海里，被人打捞起来。而布莱里奥特尽管负伤，却继续坚持，终未失去机会。6月25日早晨4:35分，他一瘸一拐地走向带他飞越海峡的飞机。飞机上带着17升汽油，他奋力搏击导致能见度极低的当头风；半个小时多一点点，他透过薄薄的云层，看见了著名的白色悬崖。之后不一会儿，飞机的两个自行车轮着陆，带来了有史以来第一个从空中来到英国的人。布莱里奥特当然不是第一个航空先驱——之前还有德国的奥托·李林塔尔和美国的莱特兄弟，以及其他几位名声稍小的发明家——但他是第一个驾驶发动机驱动的飞机飞越开阔水域与两个国家之间距离的人，标志着一个象征性的里程碑。他表明飞机不仅仅可以在天气晴好的日子飞越几百英尺——这已经为许多试验性飞机发明者所证明。而现在，飞机真的可以作为旅行工具了。

那些气壮山河的人

飞行富有魅力，危险，难以抗拒。它实现了一个古老的梦想，那是传奇的古希腊设计者代达罗斯的一个梦想。神为惩罚他，让他的儿子伊卡洛斯翅膀上的蜡融化，从而使之英年早逝。3000年以后，人类打破了之前由奥林匹亚诸神和鸟儿们垄断的天空。神们还在让年轻的飞行员从天空跌落，让他们毁于飞机的焰火——法国通俗杂志《我知道的一切》1912年做了一个特辑，专门登载过去5年间死于试飞的十几位飞行员的人物故事——但是现在障碍被打破了。从此以后，决定事情节奏的将是技术进步，而不是神话。

对于广大的民众有着魔力般吸引力的不仅仅是飞行员。赛车手、拉力车手、自行车赛冠军也都是大众英雄。报纸追踪报道他们事业的每一步；每周都有纪录被打破，每周都有新的纪录产生。竞赛是当时的人最痴迷的事情之一；速度是其毒品。哪里的速度都比不上发展迅速的德国，因为德国工程师领先世界。1903年10月28日，德国公司AEG已经测试了时速达210.8公里（每小时130.5英里）的电力机车，这是有史以来最快的人造机车。仅仅一个星期以前，其竞争对手、生产商西门子生产的相似机车时速已达每小时206公里（128.5英里）。

仅仅一代人的时间，德国就从一个封建小国拼凑而成的脏兮兮的国家蜕变为工业巨人，准备战胜世界各国。她已经打败了宿敌法国，成为了一个帝国，获得了殖民地。普鲁士的沙质平原里走出了战士和管理者；南方农村已成为化学工业和精密工程的世界领袖；北部港口堆满了来自世界各地的货物以及"德国制造"的产品，西部则是欧洲最大的城市地区即鲁尔区，那里出产煤和钢的速度超过旧世界的任何国家。这种前所未有的扩张使得国家在很多方面都很富裕。越来越多的人过上了中产阶级的生活，有钱让他们的儿子获得古典的、非职业化的教育。德国银行给教育投入了大量的金钱。大学培养出了全世界有史以来最多的富有成效和独创精神的人文与科学精英（颁给德国的诺贝尔奖多过任何地方），德国拥有密度最大的剧院、歌剧院、好的图书馆和博物馆，以及兴盛的图书和报纸市场。除了美国以外，没有任何一个国家的发展速度这么快。

在这种发展高峰的推动下，不断增强的速度感成为了主要的关切，一场公共恋爱，一种深切的恐惧，驱使着数百万人生命的脉动。克虏伯工厂的巨型机器，拜耳和BASF的化工厂、电器巨擘AEG和西门子、欣欣向荣的戴姆勒-奔驰吸纳了数万名矿工、工程师、非技术工人和工头，他们在工作日按时上班，手表死板的指针和工厂的哨声计算并打断他们的工作，把他们变成机械娃娃，以令人头脑麻木的规律重复其职责。负责电话交换的妇女在联络的咔嗒声和持续不断的嗡嗡声中迅速建立了关系，秘书以每分钟100多个字的速度记录不耐烦的上司口述的内容，气动讯息经她们头顶的管子呼啸而过，电话缩短了通讯的高雅方式。照明的商店招牌和巨幅海报墙上的即时广告资讯闪过途经者的眼前。铁路以快速、最重要的是准时而自豪；有轨电车于1879年开始在柏林运行；汉堡自由港的吊车分秒必争地按计划装货和卸货；坑头塔的巨大车轮二十四小时不停旋转，一班一班的工人被送到黑暗中。对于工厂工人来说，早在《摩登时代》的未来创造者查理·卓别林还穿着开裆裤的时候，这种恐怖的景象就已经是现实了。

工厂要节省时间，这一信条的弥赛亚是弗雷德里克·温斯洛·泰勒（1856—1915年）。他是美国工程师，终生致力于理顺工作实践，他通过分析每个工人的动作，直到最小的手势，拆解动作并以最节省时间的方式，重组生产过程。他出生于一个贵格会教徒之家，在德国受过教育。在1880年代的钢铁危机中，他观察工人工作，认为旧的工作方式——由经验法则和独立法则的工匠式运用以及拖拖拉拉的工人所宰制——已经不行了。从此以后，每一个动作都将得到科学分析，执行和计划的责任则完全交给经理。"过去，"他写道，"人是第一位的。未来，制度是第一位的。"泰勒通过使用他称为施密特的虚构的人的例子，说明只有严格的分析才能够提高工作速度和效率。他把他的原则应用于许多工业部门，提高了一个自行车厂的效率，"35个女工完成了以前120个人的工作。高速工作的精确性超过以前慢速时候的2/3。"

亨利·福特（1863—1947年）是第一位汽车制造商，他的一个著名认识是，以低价卖成千上万辆车给收入平平的人赚得的钱超过以昂贵的价格卖给富人几百辆车所赚的钱。他最具革命性的洞见是把每个部件送到恰当的工人面前，而不是让专业化的个人来到部件跟前，由此诞生了流水线。

1908 年生产的福特 T 型车成本为 825 美元,是大众能够买得起的第一款汽车,尤其在工厂效率改进迅速转化为价格下降之后。这款车之所以选择黑色油漆是因为黑色油漆干得快。福特的名言是:"顾客想把车漆成什么颜色都可以,只要是黑色。"想起来很好玩儿:如果粉红色油漆干得更快,情况会怎么样呢?

在 1914 年之前的欧洲,福特和泰勒的思想没有得到广泛实施,但是,他们受到热烈讨论,"泰勒主义"对老板们意味着效率,对坚定反抗所有"泰勒主义"倡导的工团主义者,则意味着对工人的机械化剥削。然而,有远见的欧洲人强烈地受到美国人处理工作、生活和当下的方式吸引。亨利·福特宣称:"历史或多或少是废话。那是传统。我们不想要传统。我们想活在当下,唯一有一点点价值的历史是我们今天创造的历史。"面对欧洲衰竭的社会和做法,欧洲大陆一些最富创新性的心灵——其中包括汽车制造商路易·雷诺、后来的奥匈帝国钢铁大亨卡尔·维特根斯坦、建筑师阿道夫·鲁斯——赴美国观摩这个不受传统约束的社会的运作方式。他们带回的信念是,欧洲必须精简,擦去尘埃,全面加速。

速度成为了一种物理体验。自行车比行人速度快四倍,骑车人得以走出生活的局限,来到乡村,远离起居室的生活,走向一种免除社会习俗的生活。道德家们震惊于这些无法无天的车辆对公众道德,尤其是对妇女道德的影响,她们兴高采烈地蹬着自行车,丢掉了紧身胸衣,穿上了实用的服装,包括裤子。同时,科学家严肃警告,速度以及座位——大胆地骑跨上自行车坐凳——会给妇女难以忍受的刺激,让她们不孕、歇斯底里,更糟糕的是,使她们成为没有任何约束的荡妇。

小说家莫里斯·卢布朗(他创造了著名的雅贼亚森·罗平)在他 1898 年的小说《这是翅膀!》中描写了两对年轻夫妻骑车旅行的故事,借此调笑这种公众恐惧。第一天,一个男人说没有什么比自行车的速度更快,骑车人的感觉变得更敏锐,使他们对风景产生新的体验。同时,女人们开始解开上衣。第二天,女人们没有穿紧身胸衣。第三天,她们干脆把上衣脱了,像今天的亚马逊女战士一样在乡间骑车。最后,这两对夫妻在自由恋爱的狂欢中抛弃了所有的习俗。

阿尔弗雷德·亚瑞的小说《超人》(1902年出版)强化了速度和性欲过度之间的联系。小说中的骑车英雄先是在同蒸汽机火车的1万英里竞赛中获胜，然后一头扎进阵发性性爱（另一位小说人物说："这不是人，是一台机器。"），结果死于能量爆炸和纵欲过度。在远离先锋文学崇高领域的纽约州乡下的铁路轨道上，超过火车速度的梦想已经成为现实。1899年，参赛的骑车手查理·墨菲在火车发动机阴影下的风中，不到一分钟就骑了一英里。墨菲差点儿被累死，并被快速行驶的机车飞溅的碎片严重灼伤，只差几秒，人的肌肉爆发力就使他的速度超过蒸汽火车。

技术和速度创造了一种新型的、人工强化的超人，他们是我们这个时代的仿生英雄的先驱。1912年，在《穿越时间、习俗和空间的运动》中，奥克塔夫·尤赞恩揄扬"速度的狂热"："公民有了地铁，好似鼹鼠一样；有汽车，就像羚羊、雷电、炮弹；他有飞机，就像鹰、麻雀、信天翁一样。"1905年，在《我知道一切》杂志上，一位匿名作者计算通过技术强化人"比过去高了多少"。他通过比较骑车人相较于行人行驶一段规定距离的速度，计算一位旅行者的"有效身体大小"。他的估计表明，如果行人要达到骑车人的速度，他的身高应该达到多少：假设的行人必须得有15米高。与其他交通方式比较的结果表明，同快速列车相比较，行人得有51米高，而赛车手则几乎足以令巴黎圣母院相形见绌。技术创造了一种新型巨人——在这个词的两种意义上——并改变了空间和时间经验本身。更快的速度缩短了距离，旅行成为了寻常事。然而，空间缩小了，时间却急剧扩展了，使得越来越小的间隔更为重要，从泰勒和他的系统到全世界的报纸——上面登载着几个小时前事发的场景，而运动员之间的胜负之差只有十分之一秒。

比　赛

每个周末，成千上万的人参加比赛，寻求速度带来的兴奋。以前这是纯种马和上流社会成员的领域，但是新的自行车和汽车比赛让普通观众体会到快速机器带来的振奋。巴黎的室内比赛馆冬季室内赛车馆于1900年开放,环法自行车赛于1903年首次举行,1906年柏林体育馆揭幕。汽车比赛和集会已经很成熟了,报纸上充斥着激动人心的、驾驶那些飞速行进的机器的彪悍男人的报道。

记录体育成就有赖于另一种这时已经紧紧抓住了人类的技术产品:以前只有富人才买得起的手表,而现在,工业化生产和日益复杂的经济需求使普通大众都用上了怀表。历史学家卡尔·兰普雷克特估计,在世纪之交,仅德国就进口了1200万只怀表。1900年,第一批指针显示1/10秒的秒表面世。之前还只是轶事和估计的体育记录现在已经是有记录的事实,并由此获得尊严。

比赛在进行。奥克塔夫·尤赞恩认为,现代人的心灵就是了无尽头的赛道:"他的思想、情感和爱好似一场旋风。到处的生活都疯狂地匆忙,好像骑兵冲锋一般,像沿途的树和剪影一样一晃而过。人周围的一切都以与他脱节的节奏跳跃、舞蹈、疾驰。"马塞尔·普鲁斯特迷恋汽车,甚至决定花2.7万法郎给他的司机和当时的偶像阿尔弗雷德·阿戈斯蒂内利买一架飞机,因其想当飞行员。普鲁斯特还没来得及买回飞机,他年轻的朋友就坠入了地中海,溺水而亡。他的死令普鲁斯特悲痛欲绝。

热衷于技术玩意儿的不只是作家。世纪之交,法国有大约3000辆汽车,1914年,这个数字已上升到10万。1903年巴黎的汽车展吸引了50万来宾。而同一时期,其他的非工业化地区几乎没什么汽车:1905年,布达佩斯才只有159辆汽车。美国则完全是另一番天地。装配时间只需12小时8分钟的福特传奇车型利绮锡和T型车销量巨大。仅1914年,福特厂就生产并销售了308162辆车。同一年,节俭许多的德国人只有5.5万辆车。即便如此,汽车的可见度和威望却很高。德国皇帝本人就是一个狂热的驾驶者,也是在柏林拥有豪华总部、具有高度排他性的常规汽车俱乐部的支持者。大多数高级政要和上流社会的普通成员也都是俱乐部的成员。

以今天的标准来看,这一新的交通工具汽车的速度说不上惊人。1904年,英国公路每小时限速20公里,德国市区限速每小时15公里——生活节奏快的首都是每小时25公里。然而,对于想象力被媒体描绘的疯狂比赛、速度纪录和勇敢的探索者叙事占据的公众，这些交通工具——其体积和亮闪闪的金属往往令人畏惧——没什么相干。1902年，《德意志报》刊登了一篇关于两个冒险家的长篇特写，一个是英国人，另一个是德国人，他们驾驶一辆法国潘哈德勒瓦瑟尔特地装配的汽车周游世界。汽车发生故障时，他们已经到达下诺夫哥罗德。然而，这类小小的挫折只是让人觉得这些驾车者具有一种勇敢、冒险的精神。杂志定期报道体育赛事和纪录，以及关于环法自行车赛的文章；飞行员和飞机设计；军事航空未来的作用（包括舰队飞艇之间的特拉法加式空战）；高速电动邮政服务；巴黎私家车引发的混乱（需要几位警官负责处理）；无线电报"难以置信的速度"；破纪录的女运动员；一种稀奇的汽车新风尚——露营。

甚至连灾难都成为了世界加速的一部分。1898年摩根·罗伯逊的小说《徒劳无功》虚构了一艘巨大的、"永不沉没的"船，"浮在水面的最大的船，人类的最佳作品"，竞逐最快穿越大西洋的蓝丝带奖，结果碰上了冰山，当时船上的救生艇远远不够。罗伯逊把这艘船称为泰坦。主角认识到"这是为了速度而肆意毁灭生命与财产"，但却对此无能为力。罗伯逊的小说有先见之明：14年后，著名的泰坦尼克号在角逐纪录的过程中碰上了冰山，消息震惊了世界。最早的报道在事发几小时后就上了报纸，随后是连篇累牍的特别报道。报纸损失不起时间，尤其承受不起输给竞争对手。新闻已经成为了生活的一部分。人们只对最近的新闻感兴趣。

1865年，大东方铺设了第一条穿越大西洋的电报电缆，以每分钟8个字的传输速度将欧洲和美国联系起来。自那以后，已经铺设了成千上万英里的电报和电话线，人们已经把消息在几小时内传遍世界视为理所当然。"热线"报道呈现了一个新世界。以前通讯员在把故事传回总部时，会进行校勘与雕琢，现在则逐日原封不动地报道事件，那是碎片化的、及时的，由于记者在口述故事的时候采取著名的"电报体"，从而更加强化了这种效果：为避免另一端的混乱，使用简短的句子、少用副词、采用简单的语法。

照相复制技术的进步以更及时、更少编辑的图片呈现世界。再也无需以雕刻机或者起草者那种标准化的豪迈风格再现事件，而是可以做到原汁原味。现在,战争和犯罪报道者显示的不是艺术家的再创造,而是显示真正的爆炸、毁灭城市、暴力牺牲者的形象,其中一起是1904—1905年期间俄日战争的景象。还是会有通常严肃、留胡子的政客和将军摆拍的照片,但是同样的技术也用于呈现令人震惊的无政府主义图片:人群与尸体、灾难的牺牲者和普通士兵,以及体育英雄、电影明星,这些人共享几页纸,照片都是几天或者几小时前拍摄的。

18世纪末期,理性主义哲学家告诉惊骇的世界,我们所知道的只是我们感知到的事物的一小部分,我们可以依赖的只是我们封闭的感官宇宙内的觉察——在宗教时代,这种思想非常令人困扰。一个世纪以后,1870年代,富于进取精神的实业家们确定了人眼根本看不见的短暂瞬间,从而一举证明了这一点。在美国,埃德沃德·迈布里奇对人和动物进行了多图像运动研究,从一系列非常短的时间内个别的图像捕捉他们的演变。得到的系列形象使得一个个人(为了更加准确,没有穿衣服,因此更加具有古典意味)看起来像是克隆人类的序列,同时,赋予哪怕是最平常的人物以雕塑般的尊严。然而,这些照片最惊人的地方在于,它们使得过去看不见的东西看得见了:模式和稍纵即逝的瞬间。很快,照相机的速度就快到(1880年曝光时间已经下降到千分之一秒)能够拍摄更短暂的事情,1886年,奥地利物理学家、哲学家厄恩斯特·马赫拍摄了一头奔跑的公牛,把气流清晰地显现出来。照片还可以有更多的功能:除了显示距离太远或者太快、裸眼看不见的事物,照相机还可以显露裸眼看不见的东西。新奇的X光可以揭示活人身体的骨架——一个小小的预期死亡。人的感官显然不够敏锐,领会不到世界的匆忙;技术超过并补充了人类感官。

大量生产、体积小、价格便宜、曝光速度快的照相机和商业胶卷使得非专业人士也能够拥有神奇的摄影眼睛。快照面世了。1904年,在9岁的时候得到平生第一部照相机后,巴黎的雅克·亨利·拉蒂格难以克制这一切带来的冲劲儿和兴奋。这位出身富裕、天赋极高的孩子发现自己可以记录周围世界,他一般拍摄(这对一个孩子并不奇怪)速度带来的纯粹的兴奋感。弯道处疾驰的赛车,其形状由于速度而扭曲,其后是一阵尘土飞扬;驾驶自制推车、冲下山坡时显得越来越小的鲁莽朋友;赛车司机的视线捕捉到从开足马力的车上看到的眼前道路；一个男孩儿纵身跳进水中，摄影家拍到他充分、协调飞向水面，浮在静静的光滑的水面——还可能看见一位成年妇女的模糊身影，她正随随便便地匆匆穿过广场。

然而，世界的匆忙表现得最明显的是新兴的电影媒介，这一点我们在十二章可以看到。电影大受欢迎。新闻片显示重要事件的速度同胶片运送的速度一样快。为1911年威尔士王子在卡那封城堡的授勋仪式拍摄的电影被放上了一列有暗房的特别快车。胶片在行程中冲洗，当晚就在伦敦放映。仅仅在几个四个小时后，几百英里外的人就可以观看这场仪式，这不像现场观礼那么庄严；像往常一样，放映的时候加快了速度，王子和他的随员走路像机器人一样抽动。

电影——无论是否放映——不仅仅可以记录发生的事情：它改变了讲故事的方式。无声、超越了言语机智、效果令人兴奋、追求惊险刺激的电影很快定义了自己的美学内容。分割可以惊吓观众、推进故事，特写被用来强化情绪，插入可以提供无言的评论，快进使得观众眼花缭乱。花可以在观众难以置信的眼前盛开；毛虫结茧、美丽的蝴蝶破茧而出。自然界需要几个星期时间完成的事情，在电影里只需要一分钟就够了。戏院没法竞争。一位批评家推测舞台上的情景剧将消亡，他如此评价电影院："其迅捷激发的那种敛声屏息和兴奋是情景剧所没有的。"

捕捉移动的世界

艺术家们为这种加速的现实及其可能性心驰神荡，醉心于现实被分割为千分之一秒及单个的画面、将其拖来拖去、将其旋转扭曲的力量，醉心于速度的力量和性冲力及其技术代理人。对速度和技术的崇拜是H.G.威尔斯悲观主义思想及其怪异的未来世界的重要内容。在他手下，机器不是令人振奋、拟性的设备，而是毁灭引擎。《土地的铁甲舰》（1906年）以不可思议的预见性，描写一场战壕战。士兵们在优柔寡断中流血牺牲，举步维艰，带机械枪的铁甲车碾过敌人的壕沟，战事随之发生了突然而残酷的改变。一位年轻军官忙着给记者解释为什么敌人不可能得胜：

>他们的人不够残暴，麻烦就在这儿。他们是一群失去了活力的城市人，这就是事情的真相。他们是职员、工厂工人、学生、文明人……但是打仗，他们是不合格的外行。他们不具备身体耐力，整个情况就是这样……我们这些14岁的男孩儿可以对付他们的成年男子……

然而，铁甲舰轻易克服了守卫壕沟的"结实的、晒得黝黑的骑兵"的英勇抵抗。年轻军官的部队在"残暴的不公平的几十个年轻人"的迅速进攻下丢盔弃甲，记者感到震惊不已：他觉得"人与机械"是个合适的标题……他按照哨兵允许的程度尽量走近排成一排排的俘虏，研究他们，将他们的强壮与其抓捕者的瘦弱相比较。"聪明的退化者"，他咕哝着说，"贫血的伦敦人"。

对于其他英国作家，速度的高峰在别的方面似乎很遥远。以满怀敬意的局外人的眼光，年轻的T.S.艾略特捕捉到一种与融洽或者伟大的自信无关的对待未来的态度：

>的确，有时候
>不免疑惑："我敢吗？""我敢吗？"
>那种时候会回头，下楼梯，
>头顶正中秃了一块——
>
>……
>
>我敢
>搅扰宇宙吗？
>一分钟就是时间
>因为做出的决定和修正在一分钟内就会逆转。

在谨慎、彬彬有礼的伦敦，这种简洁的回应可以理解，但是俄帝国臭名昭著的年轻艺术家持相反的看法。搅扰宇宙正是他们存在的理由。马雅可夫斯基及其同伴竭尽全力"给了大众品味一个耳光"——如同他们1912年的宣言所称。他们想要速度、危险、毁灭，正如马雅可夫斯基在他的一首诗中所写：

> 战士们我羡慕你们！
> 你们干得好！
> 这面破旧的墙上是人类大脑的碎片，是单片的五个指头的印记。将那些被砍下来的数百个人头丢在愚蠢的地里，这是多么聪明啊。
> 是的，是的，是的，这对你来说更有趣！
> ……
> 今天的诗——是纷争之诗。
> ……
> 当你驾车飞驰，冲向几百个逼近的敌人，用不着伤感："噢，碾死了一只鸡。"

如果莫斯科和圣彼得堡年轻的激进者们渴望瓦解专制统治令人窒息的沉闷，那么，最痴迷速度的艺术民族奖肯定非意大利莫属，那里的整个未来主义运动都一味崇拜汽车、速度、技术和暴力。

未来主义是飞利浦·托马索·马里内蒂（1876—1944年）一个人的点子。他是一位诗人，热爱摆出高瞻远瞩的姿势拍照，以非凡的手势和疯狂的言词震惊世界。马里内蒂出生于埃及的亚历山大，主要在巴黎求学，年轻的时候感染上了法国人对汽车、技术和总体上对速度的喜爱，并把这种福音带回了自己的国家。未来主义也许是世界上唯一一个诞生于车祸的运动。马里内蒂写道，关键的思想产生于那次汽车事故。当时，他把他闪亮的车开进了沟里，但他幸存了下来，并目睹了营救他的汽车的过程，"像一头搁浅的鲸"。因此，1909年他在宣布未来主义时决定：

1. 我们打算歌颂危险、能量和无惧的习惯。

2. 勇气、无畏、反抗是我们诗歌的基本元素。

3. 到目前为止,文学赞扬忧郁的流动、狂喜和睡眠。我们准备赞扬积极的行动、狂热的失眠、赛车手的步伐、凡人的飞越、拳击与掌掴。

4. 我们确认,世界的辉煌因一种新的美而得到丰富:美的速度。赛车引擎罩上装饰着大根的管道,像是发出爆炸气息的蛇——轰鸣的汽车似乎碾过霰弹,这比萨摩特拉斯的胜利还要美。

5. 我们要为那驾车的人唱赞歌,他拖着他的精神长矛、沿着地球的轨道圈,在地球上穿行。

对于那些明白了状况的人,汹涌向前已经成为了生活的本质。用马里内蒂的话来说,"时间和空间昨天已然死去。我们现在生活在绝对之中,因为我们已创造了永恒的、无所不在的速度"。对这一辉煌新时代的任何阻碍都不会得到容忍。"我们希望将这片土地从臭气熏天的教授、考古学家、名胜古迹导游和古文物研究者手上解放出来。意大利作为二手服装经销商的历史已经太长了。我们想把她从无数的、像这么多坟墓一样遮盖她的博物馆中解放出来。"相反,世界将为伟大的、充满男子气概的清洗而受到激励:"我们要美化战争——世界上唯一的卫生事业——军事主义、爱国主义、自由使者的毁灭性姿势、值得为之赴死的美丽想法、对女人的蔑视……实际上,艺术只能是暴力、冷酷和不公正。"

这段话首先于1909年2月20日刊登在《费加罗报》上,今天不可能看不到其中包含的恶魔般的机器崇拜,对尼采的消化不良(尼采从来不适合那些胃口不佳的作家)和最初的法西斯主义,但是在整个西方世界,读者们却甘之如饴。最后,保守派及其价值观受到质疑——不是在小小的文学杂志上或者私下印行的诗集里,而是一份大量发行、每个人都可以读到的报纸上。不过,马里内蒂和他的同道无意跻身政治。他们心心念念的是透过速度和活力的棱镜认识世界,希冀在艺术作品中捕捉其影响,琢磨如何在静态的图像上渲染运动(一种过程),以期揭示物体的真正本质以及驱动它的力量。

未来主义画家受到立体主义的重大影响,他们尝试表现分散或者模糊的图像。然而,毕加索等人创作了静态的场景,其意大利追随者则使用物体破碎的轮廓喻示速度和力量。那些题名《汽车的活力》《弓的节奏》《摩托车的速度》《抽象的速度》的画(都创作于1909年到1914年之间)证明了他们的决心。这群画家中最有天分的要数贾科莫·巴拉,他的《系皮带的狗的活力》(1912年)是一个非常资产阶级化的主题的精彩转型。这幅画是从一个随意的摄影师或者路人的视角画的,色彩如同怀旧照片,充分表现了狗及主人的脚的整个运动状态,狗的运动形成了一种更繁忙、更强烈的扇形图案。怀着真正的未来主义者对于常态的不屑,画家感兴趣的不是物体本身,而纯粹是物体运动,是这样一个事实本身:它们的运动标志的只是转瞬即逝的无名的时刻。图像暗示,转移视线一小会儿,画布马上变得空无一物。

其他未来主义者庆祝速度引发的个性消亡及中产阶级生活的消亡。在描画显示眼前事物不稳定性的肖像前,翁贝托·波丘尼(1882—1916年)尝试勾画纯粹的心理状态。在他的《街道进了屋子》(1911年)中,一位妇女透过阳台观看城市广场。她在屋子里,但是无论是她、阳台还是广场都不能抵御外面的建筑工地那无法抵制的力量。外面和里面,人物和背景交织成一幅地狱般的舞蹈。忙碌的工人架起的脚手架如同妇女头上的簪子般插在那里,一辆手拉车径直穿过阳台的铸铁栏杆,从车里、从传奇故事中逃出的四匹马爬过屏幕,走出了画面,而妇女的身影则受到色彩和城市形状的侵犯。即便广场周围的建筑——典型地保证了直立、令人尊敬的效果——也互相脱节、倾斜,好似向工人的力量低头。刚劲、重复的对角线给人一种爆炸的力量。

意大利诺贝尔奖得主路易吉·皮兰德娄(1867—1936年)也是第一位将技术员、电影放映员作为小说主人公的作家。《拍摄:电影放映员色拉费诺·古比奥的笔记本》讲述一个电影放映员由于工作的原因,得以从不同的角度,即透过投影机,认识世界。"我也知道生活外部的、机械的新玩意儿总是不停地运动,发出雷鸣般的、令人头晕目眩的声音。今天必须完成这个那个，这件事或那件事；你得开跑，手里握着表，按时到位。"古比奥明白自己的功能只是一个二等机器，一种聪明的机械装置可以完全取代他，他怀疑机器要的不仅仅是他的那份工作："一台机器可以行动、移动，它需要吞噬我们的灵魂，吞灭我们的生活。它们有百倍的、持续生产能力，因此，它们怎么能够给回我们的灵魂和生活？"显然，皮兰德娄并不具有未来主义者那种对于机器时代的无尽热情。以他的那种倒霉的性格，问题不是战线已经画定，而是战争已经失败了："出于长期的习惯，即便我的眼睛和耳朵也已经开始感觉到这一快速的、颤抖的、嘀嗒作响的机械再生产掩盖下的一切。"在小说末尾，如同波丘尼画中的女人，古比奥感受到机器时代的侵犯。他已经不知道身体和机器之间的界限，他在机器不停止的、无情的效率面前认输了。"我不存在了。此刻它用我的腿在行走……我是它的设备的一部分。"

1814 年以后，描写生活速度的作品中出现了更可怜、更可怕的意味。这在法国小说家皮埃尔·洛蒂 1917 年发表的长篇文章《世界某些眩晕的方面》中有体现：

> 我们的知识已经使我们失去了平衡，今天，我们知道，在我们之下是一片虚无，什么都没有……这种虚无快速降落，一切都毫无希望地落入这种虚无。在某些时辰，个人因思虑而心情沉重，痛苦地认识到，我们或者我们的骨灰永远永远无法和平地安息于某种稳定的东西之上，因为已经不存在稳定了，无论生前还是死后，我们不得不堕入那种黑暗的虚空……我们所有的参照都陷于运动的眩晕，这种恐怖的速度只能参照其他运动物体、其他可怜的小东西才能评价……而它们也在陷落。

艺术家们对于技术化未来的可能性和危险非常敏感，而在欧洲最有冲劲的经济体德意志帝国，速度和所向无敌的活力时代思想则受到深刻的怀疑，因此在艺术中几乎没有反映。在迅速扩张的经济喧嚣之中，在日益城市化和现代经济的喧闹中，为这个时代命名的是年轻的托马斯·曼、雨果·冯·霍夫曼斯塔尔及极为精致的里尔克等审美家——未来主义者们誓要摧毁的、垂死的资产阶级的挽歌。更为激进、更投入的图形艺术家和雕塑家如珂勒惠支、剧作家戈哈特·豪普特曼和弗兰克·韦德金德选择了社会批评而不是美学宣言。

如果技术也曾进入德国艺术作品，那么它常常是被作为一种警示：穆齐尔的《没有品质的人》以车祸作为开篇，海因里希·曼的小说《忠实的臣民》中，卑躬屈膝的君主主义主人公"遇见"他的皇帝，边跟着皇帝的车跑边不停地高呼"万岁，万岁"，因气喘吁吁、歇斯底里几乎晕倒。表现主义诗人和画家呈现的世界是动荡的，他们使用的技巧借自于（视觉上和语言上）电报和电影的快速图像。

美国神经紧张

日常生活、新闻、工作和玩乐速度的加快是艺术家和企业家的崇拜对象，是日常生活的重要因素。并非每个人都同样适应这种速度，在德国，这种影响尤其引人注目。从来没有这么多社会变化以这么快的速度产生。同时，那些生活在快车道的人不知不觉患上了一种流行病。从工厂工人到政府首脑，从接线生到高中教师，大家都在抱怨"神经碎裂"。由于迷惑和迷失了方向，成千上万的人在雨后春笋般出现的精神病院和疗养院接受治疗。

这种神秘状态的症状最早于1869年由乔治·米勒·比尔德（1839—1883年）描写。他是美国一位有着显著治疗倾向的医生。他发现大量的病人患有他所谓的"神经衰弱症"——神经疲劳。比尔德用了大麻、咖啡因和酒治疗这种神秘疾病，"尤其是红葡萄酒和勃艮第酒"，并在病人身上使用电极。"美国神经紧张"蔓延到了大西洋彼岸。比尔德的著作于1881年被译介到德国，他的诊断成为了一大堆症状的方便简称，医生发现越来越多的病人患有这种病。

"在文明国家的室内阶级中，多种功能性神经紊乱越来越常见，"比尔德写道，"在这个国家，罹患这些疾病的患者数以万计、十万计；在北部和东部各州,几乎每个脑力劳动家庭都有这种病人。"这位爱国的医生无法压抑他对这种事态的骄傲。毕竟,神经衰弱症是一种先进文明的病,"任何时代、任何国家、任何文明形式,如希腊、罗马、西班牙或者荷兰,在其辉煌的年代,都不曾患过这种病"。勤劳、生产力越来越强的美国确实是地球上最先进的国家。1901年,作家约翰·格德纳建议给这种神秘的病起一个不同的名字:纽约炎,大城市生活所产生的一种特别的神经炎症。

19世纪末,欧洲的大城市也越来越多,随之也出现了一波神经衰弱症患者。令医学界人士震惊(无疑也增加了问题的紧迫性)的是,这波神经疲劳症与男性医生早就在妇女中发现的歇斯底里症无关。成熟的职业男士精神崩溃。法官、律师、教师、工程师突然无法应付生活。历史学家约阿希姆·拉德卡分析了帝制德国时期几所德国精神病院的病案。病人的证词生动描绘了他们经历的症状,因为他们大多数人都非常乐意倾诉。有一个病人甚至准备了一份长达55页的个人材料。

一位22岁、入住私人疗养院的病人讲述了一个相当典型的故事:

> 我还在童年初期就感觉很紧张了。记得我常常晕厥,机车的鸣笛声就足以动摇我的根基……我总是情绪激动,一点儿轻微的刺激就可以令我暴跳如雷。如果不得不置身人群,我会觉得头晕目眩。我会不由自主地感觉到自己的心脏,我确信自己患了心脏病……多年来,我觉得不能胜任自己的工作,这个想法令我痛苦不安,使我的心脏每天都剧烈跳动。

另一位病人是一位东普鲁士的容克地主,1905年,他被诊断为"非常烦躁。五六年来他一直在上班、担任过许多名誉职位,等等,付出了很大的心血,也不断寻求增加财富,在自己的庄园经营上过度操劳。自从最后一个孩子出生后,病人一心一意只想赚更多的钱,即便妻子和孩子已经得到极好的照顾。高度性兴奋,还处于婚姻之中。烟瘾一直很大,每天抽烟30–35支。"

劳累过度是病人病史中一个常见的主题。实际上,这种情形似乎针对的是现代人中最成功的那些人——流动性强、专业化程度高、勤劳、通常拥有大学学历。有一个人在伦敦创办了一个企业，生意不错，后来破产了。"过度劳累被视为严重眩晕、神志不清、疯狂地唠叨和抽搐的诱因。"一位医生如此写道。病人回到德国家乡，用了两年时间恢复健康，然后又过起了伦敦生活。"在这里，他恋上了一位 puella publica（妓女。医生们喜欢用拉丁语掩饰有争议的说法），并考虑同她结婚。她移民到美国以后，病人患了抑郁症，老感觉大脑有压力，老想自杀，背部和双臂神经痛。"另一位商人的故事与此类似：他去了阿根廷，被那里的人称为"布宜诺斯艾利斯神经紧张的人"；他拼命工作拼命玩，易怒，"过度性扩张"，神经衰弱、破碎。性活动和神经衰弱之间的关系是常见的主题。"我 26 岁"，1907 年阿尔维勒诊所的一位病人说，"在过去的几年，我母亲患上了严重的神经衰弱症。我 16 岁就开始手淫。我最初的神经衰弱症状就始于那个时候：大脑觉得疲乏，脊柱下部感觉功能性衰弱，睡眠断断续续，情绪沮丧、精神压抑，等等。"后来，他通过抽烟和嫖妓获得安慰，但是他的情况进一步恶化。

那么，谁是神经衰弱症患者呢？1893 年对一家精神病院的调查发现，在近 600 个病例中，几乎有 200 名商人、130 名公务员、68 名教师、56 名学生和 11 名农民（这家医院的病人中没有体力劳动者）。神经衰弱症即神经过热和疲惫，主要的袭扰对象是白领。这些人被他们所承担的要求给压垮了。

柏林转换新的电话线路系统期间，有位观察者发现，那些刚刚接触这项工作的工人压力很大。转换过程中出现故障，那些负责电话交换工作的女性觉得难以应付：

> 许多电话接不通，大量连接根本不可能，声音信号不正常，呼叫者不耐烦。这使我们的员工更冒火，终于有一个员工爆发出强制性的号叫，很快，大多数工作场所都受到了影响，电报主任正好在那个房间……他双手紧握，哭叫"我可怜的姑娘们！我可怜的姑娘们！"

1900 年以后，更多的工人开始抱怨神经疲惫，即便他们人数较少，他们那个阶层接受治疗的情况不多见。"由于我的工作是由机器做的，炉子里使用滚筒，工厂现在雇了 80 到 100 个人"，一位金属工人告诉他的医生，"你能够理解，如果在这种轰鸣声和噪音环境下工作 42 年，一个老人的神经会受到多么严重的破坏。我恐怕整天都在咒骂。我常常像个小孩那样大哭，晚间睡不着……还有几个工人有同样的病。有一个工人实在受不了，抹了喉。"

处在技术前沿的人们——电话接线员、使用速度更快的新机器的排字工、铁路工人、工程师、操作快速机器的工厂工人，以及处于迅速增长的经济核心的商人和管理人员最容易染上当时统称为精神衰弱、今天叫做巨大压力的种种症状。有位德国医生把神经系统疾病称为"我们生活的时代的病理特征"。美国医生玛格丽特·A. 克里夫斯简略地说："世界的工作主要是神经衰弱病人完成的。"

尽管如此，问题的范围是很恐怖的。在德国，1870 年登记住院的病人有 40375 名。1900 年，这个数字上升到 115882 人。同一个时期，因为"神经系统疾病"入住综合医院的病人从 44% 上升到 60%。这些数字中包括患许多不同类型的精神疾病的患者，而不仅仅是神经衰弱症患者，但并不包括大量到私人疗养院、温泉或者其他辅助设施——这些地方配备了医生照顾客人——治疗或者长住的病人，托马斯·曼在他的《魔山》中就写到这样的机构；也不包括只是咨询一下医生的神经衰弱症患者。然而，还有一个更有趣的数字。歇斯底里症患者主要是女性，而神经衰弱症患者 68%（至少根据一家专门机构的数据）是男性。

神经衰弱症是成功的中产男性的病吗？当然没有这么简单。但是因"神经崩溃"而住院的工人常常抱怨计件工资的压力，抱怨他们操作的大型机器造成的噪音和带来的危险，而大量接受治疗的女性则是因为工作压力、学习和想在世界上找到一个位置而精神崩溃。今天的医生会把主要来自商界、学界和政府的男性患者描述的这些状况诊断为无依无靠感、与性自我的斗争等不同的病症。神经衰弱症阐明了当时人们的情感状态。

性生活、谎言与早期电影

过去的几十年间，妇女历史研究揭示了被长期忽视的一个历史事实。然而，男性精神疾病的高发表明，在世纪之交，做个男人也很艰难。在无情的执行需求和女性角色变化的夹击下，男性身份受到威胁。所以无怪经由神经衰弱症表现出来的焦虑几乎都有性的因素。

性更容易得到。同时，性也成了一个问题、一个威胁。期待和机会改变了，尤其是在城市，尤其是在年轻人中间。便宜的燃煤和实用的公寓意味着更多的隐私。家中的年轻成员现在更有可能拥有自己的床，甚至自己的房间。学生往往住在出租公寓里。技术和科学也孕育了与外部世界及性的不同关系。弗洛伊德的泛性论进入了礼貌的客厅（当然不会当着仆人的面），把性与"自然""原始环境"相联系的出版物蓬勃出现，这表现在威廉·博斯赫《自然中的爱——生活》(1898—1902年)这样的科普图书和英国医生哈弗洛克·艾利斯诸多敏感、感性的性学论著的巨大成功。

城市本身给无名的人群提供了多种诱惑和情色可能性，以及各种真实和臆想的危险。大马路吸引了夜猫子，客栈提供了随和的、醉醺醺的熟人；戏剧、电影和时事讽刺剧尽量暴露肉体刺激观众；黄色照片在街角售卖（也通过邮购的报纸售卖）；色情电影在只有男性出席的庆祝活动中播放，年轻、单身、往往贫穷的女性数量足够巨大，保证了源源不断的妓女供应。未婚男性心照不宣地借机寻欢作乐，只要在结婚的时候安定下来就可以了。

与此同时，性被等同于危险。许多神经衰弱症患者认为他们的病是"他们年轻时代的愚蠢的后果"——明白无误地暗示梅毒及据称造成毁灭性影响的手淫。西方人一直担心稳步堕入疯狂，担心梅毒造成缓慢的、痛苦的死亡，甚至中度的抑郁症倾向也足以令一位成熟的、"见过世面的"成年人惊骇于最轻微的、可能是这种早期热情的残酷记忆标志的症状。

"男子气概，"厄内斯特·莫宁于1890年写道，"很可能源自精子不断吸（进血液）……滥用性交或者手淫，丧失精子，等等，导致精囊分泌物耗竭，随之发生神经衰弱症、恐惧症，等等。"性活动，尤其是不指向生育的性活动，导致身体虚弱的个人不可避免地衰弱和退化。连西格蒙·弗洛伊德都相信，他遭受的神经质疼痛是他与妻子"不完全性交"的结果。各地的医生严肃建议家长如何防止孩子手淫，方法多样，从避免放肆的言谈到辛辣食物，到洗冷水浴、打针，甚至烧灼女孩子的生殖器，都是出于良好的愿望。

世界比过去更有趣了，普遍的资本主义伦理比过去任何时候都更强烈地邀请人们做自己生活的主人、努力工作、努力玩乐并决定他们希望成为谁、成为什么人，但是几乎普遍认为妥协于这种兴奋会有最严重的后果。"男子气概"是一种美德，但性仍然是一种道德上的罪错。一位德国患者评论说："床是神经衰弱症患者真正的战场。"

女性角色的嬗变增加了男性及其身份的压力。现在，女权主义者为女性争取权利，更多的妇女自己赚钱、上大学，并获得一些独立，而男性似乎不得不比过去更强大、更具男子气概。面对这种持续的精力、诱惑、被妖魔化的性，以及强大的新女性，男性不可避免产生了力不从心感。"每一个女性生物"，一位 22 岁的德国学生从精神病院给他父亲写信说，"都是我心头的匕首：你不正常，你不正常！你不能性交！你是一个变态虐待狂！"

对于医学，神经衰弱症也有一个非常令人满足的特点：作为一种病，它非常模糊，适合作为画布，可以在上面勾画社会的诸多当务之急。在俄国，心理学研究非常先进、活跃，许多研究者发现他们自己对这种病感兴趣，直到他们对手上的专业术语破篮筐感到失望。在医学领域之外，这种"文明疾病"引发了非常不同的反应。对那些希望帝国西化的人，那是现代化的一个基本因素，因此几乎是一种受欢迎的征兆："目前，我国有数量巨大的神经衰弱症患者，在这方面，其他国家几乎难以与俄国匹敌。因此，把神经衰弱症称为俄国病难道不是合理的吗？"帕维尔·廓瓦勒弗斯基——他本人当然不是一个现代化主义者——如此问道。他自己的回答是谴责性的："（俄国人）心里没有上帝，他们急于拥抱财神……对利润的追逐要求付出极大的精力和努力：无数不眠之夜、过度的精神付出、缺少手段、时常与个人良心讨价还价——这不能帮助,而只能摧毁神经系统。"

巴黎、伦敦样式的文明创造了城市里堕落的、没有道德的、非俄国的生物,在作家谢尔盖·阿克萨科夫看来,这些人"可鄙地缺少对自身力量的信念,缺少坚定的意志和纯洁的动机,这种精神上黑暗的无力感不同于俄国人健康的天性,但是却由于我们的罪恶而造访我们。"民族的这种自觉的无力感之于俄国母亲的威胁恰如真正的阳痿之于许多痛苦个体的威胁,这种威胁来自城市,1903年廓瓦勒弗斯基如此评说:"彼得堡没有太阳。"

> 你可以收费让人看彼得堡的太阳,那太少见了。彼得堡没有空气。彼得堡没有光、没有空间、没有生活……只有植物性存在。人们把白天变成黑夜,把黑夜变成白天……彼得堡人超负荷地工作,但是他们更超负荷地喋喋不休……过着这样的生活,我们真能期待健康、种族的延续、社会的巩固吗?……绝不可能——它的命运只能是退化。

换一种说法,这种争论反映在神圣俄国的信仰者最觉恶心的那个国家:法国。如果说沙皇帝国的神经衰弱症引起了斯拉夫派和西化派之间的恒久争论,那么,在法国,速度和紧张这些思想引发的不仅仅是阿波利奈尔的狂热以及自认患了神经衰弱症的普鲁斯特(他的父亲是医生,写过关于神经衰弱症的文章)的患者艺术,它也唤起了民族衰退与不孕不育的幽灵。这一争论的许多主题属于德雷福斯审判的语境以及对于生育率下降的担忧,但是神经衰弱症强化并瞩目这些担忧。几位年轻的艺术家和大都市居民可能乐享快速度的汽车,但是对于其他人而言,时代的速度是退化和道德衰落的标志。1901年,路易·巴利愤怒抨击"一代花花公子和寻欢作乐者,贫血、神经衰弱,被剥夺了意志和勇气,……阳痿者、结核病患者,在咖啡厅演唱会和时髦的小酒馆里……满嘴谎言"。如同德国一样,神经衰弱症在法国很流行,法国人主要将其视为一种道德衰落,是由"不健康"的城市生活诱发的。"难怪我们的男孩子们染上神经衰弱症",愤怒的维吉尔·博雷尔如此评述,因为所有的条件共同"湮灭个人主动性、意志力、道德力量及个性的坚定"。

如同视速度和力量为情色力量的先锋派同行一样，他们主要关注的是性。神经衰弱症是一种现代自我中心，是男人在狂热的资本沼泽中寻欢作乐，而不是把自己献给民族。教科书已经告诉孩子们这种病是道德懦弱的证明。"需要抵抗（这种病），一旦变得强大，它就不能征服我们。但是如果我们不强大，那就是我们的错。我们把自己交给我们的恶习，就会被他们杀灭。"梅毒是道德退化的直接后果，神经衰弱也常常被同样看待：那些人太过"自私"、不肯安定下来、不肯生育很多孩子，而宁愿耽溺于肉体快乐，"浪费自己"。像手淫者一样，那些"浪费种子"的男人最终筋疲力尽、毁灭、耗竭。

在奥匈帝国，人们对迷失方向的感觉饶有兴致，而不是恐惧。部分的原因可能是因为哈布斯堡帝国的统治区域主要是农村，工业化程度不那么高，患神经衰弱症的人群范围较小，主要集中在维也纳、布拉格、布达佩斯和伦伯格。这种情形甚至由于族群和脆弱的社会身份之间的不断较劲而加剧。

席勒的肖像、克里姆特令人不安的淫荡、亚瑟·施尼茨勒舞台人物的情色纠葛全都打上了神经衰弱症的阴影，而古斯塔夫·马勒的生活读起来简直像是案例研究：他在年轻的妻子阿尔玛（后来她说，他不是一个好情人）的怀中寻找性爱满足、他强迫性的工作计划、他卑微的背景与自信心匮乏、他的精神危机和独处需要。他甚至找弗洛伊德咨询他的问题，医生在荷兰的莱顿见了他——这对音乐家而言是一种巨大的敬意，因为弗洛伊德通常拒绝治疗单纯的神经衰弱症患者，认为他们的梦和幻想中没有什么潜在的东西需要发现，这让他觉得没意思。马勒恢宏的交响乐手势，从病态的内省到狂热的宏伟，是其病况在音乐中的体现：孩童般简单的文本表达了外部世界（例如，不断干扰第一交响乐谐谑曲微妙情绪的军乐队和平庸的舞曲）不断的干扰、机械的快速行进、偶尔的感伤、持续的削弱的讽刺、对超越和宁静的强烈渴望。

奥匈帝国的人们普遍觉得神经衰弱症是文化性的（他们目睹了弗洛伊德对文学和神话的喜爱），因此，无怪乎其时代调门儿最高、最爱骂人的保守主义批评家、犹太复国主义者马克斯·诺尔道把这个问题倒置起来。在他看来，当代文化本身就是疾病和退化的症候。他写道，医生"从世纪末气质、当代文化和诗歌的倾向、创作那些神秘的、象征性'颓废'作品的男人们的行径、其倾慕者采取的态度与时尚社会的审美本能、两种明确定义的疾病的合流……退化和歇斯底里，它们的初期阶段被视为歇斯底里"。文化本身由于复杂过度和城市生活而发生了病变。他写道："大城市居民……持续遭受不利的、削弱其生命的力量的影响。"

于是，在其对神经衰弱症往往着迷的研究及其心理维度方面，哈布斯堡艺术有着正面意义上的华丽。英国医疗机构对神经衰弱症的反应主要是装腔作势的、僵硬着上嘴唇的不以为然。不是说有人怀疑其存在，正如最著名的医生托马斯·克劳福德·奥尔波特（他也拥有精神失常委员会专员这一美好的头衔）所说："我不仅听说，而且天天都看见神经质的人、神经衰弱症患者、歇斯底里症患者，等等：每个大城市都充斥着神经疾病专家，他们的诊断室里挤满了病人。"

"神经质的人""神经衰弱症患者""歇斯底里症患者"等已成为医疗景观的一部分。然而，对于这种病的广泛理论化则有待欧陆人士完成。奥尔波特本人当然无意于把患者拔高为脑力劳动、快速生活的现代反英雄。他写道，神经衰弱症"即便在英国的工薪阶层中也很普遍；我认为，在西来丁，尤其是煤矿工人中间，很常见……实情是，商场的神经衰弱症发病率并不比教区和济贫院高；在繁忙公民中的发病率并不比闲而无事的少女高"。民族力量的退化像其他任何地方一样引起担忧，但少有或者几乎没有对国外幻想的嗜好。有些人就只是紧张；过度扩张会使情况更恶化，冷水浴、静养、禁欲、健康活动如骑马、研究昆虫或者养蜂，以及小剂量的补血砷可以改善症状。

然而，专家的驳回并没有减少公众的担忧。大众化的报纸满是神经补品及健康度假村的广告。在这些文本中，关于性衰竭和一般性官能不足的担忧比官方争论更强烈地重新浮现。Beechams 丸、Tideman 海盐、Ambrecht 可卡酒和 Odo 磁性服装——数百种产品打广告，声称能治疗"神经衰弱和体质衰弱"。

德国与神经紧张

如果说神经衰弱症是时代病,它也迅速成为德国皇帝这种现代人的生活方式。与他之前的君主不同,被随从背地里称为"旅行者威廉""仓促的威廉"的德皇接纳了技术、速度和媒体;如同他数百万的臣民一样,他也承受着这种快速带来的眩晕。

以暴躁、易怒、注意力短暂著名的德皇令他周围的人很恼怒。从前的德国总理伯恩哈特·弗斯特·冯·布洛追忆说:"他总是希望发生点儿事情,总是想要新的印象、新的形象。"这位君主觉得无法原地不动;他一生匆忙,外交官弗里德里希·奥古斯特·冯·荷尔斯泰因给于伦伯格王子的信中说,他好像"下山速度太快,难以控制自己的车",王子回信说:"可怜的皇帝让每个人都很紧张,但这已经没法改变了。"新教神学家弗里德里希·瑙曼的解释更积极,也更一般。1905 年,他写道:"威廉二世是现代交通时代的第一个行家里手。他参与各处的生活,通过电报机同时听和说。"他的结论是:"他是作用于我们所有人的电的倾向的化身。"

德皇热爱速度,总是匆匆忙忙。1901 年,他出席维多利亚女王的葬礼时迟到了,在朴茨茅斯,他命令火车司机把车上全部的煤都放进机车里烧,司机遵从命令,使火车的速度达到每小时 145 公里,这个速度闻所未闻,火车几乎冲出了轨道。在整个统治期间,威廉保持不断的、惊人的旅行计划。他平均一年在柏林的时间不超过四个月。无怪乎路德维希·奎德 1894 年含蓄讽刺威廉的小说《卡里古拉》(很快再版了 34 次)如此描写罗马皇帝:"不停地忙这忙那,陷于紧张的繁忙。"像他的虚拟同行一样,德国皇帝为一个想法兴奋不已,然后予以推行,他最兴奋的是那些使他有机会显示力量、现代性、威力的事情。荷尔斯泰因说:"舰队项目比任何诱惑都令皇帝的神经兴奋。"

速度和能量——并不总是合理——被宣称为当时的口令。压力感如此普遍,连受人尊敬的保守报纸《德意志评论报》都发表了一个高中男生的故事，他由于学习拉丁动词"爱"的动词状形容词而染上了致命的脑膜炎。不得不佩服记者发掘了一个包含了所有元素的故事：学校所代表的社会的刻板，为了继续读书而不得不刻苦学习的压力，面对性而产生的毁灭性的混乱。

1900年巴黎博览会上，亨利·亚当斯对电机顶礼膜拜，折服于其安静的力量与速率。在德国，很多人觉得电机已经成了社会的主导。把力量本身视为美德的并不仅仅是意大利未来主义者。机械力量成了颓废、堕落的神经衰弱症文化的对立面。历史学家约阿希姆·拉德卡写道："在'力量'成了最高美德的地方出现了一种无分'善''恶'，甚至无分'正确''错误'的世界观，而只有'精力旺盛的'与'神经衰弱的'，'强有力的'与'瘫软的'。"

托马斯·曼指出这些年"几乎难以容忍的神经紧张"。在他的小说《魔山》中，他天才地浓缩了神经衰弱症争论及整个时代的主题。书中的汉斯·卡斯托去瑞士一家疗养院探访他生病的表弟。那是一位德国军官。这次短暂的探望使他在一个地方待了7年，这个地方最重要的特点是所有速度及时间本身都暂停了。"那儿的"世界的规则悬置，数日、数月、数年混在一起，不一会儿汉斯就和居民们打成一片，连对他在"这儿的"唯一一本书《远洋货轮》都没了兴趣。与工程师及其快速机器相对应的是他的表弟约阿希姆·齐穆森——一位患结核病的军官，他最害怕被人认为"瘫软"，无法完成其男性的义务。他所住的疗养院伪装成肺病医院，其实是微型的神经衰弱症世界，是跟不上步伐者的庇护所，充斥着焦虑和病态的情欲——在残忍的弗洛伊德信徒克罗考斯基医生演讲"爱是一种导致疾病的力量"这类话题时，就更是如此。

由于其内在的危险，迅速引人入胜，因为机器体现了现代性的推力。当亨利·亚当斯宣称处女时代终结，电机时代开始的时候，他把发动机静默的力量等同于一种女性原则；男性的对等物是飞机和赛车，它们把每个飞行员和司机变成机械武装起来的仿生超人，其力量是用马力进行测算的。如阿波利奈尔提出的，快速汽车是性推动的，1900年代的男人们需要更多的汽车——或者他们以为他们需要更多的汽车。

驾车之外的选项就是被汽车碾死。那些适应不够快的人，那些陷于公共道德和个人冲动鸿沟的人，那些没有力气开车的人站在路边，被汽车碰得鼻青脸肿、鲜血淋漓。尽管开辟了新的视野，新世界还是一个无情的地方，人类被分为能够应付和不能应付这两种人。20世纪的心灵争夺战是由技术点燃的，但是是为性而战。

十一 1910年：人性变了

我们不再追问"这幅画代表什么意思？"而是询问"它给我们什么感觉？"我们看到造型艺术品与一段音乐的共性超过与一幅彩色照片的共性。

——克莱夫·贝尔

1923年的一个夜晚，一位极其优雅、表情严肃、类似古典美女的女士向一群剑桥学生作现代文学演讲，其演讲的中心语句如同她的美貌一样摄人心魄："1910年12月前后，人类的本性改变了。"做出这一恢宏论断的人谈的是小说，但是她的话也适用于所有艺术，而她是唯一有资格说这话的人，因为早在1910年，她已经是欧洲最显赫的艺术群体之一的核心人物。当然，她就是维吉尼亚·伍尔夫。

维吉尼亚相信她发现的人类本性改变既微妙又难以把握："我并不是说一个人如同走进一个花园那样，看见玫瑰开花了，或者母鸡下了一个蛋。这种变化并不像那样突如其来，或者确切无疑。然而，确实发生了变化，而因为人必须得任意武断才行，那我们就把（这种变化的）时间定在1910年吧。"这种变化并不是发生在外部世界，也没有确切的花开或者产生某种有用的东西那种令人满足的明显标志，而是发生于内部、家庭及人们的头脑：

> 如果我可以用一个家常的画面，我们可以从自己厨师的特性中看到这种变化。维多利亚时期的厨师像是生活在地表下的利维坦，可怕、沉默、隐晦、莫测高深。而乔治时代（即乔治五世治下）的厨师则是阳光和新鲜空气的产物；在客厅进进出出，不是借阅《每日先驱报》，而是征询你对她的帽子的看法。你还要要求比这更严肃的人类力量改变的情形吗？

面色红润、戴着时髦帽子的厨娘可能不是最显然的革命标志，但是伍尔夫坚定不移地认为她的代表性并不稍逊："所有的人际关系都改变了——主人与仆人之间的关系、丈夫和妻子之间的关系、父母和子女之间的关系。人际关系改变的同时，宗教、行为、政治和文学也改变了。"本身就是作家的伍尔夫最感兴趣的是她在此描述的最后那种改变——1920年代开始显现，但源自1910年代左右——它由于没有得到充分理解而更具根本性。她宣称，在此之前，小说家大致能够描写世界的本然样子，无论他们着重于人物和故事，或者选择将人物作为更宏大思想的例子。然而，现在，叙事工具已不足以传达人物与事件的感情和性质。一旦复杂化和准确化，语言就成了"破裂与坠落，崩溃与毁灭的声音"。简单的句子已经无法捕捉世界；习俗、角色和期待改变之快、之彻底，语言的隐喻之网已经跟不上步伐。作家与读者之间的协议——类似于礼貌谈话的无言约定，已经瓦解了，使得双方在试图说出有意义的话时都局促不安：

> 当前，我们的痛苦不是因为衰变，而是由于没有作家和读者共同接受的礼仪规范，以之为更激动人心的友好交往的序幕。当前的文学谈话如此虚假——在整个探访中只能谈天气——所以，很自然地，虚弱者难免愤

怒，强大者则毁灭文学社会的基础和规则。违反语法；解体句法；好像周末与阿姨待在一起的男孩儿，随着安息日的严肃慢慢过去，出于绝望在天竺葵床上打滚。他们的真诚是急切的，他们的勇气是巨大的……但那是多大的精力浪费啊！

语言的这种改造后果是双重的：一方面，投入到词汇中的创造性精力使得新式写作极其丰富、多彩；另一方面，余下的精力太少了，不足以朝前推动文本，甚至不能给最勇敢的读者传达最低限度的保证。伍尔夫亲口解释说，她在读T.S.艾略特的诗时，感觉既满怀钦佩又精疲力竭："当我把自己暴露于他的诗行强烈而迷人的美的阳光之下，寻思我必须带着眩晕而危险的感觉地跳到下一行，于是从一行跳到另一行，好像杂技演员从一根杆子飞越到另一根杆子，我承认，我为古老的礼仪而哭泣，我羡慕先人的慵懒，他们不是疯狂旋转于空中，而是拿着一本书，在阴凉处静静地玄想。"付出如此多的努力设计新的叙事工具、新的语言和新的风格，所以文本本身的生命力衰竭了，仿佛词语也患上了神经衰弱症："如果比较《维多利亚时代的名人》（利顿·斯特拉奇的历史杰作）与麦考利爵士（维多利亚时代的历史学家）的一些文章，虽然你会觉得麦考利爵士总是错的，斯特拉奇先生总是对的，但你会感觉到麦考利爵士的文章中有一种形体，一种跃动，一种丰富，它们揭示了他身后的岁月；他的全部力量都直端进入了他的作品，而没用丝毫的精力去进行隐藏与转换。"

伍尔夫宣称，对于作家来说，1910年或者1910年前后，一切都变得困难起来了。变化强大到无法忽视，迅猛到无法充分吸取，把语言本身甩在了后面。其结果就是艺术的艰难时期，某种艺术要求公众"忍受痉挛、晦涩、零碎、失败"。

话说交配

将1910年定为人类的一个关键日期是大胆之举，对于维吉尼亚·斯蒂芬（后来的维吉尼亚·伍尔夫），这一年与她的个人生平有着强烈的共振。1904 年父亲去世后（她的母亲已经于大约十年前去世），斯蒂芬家的四兄妹搬到布鲁姆斯伯里戈登广场 46 号的一座大房子。这是一个曾经高雅但现在已经衰微的地区，远离他们孩提时代的社交界。他们决定住在一起，没有一个主妇似的人监管他们的美德，维吉尼亚和梵妮莎也没有监护人，这引起了旁人的侧目，但是他们决心过自己的生活，而无视爱德华时代上层中产阶级身份的约束。

对于维吉尼亚，这是一个时期的开始。年方 22 岁的她想写作，起初，她为文学杂志写评论。她父亲的死亡引发了严重的心理危机——这是她多次危机中的第一次——在新家，她开始构建一个成年人格。1907 年，她崇拜的哥哥索比在希腊旅行期间死于伤寒，她的决心又一次受到检验，但是她接过了他的剑桥朋友圈，这些人仍然到访斯蒂芬家波希米亚风格的住宅，这里室内通风，墙上和家具上挂着印度的围巾，书堆得到处都是。他们在这里喝浓烈的咖啡、抽烟、纵古论今，甚至也议论那些可耻、可怕的事情。1908 年，索比的一位朋友给了她解放性的一击——对此，伍尔夫有著名的复述：

门口站着利顿·斯特拉奇瘦长、邪恶的身影。他指着梵妮莎白衣服上的一处污渍。

他说："精液？"

我想，一个人可能说出这种话吗？然后我们哈哈大笑。就这么一个词，所有的沉默和残留的膈膜顿时倾颓。洪水般的神圣液体似乎要淹没我们。性渗透于我们的谈话中。"鸡奸"一词不时从我们的口中蹦出。我们以讨论善的本质时的那种兴奋和开放谈论男欢女爱。想到我们过去那么长的时间都那么含蓄、那么保守，不禁觉得有些奇怪。

后来的《维多利亚时代的名人》作者、考究的同性恋者斯特拉奇（1880—1932 年）具有在正确的时间发现正确的说法的特殊天赋。1914 年，他基于道德或者宗教的原因拒服兵役，不得不在军事陪审团为自己辩护，军官们问他，如果德国士兵强奸他的姐妹他怎么办。他的回答是："我会努力把他们隔开。"

梵妮莎同画家克莱夫·贝尔结婚后，波希米亚风格的斯蒂芬家发生了变化，维吉尼亚和她的哥哥艾德里安一起搬到了附近的一所房子，在这里，书籍、讨论和设计所构成的生活继续有增无减。1910年，28岁的维吉尼亚准备好了要迎头面对世界。那一年发生了三个事件，每一件都代表那个时代的不同方面的特征，这些事件增强了她的决心。2月，在最后一分钟，她参与了一个旨在驳斥当时流行的"不列颠统治海洋"这一宏大叙事的恶作剧：她在《无畏舰骗局》中扮演门达克斯王子，脸涂得黑黑的，下巴上粘着假胡须。那一年，伍尔夫也参加了妇女参政运动，该运动在这个时候达到了高潮。她个人参加运动的方式不过是在当地的女权运动办公室装信、写信封，但这也关涉到立场的问题，即便维吉尼亚发现她自己不适合政治运动和政治鼓动。

1910年第三个让伍尔夫觉得新生事物在产生、人类的本性和观念已经不同于过去的事件，是"后印象派画家"的一次展览。这次画展的策划人是另一位圈中成员、画家、艺术批评家罗杰·弗莱。

噢，那是一个艺术仍然有能力引起震惊的时代！新浪潮冲进了杰姆斯·雅培·麦克尼尔·惠斯勒与约翰·辛格·萨金特的温雅世界，以及中产阶级的生活——当时，他们满脑子充斥着但丁·加布里埃尔·罗塞蒂和约翰·埃弗里特·米莱斯这些维多利亚时代梦想商人的作品。以英国风景画为标志的大众口味受到文森特·凡·高原始的强烈情绪、保罗·塞尚准抽象的宏伟、保罗·高更的塔希提油画原始感觉的冲击。其效果非同凡响。这些作品充满敌意，观众认为它们是"歇斯底里的涂抹""原始、无法忍受的愤怒""幼稚的垃圾"。不出所料，梵高的作品被抨击为"一个成年疯子"的胡言乱语，高更的作品则是"原始的野蛮"，塞尚揭示自然界几何图形的作品则被认为是"贫瘠的""没有男子汉气概"，而展览本身则被批评为"病态""头脑患病的人"创作的"令人作呕的畸变"的汇集，代表"艺术最后的退化"。许多评论家都认为，这不是艺术，而是对文明中所有美的、真的、神圣的事物的攻击。

他们在英吉利海峡两岸的一些同仁更理解这些画作体现的精力。在其《现代艺术》一书中（英文译本于 1908 年出版），德国评论家朱利叶斯·迈耶-格拉菲从疾病和文明、健康与自然、性能力和女性气质的角度，敏锐而有代表性地解释了高更作品的要旨：

"你的文明就是你的病，"他说，"我的野蛮代表我的康复。你的文明概念中的夏娃几乎使我们全都成了厌恶女人者。也许有一天，你会觉得老的夏娃——你在我的工作室被她吓着了——没那么可憎……只有我画的夏娃才可以赤身裸体站在我们面前。如果你的夏娃处于这样的自然状态，即便美丽，却会是可耻的，是痛苦和邪恶之源。"

英国艺术界很大程度上没有受到欧洲艺术发展的影响，因此，比时代落后了一代人。毕加索和克里姆特、席勒和马勒维奇、野兽派和未来主义派的作品几乎完全没有引起注意（甚至连弗莱这样的先锋艺术家也没注意），因此，是前一辈的探索者和挑衅者使震惊的公众认识到，艺术可以是其未曾见识过，或者不理解的许多东西。伍尔夫跟踪媒体和让她日益觉得疏离的艺术界的谩骂。她意识到，她和朋友们培养的看待世界的方式实际上与爱德华时代主流的美学、政治及道德观念及其公共表达方式处于战争状态。她看到的社会拒绝接受维多利亚女王死后，有些东西已经结束，新生事物正在生发——那就是不同的看待世界的方式和存在于世界的方式。

还有另一个便捷的日子帮助伍尔夫确定改变的日期。1910 年 5 月 6 日，在他的父亲爱抚者爱德华于比亚里茨的一家宾馆断气以后，乔治五世登上王位。维吉尼亚·伍尔夫清楚地划分了爱德华时期的旧时代和她自己所处的时代，即她所谓的"乔治时代"，也许她是希望这第二个乔治时期（这个术语没有进入历史写作）可以带来 200 年前第一个乔治时代那么多的革新和社会变革。

如果说有几个理由可以坐实伍尔夫认为急剧变革发生于 1910 年的观点，那么，我们一定不能忘记那些不那么显而易见但是更普遍的、穿插于日常生活之中的见解和行为转变。伍尔夫把"厨师"作为她宏大宣言的唯一、最高例子——这不仅仅只是具有讽刺意味的事例——她也指向了日常生活。她谈到的厨师原本住在楼下，现在却有足够的自信，敢于飘然进入客厅，征求雇主对帽子的意见——她好像是在同与她平等的人说话，她的行为方式让人觉得她的生活远离了她的职业和她命定的角色，她希望显得女性化，希望快乐，也许还希望找个男人，建立家庭——她觉得有权向生活要求这一切，并且是当着社会地位比她高的人提出这种要求。她并不是一个特例。妇女参政论者们上街了，威尔士的矿工们在罢工，爱尔兰要求地方自治。对于很多人来说，这是现代退化的危险征兆，正如后印象派们只不过是毒化文明之井的野蛮人，必须用一切可能的手段予以抗击。然而，另一些人认为这些变化是必要的，并得出结论说，不仅社会，连认识世界和感觉的方式都必须让位于某种新东西，艺术必须得对这一新的事实做出反映。

　　1910年，伦敦艺术界正受到法国1880年代先锋艺术的冲击，而对于整个欧洲，这是艺术革新的关键时刻。艺术的主流仍然是保守的。

　　音乐界正在脱离浪漫主义（整整一代人刚刚退出舞台：1893年柴可夫斯基去世，1896年布鲁克纳去世，1897年勃拉姆斯去世，1901年威尔第去世，1904年德沃夏克去世），小心翼翼地试着掌握理查德·瓦格纳带来的和谐与形式的创新。20世纪第一个10年是地位稳固的后浪漫主义硕果累累的时期——芬兰音乐家西贝柳斯的内心感受、爱德华·埃尔加的悲剧英雄主义，俄国音乐家尼古拉·里姆斯基·科萨科夫的民间音乐、加布里埃尔·佛瑞优雅的质地，法国音乐家卡米尔·圣-桑的学术庄严，德国音乐家马克斯·布鲁赫，西班牙音乐家曼努埃尔·德·法拉及丹麦音乐家卡尔·尼尔森的作品及费鲁乔·布索尼富有季节感的交响诗。季雅卡莫·普契尼的歌剧使上述所有音乐家都黯然失色，他的三部曲《波希米亚人》（1896年）、《托斯卡》（1900年）、《蝴蝶夫人》（1904年）在全世界演出都爆满，并以其美国移民歌剧《西部女郎》（1910年）作为对他那个世纪最后的致意。所有这些艺术家都有着保守的、尝试性探索的特点，都有各自的优秀之处。历史的特点就是对改变、裂缝，对开创性作品和新发展特别感兴趣，但是不能让这种兴趣使我们对这一事实视而不见：艺术的伟大无需非常新，无需产生新的流派。

欧洲的书店已经在开始出售情感垃圾、自我帮助的书和科幻小说，更挑剔或者更具有社会雄心的人则备置19世纪晚期的颓废派（王尔德、波德莱尔、梅特林克）以及更近期的、公然的现实主义小说，如左拉、德国作家格哈特·豪普特曼、萧伯纳、年迈的托马斯·哈代或者自觉反常的意大利作家加布里埃尔·邓南遮等人的作品。在现代艺术画廊或者博物馆，可以见到广受欢迎的俄国肖像画家伊利亚·列宾和德国晚期印象派画家、智者马克斯·利伯曼（有人问他会如何画当时的德国总理，他回答说："俾斯麦？我会一泡尿把他尿到雪里！"）的油画，爱德华·蒙克的表现主义幻想、劳伦斯·阿尔玛-塔德玛爵士及弗雷德里克·莱顿令人倒胃口的奢侈——不列颠仍然处于摆脱拉斐尔前派精美艺术缺陷的过程中。

这就是维吉尼亚·伍尔夫描绘的艺术革命的背景。这些实验的重点往往是布鲁姆斯伯里圈这样的群体。在思想来回的冲撞中，更容易想象新事物。在巴黎，美国人葛特鲁德·施泰因是一个焦点人物，艺术家们到她家来吃顿热饭、谈艺术，或者卖画给她，换钱支付下个月的房租；在德国，慕尼黑的施瓦布圈和达姆施塔特、北德的沃普斯韦德村的群体、戴布鲁克（桥）群体承当了这一功能；在圣彼得堡，维亚切斯拉夫·伊万诺夫塔发生的欣喜若狂的事情对艺术家和哲学家（以及形形色色的食客）都是焦点；米兰是意大利未来主义运动的大本营；分裂派和欧仁妮·施瓦茨沃德与伯莎·扎克坎德尔的沙龙是维也纳新一代艺术家的焦点；还有无数规模较小、往往存在时间较短的群体。有趣的是，这些群体风格各异。维也纳没有立体派，柏林和慕尼黑没有未来主义者，圣彼得堡和巴黎没人创作十二音音乐。尽管有艺术杂志和照相复制，但各个艺术派别、记者和阅读大众显然并没有很大的共同兴趣把艺术欣赏的范围扩展到国外，甚至没想扩展到所在的城市之外。

突然想到有一个例外：1909年那一年，马里内蒂在巴黎的《费加罗报》上发表了《未来主义宣言》。我们已经在上一章谈到过这个文本，但是比照伍尔夫的声言，回忆他的要求很重要："科学发现带来人类感性的全面更新。那些在今天使用电报、电话、留声机、火车、自行车、摩托车、汽车、游轮、飞船、飞机、电影院、伟大的报纸（合成世界一天的生活）的人没有认识到，各种通讯方式、交通和信息方式对于人的心理有着决定性的影响。"也许，大多数人都没有认识到，但是，有些人非常适应这种变化。

保守派们对这样的谈话感到非常震惊，他们觉得这会对公众道德产生灾难性的后果。1910年，教皇庇护十世甚至强制要求所有牧师宣誓放弃现代化及其价值观。自1890年代晚期开始高涨的变化浪潮终于达到高潮，在古代人和现代人之间古老的、新近变得激烈的战争中，艺术成为了核心战场。

1910年是变化和思想试验的气息变得特别尖锐的一年。你能够闻到它的气息，有些人闻到了自由和发现的芳香，另一些人则认为他们发现了式微的欧洲腐尸散发的恶臭。在繁荣、相对和平的1880年代和1890年代出生与接受教育的那代人已经成年，并发出自己对于生活的憧憬以及对他们的父亲的反叛，这些带着他们的童年色彩——而在人类历史上，他们的童年第一次越来越取决于专业化管理、标准化教育、大众消费的文化。为艺术而艺术的芳香的颓废、印象派耽于声色的文字不属于他们。托马斯·哈代、特奥多尔·冯塔纳、古斯塔夫·福楼拜自信满满的自然主义和左拉认真的参战不属于他们。他们对事物的看法是由阅读快速机器竞赛报道和儿童杂志所塑造的，是由偷听成人悄悄谈论神经崩溃和轻浮女孩所塑造的，是由越来越由城市、报纸与未来（无论它可能带来什么）的强烈关系所控制的日常生活所塑造的。他们的想象力对于这样的事实很敏感：一个时代结束了，一个新的时代——时而是允诺，时而是威胁——赫然到来，但只是若隐若现，支离破碎。他们的作品参差不齐，充满着未经消化、以噪音、拼贴或者引证的方式挤进艺术的信息；破碎的脸、旋转的身影和崩溃的人物，这些人物没什么本质可言，而只是野火般的几何形状、超新星般爆炸的原汁原味的废话，舞台上传来的尖叫。

人类的本性改变了吗？可能改变吗？这是先锋艺术家们提出的主要问

题。鉴于作品的革命性执行曾经提出问题并予以解答，艺术家们的反应令人费解——不过只是在刚开始的时候：不！他们坚定地说，没有改变，太阳底下没有新鲜事物。艺术家并不否认出现了根本上全新的事物，社会已经变了，他们自身的生活也变了；然而他们的论点更微妙更有力。尼采教导这代人基督教不过是一种歪曲，将自由人变为奴隶，给他们套上神学和克己的枷锁。年轻的艺术家急于摆脱这种枷锁，对他们来说，这种文明联系奔腾的步伐只不过是旧日奴隶社会的技术化延续。人类的天性一直是另一个样子：野蛮、原始、神秘。资产阶级个体只不过是穿着曼彻斯特斜纹布衣服的猿猴。拿走他的衣服，你就会发现全部事物的本性——拿走衣服，或者直接去人们从来不穿衣服的地方，你会看到人类心灵古老、原始的形态。寻找最深层的样式，你会发现自己踏上了通向人类内心、返本归元的旅程，那是寻找原始、仪式和神话的旅程。

仪式、神话与面具

即便在仍然能够受到诽谤的艺术世界，也没有什么比1913年一位年轻的俄国作曲家在巴黎举行首场芭蕾舞演出期间引发的抗议更严重。那时，作曲家伊戈尔·斯特拉文斯基（1882—1971年）已经凭着两部创新性的大师级作品《火鸟》和《彼得鲁西卡》成名。

这部芭蕾是谢尔盖·佳吉列夫（1872—1929年）定制的，他纯粹凭着意志创办了俄罗斯芭蕾舞公司。他本人根本没钱，但这位年轻的俄罗斯人获得了法国最有钱的人之一、银行家格雷夫尔伯爵的经济支持，他说服伯爵邀请整个芭蕾舞公司——包括全套舞台布景和戏服——来到巴黎。他寻思整个过程耗资巨大，甚至可能亏本，但是法国的银行在俄罗斯拥有巨大投资，在灾难性的俄日战争及遭到血腥镇压的革命之后，法国投资者需要确认俄国是一个文明国家，一个有着伟大文化的国家，一个安全的选择。格雷夫尔被说服了，并找了其他的银行家一起支持这次活动。佳吉列夫得到资金，投入了定制总谱和舞台装饰的工作，花费了支持者大量的资金去干符合他想象的事情。

1909年俄罗斯芭蕾舞公司的第一季大获成功，这与已经享誉圣彼得堡的米歇尔·福金辉煌的创新和大胆的编排不无关系。从此以后，佳吉列夫每年都带着他的芭蕾舞演员到欧洲巡演。公司以新的舞蹈风格和布景著名，即便演出的芭蕾舞都是传统剧目，舞蹈音乐则由成名的作曲家如亚历山大·鲍罗廷、安东·安联斯基和尼古拉·里姆斯基-科萨科夫创作。斯特拉文斯基的头两部芭蕾都受到好评，但是作曲家、演出经理很快决定拿出更大胆、真正能够抓住想象力的东西。

斯特拉文斯基有一个想法：一种"老俄罗斯的"春天仪式，以一位处女为中心的祭祀舞蹈。处女以异教徒的方式迎接新季节，一直舞蹈到气绝身亡，和她一起舞蹈的是穿着古代服饰的老年男女，青年乐队爆发出狂喜的舞动。他投入到创作中，一面辛勤创作，一面随同芭蕾舞公司巡演，监督他其他作品的演出。1912年，法国公众对他们认为可耻的音乐的反应给这位年轻的俄罗斯人发出了严肃的警告。佳吉列夫同意尼金斯基演出根据法国作曲家克劳德·德彪西（1862—1918年）诗作《牧神的午后前奏曲》改编的原创舞蹈，极其写意的场景呈现一个慵懒的下午，一位希腊牧神追求他崇拜的仙女，但是他抓住的不过是她留下的面纱。装饰由公司的设计师列昂·巴克斯特设计，灵感获自希腊花瓶画，牧神由公司的明星男主角瓦斯拉夫·尼金斯基表演。剧团唯一的英国成员莉迪亚·索科洛娃回忆说："尼金斯基扮演的牧神让人觉得紧张刺激。"

> 虽然他的动作绝对节制，但是刚健、有力，他抚摸和拿着仙女面纱的方式充满兽欲，你以为他会含着它跑上山。在他最后多情地扑到围巾上面之前，他单腿跪在山顶，另一条腿伸在身后。这时出现了一个难忘的瞬间：突然，他仰起头，张开嘴，默默地笑了。那是精湛的演技。

然而，公众不那么关心演出的品质，而更关心那"最后的多情一扑"：尼金斯基悬身在围巾上，在巴黎观众的面前，公开、明确模拟自慰。

愤慨！还在演出中间观众就离开了剧院，报刊的评论充满敌意。《费加罗报》强大的编辑加斯东·卡米特写道:"我们看到的牧神不能自制,做出卑鄙的色情兽交动作和非常无耻的手势。"他还将神话人物说成是"病态的野兽,从前面看很可怕,从侧面看甚至更加可怕。"而尼金斯基为了强调人物的动机和本性,决定在他的紧身斑点戏服下面什么都不穿,从而使得表演更其阳刚和淫秽,这使得卡米特很是恼怒。他在舞台上表演的"身体太富表现力的哑剧"的确没有留下多少想象空间。卡米特认为"真正的观众永远不会接受这些动物般的事实",这无疑是将真正的品味等同于巴黎人的品味。

与此同时,斯特拉文斯基像着了魔似的工作。他在当年底完成了他极其复杂的总谱。"今天,1912年4月14号,星期天,牙齿疼痛难耐,我还是完成了音乐,斯特拉文·克拉伦斯,茶特拉德酒店。"他在笔记本上草草写下这段话。他本人确信这是伟大的音乐,但是,并不是每个人都有同样的热情。当作曲家把音乐交给指定的指挥皮埃尔·蒙特时,后者不仅仅是表示怀疑:

> 斯特拉文斯基坐下来,用钢琴弹奏整首曲子。他弹了没多久,我就确信他是疯了。听起来没有管弦乐队的色彩,而这是它最大的一个特点,韵律的粗俗得到突显,其原始性得到彰显。斯特拉文斯基敲击钢琴,不时跺脚,跳上跳下强调音乐的力量,这时连墙壁都发出了回响。倒不是它需要太多的强调……最后,我唯一的评论是,这样的音乐肯定会出丑露乖。

管弦乐队也反映了指挥同样的狐疑。不断的时间变化、不和谐的调子同时弹奏,各器乐组不和谐的主题互相冲突,使各组不确定自己的部分是否正确。排练期间,有些音乐家忍不住哑然失笑。斯特拉文斯基坐着弹琴,他愤怒地捍卫自己的音乐,一边弹琴,一边计数,一边大声指挥歌手,强调每一个细节和每一个节奏的复杂性。

演出开始了。新落成的香榭丽舍剧院的艺术新礼堂座无虚席,观众们心情很好,欣赏完愉悦的、踮着脚尖、穿着经典的白色芭蕾舞短裙的第一曲以后,舒舒服服地安坐等待不虚一晚的美丽舞蹈。然而,当《神圣的春天》的音乐响起的时候，很显然，从一开始，观众就意识到他们从未听过这样的音乐。空气中响起高亢的旋律，那是巴松管演奏的，而这种乐器适于演奏的音乐要低沉得多。坐在观众席的作曲家卡米尔·圣-桑是一位技艺精湛但从不出名的先锋艺术家，他跳将起来，离开了座位。他站起来的时候对他的邻座说："如果这是巴松管，那我就是狒狒！"紧接着，整个剧场乱套了。"在最初的两分钟，观众保持着安静，"蒙特后来回忆说，"然后上层圈子里传出了嘘声，很快前排观众也发出了嘘声。邻座的人开始用拳头、拐杖以及手边的任何东西敲打彼此的头。他们的愤怒迅速指向舞者，尤其是管弦乐队……观众用手边的东西扔他们，但是我们继续演奏。"观众互相攻击，攻击支持另一方的所有人，其时，混乱达于彻底状态。一位珠光宝气的女士扇了邻座一个耳光，然后怒气冲冲地冲出了剧院，而另一个人则朝批评她的人脸上吐口水。整个剧院打成一团，纷纷发出决斗挑战。

蒙特得到坚决的命令，要求他无论发生什么都必须继续演奏，但是骚乱的声音太大了，舞蹈演员听不见音乐。惊慌失措的斯特拉文斯基离开他在前排的座位，跑到后台。他发现舞蹈编导尼金斯基悬吊在空中，摇摇欲坠，用俄语高声指挥舞蹈演员。为了避免尼金斯基掉到舞台上，身材瘦弱、双眼近视的作曲家抓住他的燕尾服。演奏继续展开，却几乎被观众喧闹的声音给淹没；同时，蒙特和音乐家们拼命专注于音乐的复杂，好像演奏对于他们生命攸关。

《神圣的春天》是一个革命性的篇章，这不仅在于它的管弦乐编曲及使用的乐器，而在于它的整个概念。作曲家抛弃了传统的结构，而是用不同的主题和段落以意想不到的力量冲击听众。打击乐和弦乐器发出的击鼓声和咚咚的节奏构成一片可怕的音响；木管乐器时而不协调，时而轰鸣，时而古老的凛然；铜管乐器声气势汹汹，时常残酷地中断，随后是突然的、完全地寂静。蜿蜒的长笛和颤音波光粼粼的浅滩导向坚持的、几乎是欣喜若狂的乐章，使得整个乐队紧张到极限：一大堆精确计算过的交叉节奏、充满奇异之美与怪异安宁的时刻，随后爆发出巨大的力量、民乐和朝圣者的合唱，一场无情的仪式，从中听得见发自内心的舞蹈声、鸟鸣声和受难者的尖叫声。音乐跟过去再也不一样了。加斯东·卡米特——他已经批评过德彪西的牧神——现在严词批评"奇怪的、费劲而幼稚的野蛮景象",另一位批评家则认为这部作品是"春天的大屠杀"。即便最进步的记者也有礼貌地表示震惊:具有艺术气息的杂志《精益求精》的评论颇为考究:"最有钱的客人并不总是获得最愉快的发现:这似乎就是佳吉列夫剧团在香榭丽舍剧院演出的新哑剧的情形。必须得对他别出心裁的大胆表示敬意:一个人不可能走得更远了。"年轻的听众让·科克托满怀真诚的热情说,这部音乐令他觉得"被连根拔起"。"美针对的是勇敢者。天才像电一样不可以分析。个人要么有天分,要么没有。斯特拉文斯基有……俄罗斯剧团让我明白,为了重生,必须活活烧死自己……"对于科克托敏锐的心灵,彻底把他拔离其资产阶级身份的那种天分是一种电的现象,那是对灵魂的冲击,为了使新的文化从灰烬中诞生,需要焚毁旧有的一切。

其他一些艺术家,尤其是在他的祖国俄罗斯,也像斯特拉文斯基一样迷恋古老的仪式,而这位作曲家本身满足于从他老师里姆斯基-科萨科夫编撰的歌曲选集中抄获作曲所用的民间主题,其他艺术家则更进一步,他们寻找真正的民间艺术以及神话的思维方式。1889 年,法律学者瓦西里·康定斯基(1866—1944 年)同一些科学家去乌拉尔研究科米人的风俗。他迷上了科米人的萨满教仪式和他们装饰祭祀物品和日用品的抽象宗教符号。1896 年,当康定斯基决定放弃法律,转向绘画时,科米萨满的符号语言为他提供了创作的动力。他搬到慕尼黑,并结识了另一位有天分的画家加布里埃·莱蒙特(1877—1962 年)。她不仅成了他的情人,而且还同这位当时仍是有妇之夫的俄罗斯人同居。

在以后的 15 年间,康定斯基放弃了晚期印象派有些多愁善感的风格,找到了更加个性化、更古老的视觉语言。萨满的摇铃和鼓、他们的咒语中使用的鸟和蛇的形象,再现于画布之上,创造的图像宇宙超越了绘画的习惯,或者说,早于这些习惯。康定斯基觉得,这些符号具有宇宙的意义:它们能够激活电和汽车、城市乃至文明本身出现之前共同的存在记忆。康定斯基的德国同仁在 1911 年的画展后发现,评论界对于这些作品充满了敌意。《科伦日报》的一位评论家从保守主义美学的角度,做出了激烈抨击：

> 这些画在图案的无用方面无出其右者，它们不过是这些食人族玩弄的花里胡哨的色彩游戏。如果把它们当作艺术，那它们就是艺术的末日，是恶作剧。但是它们表现了更邪恶的一面。在这里，艺术的对象无关紧要这种现代说法以真正恶毒的方式遭到滥用……我们面前呈现的东西散发着大城市最黑暗的邪恶之地的气息，表现了艺术家们的构成方式，对此，只能从病理学角度才能理解。

其他地方的情况也好不到哪儿去。伦敦的批评家嘲笑罗杰·弗莱呈现给他们的后印象派画展；1905年，一位巴黎评论家如此冷苛地总结马蒂斯的画展："他往观众的脸上扔了一罐油彩"；法国野兽派画家的共同称谓与记者路易斯·沃瑟莱有关，他发现先锋画作中间有一位意大利风格、非常平淡的青铜裸体女人，并惊呼："野蛮人中的多纳泰罗！"这个名字就这样叫开了。

虽然康定斯基选择住在德国，但是他朝着可以称为萨满抽象化方向的发展在俄罗斯却有着强烈的相似之处，整整一代俄罗斯艺术家都在寻找接近和刻画自然的不同方式。在莫斯科，受到俄国民间艺术影响的米哈伊尔·费多罗维奇·拉里奥诺夫（1881—1964年）创作非常简单化的人物——类似于史前洞穴画的人物，只有最必不可少的内容，不无讽刺的是，只包含了基本生活内容：性、食物、男人、女人。他的情人娜塔莉娅·谢尔吉娃·刚察诺娃（1881—1962年）也对农民艺术如痴如醉，并创作了生动的画面和古老的肖像。然而，没有一个人像卡西米尔·谢维李诺维奇·马勒维奇（1878—1935年）走得那么远。他吸取了他那个时代所有的艺术潮流，达到了最严峻的抽象。对于马勒维奇，农民艺术和想象的世界及意象是真实性的试金石，是走出前辈画家奉行的过于复杂的意象的途径。他画的农民和伐木工有着树干般的身躯，伟岸、呈管状，像是消失的神话中的神，诞生于俄罗斯母亲的土壤。完成了一系列这样的油画后，马勒维奇转向自己的时代和现代生活。如果说他把农民表现为原始力量，那么，他的城市人则碎化为无数的碎片，少许笔迹及图像碎片后面的他们无从辨认，一半被奇怪的符号（一条鱼、一柄剑、一只木勺）覆盖，无力对抗将他们卷入黑暗中心的信息旋涡及速度。

欧洲另一个极端的画家、年轻的加泰罗尼亚人巴勃罗·毕加索（1881—1973年）几乎反映了马勒维奇的技术和风格发展。他也发现了原始形式的力量以及将主体解体作为艺术表达的方式。然而，马勒维奇是从俄罗斯农民艺术中获取灵感，而影响毕加索的是非常不同的审美世界。对于年轻的画家（他的气壮山河的天主教全名是巴勃罗·迭戈·荷瑟·山迪亚哥·弗朗西斯科·德·保拉·居安·尼波莫切诺·克瑞斯皮尼亚诺·德·罗斯·瑞米迪欧斯·西波瑞亚诺·德·拉·山迪西玛·特立尼达·玛利亚·帕里西奥·克里托·瑞兹·布拉斯科·毕加索），迁居巴黎使他逃离了他感觉到的巴塞罗那鄙俗的狭隘。在他的新居，他旺盛的才华爆发出多种形式和风格。毕加索从各个方面获取灵感：从塞尚这样的前辈和广告，从巡回马戏团和垃圾商店出售的奇物。奇物中包括非洲雕刻品，那是驻扎在西非的军人带回来的，他们在港口予以变卖，换几个酒钱。没人认为这些东西有任何价值——无论是审美价值还是经济价值，那些在殖民地服役的人可能会把它们同柏柏尔地毯、狩猎的战利品、精选的剑和手枪一起挂在墙上，没人对这些东西有另外的想法。

毕加索有。它们令他觉得骇异。他用他微薄的收入尽可能多地购买。在他看来，它们粗糙的形状、不规则的对称和有力的简化是对过于精致的资产阶级美学——其翩飞的仙女、新艺术风格的女孩和纤巧的植物、无尽的寓言和纯真的裸体、美及麻木心灵的技术完美——的唯一解答。毕加索完全不在意这些非洲物品在其本身文化中的含意、意义和象征，而使用这些部落艺术的正式内容达到自己的目的。他从面具中、在其个人化的背后，看到人类境况不变的结构；个体被简化为一个符号，一个没了任何独特性的暗号。

这种看待文明的崭新、深刻怀疑眼光首先在他的《阿维尼翁少女》中得到最充分的体现。这是一幅巨大的、表现了残酷和令人不安的直率的油画，像斯特拉文斯基的《神圣的春天》一样，画家竭力隐藏其潜在的技术和组合的精湛。这幅画创作于1907年，是一个妓院的内景，裸露身体的妓女为顾客搔首弄姿。但是，画中的女子不同于之前艺术中的女子。她们暴露的身体只表现为几何图案，勉强暗示手臂和腿、胸部和胯部。脸不过是肉色上的黑色线条。右边女子的非洲面具似乎是从头上长出来的，而前面蹲着的女子完全失了形，双眼的高度不一致，鼻子是一根线，可怕而抽象——也许，这是提醒人们她遭到梅毒的可怕蹂躏。

毕加索和他的朋友、同事乔治·布拉克（1882—1963年）发现这种将流畅的形体解构为貌似古老元素的技术是一种挪用现实和表达他们对于巴黎都市生活看法的强大手法。这种技巧既可以用来把个体简化为原型，将司空见惯的现实变为神话，而将复杂的形式变成简单的成分也可以达到相反的效果：它可以显示现代生活在古老的眼光中是什么样子。直到进入中世纪，一幅画被认为不仅仅代表一个单一的时刻，而是代表一种精神实质。因此，一座祭坛可以表现基督受难的整个过程，十二个监测站的十字架都有耶稣的形象，都在一个画板上——时间的过程被视为空间的进程。毕加索和布拉克从塞尚止步的地方起步，他们的"立体派"绘画现在将同样的原则用于现代、世俗的事物。通过从几个不同的角度表现一张脸和一个身体，他们破坏了主体正式的一致性，破坏了任何特定时刻或者特定地点的感觉。但是他们希望因此可以捕捉到本质，从各个侧面看到其所有的方面，可以局限于一个角度和一个时间与空间点的人，感觉到某种更具深刻真实性的东西。

同时，立体主义的语言是传递另一种信息的强大手段：不同于马勒维奇笔下强壮的农民，现代城市人已经不是一个整体。他们是合成的、四分五裂的粘贴体，是由这些碎片那些部件组合而成的，不是充分成熟的整体，而是各种因素和不同观点的几乎随机的拼凑。乔治·布拉克与其爆发性的朋友毕加索刚好相反，他是一位有条理、知性的人，他慢慢地从容不迫地创作。他对于绘画的理论含意十分敏感，对于在二维世界再现三维世界时隐含的令人陶醉的自相矛盾，对于幻觉和象征表现之间的张力以及日益被工业设计、功利的图形、广告和大众批量复制所主导的世界艺术创造内含的矛盾，十分敏感。作为装饰画家和家具修复师之子，布拉克在绘画中使用木仿制品，主要通过给观众提出开放的问题，而完全无意于欺骗观众的眼睛。他对小提琴特别着迷，无疑不单纯是因为其圆润的造型和直直的琴弦与弯曲、涡卷的边缘之间的对比，同时也因为小提琴是用来听，而不是用来看的乐器，画家面临的挑战基本上是将声音语言转化为视觉语言。在《持小提琴的男人》（1912年）中，布拉克慎重表达了这几个想法。盘旋在小提琴多面形状之上的演奏者身影只是一个鬼魂，演奏者是通过机器人眼睛、嘴巴和鼻子的轮廓予以暗示的。这个人似乎被围绕他的那些零碎的音符图形表现的声音所震惊和淹没。这与其说是一个人的画像，不如说是一种经验的画像，它令人不安，因为整个画面上最不确定的因素就是那个人形，它消解成了周围环境中的形状和声音。

这种身份的碎片化由于电影这样的当代影响因素而得到进一步强化。随着有效剪辑和特技摄影成为电影的标准特征，人们思考故事的方式改变了。作家和画家开始模仿电影使用的快速视角转换和分离技术。奥特加·伊·加塞特说"认识世界的唯一可行方式是汇聚众多个人观点的方式"，他的这个认识论宣言开始听起来像是电影理论。路易吉·皮兰德娄、亚瑟·施尼茨勒和安德烈·别雷等作家表现的意识流的浮动魅力透过电影的眼光看待世界，记录下随机的细节和印象，让它们合并成生动的思想。厄恩斯特·马赫宣称，自我只不过是感觉和经验的累积。

受埃德沃德·迈布里奇和托马斯·艾金斯开发的连续摄影技术——将一个动作分解成连续的部分——的影响，法国画家马塞尔·杜尚（1887—1968年）开创性的《下楼梯的裸女2号》（1912年）解剖人类感觉。这幅画表现经典的绘画主题，一位裸女，她呈扇形，被分割为一个时刻的多个面向，半解析，半浪漫，整体上是讽刺性的。毕加索、布拉克等同仁对这幅作品表示怀疑，他们觉得它代表独树一帜的风格，脱离了立体派。一年以后，即1913年，这幅裸女画在纽约的军械库展展出，成功地挑起了相当大的丑闻。像意大利未来主义者贾科莫·巴拉一样，杜尚将时间的流逝组合到一块画布上，再次指向绘画的一个古老悖论，即刻画的一个瞬间与创作一幅作品所花的时间之间的关系、忠实于生活与忠实于艺术之间的关系。杜尚的画表明，忠实于实证经验不仅改变所见，也改变将其转化为感觉和经验的方式。这幅画作促使观众提出问题：一个人怎么可能爱上一系列活动的形状，感觉的瞬间怎么可以成为经验或者个性。

在真实的世界里存在碎片化、情节化的性质与时尚的匆忙、易变和工业发展——它们用铁帚扫除一切不新颖的东西——的专横要求密切相关。尽管寿命延长了，选择增加了，但生命却前所未有地短暂、脆弱。对于许多感受到这种脆弱的人，对于那些争取尊重的人，过去突然变得像是稳定性与归属感的乐土。

让我们回归原始的魅力吧。亨利·马蒂斯（1869—1954年）没有毕加索的存在主义动力，也没有布拉克的分析趣味。他的作品表明他觉得活着已经能够满足，他不想浪费时间对他法国南部静居处明亮的地中海阳光下如此清晰的事物进行知识分析。但是，马蒂斯的心思不在分析现代性上，或者拿起斧头，像把一棵树雕成一条独木舟那样，把人体砍成各种颜色，而他自身的天堂无疑置于古老的世界——一个长长的、无精打采的动物的下午，更加善意地看待人类及其潜能。他的巨幅油画《幸福生活》中的裸体人物散发着想象中希腊神的淫荡和史前时期简单的生活乐趣相结合的夏季的安逸。右边的羊像是阿尔塔米拉残余的洞穴画（西班牙洞穴，最近，这些古老的雕刻被鉴定为15000年前的杰作），而年轻牧羊人的手势和方式则是受到希腊瓶画启发的结果。

远近搜索

像许多艺术家一样，马蒂斯从人类的前文明状态中发现了美与幸福及返本归元的感觉。文明和现代性代表速度与神经衰弱、可疑的身份、孱弱的心灵和虚弱的身体。马蒂斯梦想自己置身于色彩饱和的伊甸园，在这里，堕落之前的幸福生活可以实现。其他人不满足于梦想；一批数量小但是稳定的艺术家动身寻找这个地球上的天堂，无论是在艺术家聚居地、艺术家社区还是去国外航行，在这些地方，他们能够研究未被欧洲文化污染的文化，也许能够摆脱资产阶级道德的束缚。法国艺术家享有法属阿尔及尔和法国控制的摩纳哥（撒哈拉以南的非洲太遥远、太奇异）近在家门口的巨大便利，他们许多人利用了这一诱人的机会。

德国画家奥古斯特·马克（1887—1914年）和瑞士画家保罗·克利（1879—1940年）于1914年去突尼西亚，带回充满了鲜活色彩和半抽象图案的速写本；马蒂斯1912年去丹吉尔，深刻受益于那里的色彩、传统工艺和装饰，以及北非人显然更加简单的生活。对于那些不能亲身旅行的人，1909年慕尼黑举办的伊斯兰艺术展给这个欧洲先锋派神经中枢的城市带来了一个全新的审美世界。

许多艺术家响应去国外过更"自然的"生活的号召，部分地跟随前一代先驱者的足迹。1910年伦敦后印象派展览明星之一的高更给欧洲的艺术爱好者们显示了南太平洋的欢乐。踏上通过热情和明朗寻求自我救赎之路，耽于声色的法国小说家安德烈·纪德多次前往阿尔及尔，在此期间他找到了跟随其多情天性的勇气。纪德喜欢男孩子，许多有独立谋生手段的人选择去北非或者意大利南部纵享其被禁止的激情：德国摄影家威廉·冯·格鲁登在他西西里陶尔米纳的别墅，弗里德里希·阿尔弗雷德·克洛普在卡普里。这些旅行者的兴趣都不仅仅是由不同文化对待性——同性恋或者别种类型——的不同态度所激发的，而是受到（不同文化）对待情欲和情感的不同态度吸引。纪德在他的自传《如果它死去》（1926年出版，1927年翻译）中写道：

> 以哪一个神、哪一种理想的名义，你禁止我按照我的本性生活？——如果我只是跟随那个本性，它会把我带到哪里？在那以前，我接受的都是基督的道德观……为了强迫我自己顺从它，结果我整个的存在陷于深刻的混乱。

寻找原始、"自然的"道德并不一定得导致其老手在身体上或者想象中出国。

东欧在很大程度上保留了乡村的、往往欠发达的、几乎是中世纪的生活方式，对于许多寻找真实性的人，它提供了国境之内的外国。1905

年，作曲家、音乐学者贝拉·巴托克（1881—1945 年）和佐尔坦·柯达伊（1882—1967 年）在其祖国匈牙利腹地旅行，旨在记录马扎尔和吉普赛民歌。他们这次在经典声调系统和正式约束之外的乡村世界的探索所获得的音乐产生了一种新的、以自己的乐曲表达的音乐美学。这种音乐有锯齿般的锐利，像斯特拉文斯基的音乐一样不为时人的耳朵所熟悉。他们的音乐不是 19 世纪末李斯特、勃拉姆斯、德沃夏克和柴可夫斯基等人推广的那种温柔的民间音乐释义和管弦乐。这种音乐，还有捷克作曲家里奥斯·雅纳切克（1854—1928 年）的音乐，不寻求以微妙、异国情调的色彩装饰缜密的高雅艺术音乐。作曲家们希望改变艺术音乐，改革听音乐的方式，恢复民间音乐僵硬的、不熟悉、不和谐的声音，他们假设这种音乐还没有受到西方生活病态意味的触碰。

当然，寻找具有古老根基的民族文化有其政治含意。在整个 19 世纪，音乐、绘画的民间主题、民间故事、童话故事以及少有使用的语言都被用来作为宣称民族身份的手段，艺术家们都想做民族概念的捍卫者，捷克作曲家斯美塔那和德沃夏克的事例非常出名，他们的民族风格将捷克分为两个音乐阵营，但是对维也纳的无视又把两个阵营团结起来。此时，民族复兴的政治形势更加尖锐，尤其在它寻找史前的过去之时。讲德语的先锋派艺术家对日耳曼过往历史毫无兴趣。埃米尔·诺尔德（1876—1956 年）和马克斯·佩克斯坦（1881—1955 年）的油画表现女孩们和妇女们欣喜若狂的舞蹈场景，具有春天祭祀甚至女巫安息日的全部活力，但是无法判断背景是德国森林还是塔希提海滩。

城市生活的异化与对理想化的、单纯的过去的怀念之间的张力在许多归化的犹太人中尤其强烈，他们发现自己陷于一对深刻的矛盾：他们竭尽全力在西方世界出人头地并被西方世界接纳，同时，他们的许多老年成员怀念着永恒的犹太小镇的生活方式。对于大多数犹太人，贫民区的贫穷记忆才刚刚过去不久，还不会被浪漫化；西方社会完全的公民身份又有着太强的吸引力。意义深远的是，这个时期的许多犹太艺术家和知识分子的局外人感觉加强了，他们急于抓住习俗、阶级和出身这些问题，但是马克·夏卡尔和马丁·布伯属于例外，他们很少援用他们的家庭所抛弃的犹太历史。

古斯塔夫·马勒在他的交响乐和歌曲中采用美国民间曲调、军乐和日耳曼民间诗歌，但是他不采用犹太曲调。西格蒙·弗洛伊德后来写到摩西，但是他在心理分析中所用的神话原型出自希腊神话，而不是《圣经》。

狂喜之神

当时，许多知识分子试图从古希腊深厚的源泉中舀得令人耳目一新的泉水。弗洛伊德是其中一员。对于一个倦怠的、被沉闷的基督教价值观遗产阻碍的文明，有什么比采取前基督教奠基神话更好的治疗方法呢？在人文学校接受拉丁和希腊教育、对伯罗奔尼撒战争的了解超过历史上任何其他战争的一代人，什么样的冲动能够更自然呢？尼采，那位伟大的复兴预言家，那位任何一个自尊的知识人都阅读过其作品的作家，当然是一个古典文学教授，他要求给予狂喜的、往往是破坏性的酒神因素更高的文化地位，以抗衡阿波罗和雅典娜冰冷的结晶状态。

一些人重访希腊人并按照自己的形象去塑造他们，奥地利评论家、剧作家雨果·冯·霍夫曼斯塔尔就是其中之一。德国女明星格特鲁德·埃索尔特向他请求新的挑战，他受索福克勒斯的悲剧《伊莱克特拉》的启发，创作了同名戏剧。工作进展得很好，只用了三个星期，兴高采烈的霍夫曼斯塔尔就把剧本送给了以其大胆的角色、每次演出都竭尽全力而著称的女演员。她的反应即时而热烈。她在写给他的一封颇有戏剧性的信中承认：

> 今晚我把你的《伊莱克特拉》带回家，刚刚读完。我躺在床上，心都碎了——我痛苦不堪——我感到暴力的压迫，我失声痛哭——我害怕我自己的力量，我害怕等待着我的折磨。（演伊莱克特拉）我会非常痛苦……你写的是我燃情的生命——你从我的血液中构建了狂野梦想的种种可能性……我生活在这里，没有任何猜疑……我的血液的无限燃烧的意愿。
>
> 我全都认识——（我的认识）令我震惊——我吓坏了。恐怕——我还在挣扎。

令女演员这么害怕的是什么？霍夫曼斯塔尔的确写了一部令人震惊的戏剧，正如著名批评家阿尔弗雷德·科尔在该剧于1904年首演后所说，这是"有风格的血腥的愤怒"。伊莱克特拉的整个生命中心就是为她英勇的、遭到谋杀的父亲阿伽门农——他命丧自己的妻子（伊莱克特拉的母亲）和她的情人之手——复仇。她像哈姆雷特一样想要报仇，但是不同于哈姆雷特，凶残的感觉在她心中燃烧，她决心杀死她的母亲和母亲的情人，为此她牺牲了自己一生的希望：观众惊骇地看到一个嗜血的女人，一个被强烈的情绪——不是歇斯底里，或者忠诚，或者捍卫少女的纯洁——撕裂的女人。霍夫曼斯塔尔从古老的神话中创造出一个新型的女人：危险、有力、具有毁灭性的激情——实际上，她在任何方面都不符合女性的角色期待；而且，他还走得更远。在希腊原著中，伊莱克特拉是神圣复仇的工具，真正的戏剧及对人类行为的责任因此是在奥林匹斯山上展开的。而在新版本中，这一安抚人心的情节被取消了，所有的激情、所有的疯狂、所有的欲望都被作者置于主人公们自己的思想和心灵之中。伊莱克特拉既不是更高力量的工具，也不是追求正义的女人；她是被她完全失控的暴力、血腥冲动折磨的女人：

> 我播下了黑暗
> 收获了欲望重重。
> 我是一具黑色的尸体
> 游走人间，此时
> 我是生命之火，我的火焰
> 焚毁世界的黑暗。
> 我的脸色之白
> 胜过白色——火热的月光。
> 看见我的人，
> 肯定会感受到死亡或者
> 毁于欲望。

> 你看见我的脸了吗?
> 你看见我放射的光芒吗?

真正的丑事是愤怒和欲望：一个充当了代理人而不是被人驱使的女人，一个有着强烈的、不屈不挠的激情的女人。她给观众造成了非同凡响、极其兴奋的影响。在马克斯·莱因哈特的导演下，本剧在前卫的柏林小剧场首演四天之内，就有22家德国剧院要求上演《伊莱克特拉》，几周之内，就卖出了三个版本。

霍夫曼斯塔尔坚决认为他笔下的希腊不是对19世纪那么亲切、经过粉饰的乌托邦，而是如他在舞台指导中明确指出的，未"对平庸进行历史化处理"的希腊其实是一个很黑暗的地方，他说："本剧的特点是狭隘、不可避免和封闭性。舞台画家会以正确方向为目标……如果他让自己被拥挤的城市房子的气氛牵着鼻子走……而不是跟随传统寺庙和宫殿的格调。"

作曲家理查德·施特劳斯（1864—1949年）请霍夫曼斯塔尔把剧本改编成歌剧，因此进一步强化了该剧惊天动地的效果。1909年，歌剧在德累斯顿首次公演，结果导致了空前的丑闻。施特劳斯晚期浪漫主义诗歌的妖娆意味不仅没有缓和其影响，他的音乐完全是为了放大感情冲击力，从而使得它更加恐怖。开幕的时候，乐队甫一演奏，尖锐的声音顿时响彻整个剧院，管弦乐队使用的好像是百人共用、旨在放大杀人疯狂的机器；没有传统的咏叹调，音乐中充满了沸腾、高涨的情绪，只顾张扬女人的激情，而不做任何谴责（在第三幕，伊莱克特拉与她久已失散的哥哥会面，其中有20世纪歌剧中最抒情、最亲密的时刻），只是再次陷入复仇的疯狂。轻松的优美没有带给观众以安慰。整个晚上都充斥着伊莱克特拉的情绪混乱。

神秘怪物威胁人类文明有序的外观经常是艺术的主题。但是，19世纪的画家经常使用神话主题，以之作为其异域情调的帷幔和一点点诱人肌肤的方便借口，而新一代的艺术家想要暴露的不仅仅是肉体，还有隐秘的心灵角落。维也纳梦想和现实之间脆弱的休战为这类幻想提供了理想舞台：奥斯卡·柯克西卡图文并茂的诗歌《做梦的男孩》（1908年）创造了悬置于阿卡迪亚似的纯洁和性紧张之间的危险遐想；斐迪南·霍德勒的油画好似古代异教徒仪式的记录；诗人、图形艺术家阿尔弗雷德·顾彬画的战神是双目失明、戴希腊头盔、持盾甲的野蛮巨人，以他可怕的、岩石般的靴子踏平军队。

古斯塔夫·克里姆特在希腊神话的再阐释方面比谁都走得远，他的希腊女神放射出危险的异国魅力。这里没有古典的均衡，也没有奥林匹亚的宁静。克里姆特声称，"所有的艺术都是色情的"。他的人物和色彩中颤动的显然的肉欲对于希腊神话中痴迷于性爱的神们倒是恰当的贡品。克里姆特为维也纳大学大厅创作的嵌板引起了愤怒，它们的肖像和构图明明白白地与一个公共机构所代表的一切相抵牾。他的目的不是使用古典的帷幔达到现代的效率；相反，即便面对最现代的主题，他也想抛开传统的虚饰和情绪控制，暴露潜在的原始激情。

在努力揭示日常生活的原始因素过程中，克里姆特莽撞的注视——既是好色之徒的，同时也是哲学家的——不停留于任何事物。他那幅9岁儿童的肖像《玛达·普力马维斯》（1912年）深入探索观察的心灵本身。画中漂亮的孩子被玩具包围着，但是留意细节，就会发现整个画面都是隐匿的裂缝，观者被吸入令人不安的力量的旋涡。首先是女孩子的脸。对于一个9岁的孩子，这张脸是不是太老、太世故？这更像是一张阅历深厚、预知一切并欢迎一切的成年女性的脸。她傲睨的凝视、右手搁在臀部、双腿张得很开……一副挑衅观众的姿态。观众成了不道德的艺术家的共谋。他是深入观察他自己无耻灵魂的观察者，即便在他观看面前的作品的时候。克里姆特从这个孩子身上看到了那个未来的女人，他的注视含有微妙的淫秽，可耻地探测她成长中的少女味以及他自己的反应。他的眼睛像伦琴的X光一样，剥下了女孩的衣服，而观众继续观看，会看见她的脚上有一条若隐若现的线，沿着大腿，一直抵达关键部位，在衣服的褶边上方，透过白色薄纱，性征清晰可见。这里没有任何天真可言。对于那些学会了看透衣服、在拘泥的礼节之下看见粉红色、一丝不挂的肉体的人，传统道德的衣服不过是一种瘙痒。

1910年12月前后，人类的本性究竟有没有改变？

欧洲的大多数前卫人物响亮地回答说没有，人类的本性没有改变，也不可能改变。但是基督教强加的情感压抑，2000年来对激情的否认和对激情、对性本能、对人类心灵中所有真实不受控制的情感的打击，使人类的本性暂时偏离了正确的方向。人类学家和心理分析家、哲学家和诗人认为，其结果就是人的心灵同自己情感的疏离，心灵与头脑的疏离；毕加索和克里姆特、马勒维奇和布拉克所刻画的结果是城市专业人士惊恐不安的生活，以及被资本主义巨大引擎去势的工厂奴隶；斯特拉文斯基和巴托指出，结果就需要重新以一个想象的真实年代那样古老声音的粗粝的活力激活现代听众疲惫的耳朵。

那么，人类的本性并没有改变。新一代艺术家和知识分子试图重新捕捉他们觉得一直存在的东西：永恒不朽的人性实质，不过它被基督教道德及德国社会学家马克斯·韦伯（1864—1920年）于1904年描述的、它那虽然世俗但合法的继承人即资产阶级掩盖。韦伯拥有巨大的智慧力量，但他躁狂抑郁的天性不允许他出版他写的大歌剧，他是他那个阶层和时代的完美代表：勤奋工作，拥有很高的专业水平，但是经常为性焦虑和神经衰弱症所困扰。神经衰弱症严重干扰他的工作能力，于是他只好放弃辉煌的大学生涯。韦伯处于他那个时代的情感边缘位置，所以他敏感地认识和理解维持社会运转的机制。韦伯最具开创性的成果有一个平淡的书名《新教伦理与资本主义精神》（1904—1905年），这项研究开创了理解现代社会及其改变人类天性方式的框架。韦伯证明了清教徒，尤其是加尔文主义的社会与个人（我们可能会加上：犹太人不成比例的成功）在经济生活中不成比例的成功，并以其分析天才解释这一事实：天主教强行让信徒接受禁欲主义及来世救赎欲望的升华，而加尔文派给予或者扣留上帝恩典的教义从一开始就便利地把今世的成功解释为敬虔之意。然而，同时，通过显摆财富和生活奢侈沉溺于人性的弱点被视为放荡和堕落。所以，必须赚取金钱以确证得到了上帝的恩典，但是不能挥霍金钱，而要用来投资和赚取更多的钱；这样，资本主义就诞生了。工人也许受到剥削；他们生活贫困这个事实本身就强烈表明他们没有得到上帝恩典。

一种特别"公民"的经济伦理出现了。怀着领受到上帝的充分恩典并得到他看得见的祝福的感觉,公民诗人,只要他处于正式的正确范围,只要他的道德行为没有瑕疵,他不以受到反对的方式使用财富,就可以追求他喜欢的金钱利益,并觉得这就是在完成自己的义务。此外,宗教禁欲主义的力量给他提供清醒、有道德良心、勤劳的工人,这些人把工作作为上帝希望的人生目标。

韦伯的资本主义精神令人钦佩地描写了典型的资本主义剥削者的心态、奋斗的中产阶级的心态,以及钱生钱的心态。然而,它也揭示了一个以禁欲主义为基础、以为着更高的目标而压抑情感为基础的制度。

很容易看出弗洛伊德的分析如何受到韦伯分析的影响:压抑自然冲动是资本家成功的必要前提,这对群体及其财富是生产性的,但是这样的方式最终会报复个人。从童年时期就封锁起来的情绪不可能依据基督教教育(核心是打败魔鬼,驱除孩子身上的原罪遗产)的模范得到祛除。被压抑的因素仍然存在,在黑暗中溃烂,最终会形成为一系列的梦、精神病和身体症状,以其可能的唯一方式浮现出来。心理分析家认为,救赎有赖于意识到这些被拒绝的冲动,在精神整体中给它们应有的位置。这也是回到根源,回到压抑之前的人类观,成为堕落之前的人。

我们是不是离开维吉尼亚·伍尔夫和她那面颊通红、戴着新帽子冲进客厅的厨娘太远了?一点儿也不!伍尔夫写道,在维多利亚时代,厨师"像利维坦似的住在地表下,可怕、沉默、隐晦、莫测高深",这难道不是在资产阶级家庭经济有机体中受到压抑的生命力的完美体现吗?如果新一代的厨娘是"阳光和新鲜空气"的产物,那么,她们(撇开伍尔夫的讽刺不说)也是新时代的产物,在这个时代,生命力得到释放,紧身胸衣不再时髦,自然和光受到前所未有地膜拜。有什么比被拖出黑暗、暴露于阳光和新鲜空气的利维坦更好地代表心理解放(及随之而来的危险)呢?对伍尔夫而言,人类本性的改变仅仅是因为它开始恢复到更自然、更古老的表达形式。

伍尔夫认为1920年代的作家是1910年代作家的继承人,"违反语法;

解体句法"在1914年以前的画家和作曲家中已经是事实了。如果他们既想描绘神经紧张的大都市生活现实，又要描绘回到更早的存在方式的可能性，那么，他们就需要让他们的语言适应挑战。只有通过反映这种碎片化的状态，通过举起破碎的镜子映照老是处于自我破碎边缘的人，才能描绘现代城市居民多面的、虚构的、工业化打扮的、意识形态的、政治化的自我。为了唤起可能是什么以及什么再次有可能，艺术家需要找到非常不同于西方传统的风格，毕竟，西方传统也曾经是压抑的、基督教的和资本主义的传统。需要使原始、不和谐的声音，极端的激情，粗糙的人物和僵硬的面具先暴露，然后再摧毁囚禁于规则和禁律牢笼的资产阶级自我文雅的复杂。人的本性不是改变了，而是解放了，当然也再不会完全跟过去一模一样了。

十二 1911年：人民的宫殿

新人出现了，他们用半个便士的报纸使自己意气消沉。

——乔治·萧伯纳

同狂热的想象相比，现实似乎毫无价值。

——埃米尔·涂尔干

从艺术中寻求古老的真实性只是少数杰出人士的执着。同时，数百万人热烈拥抱一个有着前所未有的舒服与激动的时代，拥抱他们以前得不到的事物。知识分子可能梦想从根本上复兴古老的文化，梦想走出资本主义社会的途径，但是他们大多数的同代人都在寻找进入的门道：获得足够的食物、更好的住房、体面的工作、高薪、西服、汽车和新的娱乐方式。从小小的密室到改头换面的咖啡馆、酒吧和提供流行消遣的宏伟大厦和寺庙，迅速发展的电影院给他们捧供了最唾手可得的娱乐。

其中最大的电影院是巴黎德克利希的高蒙宫，有3400个座位，系改建而成的剧院，于1911年接待满怀敬畏的观众。阿贝尔·特鲁切特——风俗画画家，专门画巴黎和蒙马特的街景——捕捉到了兴高采烈的情形。这幅画的中心呈现了绝佳的对比：以最大的电影胜地为油画的主题；立面灯火通明，马拉车在下客，川流的人群黑压压的，反衬灯火灿烂、硫黄色的电影院。透过正面的大窗户几乎看得见巨大的观众大厅天蓝色的装饰、一排排长长的弧形座椅和巨大的阳台，乐池里，乐队在（观众）休息期间演奏，也为电影伴奏，专业的发声器制造出音响效果。

莱昂·高蒙（1864—1946年）和他的竞争对手百代兄弟是法国电影界最大的玩家，实际上，也是全世界最大的电影及摄影器材生产商，还是最大的连锁电影院老板。战前，电影院——迅速发展出上千万观众的新型娱乐——几乎全是法国的。移动图片已经发明出来了，并且在几个地方同时发展：爱迪生的活动电影放映机于1893年在芝加哥面世，卢米埃尔兄弟设计的电影机和斯科拉单诺斯基兄弟于柏林制造的放映机在1895年震撼了为他们付费的观众。有那么一年左右的时间，这种新科学产品令出得起钱的人如痴如醉，但是随着更多的放映机和胶卷投放市场，这些最早的影片很快成了工薪阶级的娱乐，巡回放映应运而生，只需要花几个便士就可以在咖啡馆、音乐厅和露天摊位的临时电影院看一部短片。电影是一种动画幻灯——短暂的、只有几分钟的人物活动，比方说，里昂卢米埃尔工厂的工人鱼贯而出——说不上是什么伟大的戏剧主题，但仍然是惊人的景象。很快，剧目中增加了幽默的情节，例如，一个人往花园水管窥视，这时水管突然喷水了，把那人淋成了落汤鸡，还有爱迪生的《弗雷德·奥特的喷嚏》及魔术。另一些电影内容是音乐厅表演、拳击表演、马戏表演，有那么十来年的时间，电影放映的乌合之众世界被认为是给没受过教育的群众观看的粗俗的现实偷窥秀。

这些早期电影的主要魅力是活动本身，但是，随着观众要求电影有更多的情节、更多精致的装饰品、更多的景象，而不仅仅是洒水和喷嚏，电影的魅力很快消失了，使得富有进取心的路易斯·卢米埃尔发出愤怒的叹息："电影没有未来。"为了战胜竞争对手的马戏表演，电影必须更激动人心，投入更高的制作成本，结果市场被留给了少数几个大的玩家，他们有钱请导演、专业演员、做精致的布景、制造特殊效果和雇用成群的临时演员。高蒙和百代公司发展成摄影机、放映机和胶片等技术设备的主要生产商，并在迅速扩大的市场上确立了健康的主导地位。

我们会觉得这些早期的无声电影比较奇怪：夸张而做作的表演、恐怖的妆容、明显的布景，尤其是，因为在现代的屏幕上（几乎总是伴以兴高采烈的拉格泰姆钢琴演奏），早期的影星、部队和君主走起路来一摇一摆，动作像木偶一样呆板、生涩。即便如此，在1910年前后，当时的观众还是很熟悉老电影那种加速的、狂躁的气氛：为了节省宝贵的胶片，制片人会进一步减缓速度，而放映员和电影院老板为了以更快的速度塞进更多的观众，经常加速放映，最后一场的时候，许多电影院有急动的坏名声，因为怀着厌烦情绪的工作人员快速转动（放映机）手柄，好早点儿放完片子回家。屏幕上的世界很可能疯狂、过于激动，即便有着最良好愿望的放映员也得是艺术家才能忠实于手中的材料。在有效规范出现之前的那个时代，每一部电影、每一个摄影师都有他自己的速度。

两家公司中较大的百代公司的兴盛是早期这些年的典型。它最初的业务是进口爱迪生的留声机，然后就开始仿冒他的电影放映机。1905年这对狡猾的兄弟每个月卖出200台相机和放映机，每天卖出12000米胶片。1906年，他们每天卖出40000米胶片，每周出品10多部短片，每部短片有75个拷贝，并开始构建世界性的发行网络，销售他们的影片。1904年，百代公司在莫斯科、纽约和布鲁塞尔开办了机构；1905年，在柏林、维也纳、芝加哥、圣彼得堡开办了机构；1906年，阿姆斯特丹、巴塞罗那、米兰和伦敦的机构开张。很快，公司业务沿着殖民路线走向世界：印度、东南亚、中南美洲、非洲。1908年，仅仅在美国一个国家，百代公司的每部电影就可以卖到200个拷贝，法国和比利时200个电影院构筑的帝国确保公司对国内市场的控制。1910年前后，电影已经成为了百万法郎的产业，有巨大的观众群和更大的潜力。在美国，镍币影院，即便宜影院，迅速成为了普遍现象。这种你死我活的无政府主义行业几乎是一夜之间就成功了。1907年，一位美国记者注意到：

三年前，美国还没有放映活动图像的镍币影院或者五分剧院。今天，已经有四五千家在运营并赚钱，而且这个数字还在迅速增加。这是活动图像业的繁荣时期。每个人都在赚钱……镍币影院开发出一个全新的阶层，将过去了解戏剧并且也不把戏剧作为生活内容的人变成了影迷……看起来好像难以置信，但是，一年平均每天有两百多万人去镍币影院，其中三分之一是儿童。

镍币影院一般是小剧院，有 199 个座位，一周七天，每天放映 12 到 18 场次。影院墙壁漆成红色，椅子是普通的厨房椅子，没有固定在地上。墙上唯一不是红色的地方是几个黑色和白色的符号：禁止吸烟，脱帽。但也并非一成不变，有些影院墙上写的是：想待多久待多久……

不出所料，拉丁族裔比犹太人、爱尔兰人或者美国人更爱看电影。各个种族的海员都是电影爱好者……有魄力的老板往往请一位钢琴师担任伴奏，他受命在场景毛骨悚然时弹《伊丽莎穿过冰雪》，在追孩子的滑稽场面出现时则弹快节奏的拉格泰姆音乐。而在竞争不激烈的地方，老板则只管按下按钮，开始自动播放，当天使从勇敢的小英雄残缺的尸体上变身出来时，可能会大声吼叫"比尔，我要跳两步舞而不是华尔兹"。

欧洲有它自己的小型夜间电影潮，但是，这种短暂的时尚风潮正在退去。新一代的电影院如野火般蔓延。1912 年，伦敦有近 500 所影院，曼彻斯特有 111 所，仅英国一年卖出的电影票就达 3.5 亿张。连农业国家匈牙利都有 270 所电影院（其中 92 所在布达佩斯），欧洲电影在遥远的仰光、上海、墨尔本上映。1913 年，雷内·都米克写道："电影院的时代业已到来，这种新的崇拜渗透了整个欧洲，征服了世界。"这是蒸蒸日上的电影帝国，尤其是百代公司和高蒙的时代，这些巨头更长、更壮观的影片吸引着观众，而且，他们的电影院规模越来越大，放映不再是无政府主义的、不受控制的，而是宏大、装饰华丽的人民宫殿，充满魅力和抱负的共享世界，英雄失宠，明星享有最高的社会地位。有 3400 个座位的高蒙宫是规模最大、最富丽堂皇的电影院。

上一章谈到艺术家对这种普遍碎片感的反应，但是，电影和其他艺术之间也有直接的相似处。镍币影院吸引着数以百万计好奇的买家之时，报纸开始刊发连环漫画回应市场对快速、简洁有力的图画故事的需求。《疯狂猫》《宿醉的孩子》以及《维尼熊》在美国报纸上定期刊出，并形成了独有的表达词汇。

追星族

新一族银幕英雄很快抓住了大众的想象力，其中最著名的是马克斯·林德（加布里埃尔-马克西米利安·德·柳维亚尔，1883—1925年）。他是法国厚脸皮的原型，全世界观众怀着全神贯注的喜悦观看他的冒险故事。欢快、留着络腮胡的马克斯竭尽全力想取得成功，但是遭遇重重的混乱。如果他坐在火旁，那么他的鞋子就会燃起来；他僵直的衣领怎么也竖不起来；他陷入的每一个情形结局总是社会的毁灭和令人捧腹的尴尬。仅1912年一年，林德就拍了34部电影，一哄而上的闹剧给他带来了100万金法郎的收入。

这是一种新型的明星地位，它与老式名声的作用方式不同。在19世纪，如果你想一睹1900年代之前已经是明星的萨拉·伯恩哈特（1844—1923年）的传奇剧，那么你得在巴黎，或者她巡演到美国、圣彼得堡、伦敦时，买票进入昂贵的剧院。如果你在世纪之交之后想看她的表演——她直到60多岁还在扮演年轻女子——那只需要等到她的新片子出来，就可以体验到所谓的戏剧顶峰——无论你是在首都，还是在比利牛斯山村，或者里斯本、克拉科夫，抑或旧金山的某条后街。伯恩哈特的名气始于19世纪，那得益于她在台前幕后的狂暴表演，但是在20世纪（她的名气）更加卓著，这主要是因为她在舞台之外的恶名——它具有影迷期待的所有名声要素。

伯恩哈特（她的事业高峰恰逢报纸大量发行、明信片之类图片复制出现）之前，没有哪个明星像她那样让公众目睹个人详细情况及所有个人神话的香艳素材。伯恩哈特有时候喜欢睡在她的棺材里（然后让人拍照），这像她的异国情调的动物园一样引起了许多的评论。她的动物园里先后有过狮子、猞猁、喝了太多香槟意外死掉的小鳄鱼、吞下沙发靠垫噎死的巨蟒。然而，同明星著名的瘦削身材和高贵的人生列车相比，在她无数备受关注的艳情——人们几乎以传教士般的热情予以关注、渲染，进而又通过谣言和传记涂抹——面前，她的动物的奇异色彩黯然失色。法国小说家大仲马打趣道："你知道，她完全是个说谎者，她甚至可能很胖！"她的几十个情人包括威尔斯亲王爱德华、艺术家古斯塔夫·多尔、意大利小说家加布里埃·邓南遮、法国作家皮埃尔·洛蒂，如罗伯特·戈特利布所说："她诱使超同性恋的罗伯特·德·孟德斯鸠同她发生了异性性关系，使他呕吐了24小时。"

这些转瞬即逝的恋情只是更实质性的订婚间隙之间的小把戏。她同著名的美男子、喜剧演员让·蒙内特—苏利（他老年的时候回忆说："到60岁的时候，我觉得那是一根骨头。"）订过婚，同她崇拜的年轻英俊的希腊人阿提斯泰迪斯·达玛拉订婚、结婚，并被他骗光了财富。要不是幸亏他因吗啡过量死去，他可能会彻底毁掉她。伯恩哈特悲悼他的方式如同爱他一样盛大而富有戏剧性。这些都是围绕萨拉·伯恩哈特的传奇故事。她是伟大的悲剧女演员、法国伟大的女大使、法国艺术的化身、戏剧艺术的化身、最多丑闻最辉煌的女性。她的座右铭是"做自己"，在伦敦的舞台上，她就是以这样的精神出演了法国版的哈姆雷特，使得她最严厉的批评者萧伯纳说她是"一个疲乏的、干咳的悲剧演员"。萧伯纳属于极少数不喜欢她的人，他尖刻地写道："我作为戏剧评论家永远不可能对萨拉公平，因为她跟我的阿姨乔治娜一模一样。"

不同于讨厌阿姨的萧伯纳，报纸编辑都热爱萨拉·伯恩哈特。任何关于她的故事都可以促进发行量，因为人们痴迷地想更多地了解"他们的萨拉"，了解她的美、她的化妆技巧、她对裤子的偏好、她壮丽的死亡场景、她奢侈的习惯和对她的私生子莫里斯的爱、关于她的情人们的真相——后来则是她截肢的悲剧及她去前线为士兵们朗诵诗的勇气。伯恩哈特被她数以百万计的崇拜者消费——他们全神贯注地阅读有她特写的报纸杂志，蜂拥观看她的电影,买她的照片,写信给她索要签名;他们在墙上挂她扮演哈姆雷特或者吉斯蒙达的著名海报。在征服舞台之后,"神圣"的萨拉长期是媒体名人。

马克斯·林德和萨拉·伯恩哈特那种程度的名气是正在迅速改变公共领域和个人经验性质的新型文化现象。在大众传播、电影和留声机出现之前,每一种经验都具有独特性。你去听歌剧或者去听音乐会,你知道(实际上,甚至都不会问问是否)今晚的经验是独一无二、不可重复的。另一个晚上会不一样,会体会到另外的声调、另外的手势,另外的反应。生活是滑过手心的珍贵之物,世上没有任何东西可以让时间哪怕驻足片刻。新媒体改变了人们与经验的关系。本世纪神奇的男高音恩里科·卡鲁索或者伟大的女高音阿米莉塔·嘉丽—库尔奇每天晚上在纽约大都会歌剧院和米兰斯卡拉歌剧院唱的都不一样;他们的状态可能好可能不好,可能对经过尝试和检验的阐释赋予新的细微差别。但是留声机唱片每次听起来都是一样的。卡鲁索1907年录制的雷昂卡瓦罗歌剧《小丑》是全世界第一张销量超过百万的唱片。一个新的市场应运而生,一种欣赏艺术的方式也随之出现。无需再去歌剧院,无需相应的所有社会包袱就可以欣赏一位歌唱家的演唱。不用买票,只需要买一张便宜的唱片,就可以在家里,穿着衬衣,听音乐——想什么时候听就什么时候听,想听多少遍就听多少遍,而且,每一次,伟大的音乐家都处于最佳状态,每一次都会在同样的点感觉到熟悉的震颤。电影和录音经验变得可以重复。

另一项变革具有不同的、几乎是神奇的品质:它可以让时间驻足,使经验凝固。乔治·伊斯特曼于1900年率先引入了简单的布朗尼照相机,它有一个镜头,不过纸盒大小,售价仅1块美金。曝光六次的胶卷花费15美分。发明者推出柯达一年不到,就生产和销售了15万台小相机。这种相机便宜、好用,适合小孩。专业摄影师和富有的业余爱好者已经使用相机10多年了,但是1900年前后便宜、简单的相机改变了整个游戏。这下,每个人都可以照相——不仅仅是在围着大帷幕、着色背景,摆着装饰得花里朗哨家具的正式照相馆照相,而且在日常生活中,在最随意最出其不意的情况下,也可以照相。我们已经认识过青年摄影师雅克·亨利,了解他对速度的热爱,有他那种痴迷的业余摄影师(大多数不如他有才华)数以万计。转瞬即逝的瞬间得以留存,朦胧的光下,这些瞬间仍然如此生动。报纸上登载的照片复制量达百万份(1913年,仅德国一年印行的报纸就达1600万份),使得本来如童话故事般遥不可及的事实近在眼前。照片使世界变小、速度变快,同时,它们的魅力在于飞逝的时间的暂时停顿。

并不是每个人都喜欢这种按下按钮或者开关之间就可以改变体验的全新的强大力量。正如法国神父、整个巴黎的忏悔者木格尼尔1910年在他的日记中发牢骚说:"今天,人们不再轻松。这种情况只会更严重。X光会穿透你,柯达会拍下你的形影,留声机会刻录你的声音,飞机在高空威胁我们。"西方世界有许多人觉得迅速变化的大众文化是一种威胁,木格尼尔是其中之一。另一位观察者路易斯·豪格马尔德分析电影对观众的影响,并得出以下富有先见之明的结论:

> 通过它(电影),被魅惑的大众将学会不再思考,抵抗所有推理和建构的欲望,这种情况会一点点地发生;他们将只知道如何睁开大而空洞的眼睛,只是看,看,看……如果现代的呼声表述为"面包和电影",那么,电影也许将构成社会问题的最佳解决方案吗?……

我们会渐渐接近来势汹汹的、普遍的哑剧的普遍幻觉一统天下的日子。

大众之美

精英们可能觉得愤怒,但是,绝大多数人民急切地拥抱民主化和全球化的娱乐方式与信息获取方式、思考方式和他们觉得美的事物。

先锋派们宣告一种新型的美——但是全世界只有几千人听见他们刺耳的声音。他们的画作经常只在远离主流的小型画廊展出(如果展出的话),

他们的小说往往自己印行，数量不过几百本。在今天看来他们富有远见，但在（当时）很少引起注意，而理解的人就更少了。西方的绝大多数人，那些有财力做选择的人，其生活环境很大程度上罩上了历史的斗篷。墙上挂的图片和钢琴上摆放的石膏半身像可能是批量制品，但是其装饰性卷曲和振奋人心的信息都散发着过往时代的气息，因为图片装在金色的画框（当然，都是工厂制作的）里，呈现的是昔日大师的作品（通常是胶版画，那是新近完善的彩色图片复制技术）。每个自尊的德国家庭摆放的作曲家或者诗人石膏半身像所敬慕的对象（取决于家庭的进步程度）是贝多芬、歌德、弗里德里希·席勒，甚至海因里希·海涅（诗人、讽刺家、犹太人），或者理查德·瓦格纳（民族主义者、反犹主义者）。某类法国家庭可能会向拿破仑表达敬意，或者挂一个十字架（法国，两极分化），而英国人则敬慕莎士比亚。

　　大工厂生产的家具往往模仿其他时期的风格。有些厂家生产新型家具，如格拉斯哥的查尔斯·雷尼·麦金托什和维也纳的阿道夫·鲁斯及维纳工坊，但是欧洲中产阶级对他们的产品抱以怀疑态度，他们偏好历史主义风格坚实的尊严感，或者新艺术设计柔软、女性化的线条。人们往往对优雅华丽、女性化和好玩的家具进行装饰，以此软化大众生产对资产阶级骄傲感的打击。自然的形式、花和仙女般的处女、攀缘植物和迷人的花朵、滴水的枝叶及其长势的青翠茂盛使得高兴的主人忽视了这些东西都是设计来供大众生产和工厂组装的，不过是工业形式的模拟复魅。新艺术和新艺术运动轻柔地歌颂自然之美和生命的流动，但是，它们的大多数设计师都在现代的办公室上班，画出将被批量生产的作品。

　　新艺术和新艺术运动及其各种民族形式或者诸如艺术与工艺品运动之类的先例都是19世纪的产物，是艺术对大众生产及工业美学攻城略地现实的反映，并很快被商业利益取代。它们试图以一种新的美重新迷惑日益平淡的世界，但是即便他们也面对坚决的反对。鲁斯对维也纳情感经济和建筑的外表文化十分愤怒，他宣称装饰是一种罪。只有巴塞罗那的高迪鼓起足够的勇气建了一座万物有灵论风格的建筑，采用了怪兽、神秘的野兽和象征的形式。新设计是一个没有精神的世界的产品，这个世界失去了或者摆脱了泛灵论；它忧心忡忡的不是邪恶的眼神，而是功能性、机械化、生产过程和成本；它属于一个不同的、工业化的世界。其优雅的程度体现在桑内特兄弟生产的蒸汽弯曲、功能简单的木质家具中。但是，即便桑内特兄弟仅1912年就生产了200万件家具，尽管他们的家具优美、舒适，他们的产品的纯粹线条也是慢慢地才进入了普通的家庭。人们就是喜欢历史主义风格的高贵感。

人民的宫殿？

大量生产的产品需要销售网点，新一族城市消费者需要地方购物。百货商店的时机成熟了：这些巨大的、光滑的售货机器，其商业发动机房、电梯服务生、别致的台阶、多层的优雅与时髦的远洋轮非常相似。

> 在塞尔福里奇购物
> 是一种乐趣，一种消遣，一种放松

1909年，伦敦新开业的大型销售场所的海报向伦敦人做出了这样的承诺。在这里，一切都考虑得很周到：筋疲力尽的丈夫可以在单独的、令人放心的俱乐部似的吸烟室里享受款待。

巴黎的百货商店（便宜货和卢浮春天百货和老佛爷百货公司），纽约的梅西百货，伦敦的巨型商场如哈罗斯百货商店、怀特莱斯百货商店、德里百货商店、汤姆百货商店，莫斯科的穆尔与米利利斯百货商店，布鲁塞尔的创新百货商店，布达佩斯的霍尔和费舍尔百货商店，德国的维特海姆百货商店、斯考肯百货商店和蒂茨百货商店：它们不仅仅是商店，而是竭力提供购物体验，提供消费者觉得想要的所有东西——从食品到活的动物，从服装到按摩，从汽车到香水、文具。它们以消费服务和方便的名义提供一切。早在1894年，欧洲最古老、最优雅的百货商店之一、巴黎的便宜货百货商店就握有150万个住址，寄送商品目录。10年后，其老板已经拥有一个庞大的商业帝国，在布利克斯顿、绍斯波特、格洛斯特都有分店，雇员达 7000 人。1905 年，哈里斯百货商店开办了 24 小时电话订购服务。巴黎的大百货公司送货到特鲁维尔和顾客夏季爱去的海滨度假胜地，莫斯科的穆尔与米利利斯百货商店把商品调运到俄罗斯帝国各地。闷闷不乐地住在雅尔塔的安东·契诃夫特别依赖它们的优质商品，他把他的两条狗叫做穆尔和米利利斯。

商业中心和商业活动集购物的兴奋与创造新的、既激动人心又方便的体验这种更重要的允诺于一身，吸引了大量的人。1904 年汽车沙龙在巴黎大皇宫国家美术馆开幕，第一天就有 4 万人参观了销售展（同年的绘画展开幕式有 1 万人出席）。然而，他们看到的不仅仅是各种新车，而且是新生事物和新的、激动人心的可能性，正如一位记者解说的那样：

> 你必须在夜幕降临后来这里。从地铁口进入这个世界，嘈杂的声音、熙来攘往的人流和灯光令你目瞪口呆。旋转的聚光灯放射着蓝色光线，扫过天空，令人目眩；摆成战斗队形的两百辆汽车的车灯如巨大的、火焰般的眼睛看着你……里面是少见的、毋庸置疑的美丽景象。巨大的中堂好像奇异的火神殿；每一扇铁拱门上都好似飘动着橙色的火，那冲天的火焰同白色的火焰及白炽灯散发的火焰争奇斗艳；火被变成了物质。空气中充满了金色的雾霭。
>
> 在 20 万只灯泡的照耀下，大皇宫像一颗巨大的宝石，是整座城市最引人注目的所在。

巴黎的另一个机构是商业辉煌与社会预言的结合。乔治·迪法耶尔（1855—1916 年）创办了一家与众不同的百货商店。1895 年迪法耶尔在蒙马特附近建立的商业大厦（耗资巨大）象征着消费者的梦想与商业宇宙本身。有位顾客对立面的三个至高无上的象征物印象深刻，他写道："从主入口走进迪法耶尔商店，你觉得好像是进入了皇宫，而不是商店。"那三个象征物包括放置在巨大的门两侧的雕塑，分别代表信用和宣传，这个帝国的柱子上，挂着一座巨大的钟，提醒每个人时间就是金钱。店内装饰着

200 座雕塑、180 幅画、装饰柱、举着明亮烛台的闪耀的人物、彩绘玻璃、华丽的楼梯通向有 300 个座位的剧院，色调是白色和金色，挂着丝绸窗帘，巨大的镜子反映着无尽的光的海洋。地下电影厅给 1500 名观众奉上 4 个小时的节目。夜晚，建筑的玻璃穹顶以 100 万只蜡烛照亮，在 12 英里之外就看得见这座地标建筑，同埃菲尔铁塔传奇的探照灯有得一拼。

迪法耶尔不同于其他百货公司：这里，顾客只需要支付购买价格 20% 的首付款，可以按每周 18% 的佣金分期付款。1900 年前后，公司名册上登记着 300 万顾客，运行这个部门的职员有 3000 人。入口处放置信用雕塑是有充分理由的。

迪法耶尔在法国各省通过分店出售的商品不仅针对有钱人，其目标客户也包括中等收入者。这些商店模仿富人的口味，出售模仿财富与成功的仿制品。批量生产的女式丝绸衣服和男士预制西装；貌似珍贵皮毛的兔毛皮；模仿珍稀鸟类的奢侈羽毛制品；貌似纯银的电镀锡餐具；色彩艳丽的人造花；华丽的天鹅绒软饰；机制书架上面摆满了廉价的金色古典文学浮雕版本。这一切共同创造了一个虚假的财富世界。

许多观察者对这种普遍的粗俗表示绝望，但是并不是所有人都把这种新的现实视为堕落而置之不理。历史学家乔治·特拉维尔拉韦内（1855—1939 年）以分析这种迷人的现象及其社会含意为终身职事。他论辩说，那些哀叹水平下降的自命的美学家没有抓住要点，"每一次（工业）范围扩大，大量个人就会获得新的生活满足感；它们使得苍白、虚幻但是甜蜜的富裕映像渗透到甚至是身份卑微的人的生活。这类卑俗化是我们这个世纪的成果：他们对之抱以极大的尊重。"如果说这种财富和个性外观没有体现出个人天才的火花，那么这种新的、批量生产的快乐仍然代表着进步："新奢华的特征是平庸。如果你愿意，那么让我们不要抱怨太多：之前没有平庸，只有痛苦。让我们不要陷入这种孩子气然而常见的矛盾状态：一面欢迎工业发展，一面悲叹工业化的成果。"

工业化的成果在美国表现得最为强烈。那里没有不同的法律制度、习俗和国界妨碍欣欣向荣的消费市场。复杂的分销网络和消费者研究鼓励新的、合理化的销售途径，允许约翰·哈特福德这样的商人在全国各地布满他的A&P连锁店。1912—1915年间，每三天就有一家新商店开张。邮购目录使得离群索居的农民也能够享有批量生产带来的舒服，把现代消费品送到最遥远的拓荒者手中。最著名的邮购公司西尔斯·罗巴克公司生产了《圣经》大小的目录书，并且数量惊人：1904年，其500页、承诺通过消费获得更好生活的插图商品目录达到了100万册的发行量，并且以每年100万册左右的数量增长。西尔斯的目录和《圣经》一起成为了美国阅读最广泛、发行量最大的书。其简短的文字、生动的插图使之甚至成了小镇学校最喜欢的初级识字课本，孩子们通过产品描绘学习单词拼写，通过累加订单学习算术。

这个新的统计消费世界不仅使生产标准化，而且也使消费者标准化。研究者用皮尺、计算尺和统计数据绘制人体标准及其最常见的尺码，这样，生产厂家就可以有效生产成衣。随着人寿保险在整个西方极速上升，保险公司雇请精算师、训练有素的数学家计算客户受伤和死亡的可能性，由此计算偿付及条件。交通规划员和城市规划专家使用数据测算道路、污水系统、有轨电车座位、监狱容量等。在这个现代化的世界，男人女人首先是数字，然后才是个体。

很少有人为他们的数字存在而夜不能寐。现代计划与生产方式的结果给了普通人前所未有的机会改善其境况，或者至少，广告不断大声地如此宣称。凯洛格、辛格缝纫机、柯达、贵格燕麦片、可口可乐（1900年广告预算为100万美金）都是家喻户晓的品牌。对大多数人，这个方便、有着所谓无限可能性的社会的魅力势不可挡，虽然偶尔有牧师或者艺术家可能看到其内在的陷阱，例如，1906年厄普顿·辛克莱的小说《丛林》——描写芝加哥肉类行业新移民残酷的工作状态——预示了后来成为20世纪重要主题之一的机械化生产的非人化：

> 然后，屠宰生猪又被吊起来，送上另一台车；至此，穿过两行人之间……在一个高台上，生猪来到面前时，每个人都对它做一件事：一个人刮一条腿的外侧，另一个人刮同一条腿的内侧。一个人快速割断喉管……另一个人划拉开它的身体，第二个人把身体扩开，第三个人用锯子锯开胸

骨，第四个人切割内脏，第五个人把内脏拖出来……有人刮两侧，有人刮背；有人清洁身体的内部，有人修剪和清洗。从上往下看这个房间，只见一行悬挂的猪慢慢地蠕动……每一个院子里都有一个拼命工作的工人，好像后面有鬼在追他一样。

芝加哥新发现的流水线效率是亨利·福特工厂汽车流水线的启发因素之一。很难摆脱这样的印象：它也预示了两次世界大战的机械化屠杀。

1895年，电影先驱路易斯·卢米埃尔在他的影片《机械熟食》中，不仅表现了特技摄影（这里是向后筛选）的惊人效果，也显示了生活个体与大众生产之间脆弱和越来越令人费解的关系。在电影中，香肠变换回了绞肉机，重新变成两半边猪肉，最后变成一头快乐的猪。某种程度上，机械化的方便和个体生活似乎处于大多数人生活的两端。这种两极分化造成了恐惧，成群的先知反对"美国化"、粗俗和好品味的衰落。

另一些更敏锐的观察者看到了潜在的、所有灿烂所掩盖的更加严重的问题。事物的表象从来没有像世纪初消费文化的盛大庆典、1900年巴黎博览会那样令人眼花缭乱。一家天主教杂志的记者莫里斯·托尔米耶尔（1850—1933年）写了一系列文章描绘博览会的虚拟现实。托尔米耶尔写道，参观者看见的不是任何已知事物的代表，而是极力争取最大效果和娱乐的结果。"印度教寺庙、野蛮人的小屋、塔、（伊斯兰国家的）露天市场、阿尔及利亚人的小巷、中国馆、日本馆、苏丹馆、塞内加尔馆、柬埔寨馆……各种气候、建筑风格、气味、色彩、食物和音乐"与这些国家的生活毫无关系，都是组织者为出卖更多的票鼓捣出来的。在印度馆，参观者可以看到一群填充动物，有吹胀的大象、一群母鸡、一头野猪、准备进攻的蛇，附近是捷豹家族和玫瑰朱鹭——它"显然吃惊"自己被这么多不同的动物给包围了。事实由商业灵感的幻想给抹杀了：

> 这种概念的印度、这种概念的印度仓库，如此瑰丽如此部分真实，如此只有部分真实以至于虚假，所有这些挤满了人的屋子……只给我呈现了一个不完全的、断裂的印度，只是收银员的印度。另一个印度？饥荒的印

度？因为这个巨额贸易的国度同时也是可怕的局部退化的国度、本地人极其痛苦的国度。那里大量的人死于饥饿，受到饥饿折磨。印度不仅仅是仓库，也是墓地。

在殖民地展览的各个区域，托尔米耶尔只看到"无效、滑稽、重大的改变或者彻底的虚假"，刺激并满足着刻板印象，但绝不是呈现真正的新事物。相反，全都是舞台工作，全都与其表象截然不同：

> 看来，我们好像是在最传奇的西班牙，这一次，真的是制作精良的美味佳肴的逼真再现。这些老旧的墙，这口破碎的井，这些摇摇欲坠的小小的柱子，被忘却的盾形纹章，使我感觉到五个世纪的神秘和阳光……然后我更仔细地观察，我注意到，在门的上方，在石头的包浆中，有哥特字母的痕迹……我走近看，我看到了什么？
> 只是：梅里埃巧克力……

对托尔米耶尔来说，大众消费的世界也必定是由经济刺激的谎言世界，对它提出任何别的要求都是荒诞不经的。进入世界博览会的会场意味着赞同它的规则，正如进入百货商店意味着——或者不如说允许，甜蜜地、暂时不去质疑使所有购物者富有和免于烦恼的说辞：

> 首先，博览会必须是博览会，也就是说，是某种类型的说教式银行，其第一目标是吸引、保持、通过银行的独有手段，吸引、保持……真理、历史、常识，以后会尽可能安排好。所以……为什么，在英属印度，黑豹、野猪、鹧鸪、大象、猴子、朱鹭和蛇出现在同一个屋檐下，构成这种感人的集体？因为这个寓言把它们集合在一起，最重要的是，把它们集中在一起。为什么饥饿的印度被具体化为头发梳得整整齐齐、营养良好、精心打扮的印度人？因为饥荒不会，也永远不会有吸引力……为什么安达卢西亚——在摩尔人的时代——向我们推荐梅里埃巧克力？因为真正的摩尔人和真正的安达卢西亚人，根据所有的外观，并不适合用来做广告，而博

览会未来不会、从来没有、也永远不会不做广告。

如果说世界博览会把世界带到首都，那么，新的运输工具把大城市的居民送往更广阔的世界。维也纳的避暑山庄、法国的特鲁维尔、比利亚茨和其他的海滨城市；遍布德国农村地区的便宜旅馆和工人度假屋及波罗的海度假胜地——它们使欧洲人得以离开几天或者几个星期，抛开城市的匆忙和强度。

英国更早实现工业化，对大西洋对岸的新开发地如康尼岛（这是一个传奇的休闲胜地，纽约人放弃城市高温，换取游乐园的高温）等更为开放，英国人也是当之无愧的海滨度假冠军。铁路使得每个人都能来到海边，有着壮观的建筑、音乐厅、剧院和其他大众娱乐设施的布莱克浦和布莱顿码头只是从博格诺·里吉斯到韦斯特沃德·霍的那些比它们更著名或不那么出名的、几乎是没完没了的海滨胜地中规模最大的两个。1900年，仅布莱克浦一地就接待了约300万游客，到1914年，接待游客达400万人——当年约10%的英国人造访了这个海滨城市。更多的人去了其他旅游地。对许多人来说，大众的到来是令人愉快的，但是，有些人也觉得这冒犯了优序良俗。但是，正如乔治·特维尔拉维内指出的那样，这是整体状况的一个必要部分：

> 如果每个巴黎人独自拥有布洛涅公园，或者和少数几个朋友共同拥有它，而不是与其他50万个人共同度假，（这）无疑是更愉快的事。正是辉煌的进步才使得大家都可以去原本遥远的远足之地，并造成了这种拥挤。

看起来，世界本身变得更加近便了，越来越难以逃离人群、城市生活的速度和紧张、交通的喧嚣以及广告不断的视觉袭击。

消费文化及工业化带来的方便、娱乐与"面包与电影院"的文化，是大众时代的一个重要方面。缓缓进步的传统结构——地域来源、宗教信仰、同业公会和地产（庄园）——自文明的开端以来一直是划定身份的主要因素，现在，在城市化和大众媒介的有力援助下，由其他结构所取代。一个自认是普罗旺斯乡村的清教徒、像父亲一样的葡萄酒酿造商可能觉得乡村生活没有未来，因此可能决定收拾行装，去巴黎的工厂当工人。在新生活中，他可能会是《晨报》的忠实读者，特别喜欢体育版和小说连载，是托马斯犯罪电影系列的小说迷、社会主义者、分配园艺委员会成员、巴黎足球俱乐部支持者——这是由各种个人选择构成的身份。他的妻子可能来自天主教为主的布列塔尼，给孩子起法国名字，从法国革命、希腊神话、体育英雄，或者当红明星那里获得启示，从而宣示家庭的社会抱负。

这些选择的引擎、工业及其批量生产的商品以离散而强大的力量体现在人们的日常生活中，往往改变的不只是作为事物的外貌，而是结构本身；就人们所穿的现成的衣服和鞋子而言，真的是这样。1870年代以来，普通先生和普通太太的品味可能没有太多变化——实际上，社会变化所造成的不安全感可能使他们的品味进一步历史化新文艺复兴和新中世纪幻想——但是其欲望对象的可用性和价格改变了。现在，许多人买得起适度的奢侈品，在目录或者百货商店进行个人选择，他们可以买报纸和电影票，可以带上家人去海边度假一周。在日常生活处理中，他们作为链条上的最后一个环节，成了充分全球化的经济的一部分：他们与其他数百万人一样阅读同样的报纸，吃新西兰和阿根廷进口的肉、俄国和加拿大进口的小麦，喝工业化的乳制品厂送来的牛奶，饮殖民地的茶和咖啡。

新的部落

人们的世界观、希望、愿望和忠诚已经不同于过去的一代。政治意识形态通过巨大的党的网络和报纸进行传播。数十万计的人组成工会和政党，策应工业化社会的社会现实。妇女组织捍卫妇女利益，社会主义和共产主义政党捍卫贫穷的劳工，保守党派捍卫富人的利益，欧洲的自由运动从开明的民权主义发展到强调法国激进模式的经济自由和改革。

年轻人组成体育俱乐部和德国候鸟运动那样的社团，一群脱离了广大社会的年轻人征服了世界——年轻人第一次被视为一个世界，而不仅仅是有缺陷的成人，这个群体要求承认、娱乐和身份。

他们的要求只是被依稀听到：这样的青年文化，这样有自己的服装、习惯、音乐和消费品的"很酷的"世界，在又过了60年后，才开始存在。年轻人暂时还没被赋予多少价值。正如奥地利作家斯蒂芬·茨威格在回忆中所说：

> 一个人如果希望促进（其职业生涯），就得采用所有可能的伪装，让自己显得比实际年龄大。报纸推荐长胡子的专利药品，那些刚刚通过考试、二十四五岁的医生留着大胡子，让人觉得他们"有经验"。年轻人穿着长长的黑色燕尾服，步履缓慢，如果可能的话，挺着大肚子，以便体现那种理想的停匀状态；最有雄心壮志的人则试图否决他们真实的、令人狐疑的变动不居的年龄……

作为消费者的年轻人是企业有待开发的资源。他们还没有成为商业、城市群落追逐的对象。男孩子们一旦穿不下他们的短短的裤子，就没有特别的衣服可穿。没有专门为他们举办的文化活动，放学后也没有可去的地方。儿童杂志迎合的是青少年的口味和兴趣，有针对青少年的通俗小说，但是这些都不构成青年文化。然而，后来的变化基础在这时已经奠定了：妇女地位的变化和最早的性革命的萌芽，中等教育和高等教育使得中产阶级的孩子们有更长的青年期，可以进行俱乐部和社团的组建。当然，还有从德国表现主义者到伦敦布鲁姆斯伯里斯蒂芬姐妹周围的年轻艺术家的爆炸性能量。

新的群落需要新的仪式，新的共同生活方式，如往往吸引欧洲大城市成千上万人参加的共产主义者五一游行那样展现凝聚力和力量的活动，以及如足球比赛——在中心草坪上为存在而进行殊死之争——那样显示集体交流的机会。

仅英国一国，1910年足球联盟登记注册的足球俱乐部就达1.2万个、会员30万，足球杯总决赛这样的赛事吸引的观众达10万人。其他的体育赛事，如温布尔登网球锦标赛和重要的板球比赛，也能吸引大批观众；而在世纪之交，伦敦有 25 家专门的体育报。

这些新的群落是新兴的社会秩序的核心事实。各地都在发生身份调整的事情，使得大多数人悬在其传统社区（宗教信仰、出生地和习俗）和新社区的现代城市生活之间——这一半是出于选择，一半是由于强迫。随着工业区或者矿场附近的村庄发展出城市的繁荣，形成具有自己的市民文化的完整城市，重心是流行的追求，而不是精英的关切。（这些城市）更可能有容纳数万观众的一流的足球场，而不是一流的公共图书馆或者歌剧院。此外，政治集会、工人教育俱乐部、体育俱乐部、工会和合作社为社会生活提供额外的焦点。文化的民主选择得到强有力的彰显。

大众社会提供的选择对于女性尤其显著。现在，在每一条商业街上都买得到体面、便宜、时尚合身、色彩时髦的衣服。穿革新衣服而不是紧身胸衣意味着她们可以更自由地呼吸，并通过参与体育运动体现她们的独立。穿着宽松的裤子骑自行车的女性——许多人认为这是一个丑陋的景象——是大众媒体的一个标志性图像。

物质的丰富、所有梦想都可能得到满足的诱惑同时增加了可能的经验范围及心理压力。看看法国、奥地利和德国（在执行更严格的反淫秽法的英国和俄国，情况没这么严重）主要针对男性读者的报纸广告版——讽刺杂志、体育报——马上就会发现性的内容非常普遍。连篇累牍的避孕套广告，色情文学，治疗阳痿和"性神经衰弱症"的药丸广告，滋养头发和胡子的药品广告，酊剂广告，提高男性生殖力、使男人更引人注目、更具男子气概的药丸和电热腰带的广告。性和对男性力量的崇拜比 10 年前更加公开，开创性的记者汉斯·奥斯特沃德在柏林的一篇报道中做了如下记录：

   商店橱窗前面。里面是一排排的书。许多都显示淫荡的女人头像。有几本书有封皮：

   "有趣！曾经的禁书！真的迷人！放荡生活大揭秘！！"

   其他（书）提供婚姻问题的资讯。有关自虐的书封面插图令人作呕。窗口最前面是有飘带的照片：

"曾经被没收！"

在它的前面：年轻和年老的绅士、非常年轻的男男女女，睁着大大的眼睛，看着这个陌生的世界。

一个12岁的男孩儿对他旁边的人说："是的，伙计，我要买。"

消费群

新型的消费群，新的群落，既是害怕的一群，也是梦想的一群。这些害怕的核心是这一新的部落社会（其他人称之为"现代工程"）本身核心处确定性和机遇之间的折中。如果意识形态可以像衣服风格和家具一样进行选择，那么这种自由是以确定的身份为代价的，是以传统的保护、教会和确定的原则为代价的。人们照镜子的时候，发现盯着他们的那张脸几乎是立体派的那种脸。人们得到的机会比过去任何时候都多，面对日益加速的匆忙和无数种不同声音的喧嚣，他们发现自己不再是一个整体，也没有一种观点可以充分描述他们。他们拥有很多身份，很多不熟悉的身份。并非每个在自己的内心镜子里看到这种碎裂的人都能够接受自己的这个样子。

当时，对自己身边这种毁灭、演变和建构交织的情况有着最敏锐认识的是乔治·齐美尔（1858—1918年）。这位德国的犹太学者经济独立，因此得以拥有大学教职不能提供的学术自由——这是他付出代价后发现的事实。当时，为了得到教授资格，他在柏林大学讲了一堂课。结果，由于年轻的哲学家竟敢当众反驳一位资深教授，他的课受到抵制。

作为一个出生在繁华的柏林市中心的犹太孩子，幼年丧父的齐美尔在很多方面注定是一个密切的观察者，一个以局外人的身份进行观察的人。他一生都处于主流学术界的边缘，出版了一系列给他带来国际声誉的著作和论文。他的许多论文题目读起来像是他那个时代的地震记录：《两种形式的个人主义》（1901年）、《大都市的精神生活》（1903年）、《时尚哲学》（1905年）、《性别哲学》（1906年）、《生命的碎裂》（1916年）。"生命作为一种碎片的特征有它的原因……"齐美尔在他的最后一部著作中写道："……个体对生命的体验往往就是这样（碎片），仿佛有一个层次，或者在上帝眼中，有一个完美的整体……它一旦进入我们的经验现实，就分裂为无数的部分……"活在现代世界带给我们伤害，以及碎裂。

在消费社会，支配个体与他/她新获得的选择权之间关系的核心悖论是：大众生产不仅促进一个群体的会员制，也促使个人的、个体的选择成为个人喜好和品味的张扬，企业本身依赖把人们作为各种类型看待，而不是把他们作为个体看待。对于经理人和产品设计者，个人并不存在，而只有预算、尺寸表、钟形曲线、时尚、市场。市场营销和广告努力缩小这种差距。他们完美地把匿名的产品同各种脸联系起来，赋予它们个人的外表和一点儿家庭般的温暖。

在新生事物增长之时，旧事物突然变得珍贵起来，促使人们记录行将消逝的世界和短暂的瞬间。摄影家尤金·阿特热出没于巴黎的街道，保持他所看见的不会持久的东西；奥古斯特·桑德摄制了他的第一批工作中的德国人；俄国的谢尔盖·米哈伊洛维奇·普罗库丁-古斯基（1863—1944年）拍摄了一系列令人惊奇的、生动的纪念碑和沙皇帝国人民的彩色照片（用根据他自己的设计生产的照相机）；英国摄影家本杰明·斯通于1897年创建了全国摄影记录协会。保存是当时的任务。创建于1895年、致力于保存乡村房屋和其他历史古迹的英国国家信托基金于1907年得到法律的承认。1902年，德国的杜热尔邦德志在发挥相似的作用，而在法国，被认定为国家遗产的遗址都得到1905年通过的法律的保护，奥地利于1911年成立了非常正式的"帝国和皇家古迹委员会"。

我们已经离开了电影院的话题，但是，它对世界的明亮呈现是当时的重要标志。它不仅提供娱乐，而且还提供了一群半神，他们在热爱者的眼中光彩夺目，是对个体的神化。技术前所未有地控制了人们的描写，作家和工程师争相改进和扩大电影的技术和美学可能性。

1911年还有一件与电影有关的事，虽然它完全没有引起注意。法国大公司很快发现最好把他们的制片厂建在阳光灿烂的南部，这里可以使用自然光，而无需使用昂贵、事故多发的高压照明。1911年10月，美国人戴维·霍斯利基于同样的考虑，去加利福利亚开办了第一家电影制片厂——内斯特制片厂。他就便选择洛杉矶多山的郊区一个叫作好莱坞的村子，在那里，他在枯燥乏味但是名字很响亮的日落大道开办了他的制片厂。

十三　1912年：生育问题

> 简单地说，各方面都完全健康的人不会做出恶劣或者邪恶的行动；他的行为必定是好的，也就是说，恰当地适应于人类的进化。
>
> ——雨果·里贝特

来自文明世界的700名男男女女挤在伦敦大学学院的走廊和演讲厅聆听演讲，参与世界上最杰出的专家领导的研讨会和讨论。他们是医生及大学教授、政治家和生物学家、神学家和女权主义者、社会改革家、哲学家、统计学家、人类学家及著名的自然科学家。他们齐聚一堂，讨论他们大多数人认为是人类更美好未来的主要基础：人类基因改进的思想。

第一届国际优生学会议于1912年7月24号到7月30号举行。这次会议得到许多要人的支持。会议主席伦纳德·达尔文少校是英国优生协会主席、进化论创始人的儿子。荣誉副主席包括海军大臣温斯顿·丘吉尔先生、皇家内科医师学会主席托马斯·巴洛爵士、首席大法官阿尔夫斯通爵士、牛津的主教大人查尔斯·戈尔、著名德国生物学家弗里德里希·威斯曼、著名瑞士病理学家奥古斯特·弗雷尔、电话发明者亚历山大·格拉汉姆·贝尔、慕尼黑大学教授马克斯·冯·格鲁伯，以及德国优生学家与日耳曼种族优越性的预言者、国际种族卫生学会主席阿尔弗雷德·普罗茨博士，斯坦福大学校长戴维·斯塔尔·乔丹以及哈佛大学名誉校长查尔斯·W.艾略特。

曾经专属想法古怪者和异乎寻常者的优生学一举享受到最高的科学荣誉。优生学在大学、学术杂志、畅销书和议会辩论中得到讨论。执行强制绝育之类优生措施的法律得到通过，持各种政见的政治领袖拥护优生学的目标，各国科学家把它视为拯救人类的办法，而哲学家和专家则大唱其赞歌。有两项科学发现对于20世纪及之后的生物学思考和研究具有开创性的意义，如果没有它们，这一切都不可能。

最早的一个新发现诞生在几十年以前，没有引起任何注意。这是一位隐居的奥地利僧侣格雷格·孟德尔（1822—1884年）的试验成果。他追踪几代普通豌豆的遗传特征分布情况。类似一个亲本的黄色外壳的特殊性只会在以后两代重新出现，并且只出现在25%的豌豆中。孟德尔的结论是，遗传信息肯定是通过两个信息渠道传递的：一个是主导的，一个是隐性的，所以隐性特征只有在两个隐性信息齐聚的时候才能得到表达，否则就会表达主导信息。

1866年，孟德尔在一份科学杂志上公布了他的发现，并把他的文章寄给了查尔斯·达尔文等知名科学家，但是他们忽视了他的发现——无论对于这位僧侣还是达尔文，这都是一个学术悲剧。他的自然选择理论证明生物能够适应环境，但是这种机制连对达尔文都是一个谜。孟德尔掌握着秘密，而答案就摆在这位英国科学家的面前：孟德尔的文章在他的案头摆了多年，他都没有拆阅。这位奥地利僧侣的发现只是在被剑桥生物学家威廉·贝特森（1861—1926年）重新发现，并终于理解其含义后，才引起广泛的注意。贝特森在《孟德尔的遗传原理》（1909年）中发表了他的发现。1903年，他在另一本书中创造了一个词来形容孟德尔发现的性质：遗传学的问题。

另一个关键发现是由第一届优生大会副主席、弗莱堡动物学家弗里德里希·利奥波德·奥古斯特·魏斯曼（1834—1914年）做出的。作为德国一位省级高中教师的儿子，魏斯曼努力工作，不仅成为了著名的弗莱堡大学的教授，而且是生物如何能够适应环境辩论的中心人物。迄今为止，许多科学家都追随法国动物学家让-巴蒂斯特·拉马特（1744—1829）提出的理论。拉马特宣称，特征是习得的或者环境施加的，然后被遗传给后代。因此，长颈鹿有长脖子是因为每一代为了够得着越来越高的树枝，言外之意就是，人类经过一代代改良和努力智力会产生特别适于统治野蛮程度更高的人。

魏斯曼不认同拉马克的理论，并提出了非常不同的理论。他识别了个体细胞的"种质"（大致是我们今天所理解的DNA），并假定每个个体最内在的这个核心会被遗传给下一代，而不会受到父母的经验或者获得的特征的影响。魏斯曼认为，只有这一点能够解释令人费解的一些事实，例如工蚁和兵蚁这类不生育的动物的存在，它们的父母不可能把那些专业化能力遗传给它们。这个思想优美而轻松地解决了理论和自然界中的观察之间的许多差异，但是它也造成了一个新的问题，那就是，如何回答拉马克提出的问题：如果获得性特征不能遗传，那么，生物如何适应环境，进化如何带来新的、适应性更好的物种？

宏伟的进化论是由卑微的载体承载的。孟德尔的发现是经由豌豆做出的，魏斯曼喜欢以海胆为研究对象，进化适应之谜的缺失部分（直到1953年双螺旋的发现，才得到最伟大的发现）则是一只白眼睛的苍蝇的贡献，或者说，是一位眼光锐利、发现了这种小生物的美国研究者的贡献。哥伦比亚大学生物学家托马斯·杭特·摩根（1866—1945年）通过观察直到今天仍让生物学学生又爱又恨的果蝇（黑腹果蝇）而把科学推进了一大步。果蝇一个多星期的生命周期（从蛋到成年）使之成为延续多代的研究的理想对象。1910年摩根发现白眼睛果蝇的意义在于，它是两个纯系的红眼睛祖先生出来的，因此，不可能是遗传特征。因此，它的遗传密码肯定是自发改变的；它发生了变异。如果变异不仅如几位科学家提出的那样是可能的，而且真的可能观察得到，那么，它就能够解释无需获得性特征的代际传递而实现的适应。在无数的随机改变中，有些会提供进化好处，而另一些则会危害其携带者。

进化就发生在科学家的眼前。

1915年，在题为《孟德尔遗传机制》的著作中，摩根的观察及其理论框架提供了现代对于进化的理解基础以及对优生学的全面反驳。优生学理论的基础是相信遗传特征和不变的遗传。如果有一些人真的得到改善，另一些人在历史上衰弱了或者毁灭了，那接受优生学理论倒可能真的是明智之举。但是如果这两种人都受到随机的变异的影响，如果优生学改变完全是由于随机改变而不是获得性特征，那么，整个优生学体系就是一派胡言。变异是有机界的伟大创造者和伟大平衡者。

科学争论总是在回顾的时候才显得清晰。对于那些寻求遗传和进化真理的人来说，问题笼罩在各种互相竞争的观念、有缺陷的理论和实验的浓厚迷雾中。科学有着操作模型的魅力，总可能发现一种理论架构的缺陷，或者拒绝其前提，或者拒绝结果阐释。实际上，在了解1910年前后围绕优生学的争论时，记住这两点很重要：变异的机制和个别基因的重组还不为人理解，遗传物质的结构——沃森和克拉克的双螺旋——尚不为人所知晓。因此，对于遗传获得性特征的可能性这类问题，保持开放的心胸是理性而科学的。它在聪明或者酗酒这类特征中的作用还没有得到解决，确有可能争论整个种群的遗传物质真的一代一代地降低或者改进。这仍然被认为是好的科学，并且，怀着最良好的愿望，那些接受它的人以这种思想为基础，提出解决办法。

1910年前后，一种充分成熟的基因遗传和变异理论的所有因素都齐备了，但是，科学家们对于哪一个理论最有效还在进行激烈的、往往尖刻的辩论。在基因密码发现之前，遗传的机制仍然模糊不清。个人形成的一些特质，如聪明或者残忍、手的灵巧度、道德修养、酗酒或者肺结核，会遗传给下一代吗？在这个问题上，自从18世纪卡尔·冯·林奈与德·布冯伯爵争论以来，科学没取得多少进展。特质可以观察到，但是几乎不可能区别自然与培养，生理继承和环境影响。

优越的原种

遗传特性方面最令人敬畏的研究者是弗朗西斯·高尔顿（1822—1911年）。他是英国维多利亚时代科学领域最博学的人之一。高尔顿撰写了300多篇科学文章，他众多的发现包括指纹、气象高压区及其对天气的影响、统计心理学以及冲泡一杯完美的茶的科学原则（这篇文章一举解决了在茶掺进杯子之前还是之后加牛奶的问题——他赞成后者）。

高尔顿借着《当代男人词典》对英国显赫家庭中有能力的人——科学家、艺术家、高级公务员、政治家、军人及教会领袖——的普遍程度进行了他的初期研究。由于他们互相之间有着这样那样的联系（恰好，高尔顿自己就是查尔斯·达尔文的侄子），他的结论是，他们的遗传品质肯定优于其余人群。但是，如果说这个国家最好的家庭因为原种优越而养育了更多的杰出人才，那么，就需要保护和培养这种潜能，不让它被下等阶级劣质的遗传品质给淹没——他们的高生育率威胁到比他们优良的人群的权利。

今天，这个经典案例在此之后，因为这个原因的推论而显得可笑，但是这是高尔顿事业的基础。他借古希腊语"出身名门"一语构造了"优生的"一词，并以只有维多利亚时代的人才可能调动的能量（这是维吉尼亚·伍尔夫比较麦考利勋爵和利顿·斯特雷奇时发现的）宣扬他的发现。在无数的演讲和文章中，高尔顿宣传这样的思想：只有那些珍贵的个人拥有相对于体弱者、退化者和患病者的优先权，人类才能达到更高的文明层次。优生学诞生了。

高尔顿在书名简洁的《遗传天才》（1869年出版，1892年再版）一书中发表了他的研究，并提出了创造超人民族的办法：

> 通过认真挑选，很容易获得固定的、具有特殊奔跑能力或者其他能力的狗或者马……所以，通过连续几代人的明智婚姻，生育一个非常具有天分的民族是完全可行的。我将证明，此刻，普通的、影响力不被怀疑的社会服务机构正在致力于人性的退化，而其他机构在致力于它的改善。我的

结论是，每一代人对于其后代人的自然禀赋都有着巨大的影响力，并坚持认为这是我们对人类的义务：探讨那种影响力的范围，在不以不明智的方式对待自身的情况下，实施这种影响力对未来地球居民最为有利。

高尔顿选择以英国上层社会为研究重点，这是非常务实的。他宣称："我本来特别想研究意大利人和犹太人的传记，二者都有很多高智力的家庭。德国和美国也很有趣。法国的情况稍逊，革命和断头台给法国能干人群的后代造成了悲伤的浩劫。"高尔顿用这段话表明优生学的中心政治含意：它将产生新兴的、更加强大的贵族。并不是所有的优生学者都相信欧洲贵族家族真的拥有优秀的遗传基因——许多杰出的优生学者都是社会主义者——但是，任何一种类型的统治阶级思想都自然地导致政治断裂，以后多年的争论都围绕着它们展开。

细致的统计研究和无数阐明英国遗传衰退的图表都支持高尔顿的观点。他的研究富有启发性，吸引了越来越多的追随者。"如果把用于改善马和牛的二十分之一的成本与努力用在改善人类的措施上，我们可以创造一大群天才！"1865年，他在《麦克米兰杂志》上写道："我们可以为世界带来先知和文明的大祭司，正如我们可以通过让笨蛋交配而传播白痴。今天的男人和女人之于那些我们希望产生的人，相当于东部镇上的流浪狗之于我们精心育成的品种。"

这些精纯的超人该当掌握世界的领导权：

> 世界上虚弱的民族一定要让位于更高贵的人类；就我们所知，即便这些人中的佼佼者也不能很好地完成他们的任务……文明需要更能干的指挥官、政治家、思想家、发明家和艺术家。我们种族的自然条件并不比半野蛮时代强，虽然我们出生的环境比过去复杂多了。在大大超出其能力的智能压力下，当今最重要的人也犹豫不定。

我们害怕英国自身也正在变成虚弱的国家在布尔战争中，世界上最强大的军队不仅发现难敌少数持步枪的农民，而且，还证明在曼彻斯特这样的工业中心,每千名新兵中就有403人由于身体欠佳不适合承担医疗服务后似乎变得尤其险恶。那些冒险进入伦敦贫民窟的研究者描绘了令人不安的情况,进一步放大了民族的焦虑。其中一位勇敢的探险者是美国小说家、记者杰克·伦敦。1902年,他假扮成一个无家可归者,走访了东区(他先找了托马斯·库克,库克拒绝组织去那儿旅行,声称自己从来没听说过那个地方)后,把自己的见闻公之于众。在伦敦清脆的散文中,穷人中的穷人的境况甚至比维多利亚时代的传教士承认的还要糟糕:

> 不适应者与不被需要者!在社会混乱中垂死挣扎,痛苦的、被鄙视被遗忘的人。卖淫的后代——男人、女人和儿童卖淫,肉与血及火花与精神的卖淫,简而言之,劳工的卖淫。如果这就是文明能够给予人类最大的好处,那么,给我们咆哮和赤裸裸的野蛮吧。做荒野与沙漠,洞穴与下蹲的地方的人,也比做机器与无底深渊的人好得多。

伦敦的描写得到慈善家查尔斯·布斯的支持。布斯在去了贫民窟后,这样描写那里的居民:"他们过的是野蛮人的生活……他们中间那些遭受重创的人没精打采地在街上行走,充当乞丐或者打手。他们不提供任何有用的服务,他们不创造财富,他们往往破坏财富。"

那么,还有什么比限制这些人生育,从而结束这种痛苦更自然的呢?高尔顿做了多次演讲,有一次他告诉满怀敬意的听众,优生学将会"像一种新宗教一样成为国民的良知",确保"人类由最适应者代表。自然盲目地、缓慢地、无情地做的事,人可以有前瞻性地、迅速地、善意地做"。为了安排这一有前瞻性的和创造一个更好的社会,高尔顿发起了大量的活动,写学术著作,甚至写了一部小说推广他的思想(他的小说遭到出版商的拒绝,后来被他的侄女给烧掉了。这部小说的"不雅"性质令她震惊)。他是优生学教育学会(创立于1907年)的幕后主使,该学会的成员包括经济学家约翰·梅纳德·凯恩斯这样的聪明人。凯恩斯的朋友、年轻的维吉尼亚·伍尔夫本人在她1915年1月9日的日记中写道:"我们相遇在纤道上,只得从一长申蠢货中间走过。第一个人是个子很高的年轻人,他的样子很古怪,你会看他两眼,但是不会再多看一眼;第二个人曳脚而行,眼睛朝旁边看;然后你会意识到,那个长长的行列中每个人都是痛苦而没有能力的曳脚而行的蠢家伙,没有额头,没有下巴,脸上挂着低能儿的傻笑,或者野蛮地可疑地盯着人看。非常可怕。他们当然应该被处死。"高尔顿教导的另一位追慕者是剧作家萧伯纳。他写道:"现在,没有合理的借口拒绝面对这个事实:只有优生学宗教能够把我们的文明从以前所有文明遭遇的命运中拯救出来。"

相信这场运动优点的并不只有知识分子。高尔顿的助手兼秘书卡尔·皮尔森兴致勃勃地写信给他的老板,认为他的思想已经开始被视为常识:"多数受尊重的中产阶级已婚妇女如果子女身体虚弱,会说:'啊,那不是一个优生的婚姻!'"1910年,在担任内政大臣的时候,温斯顿·丘吉尔秘密提出让女王陛下的10万名忠诚但是不那么走运的臣民绝育。优生运动现在是一股真正的社会与知识力量,而高尔顿可以恭喜自己是这场迅速发展、致力于良好育种的运动之父。高尔顿有着仁慈的预言家的气质,在第一届国际优生学大会的每位与会者的徽章上,他的侧面像闪闪发光。

这个时期看似理性的乌托邦最重要最不祥的发展发生在科学与哲学的交汇处。这一新世界观的第二位预言者是德国解剖学家、作家厄恩斯特·海克尔(1834—1919年)。这位水母专家广受欢迎的进化与生物学著作是威廉时代德国最畅销的书。他最成功的著作《宇宙之谜》在1914年之前就卖出了40万册。

海克尔于1900年左右成为声名鹊起的科普作家,但是他的事业是极富活力与乐观的19世纪的产物。像同时代的其他几位科学家一样,他埋首于工作——这令第二任海克尔夫人非常恼火,因为她痛苦地觉得这位科学巨人对她置之不理。读了1859年前后出版的《物种起源》后,海克尔立即觉得这本书是他生活中最重要的著作,并以传播该书的思想和加强其科学主张为毕生事业。他进行了几次大范围的标本采集旅行,并研究同事考察时带回的标本。他命名和描绘了几千个新物种,仅仅在北极圈"挑战者"探险后就命名了3500个物种。作为天才的设计师,海克尔给他的标本绘制了美丽的插图。

海克尔同高尔顿及他的偶像达尔文截然不同。他的知识守护神是诗人、科学家歌德,以及另一位德国人、伟大的全才亚历山大·冯·洪堡特——19世纪上半个世纪,洪堡特全身心致力于创造一个统一的世界观,这个宏大的综合理论涵盖了宇宙学、地质学、植物学、动物学、人类历史和思想。受教于德国浪漫主义思想传统,海克尔是一位严谨的研究者,他的研究结果有助于更深刻地理解世界,一种新的、以所有事物都具有同样宇宙精神的思想为基础的伦理学。

海克尔最成功的著作《自然中的艺术形式》(1904年)在威廉时代每个优秀的德国中产阶级书架上都看得到。在这本书中,他用200多幅华丽的插图描绘了不同生物和自然现象的审美之美。这是一部引人入胜的著作。插图的制作花了好多钱,看上去很漂亮,但是风格也很微妙,更像新艺术风格的幻想,而不是科学作品。这些并不是无序的世界真实的植物和动物,而是活生生的优美瞬间,代表更高的秩序的指示,是一种宇宙精神,1910年最终与新教教会正式分裂的海克尔相信,这是他在进化之中发现的。

海克尔觉得,人类真正的任务就是学习根据自然的规则生活,而在当时,自然的规则在各地都遭到掌握权力的非利士人的藐视:

> 我们只是刚刚开始构建的高级文化必须得记住要创造一个幸福的,即心满意足的存在……许多被认为不可缺少的野蛮习俗和陈旧习惯将会消失……战争、决斗、对教会的强制支持……国家的主要利益不再是创造尽可能强大的军事力量,而是以对艺术和科学最广泛的关心为基础,为其年轻人提供最完美的教育。技术的完善,连同其物理和化学领域的发明,将会满足所有人的需要;人工合成将提供富含蛋白质的食物,对婚姻的理性改革将创造幸福的家庭。

海克尔在写下最后的几句话时,心里很可能想着他自己不开心的家庭生活,但是,在他经过科学训练的眼里,未来是光明的,因为解决方法很清楚:他写道,政治只不过是应用生物学。

海克尔常常批评他的同代人尼采,认为后者低估了同情和怜悯的理论，但是他自己对这些品质的理解是很特殊的。他是一个和平主义者，是伯莎·冯·苏特纳的崇拜者，但同时，他的同情观念具有非常积极的基调。"从理性上说"，1904年他写道，"不能像现代法律书那样把杀死一个残疾新生儿视为谋杀。相反，我们必须将其视为相关人士及整个社会采取的明智措施，并给予赞同。"

正是这种自然的、几乎是泛神论者的虔诚、严格的科学思考和社会工程吸引了大批追随者。他们尤其抓住了海克尔著作的优生学部分以及建设一个新的、摆脱现实混乱的、更纯洁、更好的社会。这些新一代的人将优生学思想变成习惯，并将其推向一个特殊的方向。科学演变成政治，海克尔的门徒威廉·夏麦尔（1857—1919年）宣传这一政治偏见："自然选择的原则使得进化论非常重要"，他于1910年写道，"只是正当的理论与选择理论结合的结果，进化才成为了一种力量，尽管有强烈的反对、老旧的偏见和强大的利益，继续开辟新的道路……"如果进化居于至高无上的地位，那么，个人的价值仅在于其对人类的用途：

> 看起来个人似乎只是为人类执行一种功能，本身并不是目的；那些对于人类的延续没有价值的个人被祝福早死。正如魏斯曼证明的，每一个物种的生命持续时间被调节得适合其需求……据魏斯曼的观点，死亡本身是以牺牲个人的方式为人类提供服务。这一自然法则，即让个人利益完全屈从于人类的利益，对于人类的发展也是真实的。

夏麦尔不怀疑文明抵触自然选择，造成"无用的人带来沉重的，不断增加的负担"，不可避免的结果就是"一个种族的平均遗传素质降低，这样，生存竞争要求的整体素质减弱了"。作者确信他的任务很急迫，对于那些颓废、目光短浅、认识不到即将到来的灾难之无情的人，他没什么耐心：

> 新马尔萨斯主义者（他们认为人口已经太多了）和女权主义者宣传的那些松懈的观点与舒服的习惯在白人文明国家占据主导地位，白种人不仅

不能在地球上扩展，而且无疑会……早晚要么在军事上被顽强的、人口迅速增加的黄种人打败，然后逐渐因其生育上的竞争优势给取代，直到（白种人）消失，或者，如果各方能够避免仇恨，生殖力旺盛的亚洲人和平移民……会导致同样的结果。

必须采取措施。海克尔的另一位学生、伦敦国际优生学大会副主席之一的阿尔弗雷德·普罗茨（1860—1940年）概述了措施。在他1895年出版的《我们民族的卓越及弱者的保护》中，他以最高的普鲁士人的应用精神写道，不能把生育留给"某些意外事件，一个小时的陶醉，而需要根据科学确定的基本原则予以调节"。如果这样尽职尽责的交配产生了畸形儿，"医院……用少量的吗啡，让它好好地死"。

作为德国种族卫生学会的创始人和不懈的宣传者，普罗茨并不比其他学者更极端，他们都发表了非常成功的著作和文章。"我们不赞成任何虚假的人性"，公然的种族主义优生学家西奥多·福里奇写道，"任何企图保存退化者和堕落者的人都是在限制健康者和强壮者的空间，压制整个社会的生命，增加存在的痛苦和负担，就是窃取生命幸福和阳光的帮凶。"人们相信，不杀死虚弱者则培养强壮者就行不通，在这里，尼采被用来支持那些好心杀人的人："即便最认真地选择最好的人，如果不伴以对最坏的人的无情淘汰，也将一事无成……查拉图斯特拉说：'不要放过你的邻居！'……所以，这意味着坚决反对那些平均水平以下的人，并在他们身上克服自己的同情心。"

一种新的男子气概？

优生学思想和我们在前面各章看到的社会问题之间存在着显然的联系。生育率下降，尤其是中产阶级的生育率下降，引发了被社会地位更低下的人淹没的恐惧，并质疑——不符合逻辑，然而非常强有力——生育孩子少的丈夫们的男子气概。围绕男人和女人关系的质疑已经足以引起对颓废的社会混乱的恐慌，害怕人们已经不知道自然分派给他们的位置。奥伦堡王子（于伦伯格）那样的丑闻，以及虔诚的优生学者、因为被人谣传是同性恋的弗里德里希·威廉·克虏伯的自杀，造成了有权者道德堕落的印象。此外，神经疾病和神经衰弱症的浪潮及精神病学的崛起和性病理学的自由讨论，都造成了不稳定及人类走向衰弱的感觉。对堕落、虚弱和无男子气概的恐慌到处弥漫，它的背后是若隐若现的以机械为动力的糟糕社会，其中大批虚弱者、不适应者被大众娱乐和工业化削平所有区别、优点及价值的说辞所哄骗、催眠。优生学似乎提供了解决这些恐惧的办法。

如果说优生学思想在德国和英国很强烈，那么，它在所有工业化国家都得到广泛的讨论。由于显而易见的原因，历史学家非常关注德国的优生主义，但是，最近对其他国家的研究表明，这些国家的争论同样激烈，想法并不（比德国）来得更温和。

在法国，拉马克的遗产及其可遗传获得性特质学说在1900年左右仍然占据着主导地位。此外，低生育率导致法国人口崩溃的广泛担忧阻止科学家接受新马尔萨斯立场，不建议进一步限制那些他们认为低劣的人口的生育率。需要建立一个未来（工业、政治及知识）的意识是显而易见的，优生学成了这种乌托邦社会工程学盛宴的一部分，法国作家对于国家的未来更为怀疑，因此也许就不那么倾向于想象这样的一个未来。

积极的优生学（实际上就是选择性繁殖）在议事日程上并不处于重要地位，但是涉及淘汰不适应者的时候，法国与其他欧洲国家并无二致。在一次废除死刑的辩论中（很快被高级司法部门给驳回，转而纠缠砍头和绞刑的优缺点），许多专家发表了对于处罚的总体看法及对于社会公平正义的看法。意大利犯罪学家塞萨尔·龙勃罗梭研究生物特征测量，确定他所谓的"天生的罪犯"，也就是那种不干任何好事的人，认为最好在这类退化的人一生下来就把他们关起来，或者立即处决。法国精神病学家埃米尔·劳伦特热烈支持这个观点。他的辩说简单、有力：

> 如果你亲爱的狗患了狂犬病，你会杀了它——无论这个残酷的举动让你付出怎样的代价。但是你杀死它是为了保护它不受伤害，使它免除不必

要的痛苦。而在你的周围，自然以其风暴、饥荒及充当其刽子手的食肉动物的爪子和牙齿，对弱者和失败者实施大规模屠杀。自然要求社会杀了他们！人类的过去通过历史上的数百种声音对现在说杀死他们！

另一位专家、退休军医赞美行刑的效能，因为那有一种有益的副作用："它使得（未来孩子的）疯狂敷衍者退出循环，通过避免孕育潜在的、感染了恶行的胚胎……从而是种族改良的强大因素。"

对优生学感兴趣的不仅仅是保守的司法界。各国的社会主义者早就提出采用优生学措施创造身体更健康的无产阶级。在法国，优生学思想这种有些令人吃惊的一面的代表人物是教育学家、活动家保罗·罗宾（1837—1912年）。罗宾是个天生的革命者。他是一位保守的海军军官的儿子，移居比利时，做了教师。他靠当私人教师过活，涉足社会主义教育和理念，在日内瓦、伦敦、巴黎和比利时辗转了10年，一直参与政治行动，在日内瓦结识了克鲁鲍特金王子，在伦敦结识了卡尔·马克思，并和这些名人合作。然而，罗宾终于厌倦了共产国际无休止的派系斗争，转而投身实际工作，担任一家孤儿院的院长，检验他的自由教育理念。这里不进行体罚，男孩和女孩一起接受教育、学习学术科目，同时了解各行各业。惊奇的参观者看见各种教育原则受到藐视，然而不得不承认孤儿院和孩子们都非常干净，学生快乐而自信。然而，他的上司接受不了他的改革态度，1894年，在服务了14年后，他被解雇了。

到世纪之交，罗宾越来越倾向于优生学教育，或者法国人所说的新马尔萨斯主义。他创办了再生联盟，在他创办的杂志上主张优生措施。在他从事大众教育和社会主义活动的那些年，他受够了痛苦和不公。然而，他从个人经历中得出的结论却是令人吃惊的，他于1902年写道："社会救助主要针对那些生来就这样，或者由于各种情况而变成这样，而且会永远这样的人。"

最糟糕的是，他们会随意生下众多孩子，这些孩子没有机会克服困难，所要求的种种帮助超过了可能的或者可以想象的范围。而且，这让那些最严重的退化者,尤其是心灵脆弱者活下来……而以前的自然状态或者社会救助状况本来会让这些人自生自灭的。所有这些现在承受了巨大牺牲活下来的退化者,过的不过是人们连一个星期都不想过的生活,是我们宁愿死也不愿意过的那种生活。

罗宾认为,社会不能让自己承担这样的重负。"各个国家为帮助残疾者、淋巴结核患者、梅毒病人和异化者付出了数以百万计的金钱,结果导致的改善甚至不足以给他们提供哪怕是痛苦的人生道路,"他怒喝道,"并耗尽种族的元气。这简直就是让社会衰落的组织机构。"

罗宾写道,必须采取大刀阔斧的措施,尤其是指出谁应该或者不应该生孩子,以阻止社会重新滑入野蛮状态。工人们由于生育大量的孩子,而这些孩子很快成为他们在职场的竞争对手,从而给他们自己增加了痛苦,因此,他认为,少生育是符合他们的利益的,并补充说:"对于那些最糟糕的、无法医治的残疾人……唯一的治疗办法就是对他们采取人工绝育措施。"从来没有放弃过世俗原则的罗宾还从限制生育的必要性中总结出另一个后果,因为不适当的人生育孩子对社会构成危险,但是与生育相联系的欢乐无疑是好的、是健康的。1902年,他辩解说:

> 让我们确立这样一条原则,性享受带来的神经震动与其他的震动一样是积极正面的,没人拒绝予以尊重。一个人给予和得到性的乐趣,如同创造美好的、有用的、好的事物,或者怀着崇敬的心情欣赏美丽的风景、美丽的纪念碑、美丽的雕塑……聆听美妙的音乐,享受玫瑰、紫罗兰、茉莉花的馨香,或者吃苹果一样,是高尚的举动。

民族刻板印象总是令人恼火,有时候也很危险,但是它们也可以很好笑。德国的普罗茨博士骄傲地宣布性行为不再是酒醉时刻的偶然之举(可怜的普罗茨太太);法国人罗宾则让他的同胞相信,他的新马尔萨斯派优生学的一个积极方面是把性欲望从必要的生育中解放出来。然而,尽管法国首都享有欧洲最好玩的地方这一名声,罗宾具有强烈肉欲的性观点还是令他的同代人非常愤慨，不断导致他和权威人士的冲突。把性享受同生育分离、公开呼吁避孕，这位社会主义者分明就是在质疑一个良好社会的基本价值观。保罗·罗宾成了女权主义者："妇女必须能够自由支配自己的身体，例如，在她怀孕的时候，自由决定是否保留腹中胎儿。妇女的自由是再生的必要条件。妇女解放、法律面前的自由、道德自由、公众意见面前的自由……本身就是人类名副其实的再生器。"

直到生命尽头，罗宾都保持着理性。1912年，他觉得他60又10岁的身体已经精疲力竭了，75岁的他自己也变成了一个虚弱的淋巴结核患者。他吞下了大剂量的吗啡。即便在垂死之时，他还努力记录自己的中毒症状，直到他被昏迷压倒。

和卡里卡克们共居一室

法国人为国家的萎靡不振揪心，不确定自己的未来，而"自由国度"的公民们则没有这样的忧惧。在世界最大的移民国家，人口规划显然令这个国家最有钱有势的两个人（还有其他人）安德鲁·卡内基和约翰·D.洛克菲勒忧心。他们的经济支持使得哈佛大学顶尖的生物学家查尔斯·达文波特（1866—1944年）于1904年在纽约的冷泉港创办了优生学记录办公室，作为遗传和自然变异研究的实验室。

美国优生学家非常强调科学证据和评价标准，其中最重要的是新泽西瓦恩兰弱智儿童研究所主任亨利·戈达德（1866—1957）开发的评价标准。德国同仁根据戈达德提出的思想设计了名为智商（IQ）的尺度，将智力的测量标准化。这套标准描绘从傻瓜到低能儿、白痴和之上更好的状态。戈达德用他的方法分析他负责的一位年轻妇女"黛博拉·卡里卡克"的家谱，她的低能一直追溯到一位男性先祖与一位"无名的低能姑娘"的调情之举，医生认为，这导致了这个家族一代代的精神困境。《卡里卡克家族：低能遗传研究》在同行科学家中引起了轰动。戈达德的另一项研究成果也引起了轰动。他对艾利斯岛移民站的研究揭示，83%的犹太移民、80%的匈牙利移民、79%的意大利移民、87%的俄罗斯移民都"低能"。戈达德相信，针对严重的病例只有一个理性的行动方针：绝育。只有这样才能创造出一个"纯粹的、优秀的、美国"民族。

科学家的压力和西奥多·罗斯福（他本人确信，非裔美国人"作为一个种族，总体而言……完全不如白人"）等高层政治家的默许，以及健康食品生产商和优生学爱好者约翰·哈维·凯洛格等富有的商人为戈达德的思想成为法律营造了公众氛围。有几个州（密执安州1897年，宾夕法尼亚州1905年）都反复尝试制定强制绝育法律，但是1907年印第安纳州成为33个州中第一个成功通过这项法律的州，该法律适用于关在公共机构的"确认的罪犯、白痴、强奸犯和低能者"。几项绝育法律在律法上存在了几十年，估计在美国导致了6.5万例强制或者诡秘的绝育（诡秘的绝育术往往是在其他手术过程中顺带实施的）。最后一例强制绝育手术于1983年发生在俄勒冈。

俄国的学术气候和关注焦点迥异于西欧和美国。西欧中产阶级感觉受到不断扩大的贫穷劳工大军的威胁，而俄国资产阶级思想家们的重要问题是，他们受到合法性以东正教会为基础的专制政权的排斥。在这种情况下，他们采取了不同的策略：不是反对下层阶级的增长，主张加强对他们及其生育的控制，沙皇的臣民更乐于证明所有人都源自同样的泥土，对创世纪有着合理的解释，因此，没有哪个人群能够宣称自己具有神圣的权力享有权。正如社会主义者尼古拉·米克哈伊罗夫斯基所认为的：

> 各民族的民间传统或多或少都赋予人类以高级的起源。达尔文说得对，人类血统神圣或者半神圣的民间传说只是一种幻梦，这种说法并不是对人类的奉承；对人类更大的奉承倒是人是从低等生物——从自然的深处发展而来的思想。实际上，这是唯一承认人类进步的观点，其他观点都假定人类堕落了，令祖先蒙羞了。

在革命前的俄国，达尔文主义比优生学引起了更广泛的争议。这种情况在1917年当权者要求创造新人以后才发生了改变。俄国知识分子和科学家以极大的热情接受了达尔文。全国在实验室做研究的科学家开始支持达尔文的假说，不仅产生了巨量的科学论文，而且也产生了也许是欧洲最大的达尔文科学圈，其研究和方法往往领先于他们的西方同行，尤其是在研究实验室方面。其中的一个研究实验室由伊凡·巴甫洛夫（1859—1936年）领导，他以其对狗的行为调节试验获得了国际声誉。

如果说行为主义是俄国研究的中心焦点，那么，社会达尔文主义则受到激烈的辩驳。达尔文在俄国最杰出的批评者是无政府主义哲学家切赫·亚历山大洛维奇·克鲁鲍特金王子（1841—1921年）。他当时在伦敦过着流亡生活，但是在他的祖国受到如饥似渴的阅读和讨论。他无疑是他那代人中的伟大知识分子。克鲁鲍特金的人生很不平凡，他本是精英学校学生和沙皇亚历山大二世的随从，为了逃避令人窒息的宫廷生活，他来到西伯利亚大草原，加入了西伯利亚的哥萨克兵团，正是在那些漫长的清闲日子和去周围荒野游览期间，年轻的他观察到与达尔文生存竞争思想相矛盾的现象：

> 我想起西伯利亚动物世界给我的印象……我们目睹了很多适应——往往是相同的——抵抗不利气候环境或者各种敌人……我们目睹了大量相互支持的事实，尤其是在鸟和反刍动物迁徙期间，但是即便是在阿穆尔和乌苏里这些有大量动物群的地区，我也很少注意到同一物种的高等动物之间真正竞争和斗争，虽然我急切地寻找这类事实。

互相支持的思想、自然和社会中有趣的利他主义思想成了克鲁鲍特金社会哲学的核心宗旨。1902年他终于在题为《互相支持》的书中发表了这些观点。这位高贵的无政府主义者远非教导无情的、霍布斯式的所有人针对所有人的战争，而是教导我们，围绕共同利益组织起来的动物最成功：

> 那些个体奋斗被降到最低的限度、互相支持的做法得到最大发展的动物物种总是数量最多、最兴旺，也最有未来进步机会。这种情况下获得的

互相保护、活到老年及积累经验的可能性、更高的智力发展、社会习惯的进一步增长保证物种的维持、扩展及进一步渐进演化。相反,那些不合群的物种则注定要衰败。

克鲁鲍特金在伦敦的第一届优生学大会上大声疾呼。他问道:谁对于人类更有价值,是那些尽力生育和抚养了子女的无产阶级妇女,还是那些竭力不生育孩子的名媛淑女?代表们仍然震惊于在马尔伯勒公爵夫人、伦敦市长、美国大使怀特劳·里德主持的盛大会议开幕宴会上发生的不愉快事件,他们并没有领会他的干预。宴会上的讲话者亚瑟·贝尔福是英王国最著名的人物之一以及前首相,奥斯丁·张伯伦认为他是"我们时代最有政治头脑的人"。在500位嘉宾抿饮餐后的葡萄牙红酒时,这位伟人发表的一通讲话令大家大为惊诧。这一次他不是把智慧用在政治上,而是用在科学上。他提出了一些令优生学家们觉得出人意料的结论。贝尔福对他的听众说:"我们说适者生存。但它的全部意思只是说生存下来的都是适者"。然后他说,"你们仅仅考虑某些关于血统和祖先以及一个社会的健康和各组成部分的身体活力,由此得出一个最完美的社会的思想——在我看来,这是对于一个最困难的问题的最浅薄的认识。"

优生学思想还有其他的批评者。英国医生、性学家哈弗洛克·艾利斯针对优生学家希望创造的社会提出了一个令人困扰的问题:"动物是由更高级的动物而不是由它们自己实施优生交配的……我们说繁育优秀的社会学家很重要;的确,这无需多说。但是我们能够确定,繁育出来后,他们对我们是一个祝福吗?"文化怀疑论者、期待由优秀男女组成光明未来的马克斯·诺尔道也认为优生学家没能解决关于改善的概念障碍:

显然,我们无法把人工配种的原则用在人的身上……不存在公认的身体、智力完美标准。你想要身高?那么,你就得排除身材矮小的腓特烈大帝和拿破仑一世;(前法国总统阿道夫)梯也尔几乎是个侏儒;作为一个民族,日本人……

不用说，在创办受到国家要员和大贵族追求的国际性运动的兴奋气氛下，这些反对都没什么作用。优生学会议正常进行，以华丽的讲话和声明作为结尾，仅仅经过几个月的酝酿之后，整个欧洲就产生了一批优生学会。看起来，采取措施的时机成熟了，谨慎论却不合时宜。

新男人，新女人

高尔顿的方法非常具有盎格鲁-撒克逊特点，强调功利性和冷静的统计分析，达文波特及戈达德等优生学家致力于试验和理论模型。但是许多优生学思想的追随者则从不同的视野——准确地说，从山峰，即查拉图斯特拉的居所——看待高尔顿的思想。知识分子们（包括一些英国和美国的知识分子）聚集在这里，顶着不确定的寒风，但是以勇气和勇敢为荣。他们相信，他们已经找到了自己的老师，他们找到了优生学。

至此为止，无论往哪个方向看，我们总是在某个点上遇到弗里德里希·尼采的遗产。当然，在山巅得到如此盛大欢呼的是尼采《查拉图斯特拉如是说》的主人公。德国表现主义诗人戈特弗里德·本恩（1886—1956年）写道："对于我这代人，他是那个时代的地震。"尼采对权威和基督教道德的反叛姿态已经对1890年代的人产生了巨大的吸引力，到1910年的时候，他的危险魅力丝毫不见减弱。部分是由于其晦涩，伯特兰·罗素这样的英国读者对尼采感到恼火。罗素俏皮地说："除了懂希腊语以外，尼采的超人很像（瓦格纳的）齐格弗里德。"

其他人则被令逻辑学家罗素非常厌恶的古典、神秘特质吸引。尼采以近乎预言性的敏锐感觉并清晰地表达了他的当代人及他们的孩子在战前那些年觉得特别压抑的忧虑：教会及其资产阶级传人的奴隶道德观；男女关系的不稳定改变；克服工业化社会中消费生活精神渺小的意愿和需要，创造某种更辉煌、以自知和放弃不必要东西为基础的东西。

正是这种敏感赋予尼采的著作这样一种真理感，也许那只不过是一种给了他们勇气的绝望的过度补偿。虽然，尼采的最好之处在于，他直指他那个时代的创伤,以响亮的声音,时而愤怒,时而滑稽,时而启示,当面诅咒官方文化如此推崇的那些石膏半身像们。他的修辞姿态更是诗人的,而不是哲学家的。换句话说,尼采有些自我矛盾,给他的思想强加一个系统是不可能的,正如从莎士比亚戏剧、雪莱或者拉伯雷的作品中推演出一种连贯的生活是不可能的一样。对于他的追随者而言,这都是他魅力所在。但是,对于这些人,康德与黑格尔、奥古斯丁和阿奎那那些没有活力的思考就没有这种魅力。

身为一个路德会牧师的儿子,尼采喜欢狄俄尼索斯(酒神)代表的那种未来。狄俄尼索斯是狂喜之神,是生与死、舞蹈与毁灭的不可抗拒的力量,一种横扫一切虔信主义压迫和新教讲坛猥琐道德的狂野活力。尼采宣称,真正的生活和人类价值不表现在对仇恨人类的痛苦之神的臣服,而是表现于意志的力量:"生活是挪用、伤害,是对陌生与软弱的征服,是压制、严厉,是其自身形式的强制、掺和,至少,用最温和的话说,那是剥削。"

尼采是优生学以及后来的各种形式的极权主义的理想先知。他声称,未来一个世纪将由"新生活派"主导,"它掌握最重要的任务,使人类进入更高的层次,并无情毁灭所有退化者和寄生虫"。但是,实际上,在我们谈论的这篇文章中,他指的是瓦格纳之后的音乐、艺术复兴及一种新的酒神精神的文化,而不是政治和人口问题。他从来没有在著作中表示他对优生学的崇敬,并对高尔顿的理性主义乐观精神嗤之以鼻。只有对于反犹分子和种族主义者的愤怒能够使他的语言更加尖酸刻薄。他写道,反犹分子是"道德上的手淫者",是些小小的"充满仇恨的人,是生理上不幸的人,陈腐不堪",这些人的言词令他觉得恶心。他自称是"反-反犹主义者",他以这个简短的句子结束他最后的一封信:"我要枪决所有的反犹主义者。"

"最高层次"的实现立即令我们想到臭名昭著的超人——被理解为就是他本人的可怕模仿、优等民族的成员。尼采的概念既没有种族特征也没有残忍的特点。它只是需要一个克服了平原"牧羊人"那种平庸自恋的个体,并发现,在他的精神之山上,必须对价值进行重新评估,必须超越教条思想,追求纯粹的生命力量。超人不是统治者,而是探索者,其最大的挑战是战胜自我。

在尼采是蓄着海象胡子的、残忍的新活力论——根据意识形态需求，或者披着北欧的毛皮，或者穿着雅利安人的长袍，或者是科学家的白外套——预言家的认识面前，上面的微妙解读显得苍白无力。这位诗人-哲学家被绑架了一百遍也不止，他是过度的字面解读的牺牲品，也是他令读者发现的那种意志力本身的牺牲品。

种族主义者和神秘主义者

我们已经看到，这个时期的科学著作中，生物学和意识形态之间的界限是如何的互相渗透。然而，争论一旦走出学院，这些壁垒就轰然崩塌了。

形形色色、不同民族的先知、哲学家和圣人利用孤立的科学事实和力量，操弄尼采那样的思想以适应他们的各种需求。像高尔顿、海克尔、达文波特这样的一些种族和遗传的空想家是机制的组成部分，并以科学共识的角度发言，其他一些人则寻求更为激进、更为黑暗的真理——他们声称他们可以透过古文明、星星或者神秘文件的符文认识这些真理。大多数这类神秘的作者（包括布拉瓦茨基夫人和鲁道夫·斯坦纳）都是种族主义者，他们把对深色皮肤的蔑视掩藏在香与启蒙的烟幕之下。斯坦纳尤其把传播种族真理作为他在德国的数百场演讲的神圣任务。根据他根本上是进化的精神变种的教义，非洲人处于最底层，而欧洲人（准确地说，德国人）则位于顶端。他认为，"未完成的蜗牛或者阿米巴虫与完美的狮子"之间的对比本身就是荒诞的。无论如何，"黑人种族""不属于欧洲"，而斯坦纳则宣称自己震惊于法国人对（其他欧洲人）做的事："将黑人融入欧洲的可怕的文化平庸。这对法国自身的影响更糟糕。这对血统、种族有着难以置信的强烈影响。这会进一步加快法国的衰落。法国人作为一个民族（在进化上）退步了。"

关于"黑人"的"强大的性动力"，神秘主义者说那是由于太阳，光和热，它们改变了非洲人的代谢，从身体内部使他们的身体沸腾，使他们的情感生活变得热烈,这种效果也可以解释他们的外貌,"这是由于反复无常的力量在淋巴系统内沸腾……这种(外貌)是由沸腾所致,把(与欧洲人)一样的、相似的人体变成埃塞俄比亚人种的特殊样子,黑色的皮肤,毛茸茸的头发,等等。"从这个角度看,犹太人应该觉得自己很幸运,因为医生只是说:"犹太教已经远远超出了它应有的寿命,在人类社会没有正当性,如果说它还幸存了下来,那么这是世界历史的一个错误,其后果是必然的。我们不仅仅是在谈犹太人的宗教,而更是指犹太人的思想、犹太人的思维方式。"

乌托邦思想在中部欧洲常常具有政治和种族色彩。不断受到德国人、捷克人和匈牙利人之间民族主义争端的推搡,哈布斯堡帝国自封的先知不满足于自由恋爱和果仁饼。世界问题需要更宏伟、更激进的解决办法,在各种不和谐的声音和文化传统之中,种族纯洁似乎提供了一个答案,而遗传是必要的工具。种族是一个宽泛的词,不同政治见解的人都在使用它,可以表示从繁育或者阶级,到家庭背景或者生物预测和血统的各种事项。它即将获得一个狭义的意思,从而使之成为革命权利武器库的一件武器。

这些保守的种族主义-神秘主义者中最重要的人物是小说家圭多·冯·李斯特(1848—1919年;高贵的"冯"是他自封的)。在短暂失明期间,他在一系列的幻象中看到了世界的神秘面,发现了隐匿的真理世界。康复以后,他把他的发现写成一份备忘录,送到奥地利科学院,结果对方不予置评,原样退回给他。当权派对他的天才和高级知觉的敌意令冯·李斯特大为恼怒,于是他自己出版了他的书,并把余生献给赞美雅利安主义的美德,北欧优等民族的净化,和对抗"羊群民族"——黑皮肤的种族和犹太人。

像斯坦纳一样,李斯特也受到布拉瓦茨基夫人著作的影响;像斯坦纳一样,他相信德国文化承担着古代神话力量所赋予的历史使命。李斯特相信他通过对日耳曼语符的研究发现了这个真理,并坚持认为,它阐释解开了宇宙的秘密,尤其是由最强大的万字符所象征的雅利安人的伟大历史。李斯特教导说,基督教使得人类精神远离了狂喜、性感,疏离了真正的灵性,解决他那个时代的局限的办法就是回到早期的灵性形式——他认为这种灵性形式就是日耳曼人的雅利安宗教。可以从他的著作中听到其他对现代性批评的回音。他认为，基督教即将毁灭"高尚的英雄民族"，

> （德国人）孕育出一个奴隶民族，他们将堕入澳大利亚黑人的水平，采取沉闷的萨满仪式……由于我们当代人无法否认原始的自然法则，尽管我们身陷否定生命力量的宗教系统，一种扭曲的道德已经形成，以虚伪的现实外表掩盖隐秘的行为，显示现代生活所有的病态现象。我们已经开始对其空虚和净化感到恶心。

李斯特辩称，现代性没有发现却反而失去了选择性育种的原则。德国土地上一切有正常思维的人的目标就是收复德国神话所说的其文化的民族、种族基础，但是这个工程有一个强大的敌人："今天的犹太人——可怜的混蛋，我们知道为什么！——都是些天生的国际主义者，因此，从一开始，就是任何将其文化植根于民族土壤的努力的'确定敌人'。"

在李斯特的宏伟蓝图中，"劣等民族"的成员没有公民权，不许拥有土地或者做生意，也不许接受高等教育。这些措施将帮助雅利安人从阴影中走出来，承接长期被犹太人、共济会及天主教牧师阴谋否认的历史地位。那时，也只有那时，血统纯粹、祖先清白的德国人才能达到"纯种的德国英雄主义、圣杯及雅利安-日耳曼主义古代的高度"。作为这一追求的神秘印章，李斯特使用了古老的日耳曼语印度符号——万字符。毫不奇怪，年轻的希特勒是李斯特最狂热的读者之一。

李斯特喜欢在照片中把自己装扮为先知，蓄着胡子，戴着天鹅绒贝雷帽，而他的学生、被免职的神父、歇斯底里的反犹太主义者、男爵约翰·朗斯·德·李本菲尔斯博士则喜欢穿着假冒的中世纪骑士斗篷，胸口戴着马耳他十字架——考虑到他的秃头和金属框眼镜，这种装扮很不协调。李本菲尔斯着眼于科学遗传和摩尼教神秘主义之间的断层线。他宣称，在古巴比伦帝国时期，优越的雅利安族与类似于侏儒，携带着邪恶的、已经灭绝的动物进行交媾，这个罪过带给世界非金发碧眼、非北欧的种族。在其1905年出版、别出心裁地题为《神动物学，或者论索多玛小猴子与众神

的电子》一书中，李本菲尔斯辩称，高等人不同程度地受到原始兽性和邪恶的污染，那就是存在于不同民族身上的、还不被理解的感情：

> 正如每个雅利安人一见到蒙古人扭曲的杯子，或者黑人的怪诞模样，就会感觉到一阵剧烈的排斥感……同样，任何一个劣等民族的人一看见白人，双眼立刻燃起古老的、恶毒的仇恨。一方感到自己的优越性，认识到自己的神圣起源，另一方仍然怀着尚未驯服的、野蛮的猿猴感情，这种古老过去的遗传，在这个时候就苏醒了。

这种诺斯替主义的世界观，善与恶的永恒斗争，更进一步为最近的科学发现，如放射、X光和电气现象等提供的"证据"所证明。

这种野兽派的种族思维不是神秘怪人的领域。担任过几所著名大学主席、受人尊敬的病理学家雨果·罗伯特声称："在每一个方面都完全健康的人根本不可能做出恶劣或者邪恶的行为；他的行为一定是好的，也就是说，恰如其分地适应于人类的进化，与宇宙相和谐。"议会的维也纳成员、厄恩斯特·海克尔的私人朋友、哲学家巴索罗缪斯·冯·卡内里声言："整个人类部落低于动物……大象、马和狗的精神活动明显比最低等的人类发达。"科学和文学界内部发出的这种声明很多，而在学术界边缘，奥托·魏宁格和休斯顿·斯图尔特·张伯伦之流具有种族动机的伪科学畅销书则吸引了大量的读者。

身处天主教和民族冲突交汇地的奥匈帝国产生了一种特别神秘的种族主义思想，成了整个西方的争论的固定部分。法国的毛里斯·巴雷斯、英国的弗朗西斯·高尔顿、俄国的弗拉迪米尔·索洛维约夫等斯拉夫派思想家像他们的德国同行一样是种族主义者，但是他们的种族主义思想沿着不同的路线表达自己，遵循不同的民族文化之争。

然而，优生学和种族主义思想的知识角点契合了那个时代的某些普遍忧虑。传统宗教模式的接受江河日下（目睹了1905年教会和国家的分离），科学越来越取代宗教成为理解世界的主导范式。同时，城市化、消费社会的平庸和匿名性造成了对新模式的需要，以应对变化和旧的确定性的消亡。

任何假装能够对现代化的知觉退化提供解决办法的理论都必须使用科学术语：根据进化机制甚至电来解释生活。同时，它还必须解决也许是个人层面感觉到的最深的变化：男人和女人关系的变化，男性和女性社会角色的变化。达尔文思想和遗传理论为此提供了理想的工具，因为它们把性角色和机制置于人类历史的中心。

多亏达尔文，世界及其弊病和目标可以从性别角度得到解释。民主化的教育与娱乐文化的同等化影响，以及社会主义的兴起，从感知到"低等种族"接管了原本被视为欧洲的高等文化并从威胁中找到了对手。对于普世人权的要求和伯莎·冯·苏特纳的和平运动可以做出这样的反击：生存斗争不仅仅是一种文化建构，而是达尔文主义的、自然的规律。变化的道德准则可以从种族纯洁性退化的角度进行"科学的"妖魔化；个人主义可以以种族需要和未来优先于个人快乐而遭到拒绝。毕竟，这是科学：客观事实，情绪或者更微不足道的忧虑对它无懈可击。在一个去魅的世界醒来的优生学家和种族主义理论家企图剥夺他们所蔑视的那些人的最后一项人权，即生存权。

十四　1913年：瓦格纳之罪

今天的人类……眼见进化及其疯狂的加速，正如所有朝着深渊的坠落都加速了。

——皮埃尔·洛蒂《全球性眩晕的一些方面》

我非常讨厌那个说什么"野蛮创造"的人，他还丑陋地强调"野蛮"这个词。只有基督徒才说得出这种话。至于我，我为我自己同其他动物亲近的血缘关系感到骄傲。我对我的类人猿祖先怀着一种既嫉妒又自豪的感情。我喜欢觉得我曾经是一个生活在树上的壮丽的毛茸茸的家伙，在地质时间中经过海蜇、蠕虫和文昌鱼、鱼、恐龙和猿猴的阶段，才形成了我的样子。谁愿意用这些去交换伊甸园那对苍白的夫妻呢？

——W.N.P. 芭比莱昂 1910 年 7 月 22 日《日记》

1913 年 9 月 4 日，有远大抱负的作家、德国南部斯瓦比亚一所省级小学尽职尽责的校长厄恩斯特·奥古斯特·瓦格纳一早醒来，起了床，拿起一根短棒和一把刀，屠杀了他的妻子和四个孩子。然后，他骑上自行车，来到附近的火车站，还记得买了三品脱牛奶第二天喝。他看望了自己弟弟一家人，跟他的弟媳一块儿喝了一罐啤酒。一个侄子给他看新建的兔棚。骑了很长的路，寄了一些信之后，瓦格纳于晚上11点到了小镇穆尔豪森。他曾经在这里教过几年书。他放火烧了4座房子，从旅行包里拿出两把毛瑟手枪，朝街上的人射击，击毙8人，伤12人，最后被一名警员和几个当地人制服。他在搏斗中受到严重打击，人们以为他已经死了，遂把他丢在一边。警员意识到他还活着，遂逮捕了这个身负重伤的杀人犯。他苏醒过来，但是拒绝说话。

在做出血腥的疯狂举动之前，厄恩斯特·瓦格纳几乎在任何方面都是一个正常人，甚至可以说是一个模范公民、德国的成功故事。他1874年出生于一个贫穷的、已有11个子女的农家，后来这个聪明、活泼的男孩上了师范大学。在担任了一系列的初级教师职位后，他步步高升，在27岁的时候成为了一所很好的省级学校的助理教师。他写过诗，还尝试写过历史剧。1903年，他与一位家境小康的旅店老板女儿成婚。这个时候，作为一位有着自己的小小学校的高级教师，他已经是一个有家有业的可靠男人，一位珍贵的社会成员。

然而，他的人生故事还可以有非常不同的叙述方式。他两岁就失去了父亲，母亲没有能力养活一个饥饿的大家庭。母亲奋力建起一个小商店，但是经营失败了。她投进一个个男人的怀抱寻求庇护，嫁过一个男人，又以离异告终。她敏感的儿子目睹了这一切，因此对女人、对信任、对性抱着强烈的矛盾心理。作为一个年轻的成人，他怀疑所有人。由于"极度的神经兴奋"，他在瑞士游逛了半年，拼命恢复平静和对生活的热情。

回国后，他一无所获。他多疑、傲慢、易怒。助理教师的地位让他感到屈辱，孤独中的欲望和自我厌恶压得他喘不过气来，他把性欲发泄到农场里的动物身上。他如饥似渴地阅读他能够找到的各种文学作品，生活在梦幻的世界之中；只有在附近的酒吧喝几瓶啤酒能够让他有所放松、变得友善一些——竟至于旅店老板的一个女儿为他怀了孕。他受到处分，被调往另外一所规模更小的学校。这时候他已经是校长了，他觉得应该娶那个怀着他孩子的年轻女人。他鄙视她，也鄙视自己的同事、自己的学生。他鄙视所有人。为了摆脱教农民孩子基础知识的苦差，他比过去阅读得更多，把年收入的四分之一都用在买书上。他犯罪以后，警察发现他有数百本藏书，包括德国古典文学作品和古希腊作家、莎士比亚、马克西姆·高尔基、厄恩斯特·海克尔、亨德里克·易卜生及弗里德里希·尼采等人的著作。他还写了《圣经》主题的舞台剧及尼禄皇帝的生平。由于找不到人传播他的作品，他就自己掏钱出版。他确信自己注定会成为伟人。

这位年轻的教师出了名地急躁和狂妄自大。人们听见他在当地的旅店叫嚣："歌德？席勒？我才是德国最伟大的剧作家！"他穿着奢华的衣服和黄色的鞋子。在一个以居民勤劳但鄙俗著称的地区，他这个当地人则坚持讲标准德语而不是斯瓦比亚方言。周围人不知道他暗地里常常带着枪。他确信人们在背地里嘲笑他，调侃他，阴谋伤害他。他已经谋划杀人几年了，偷偷地购买了子弹和枪支，去森林里练习射击、侦察地点，计划决定性的那一天的每一个步骤。他终于决定了9月末、暑假结束时的一个日子，好像他期待几天后恢复教学似的。

谋杀13人的惊悚事件成了德国及其他国家的头条新闻。法国报纸《巴黎的中午》以之为打击宿敌德国的绝佳工具："生活不是什么愉快的事情。如果加上生为德国人的不幸，甚至可以说生活很可怕……这个人疯了吗？即便他是一个怪物又有什么关系？杀了他！甚至用两天的时间谈论他对他都是太大的荣耀。"整个欧洲的报纸（新闻性的浅薄知识分析至今也没多大改变）都在报道、惊呼、推测这位教师和另一位著名的德国人、怀着世界末日幻想的瓦格纳先生之间的相似之处。

与此同时，杀人犯被送到了一所精神病医院，由该领域一位杰出的医生、图宾根大学的罗伯特·高普给他做检查。病人的外貌和举止令医生非常吃惊："我本来以为会看到一位可怕的、具有动物般残忍的邪恶之徒，因此采取了特别的预防措施……（但是）他被领到我的检查室的时候，我马上明白我错了。来人表情严肃，他悲伤地歪着身体，有一种威严感；他彬彬有礼，一副准备接受一切的样子。他的整个行为举止都表明他是一个受过良好教育的人。"高普的任务是裁定瓦格纳是否会面对死刑,但是这位精神病医生的报告很快明确犯人不能为他的行为负责。瓦格纳的案子结束了,他被监禁在文内罗尔精神病院。

厄恩斯特·瓦格纳不只是一个残忍的偏执狂,也是一个极擅言辞的人,这个事实使得我们今天还能够深入了解他的动机。他在那个血腥的9月4号下午寄出的邮件包含了三封为自己行为辩护的信。除了戏剧以外,他还写了一部冗长的自传,揭示他的计划比人们当时认识到的要雄心勃勃得多。他本来计划杀死穆尔巴赫村的所有男人,然后杀死弟弟全家("我在他家会像死亡天使一样,我是仁慈的天使"),再乘坐劫持的火车到附近的路德维希堡镇:"我杀进城堡。我杀人。我纵火,自己也被烧死。……我可以睡在公爵夫人的床上烧死自己,所以我希望公爵夫人很年轻。"

但是,是什么迫使他在农村的斯瓦比亚腹地造成大灾变?瓦格纳本人的信件和他对自己生平的叙述阐明了他的动机,描绘了他那个时代一个境遇最差最悲哀的孩子的生活。谋杀案当天寄出的有一封信是写给"我的人民"的:

> (地球上)人太多了。一半人应该被立即打死。他们不值得养活,因为他们只是腐烂的肉体。在人的所有造作物中,人自身是最糟糕的。我是因为看到我自己可悲的样子才没有这样做,否则我会告诉你们,这些丑陋、软弱、有病的人令我觉得多么恶心。
>
> 这种痛苦来自哪里?我相信没有人比我更适合回答这个问题。它来自性变态。今天的一代人受到他们的性的折磨。

瓦格纳声称,杀死自己家人是为了保护他们不受到他自己的迫害者伤害的必要之举,是出于对会落入他的折磨者之手的无辜孩子的怜悯考虑。至于那些穆尔巴赫人,他是为了清除他的耻辱,报复被迫娶自己不爱的姑娘并被发配到另一个小村庄的小学校带给他的屈辱。他在信末写道:"最后我允许自己以友好的方式记住我自己,并对自己做出如下判断:排除生命中的性因素,在我认识的所有人中,我是最好的人。"

那必须从他的生命中去除才能显示其道德纯洁性的"性因素"是什么？对此，瓦格纳在他的回忆录中做了阐述：

> 这样我就可以立即摆脱这一忏悔：我是一个兽奸者。我已经愉快地把这件事讲出来了，我再也不想提起；你的鄙薄比不上我一分钟的自我轻视。我的自我轻视和悲哀使我头发都白了，而我才34岁。这就是我受罪的时间长度。我请求你：把拿撒勒人从他的十字架上取下来，把我钉上去，我的身体是痛苦铸就。是的，想到各各他（注：耶稣被钉死之地）献祭的羔羊，我只能微笑。

毫不奇怪，高普医生立即把注意力集中在病人人格的这个方面。他是同性恋者吗？他真的一再搞兽奸吗？他没能找到无可辩驳的证据。村里人都不肯说什么。只有他的临时女仆说有时候他的靴子非常脏，"好像踩到了牛粪"，还有一次她发现他的衣服前胸有短短的、像是牛毛的红色毛发。精神病医生觉得这已经足够说明瓦格纳希望惩罚他的母亲："你就是这么脏。这就是性，如此深刻地肮脏，如此污秽。……这就是你，我的母亲，在父亲不在以后，同男人们干的事。"

无论这一诊断是否准确，有一点是肯定的：瓦格纳本人留下来的汇集了疯狂咆哮和极有针对性观察的作品中弥漫着对他自己的性欲的反抗："神经的痛苦（即神经衰弱症）不是酒精引起的，不是大城市运作方式引起的，甚至不是商业生活的匆忙和忧虑引起的。它的主要原因是各种性罪恶，性堕落。"他也为自身的欲望所困扰，他非常厌恶它们，甚至不能写出来："我满心都是欲望和渴望"，"'出轨'（兽奸）并非没有在我身上留下痕迹。像手淫一样严重。我的天性太脆弱了，我的良心受不了"，"很奇怪：我已经做过好几次污秽行为了，可是想起来却觉得这么尴尬，没法（对它）稍作分析。"他的渴望是一种病，令他内心腐烂。"你知道，我的病令我感到羞愧。我病得很重，已经病了17年了（也就是，从14岁开始），病得治不好了。然而，我的病似乎并不是致命的。我必须得让它置我于死地，否则它就跟我没完没了。"

不沉迷于自我厌恶的时候,他就在脑子里设想可怕的复仇和流血的场景。在他的梦想中,他是一位罗马皇帝("我肯定会创造历史"),更是一个宇宙妖魔:

> 我希望自己是宇宙那么大那么高的巨人。我要持一杆发光的矛,把它戳进地球的体内。我要从两极,从地球的眉头到脚心,把它刺穿。我要割开赤道的腹部;我要挤压地球刺破的身体,熔岩会从所有的洞口奔涌出来,我不介意我的手被灼伤。你听见我说话吗,老耶和华?我是白崇拜你了吗?你没听见那群庸俗的人在怎样嘲笑我吗?让我力量的毛发长得像最长的彗星尾巴那样吧……

这段文字中粗糙的性意象在他的作品中非常典型。说到底,一切都跟性欲有关系("我几乎忘了连电也是性,它的要素造成联系"),一切都病了。"人类的综合变革势在必行。正如老城市毁坏的房屋和街道被拆除……我锐利的目光能够识别所有病态、脆弱的东西。如果你让我负责,所有的芽孢杆菌都逃不掉。我的良心里可以放上2500万德国人,而它不会比之前重一克。""遗憾!——我刚读了我的尼采,当然,我读的时候感受到美食家的心灵面对这样的文本时的愉悦……对病、弱、残的同情就是犯罪,首先是对那些被同情的人本身的犯罪。"

瓦格纳对自己的弱点并非视而不见,他并没把自己排除在这一普遍的控诉之外。"我在自己的(死亡)名单的最前头",他平静地说,并说自己希望带走"整个受到死亡折磨的神经衰弱症群体"。在他比较平静的时刻,他甚至能极好地分析自己的困境:"无力感产生了强有力的语言,最汹涌的乐声出自名叫偏执的喇叭。"然而,很快阴暗的思想又会令他的大脑混乱,虽然他自己的感觉刚好相反:"我越来越理解流血牺牲的奥秘,它清洁并'洗去我们所有的罪'。谋杀似乎是一种崇拜,不是作为疯狂的奴役,而是出于理性的天堂。"

瓦格纳校长在文内罗尔精神病院又活了25年。他写了一部名为《疯狂》的剧作,讲述巴伐利亚悲剧国王路德维希二世的妄想世界,并和他信任且视为朋友的精神病医生保持定期通信。晚年他似乎相当清醒，称自己对自己的行为和精神错乱感到震惊。剃去小官员式的八字胡以后，他看上去很和蔼，更像是当地的牧师，而不是一个杀人狂。

反转的法官

精神错乱朝时代举起了一把扭曲的镜子。个别因素膨胀，怪诞地不成比例，而其他一些因素则彻底消失了。在瓦格纳的例子中，性焦虑和强烈的自我厌恶感包装在那个时代能够提供的各种外衣中：优生学的"淘汰"病、弱者；伪尼采的权力崇拜；科学的宇宙是性（电有正负、阴阳两极，瓦格纳也把女人称为"负性的人"）的概念；从不受控制和无法控制的欲望的角度诊断神经衰弱症和退化（战前那些年的两大学术主题）。不管他想的是什么，一切最终都是性，反映他作为一个性存在的自我厌恶和不足。病人自己对于由厌恶产生的暴力自大狂做出了最好的解释："无力感产生了强有力的语言。"

另一位精神病人——他与杀人狂校长既很不一样，又很相似——的回忆录使其作者成为了战前德国最著名的一个案例的主角。丹尼尔·保罗·施雷伯（1842—1911年）很有口才，受过良好的教育，是一位成功的男人和社会的栋梁。施雷伯的父亲是一位著名儿科医生，他毕业于法学院，1893年成为莱比锡上诉法院院长的时候，才51岁，还比较年轻。早在9年前，施雷伯竞选议员失败后遭受了精神崩溃。现在，面对这份要求很高、迫使他更勤奋工作以证明自己的新工作，他的神经问题又出现了。这是一个经典的职业性神经衰弱病例。他无法入睡，开始产生幻觉。很快，他就住进了精神病院，并在这里开始了他真正的殉难。

由于被剥夺了任何探望和同外部的接触，优秀的法官生活在一个由鬼神、耳语消息、幻象和间歇性的强烈觉醒状态构成的私密世界。他由法院监护，并被转到另一所医院。在这里，他的情况似乎有所好转，因此他要求出院，并给相关的法庭写了冗长的请愿信。他也着手细致地撰写他的信念、他的痛苦、他的世界观。他原本是为了让他的妻子明白发生了什么事，后来他产生了出版的想法。经过旷日持久的战斗以后，他的案子由一位新的法官审理。这位法官裁定，虽然施雷伯的世界观显然很古怪，以至于他被视为疯子，但是，每个人都有权拥有其个人的疯狂。施雷伯被认定不论对自己还是对他人都不构成威胁，因此被正式释放。1903年，他成功地出版了他题为《我的精神疾病回忆录》的书。

施雷伯的坦白是一位高度理性、一丝不苟的人对于幻觉和感觉——他认识到，它们被视为病兆，而他却觉得完全真实、合理——的分析，因此更引人入胜。这本书有22个清晰的章节，包括大量的脚注、附录和交叉引用，还明智而老练地引用法语与拉丁文文献，博学的法官企图在本书中整理他的内心宇宙，向世人说明他被上帝选中在世界的拯救中扮演关键角色，因此，天气和其他外部事件都受到他的影响，或者是上帝给他的信号："写到这里，我强烈地意识到这样的事实，即其他人可能会把这看作是我的病态想象。因为我很清楚，认为一切都同自己有关的倾向在精神病人中间很常见。然而，在我这个例子中，很简单，情况刚好相反。"他在解释这个重要的事实时，冷冷地说。

施雷伯解释道，人的心灵存在于神经中，任何人（实际上，任何存在）都是通过这些神经同最纯粹、最强烈的神经能量形式——上帝进行交流。纯洁的生活使人的神经变得白而光亮，不纯洁的生活则使它们变黑，最终扼杀它们。在地球上，这种现象表现为一般的紧张和道德堕落的增加，这最后会对神圣领域本身构成危险。一旦大多数人的神经都堕落、变黑了，上帝就没有选择，而只得发起一场灾难，用少数获选的、纯洁的个人重新来过。

施雷伯第二次决定性的精神错乱发生在一个早晨，当时，他还躺在床上。"做个服从于性交的女人肯定真的是件大好事"的想法突然吸引了他。这个念头没有消失。他相信，在世界的新起点，他注定会是一个女人，会怀上上帝的孩子，这些孩子会是新的人类。作为对这个事件的准备，去雄的过程已经通过神圣的神经能量射线启动。躺在床上的施雷伯觉得一阵阵的"女性欲望"浪潮淹没了他的身体，觉得他的性器官缩进了身体，乳房肿胀，身体本身也缩小到女人的高度——由于被黑暗的神经能量污染，这个奇迹总是在第二天早晨"逆转"。

当然，黑暗的力量是有的——治疗他的医生就是它们的密使之一——它们还派了虚幻和混乱的怪力乱神来迷惑他，其中最常见的是"匆匆拼凑起来的人"和"小人"——他们只不过是些短命的人形精灵，前者显然有正常的身高，后者则只有几毫米。在他为争取新世界的史诗般的战斗中，其他外伤性苦难还包括他被病人和看守当作"女性妓女"，被嘲笑地称作"施雷伯小姐"，经历他自己的性感女性和他男性尊严对去雄过程的反感之间的冲突。

出院以后，施雷伯确信自己正在成为女人。因此，穿女性衣服就是为他未来的角色做准备的明智之举。"从那天起，我有意识地以培养女性气质为职事，只要环境允许，我都会继续这么做；那些不懂得这种超验原因的人，愿怎么看我就怎么看吧。一个人如果有机会选择做一个有男人外表的愚蠢男人或者做一个充满活力的女人，那他肯定会选择成为后者。然而，这，也只有这，才是问题。"在家里平静地生活了几年以后，这位前法官遭遇了中风，之后他在另一所精神病院度过了几个月痛苦而困扰的日子。他于1911年去世。

施雷伯病例已经被写得很多了，西格蒙·弗洛伊德写得尤其多。在施雷伯去世当年发表的关于这位病人的文章中，弗洛伊德认为施雷伯迫切希望得到他极其霸道的父亲（弗洛伊德认为施雷伯把他等同于上帝）的爱，从而导致他想成为一个女人，以求在最真实的意义上得到他的爱。弗洛伊德可能说得对，同一位强大的父亲之间的关系对施雷伯的病有影响，但是他的分析似乎太轻易、太简单了。施雷伯的幻觉中有父亲虐待的痕迹——他体验到的一个现象，即"胸部收缩的奇迹"时，他觉得他的胸腔被一种外部力量压碎了，让人联想到儿童时期令人不安的经历。

施雷伯的父亲是一位儿童教育家，他狂热相信规训孩子、控制孩子的"天然本性"，这极大地影响了他培养子女的方式。莫里茨·施雷伯写道："孩子的心中绝不能闪现这样的念头：以为他的意志可能占得上风。"在诸如《家中的朋友：作为教育者和家庭幸福及高尚男人引领者》（1861年）

等著作中,他倡导"纠正"孩子站立姿势及行为的新玩意儿:床带、下巴带,以及保证直背的装置。他的儿子丹尼尔常常被迫被绑进这种酷刑设施,以使他在吃饭的时候能够坐直。当然,做这一切都是为了孩子本人最大的利益。这让人想起威廉二世童年的苦难,为了训练他钢铁般的意志和迫使他发育不良的手臂生长所采用的那些机械设备、动物尸体以及没完没了的骑术课程。

莫里茨·施雷伯不仅仅是丹尼尔童年的大暴君。他还是举世尊敬的科学家、创建了一所医科大学的圣人、一位多产的作者、给工人子弟分配蔬菜园运动的发起者。一位残酷独裁的父亲的影响当然是施雷伯病症的一个重要因素(他的哥哥在30多岁时自杀),但是另一个重要的原因无疑与神一样的、抑制性的父亲角色有关。像厄恩斯特·瓦格纳一样,施雷伯对自己的性功能缺失忧心忡忡。他和妻子没有生育子女,这是他一生挥之不去的悲伤。他回忆录中有些篇章暗示他阳痿。

如同杀人狂瓦格纳的世界一样,他的世界是一个性的世界,虽然控制性因素不一样。瓦格纳幻想全能的男性气概,幻想成为恺撒和穿透地球(如他所知,地球即希腊神话中的女神盖亚)的宇宙巨人,杀死所有病、弱者,包括他可怜的自我,而施雷伯则走的是相反的方向。无力承担作为男人的角色及相应的社会和职业责任——他的两次精神失常都是由于过度劳累和外部期待的压力所致,一次是作为议会的潜在成员,一次是作为上诉法院的院长——他退缩到他觉得更真实更容易的身份:女人的身体。

在施雷伯笔下,男人整体上不怎么样。他幻想医院病房里及街上"匆匆拼凑起来的人"都只不过是一种征兆:男人自身只是暂时性的存在,终究会化为乌有和(女性)想象中的虚构人物。在一个社会模式变化、因此男性身份随之变化的时期,施雷伯认为他和其他人作为男人都无法生存下去。显然的解决办法就是变成女人。

杀人犯校长和温柔的法官之间还有更多的相似之处。两人都以科学术语进行想象,都相信紧张和道德堕落的双重罪恶将带来世界末日。在施雷伯的神学中,神经是核心概念,神经也是更广泛的、受到现代生活影响的公共讨论和科学思考的核心概念。作为病症的神经衰弱症不仅不成比例地影响到火车司机和电话接线员等技术工人，也影响到施雷伯这样的中产阶级专业人士。同样，其他病人的报告也显示铺天盖地的性焦虑和"异常行为"（手淫、同性恋）问题是许多病人患病的动因。从托马斯·曼的魔山疗养者到骚乱的女权主义者，性和"紧张"无处不在，就在表面之下。

发挥影响的机器

两个男人、两个德国专业人士只是1910年左右精神错乱及疯狂想象的代表性样本。当一个女人心神错乱的时候，她会想象什么呢？俄国哲学学生、弗洛伊德精神病医生维克多·陶斯科的病人娜塔莉娅的例子提供了一个答案。她的幻想显示了时代的另一个侧面：也许是对男性无所不能或者彻底无能的一种装点。陶斯科医生注意到：

> 她声称自己六年半来一直受到柏林制造的一种电动机器的影响……它有人体形态，实际上，是病人自己的样子，虽然并非每个细节都一模一样……机器的躯体是盖子的形状，类似于棺材的盖子，衬里是丝绸或者天鹅绒……她看不见头——她说她不确定，她不知道那个机器是不是有着她的头……机器的特出之处是，它由某个人以某种特殊的方式操作，机器身上发生的一切也都发生在她身上……在早前的一个阶段，通过操作机器的生殖器，她产生了性快感。

通过一个案例推测普遍情况可能很冒险，但是娜塔莉娅的案例显示了其他女性作品中显见的特质，例如早前引用过的丽达·古斯塔瓦·海曼的童年回忆。有无数的年轻女孩在自述中描写感觉被关闭起来，好像被活埋一样，被外部力量控制，表示很讨厌这种控制。在娜塔莉娅的心中，这种感觉成了机械化和中心控制时代的一个具体比喻：她被监禁在一个棺材一样的机器里，被人从远处操纵，体验到各种恶心的触摸，干扰思考、阅读和写作等自主活动。男人觉得失去了控制，而娜塔莉娅这样的女人即早期女权主义者则不能逃脱控制她们生活各个方面的无名威胁。

娜塔莉娅，甚至女人，都并不是唯一体验到机器巨大影响力的人。在现代城市被控制的、控制性的环境里，遥远的控制已经成了生活的事实。另一位精神病人罗伯特·杰伊把控制他的机器画了下来，那是那个时代的完美形象。有着恐怖牙齿、控制一切的头部分是神、部分是皇帝、部分是工业装置，它被连接到一台有调节器、烟囱和蓄水池的机器上。它的嘴和前额通过电缆一样的东西同下属连接。整幅画作有着玛雅神庙中楣的那种古老力量。它们的肠和头显然由左边那张度量表测算出来的电流控制。它们都拿着武器，做出惊人的攻击性姿势。中心机构的一个脉冲就足以启动一切。

阿帕奇和其他流氓

法国人把精神病人称为异化者。作为西方正在出现的新的工业社会，一个其运行以专业知识为基础（以工程师和化学家、公务员、统计师、医生和律师为基础）的社会，那些没有融入、也许无法融入这一个新的、理性的、有秩序的共同体的人引起了特殊的关注。在科学似乎保证所有文明人都伸手可及的、针对所有问题的解决办法的时刻，外部人尤其是疯子和罪犯不仅仅是麻烦，他们的存在本身就威胁到理性文明的有效性和自我形象。

与欧洲和美国的神经衰弱症现象同时存在的暴力犯罪的增加也是大众想象持续关切的内容。论者认为，世界变得越来越危险，尤其是年轻犯罪分子一年比一年更加不计后果，更加野蛮残暴。报纸登载的著名血腥罪行故事只是大众津津乐道的犯罪和暴力的一种表达。销量上百万的巴黎《小报》以12%左右的篇幅及许多的插图标题页刊登谋杀、抢劫、强奸故事，从伦敦的《每日邮报》到奥地利的《维也纳日报》，耸人听闻的犯罪无处不在。

大众化报纸最喜欢的黑帮故事和恐怖故事莫过于巴黎街头那些惊动一

时的黑帮了。这些阿帕奇是青年人组成的互相竞争的松散团伙，他们及其头目以在法国首都的中心地区进行残忍的暴力抢劫和斗殴而闻名。警察管不着"他们在马莱区及周边工人区的地盘"，夜晚的城区则完全是他们的天下。1902年竞争的帮派之间进行了一场血腥的械斗之后，这些年轻的歹徒一时声名鹊起。

记者维克多·莫里斯把这些青年团伙称为"阿帕奇"。漂亮的妓女玛丽-哈米莉·赫莉改换了保护人，和博乒库尔街阿帕奇头目、外号来萨的年轻人结盟，引发了两派之间的恶斗。她被冷落的前男友发起报复。两个团伙冲突期间，几个成员被刀刃，之后，两位主角被逮捕，被判流放卡宴。但是，此时，他们之间的战争已经成了一则都市传奇。巴黎北方剧团把阿帕奇的故事排演成一个场地表演，邀请真实的玛丽-哈米莉·赫莉出演主角——她差一点就成了自己舞台故事的主人公，但是她从来没有出演这个角色。警察局长以公众道德考虑为由禁止她露脸。

阿帕奇们，"工业化规训最后的反叛者"，成了法国所有威胁的象征。1907年《鲁贝杂志》的头条消息是"整个法国都在阿帕奇们的摆布之下"，而1910年社会主义立场的《人类报》则抱怨"阿帕奇们是街道的主人。他们损伤、残酷对待、伤害路人（而不被处罚）"。同时，发行量很大的《晨报》的办法则是戏剧性地向断头台妈妈呼吁："她深深地睡着了，浑然不觉……醒来吧！这是法国所有受害人的呼声，大众阶级的吁请，最近发生的犯罪事件令他们愤怒！"

报纸迅速创造了整套的阿帕奇传说，巨细无遗地报道其头目的生活和性格，甚至具体的抢劫手法，例如有一种战术是向富有的路人询问时间，然后掏他的腰包，而一位帮凶则从背后接近受害人，用一条丝巾勒住他的脖子。

1910年的时候，原来的阿帕奇们——至少法国公众觉得——被取代了。巴黎这个新团伙的头目朱勒·博诺（1876—1912年）很快以最残忍的罪犯闻名法国。具有讽刺意味的是，在其曲折的职业生涯中，博诺曾经担任亚瑟·柯南道尔的司机。他是担当头号公众敌人角色的完美人选。他是一个坚定的无政府主义者和机械师，用偷来的车进行他那些惊悚而血腥的抢劫行动。他是公众恐惧的理想化身。

汽车第一次被犯罪分子用作逃跑和作案的工具，公众的反应非同寻常。当博诺和他的同伙掀起法国历史上史无前例的犯罪狂欢时，这个国家的报纸追踪他的每一个步骤。

1911年12月21日，一位年轻的送钱邮差在奥尔德勒街遭到袭击，重伤；12月31日，博诺及一位同伙在企图偷车时受惊，杀死了司机及一位守夜人；1月3日，两位黑帮成员入室盗窃，杀死了一对富有的夫妻；2月27日，在圣拉扎尔火车站前，一位警察为超速行驶罚单争执被枪杀；次日清晨，黑帮在偷窃一只保险柜时被迫逃走；3月25日，黑帮袭击并杀死一位司机、车主，之后闯入尚蒂伊的兴业银行，逃跑前枪杀了3名银行职员。

暴力犯罪活动不只是让法国报纸疯狂，尤其是在一个帮伙头子屋大维·卡尼尔冷冷地给《晨报》写信，向警察发出公开挑战之后："我很清楚我搞不过你们，我是弱小的一方，但是，我要让你为胜利付出沉重的代价。"

1912年4月28日，黑帮的好运终于到头了。负伤的博诺和一个同伙躲在巴黎附近舒瓦斯-勒-鲁瓦的一所房子里，他们遭人出卖，被15名警察包围，很快当地人持猎枪加入了警察的行动。已经跟踪了罪犯6个月的警察局长路易斯·勒平力求万无一失。一个持重型机枪的炮兵团奉他的命令出动。很快，数百名武装人员加入了包围行动。

包围（博诺）的消息迅速传遍首都，成千上万的巴黎人为观看血腥的历史时刻，乘火车赶往舒瓦斯-勒-鲁瓦。午后，有3万人目睹了包围行动和零星的交火。他们从安全的距离观看一位勇敢的中尉在一车草的掩护下，偷偷爬向房子，并在外面放了炸药棒。两响爆炸声震动了大楼，随后警察迅速冲了进去。进屋以后，进攻者们发现博诺流血不止，藏身在两张床垫之间。他一直等待着（警察的）进攻。他大叫一声"混蛋"，并打光了枪膛里的所有子弹。他在枪战中受了致命伤。

至此，几乎所有黑帮成员都已经毙命或者被捕。两位在逃的幸存者——都是20岁刚出头的年轻人——在5月的第二次包围后被击毙。这一次比第一次更加具有戏剧性，警方采用了机枪、两个团的士兵、数百警察，有4万人观战。警察在罪犯之一、寻求宣传的屋大维·卡尼尔的口袋里发现了一张纸条："我们的女人和孩子挤在贫民窟里，而成千上万的大房子空在那里。我们修建宫殿，住的却是陋室。工人，发展你的生活、你的智力、你的力量。你是一头羊，警察是狗，资产阶级是牧羊人。你的血汗换取了富人们的奢侈。我们的敌人是我们的主人。无政府主义万岁！"1913年4月21日，"汽车阿帕奇"——这是媒体对博诺的马仔的称呼——的另外3名在包围之前就被捕的成员被判处死刑，上了断头台。

阿帕奇们的名声传遍欧洲，无论在维也纳、圣彼得堡还是伦敦，他们都被视为一种新型的、特别暴力的犯罪的代名词。但是，实际上，有一波新的犯罪浪潮吗？没有明确的指标表明这一点，但是，任何回答这个问题的企图无一例外都陷于统计问题的困境。简单的回答是，统计数字没显示罪案增加，可是法庭做出了指控和通过了裁决，而这些数字的增加当然是由于更高效的警务、量刑政策的改变，以及人口的总体增长所致。总体而言，法国、意大利、英国侵犯财产的犯罪甚至略有下降，而暴力犯罪却稍有增加。

但是，这种情况有一个显著的例外。在俄国，尤其是在圣彼得堡，一波"流氓罪"浪潮使得一般人在夜幕降临后根本不敢去涅瓦大街。帝都圣彼得堡的某些区域一直不稳定，强硬打压和完全无法无天并行不悖。早在1900年代，圣彼得堡已经感觉到了这波犯罪浪潮，当时，新闻记者发现青年同伙实施暴力和狂悖情况的显著增加："每个路人都冒着遭到流氓袭击的危险。索取钱财和对不服从者的身体侵犯已经记入了（犯罪）记录。人们不敢独自上街……流氓不考虑后果——如果需要，他们会迅速使用刀和其他武器。"

报纸上充斥着随机暴力事件的报道。街头刺伤——作案者使受害者流血倒地的情形，几乎每天都在发生，还有其他令人不安的事实。如《彼得堡列表》1903年报道的，犯罪分子往往才12岁，而不仅仅是心怀不满的工人："他们是很混杂的一群人，不仅在外表上是如此。相反，他们的社会多样性同样的显著。他们中间什么人都有：政府书吏、电报员、邮局及海关工作人员、金属制造工、印刷工、学徒、酒馆和咖啡馆服务员。"

1905年革命以后,俄国社会似乎陷于解体,而青年流氓(有些报纸把他们称为"俄罗斯阿帕奇")则是这一趋势最显著的征兆。报纸上充斥着恐怖报道:

> 5月27号下午8点,涅瓦大街上走来两个烂醉的流氓。每分钟他们都会撞到一个男人或者冒犯一个女人。其中一人挥舞着一根铁棍,扬言要打破每个路人的脑袋。另一人则肆意地骂骂咧咧……四面八方的人都喊着要求把恶棍们送到警察局。流氓对公众的愤慨抱以嘲弄,其中一人一口痰直端吐到一位衣着体面的男士脸上。

不仅仅是中央政府所在地,整个国家似乎都在犯罪浪潮下迅速沉没。犯罪事件的报告"从阿尔汉格尔斯克到雅尔塔"传来,甚至在乡村,农民也对比他们地位更高的人极不尊重:

> 在N村,一位年轻贵妇安静地在路上行走,这时,一个尽人皆知的流氓走近她并纠缠她,要她把手帕给他。她拒绝了,于是他把她摔倒在地,用膝盖压着她的胸口,把她摁在地上,脱了她的衣服,把她扒得精光。人群围过来的时候,他咆哮着说:"看呀,伙计们,看这个知识分子。"然后,他站起身,踢打她的后脑勺,好像什么事都没有发生似的扬长而去。

如果说许多贫穷的俄国人似乎在逃离自己的社会,那么,犯罪的增加并不像报纸想让读者以为的那么剧烈。青少年犯罪人数急剧上升,从1900年的1113人增加到1910年的2884人,但是在绝对数量中仍然很少,同人口不到俄国一半的德国1910年51000多名青年男女罪犯的数量比起来,就更不算什么。即便相对于其他年龄群,青少年犯罪问题似乎也不像报纸报道的那样具有戏剧性:战前任何时候青少年的犯罪率都没有超出过总数的5%。

犯罪的科学

俄国的观察家们相信生活不能长期承受"文明和腐朽国家脆弱的堤坝勉强约束着的民众强烈怨恨的洪水",实际上局面并不像以为的那样绝望。然而,青年暴力和无政府主义威胁急剧上升的感觉本身却与当时的恐惧极其吻合:曾经的文明遭到来自最底层的"退化因素"的破坏,被无政府主义平民的力量所淹没,这些人因为大城市和机器而远离了健康、传统的生活方式。

正如神经衰弱症和精神病这些资产阶级病导致了精神病学的兴起一样,最弱势群体的暴力和犯罪使得科学思考着眼于理解、管理和防止这个问题。犯罪学应运而生。意大利人类学家塞萨尔·龙勃罗梭(1835—1909年)被公认为这一新学科之父。

出生于热那亚一个富裕犹太家庭的龙勃罗梭本来学的文学、语言学和考古学,但是后来选择做军医。服役期间,士兵的行为举止、精神健康和社会地位及遗传之间的关系激发了他的好奇心。这种迷醉使他转向了精神病学。在精神病院做过学术研究和医生之后,他出版了《犯罪的人》(1876年初版,出过几个更新版及增补版),第一次收集并提供了最好、最全面的犯罪因素统计证据。龙勃罗梭把最多样的因素同犯罪率联系在一起:天气(在欧洲各地,夏天都是谋杀案最多的季节)、地质地貌、信仰、生育率、生活境况(毫不奇怪,排头的是城市贫民)、酗酒和酒精饮料的价格(在法国,酒价的每次上升都导致谋杀案件急剧下降,反之则上升)、移民(坏消息)、教育、收入和公共财富(在意大利,大多数谋杀案发生在最富裕的城市)、非婚生子女、工作环境。

虽然龙勃罗梭认为所有这些因素都对犯罪率的上升负有部分责任,或者都有牵连,但是,他相信核心原因不在其中:进化可以进步也可以退步,它会诞生"显隔代遗传",退回到人类发展过程中早前的、更野蛮的阶段,诞生一个危险的野蛮人子类。龙勃罗梭宣称,这才是问题的核心:"科学检查……（证明）有一种人由于最内在的组织而专事犯罪，是天生的罪犯，构成'犯罪军团'中最大的营垒。"

作为一个善良的、有着知识责任心的人，龙勃罗梭是19世纪的产物。对实证科学怀有纯粹、热烈信念的他为罪犯争取有尊严的待遇，争取社会康复和废除死刑。他争辩说，社会对待犯罪的态度必须建立在知识的基础之上：

（我们继承下来的）古代刑法哲学现在使我们遗憾。自由意志和复仇是非常脆弱的（法律）基础和痛苦的目标。我们知道无论发生什么事，人总是并且命中注定服从最强烈的动机。我们因此相信，如果社会无可争辩地具有捍卫它自身的权利，那么一个社会从来不值得去报仇雪恨。刑法镇压不能也不应该取决于科学证明有用之外的任何因素。

这位人类学家依靠从世界各地收集来的成堆数据，辅以测量数千个罪犯的头骨和校核数万份履历资料，才得出了他对于遗传犯罪问题的明确答案。继19世纪生理学家弗兰茨·约瑟夫·高尔之后，龙勃罗梭确信，大脑不同中心的活动会导致它像肌肉发展或者萎缩一样膨胀或者收缩，这样的自然结果会以头骨的形态表现出来。他相信通过测量头，能够创造一种严格科学的邪恶类型学，作为个人犯罪倾向的无可争议的证明。除了头颅测量以外，该类型学还包括大下巴、低矮的前额、特出良好的视力、高颧骨、多肉、扁平或者朝天鼻子、大耳朵、头发稀疏、对疼痛不敏感、特别长的手臂之类的外部特征。事实上，必须遏制天生的罪犯，但是不能责怪他们。返祖现象、遗传性酗酒和癫痫都是生物特征衰败的信号。龙勃罗梭认为，根除这种犯罪的生物基础是社会的目标，办法是对那些只能产生更多痛苦的人实施绝育手术。他的言外之意是，文明是很脆弱的，它以训练和教育为基础，非常容易受到危害：

如果不是大多数丑陋而野蛮的犯罪都有生理学的、返祖的起点，我们应该得出什么结论呢？多亏教育、环境及对惩罚的惧怕，人身上的这些动物本能可以减弱一会儿；但是，在某些情况，如疾病、天气、模仿（同伴）、性交的陶醉、过于长期节欲后果的影响下，就会突然复活。无疑，由于这个原因，它在青春期的时候显露出来……出现在牧师、牧羊人、士兵等终身独身或者与过着世隔绝生活的人身上。

许多人致力于创造一种基于种族、遗传和科学的新道德，与他们相反，龙勃罗梭的著作完全不带仇恨。他相信，自然本身是不道德的，文化毕竟不过是历史粪堆上的鲜花："如果多数美德和罪恶被视为分子改变的结果，那么，优点的标准不会改变……钻石并不比煤炭更有发光的理由，但是哪个女人会以为它们不过是煤炭而丢掉它们呢？"龙勃罗梭本人是犹太人，他对偏见的愚蠢和残酷非常敏感，但是非常富有远见。他也鄙视反犹太主义者，认为他们智商低劣，凭着中世纪时期植根于他们身体的冲动行事。

龙勃罗梭希望他的方法不仅仅是引导人们理解犯罪，而且还能导致开明、科学的政策，甚至从根基上防止犯罪和失职：通过诊断、分类，也许在可能的罪犯出生之前就把他们清除掉。整整一代学者扩展了他的研究（在他的《精神病学新研究》中，龙勃罗梭提到28位学者最近出版了关于这个主题的著作）。在共同的交汇处，人类学、正义和精神病学将异化者的科学对待纳入既定科学学科之中，尤其是在德国，优生学家们对犯罪的生物学根源进行了热烈的研究。

这位学者着迷于各种异常行为——从犯罪到疯癫，甚至天才。他在厚重的《天才之人与精神病学的关系》（1889年，英文译本《天才之人》于1891年在伦敦出版）中声称，天才只是疯癫的一种幸运、有良好效果的形式。他查阅海量的文学作品（有时候对其事实精准性相当地轻信），利用精神病研究材料以及他本人的专业经验，令他惊奇的是，他"发现（天才）有几种退化的特征，它们几乎是各种先天性疯癫的基础和信号。"他总结说，天才只是自然的怪胎，被赋予了一种特质而牺牲了其他的特质："正如巨人为其身高和肌肉付出的代价是不育和智力相对较弱一样，思想的巨人为其巨大智力付出的代价是患精神病。"

天才和疯癫早就被联系起来了，并常常伴随着暴力和排斥。它们的结合是浪漫主义的蓄水池，19世纪末，埃德加·爱伦·坡、查尔斯·波德莱尔、文森特·凡·高、弗里德里希·尼采、罗伯特·舒曼和爱德华·蒙克都将心理状态戏剧化了，也都患了精神疾病。一种不确定的理性和超乎其外的视野成了艺术的一部分，正如它们曾经也是宗教的一部分。

浪漫主义思想本身内含一种与社会和传统疏离的成分，而19世纪也显示出了丰富的疯狂的文学实例：从卢希亚·迪·拉美摩尔和几十个高贵而倒霉的歌剧女主角到格奥尔格·毕希纳笔下绝望凶残的沃采克，从狄更斯的郝薇香小姐和威廉·布莱克描绘世界末日的微妙画作，到E.T.A.霍夫曼故事的主人公和穆索尔斯基笔下鲍里斯·戈杜诺夫的渐进性紊乱，等等。20世纪初叶弥漫着神经衰弱症和性紧张，每一天都感觉到脚踝处激荡着改变的洪水，人们可能期盼艺术家对于这种幻想的迷失提供比以往更强有力的表达。但是，大家都对疯癫的主题不置一词，即便有人讨论这个主题，也主要是德语国家进行。

当然，这一规则也有显著的例外。安德烈·别雷小说《彼得堡》中平凡的主角尼古拉·阿别卢克霍夫在城里游荡，自身的暴力令他惊恐并驱使他采取非理性的毁灭行动；毕加索着眼于马戏团艺人的边缘化生存方式和瘦削的四肢，之后才投入到成为立体主义的非洲饰品世界；俄罗斯和意大利的未来主义者们积极推崇暴力、犯罪和狂喜，像奥古斯特·斯特林堡迷幻的《梦幻游戏》一样，约瑟夫·康拉德《黑暗之心》中声名狼藉的库尔特可以当作疯癫研究来读。

奥地利画家、版画家、小说家阿尔弗雷德·顾彬（1877—1958年）的平面作品可能已经被视为对厄恩斯特·瓦格纳和丹尼尔·施雷伯幻想的系列插图，他们的核心意象之间的交叉极其接近。顾彬对这两个人一无所知，他的大多数作品在创作的时候瓦格纳还没有犯罪，施雷伯的书还没有出版。他的蚀刻版画像是现代的戈雅，以一系列广阔的阴影和光为背景，那是令人迷醉、噩梦般的幻象。我们已经见过他的《战争》，这副蚀刻版画看似厄恩斯特·瓦格纳的性幻想：战神是野蛮的巨人，堆积如山的头盔、胸、盾、睾丸和毁灭性的斧头，还有重如屋宇的泥足，正要踏向一众士兵。这是他战前作品中少见的表现男性力量的画作。在顾彬的大多数蚀刻版画中，这种力量不断衰退。男人是些瘦削、干瘪的生物,佝偻、年迈的国王站在蒙面的追随者面前,奇形怪状,虚幻不实。在《疯癫》中,一个穿着长衬衫、胡子拉碴、面色苍白的患者的头被影子般教授模样的鬼魂从背后给凿开。男性力量通往深渊。回想起来,有些这样的视觉形象极具预言性:坐在一堆骷髅上、可怕的、长着可怕的大胡子的海象;奇怪的、名为《政府》的现代坦克已经做好了用机枪扫射任何挑战者的姿势;翻腾的景象上毁灭的城市,居民是一些微小、孤立的人。

由于拥有机械化的暴力,男人的主导很可怕,而顾彬则表明女人的色情诱惑也许更加恐怖和压倒一切。怀着一个梦幻者的确定,他把这个时期的重要力量结合进作品中:光滑、黑色、发动机驱动的车辆在八车道的高速公路上飞驰,直端钻进一个女巨人的大腿之间,通往黑暗;一个巨型的莎乐美,毛发浓密,肚皮因巨大的繁殖力而膨胀,在一堆砍下来的男人头颅上舞蹈;一个肢体断裂的女体被刀子刺穿,名为《以眼还眼》;一个微不足道、可怜巴巴、阴茎小小的男人跳下一个巨型女人的大腿,一头钻进她的阴道(令人想起古斯塔夫·库尔贝的《世界的起源》)——这是最不平等的结合。

1909年,其时正和宫廷歌剧导演古斯塔夫·马勒出了名的妖冶而任性的妻子阿尔玛.马勒热恋的画家奥斯卡·柯克斯卡的戏剧《谋杀,女人的希望》首次上演。在这部作品中,一群敌对的男人遇到一位有一群女孩子的女人,结果引发了残酷的战斗、诱惑、互相的毁损及最终的谋杀。这场血腥的情色仪式令人联想到斯特拉文斯基的《神圣的春天》,那里面所有的主角都染上了一种无法治愈的高烧——观众了解到,这种高热就是情欲冲动本身。

散文中有迹象表明了对习俗或者政治之外的彻底驱逐和异化的恐惧。亚瑟·施尼茨勒故事中的古斯塔尔少尉发现自己被丢给了黑夜和他的恐惧,在等待天亮和可能死于决斗的时候,他脱口而出一大串乱七八糟的话;1916年,当商务旅行者格里高尔·沙姆萨在布拉格的床上一觉醒来,发现夜间他被变成了一只巨大的黑甲虫时,最不可逆转的残酷转化发生了。卡夫卡进入了文学领域。

特别值得一提的是，有一位作家间接地把疯癫和暴力作为他的主题：罗伯特·穆齐尔的《没有品质的人》是乌尔里希的世界及其本人蠢行的冷漠记录者。他平静的理性被另一个人物投上了阴影。斧头杀手慕斯布鲁格同冷漠理性的乌尔里希恰好相反，他残忍地杀死了一位妓女，正等待行刑。穆齐尔在创作这部不朽作品的时候很可能读过厄恩斯特·奥古斯特·瓦格纳的故事，即便慕斯布鲁格的直接灵感来自1911年另一位被审判和处以死刑的疯狂杀手克里斯蒂安·福格特。如同大众想象中的阿帕奇一样，慕斯布鲁格所象征的暴力冲动困扰着小说中的几个人物，包括主人公乌尔里希。随机的暴力现象令他们迷惑；相对于那些声称理性的人的紧张和持续的不安全感，慕斯布鲁格力量的本能性野蛮正好相反。

艺术家们不再把疯癫视为传统的比喻和多愁善感的常例。它离人们更近，变得更真实。世纪末以其腐朽的复杂而自得，以奥斯卡·王尔德优雅的颓废和毛里斯·梅特林克芬芳的虚幻为荣，而腐朽已经以其丑陋的病态而邪恶的表亲——退化的形式重新出现了。以其对健康、活力的饥渴崇拜和永久性崩溃的神经，20世纪初期没有这些人的容身之地，那些承认过于敏感的人发现自己迅速被而轻易地被称为退化者。

谁愿意成为退化者？颓废诗人的精致神经使他能够洞悉其中的奥秘。疯癫者和那些染上了遗传耻辱的人表演的奇异壮举没有这样的高贵内涵。这是需要艺术家生机勃勃和反传统的时代，需要他们是握笔的拳击手，拿刷子的野蛮人，高举古代的创造力，或者观察由机器和英雄主义构成的未来。这是一个成为无政府主义者、未来主义者的时代，但不是屈从于不良血统无力低语的时代。只有托马斯·曼才可能在他的《布登勃洛克》（1901年）中把他自己家族的历史描写成退化的故事。他的书表现了一种缓慢的衰落，一代人比上一代人的适应性差，直到家族的传承注定终止于汉诺·布登勃洛克——从各方面讲他都是一个退化者，一个有着艺术倾向的男孩，他无法停止想象他最喜欢的瓦格纳歌剧的海洋声音，但是他完全不适合做任何实际工作。曼能够写出这样一部作品，因为他的个人优越太清晰，太坚不可摧，而不会被他自己的故事伤害。

一个真实生活中的汉诺·布登勃洛克、病态敏感的赖内·玛利亚·里尔克甚至把自己作为那些被现代世界迷惑的人的支持者和吟游诗人。他的小说《马尔特·劳里兹·布里格手记》（1910年）是文学史上对初期疯狂最令人不安的艺术记录之一。之前，他已经在《日课书》（1903年）中描写了那些在文明的海洋上迷失的人：

> 有些人，生如白色的花朵，
> 震惊于这沉重的世界，失色，消亡。
> 谁也看不见 一个种族微妙的微笑，
> 在无名的夜晚，
> 变成张着血盆大口的鬼脸。
>
> 他们东游西走，平淡地应付毫无意义的，
> 争吵，尊严扫地，
> 身上的衣衫褴褛，
> 美丽的双手已经老去。
> 人群不打算放过他们，
> 尽管他们犹豫，衰弱，
> 只有羞怯的流浪狗，
> 跟在他们身后默默地跑了几步。
>
> 他们遭受了无数的折磨，
> 时间的钟声是对他们的叫嚷，
> 他们可怜巴巴地在医院周围绕圈
> 恐惧地等待入院的日子。

大众英雄

如果说疯癫和彻底边缘化的主题少有引起先锋艺术家的艺术共鸣，那

么，异化思想占据时代想象力之处可以从一个特殊的通俗小说分支享有的巨大人气中推导出来：那就是侦探故事。著名的"克拉彭公共汽车上的男人"或者协和广场地铁站的女人并不知道顾彬是谁，也从来没有听说过别雷或者里尔克。他们读的是犯罪故事——对处于法律两边的局外人和弃儿复杂、有效的浪漫化表现。正如每个时期都有其固定的精神错乱群体，在正义和救赎的故事中它也有自己的大众英雄。作为19世纪的产物，谋杀之谜和犯罪故事在战前进入繁盛期。它们的销量达数10万册，而且往往是在当时最畅销的杂志和报纸上连载之后。

苏格兰医生亚瑟·柯南道尔了解和崇敬塞萨尔·龙勃罗梭的工作，并让他的主角、也许堪称犯罪小说中最著名人物的夏洛克·福尔摩斯采用同样的演绎观察。福尔摩斯虚构的案子从1887到1915年在《斯特兰德杂志》连载，但是，他并不只是一个演绎推理者。在一个对于制度性解决方案持健康的不敬态度，对古怪的业余爱好者极其尊重的国家，他是完全符合龙勃罗梭型天才的奇异之人。在不办理案件期间，他那太过活跃的大脑需要注射吗啡才能安静，得吸食可卡因才能清醒；他既聪明绝顶，又有着令人不安的暴虐脾气，对他而言，破案是终极的智力挑战，也是他过度活跃的想象力必需的食粮。因此，不奇怪，那个认真、生活严谨的苏格兰警察局的雷斯垂德探长所能做的不过是来到案发现场，喘息、抽烟，发现大侦探又一次使他出丑露乖。英国小说作家从不给予警察太多的信任。英国的犯罪是由绅士们解决的。

法国神秘小说主角亚森·罗平完全是另一种人。他也是一个有修养的人，聪明，学过各种艺术。但他不是侦探。他是窃贼之王，偷窃富人，把偷得的财物交给值得帮助的穷人——一个潇洒、不可思议的人物：

……古怪的绅士只对城堡和沙龙下手。有天晚上，他来到舒尔曼男爵的府上，但是什么都没拿就离开了，只是留下了他的名片。名片上面草草地写着这些内容："亚森·罗平，绅士大盗，如果家具是真的，会再度光临。"亚森·罗平有上千种伪装：司机、侦探、出版人、俄罗斯医生、西班牙斗牛士、商务旅行者、健壮的青年，或者衰弱的老人。

罗平有着天赋幽默、无尽智慧和法国人对于一切权威的真正藐视，实际上，他并不仅仅是其作家毛里斯·勒布朗（1864—1941年）虚构的人物，而且，在其书名并不含蓄的小说《亚森·罗平对决夏洛克·福尔摩斯》（1908年）中，毛里斯甚至让他的犯罪高手与英国偶像对着干。罗平的灵感来自当时法国一个真实的大众英雄、无政府主义者亚历山大·马吕斯·雅各伯（1875—1954年），后者以其大胆而富有想象力的犯罪，以及不按常理出牌的骑士精神和机智闻名。

雅各伯出身于一个贫穷的阿尔萨斯家庭，12岁参加海军，做船舱服务员。他卷入了无政府主义恐怖活动，因爆炸罪被判监禁。判刑以后，他再也找不到工作，于是决定以更直接、不那么正统的方式为无政府主义事业服务。1899年3月，他和两位同伙来到马赛茶当铺当押商们的办公室，以侵占为名逮捕了为首的出纳，扣押了40万法郎作为证据，然后平静地把人犯交给司法院。在混乱澄清之前，"警官"和他的两个助手已经不见了。这是许多次以狡猾风格为标志的行动之一。被捕以后，雅各伯假装疯癫，逃到法国南部，在那里拉起了一个叫做"工人之夜"的帮派。在以后几年间，大众报纸上充斥着他大胆的、精心策划的抢劫案。他只偷富人，而且总是把部分财物献给无政府主义事业。有一次，在偷窃一位船长家的时候，他发现他的受害人是法国作家皮埃尔·洛蒂，于是他把全部东西放回原处，并留下一张条子："错误闯入这里，我不能拿走一个靠写作挣钱的人的任何东西。所有工作都应该得到报酬。又：奉上10法郎，赔偿打破的玻璃和损坏的百叶窗。"

雅各伯打劫不义之财的史诗般的远征终于因在一次追捕中射击了一位警察而终结。雅各伯于1903年被捕。在审判之前的几个月间，他为自己的行为写下了慷慨激昂的辩词，那是对达尔文思想的无政府主义解读："既然你们主要指控我是一个盗贼，因此解释何为偷盗是有必要的。我认为，偷盗是所有人为满足食欲而觉得有拿东西的需要。这种需要体现在一切事物中：从像人一样诞生、死亡的星星，到太空中的昆虫，这么微小，这么无限，我们的眼睛只能勉强分辨。生活本身只不过是偷盗和杀戮。植物和野兽为了活命而互相吞噬。"

雅各伯写道,人不是互相协作,而是彼此剥削。

从社会顶端到底层,一切都是一边是混蛋,一边是白痴。你怎么能够指望确信这些真理的我尊重这种状态?

一个卖酒的人和妓院老板发财,而一个天才却贫病交加死在医院。烤面包的面包师一个面包都得不到;做了几千双鞋子的鞋匠穿着破鞋子;织布的人没有衣服遮身蔽体;修建城堡和宫殿的砌砖工人想要一间肮脏的小屋也是枉然。那些生产了一切的人一无所有,那些什么都不生产的人无所不有……

一句话,我觉得让卖淫般的工作摆布非常可恨。乞讨是一种堕落,是对全部尊严的否定。每个人都有权享有生命的筵席。

生活的权利不是乞讨来的,而是争取所得。

雅各伯的雄辩没有赢得法官对他的同情,他被判终身流放。在17次企图逃跑以后,他于1927年获释。一直忠于无政府主义信念的他过着平静的生活。1954年,他发现疾病和老年要战胜他了,于是他为自己注射了过量的吗啡。他最后的、富有他特色姿态的离别信是这样结尾的:"毛巾已经清洗过了,漂洗过了,晒干了,但是还没有熨烫。我太懒了。原谅我。你会在面包篮子的旁边发现两升粉酒。祝你健康。"

时尚、高贵的犯罪高手雅各伯是亚森·罗平的理想模板,而法国另一个大罪犯、邪恶的方托马斯(最早出现于1910年)则原本不是能够引起同情的人。他是一个残暴而邪恶的杀人凶手,他体现了公众的恐惧,逃脱了多次试图抓捕他的克星、警长尤文。末了,只有历史本身能够终止这位"犯罪天才"的恶行。他的同伙马塞尔·阿兰干脆把他送上了1912年泰坦尼克号史诗般的首航。

顺便说一下,德国低俗小说并没有它自己的畅销侦探小说和罪犯。这里受欢迎的是卡尔·梅类型的冒险故事,或者极其流行的海德薇·库尔茨-马勒那样的感伤爱情故事——他的名气和财富全靠他的208部小说,讲的是，诚实、贫穷、高贵的私生女女仆遇到英俊的伯爵后，两人间感伤的爱情故事。

那些被社会异化的人既要同自己心中的恶魔战斗，也要同那些迫使他们陷于孤独的人战斗。但是，像精神病杀人犯厄恩斯特·瓦格纳那样的真实案例还是受到媒体的狂热追踪。

瓦格纳一案不仅是1910年前后精神疾病的组成部分，也是科学对于疯癫的非常开明的反应。尽管犯下骇人听闻的罪行，瓦格纳因为被宣布为精神病患者，因此没有被处以极刑，而是获许在医生监督下，宁静地度过余生。这位残忍的校长在精神病医生中还小有名气。他的医生罗伯特·高普在一次又一次精神病学会议上展示他这位能言善辩的病人。

1920年瓦格纳在给高普医生的信中说："我认识到我的罪行是严重精神疾病——这被公正地称为'迫害妄想'——的结果"，"今天我宣布，我从来没有遭到……'迫害'。不能像我当时那样去理解某些道听途说的言辞——因为有一些没有任何逻辑联系的巧合和情况……我不一定非得这样理解。但是有一种倾向是，把自己头脑中的事转移到别人的头脑中。"瓦格纳继续同医生通信，甚至把他写的一部戏剧《疯癫》寄给他去出版。他狂热的心似乎变得像羔羊一样温柔："请你宽恕我心中存在的对你的所有仇恨感和愤怒"，病人在给高普的信中这样写道，"如果你有机会来这里看我，觉得值得花时间同我说话……我保证你会受到友好的欢迎。最尊重你，感激你，爱你 厄恩斯特·瓦格纳。"

瓦格纳领取一份公务员退休金，继续追求他的文学写作，并保持与诸多文学及医学名流的大量通信。他于1938年4月在温尼特尔精神病院自然死亡。他的身体被火化，脑袋被送到柏林的威廉皇帝学院做检查——虽然在运输途中遭到损坏。他的头至今仍然保留在杜塞尔多夫大学病理标本室。

十五　1914年：最卑鄙的谋杀

　　（伦敦）码头很大；沿着阿尔伯特码头的铁轨，经过绵延几英里长的船舶，直端穿过长排的、好似梦里那样不断延长的船体，这时候，你会觉得完全失去了比例感。而阿尔伯特码头还只是伦敦港的码头之一。在这里，现代世界彻底变得如梦如幻。自从看过芝加哥的屠宰场以来，我还没有对我们世界的童话性质有过如此切近的感觉。

——哈里·凯斯勒伯爵 1903 年 6 月 6 日《日记》

　　1914 年 7 月 28 日，全巴黎都在谈论谋杀，这是每个人脑海里首要关心的一起特别的、无法容忍的谋杀案。四个月以前的 3 月 16 日，一位衣着考究的女士来到法国头号保守报纸《费加罗报》的办公室。她是法国商务部长约瑟夫·凯劳克斯的夫人亨瑞特·凯劳克斯。她要人领她去总编辑加斯东·卡米特（正巧是那位一年前如此野蛮地评论斯特拉文斯基《神圣的春天》的同一个卡米特）的办公室，但是被告知他不在。她愿意等他。

一个小时以后她来到卡米特先生的办公室，对他说了几句话，然后从她的毛皮披肩下拔出一把左轮手枪，对着他的胸口连射四枪。

7月份亨瑞特·凯劳克斯受审的时候，法国几乎人人都对这桩当年最耸人听闻的故事的全部细节了如指掌，尤其是自从凯劳克斯部长遭到媒体长达几个月的宣传之后。不可避免地，围绕他和亨瑞特的故事被说成是一桩卑鄙的勾当，是政治生涯之争，是一场转移了方向的战争。在审判期间，卡米特以前的报纸《费加罗报》甚至把版面从8个扩大到12个，逐字逐句地登载法庭的报告。

整个故事是以最糟糕的陈词滥调开始的：一个已婚男人和他的情人之间的秘密信件及鬼鬼祟祟的酒店密会，这出闹剧完全可以构成一场歌舞喜剧。对于约瑟夫·凯劳克斯（1863—1944年）这位已经不再年轻的绯闻情人，这是一个微妙的情景。他是正挺进权力领域的新型技术官僚之一，第一位年仅36岁就被任命为财政部长的金融专家，这一任命确认了这位白手起家的商人对自己的良好评价——没几个人得到过这种任命。连他的敌人都不得不承认，他能干而有胆识，但他又是一个花花公子，一个傲慢、自恋、一门心思往上爬的人。被抓现行不利于他的雄心壮志。他可以当上总理，甚至总统。凯劳克斯知道，绯闻事件会让他失去他所需要的支持，他以同第一任妻子离婚、同亨瑞特结婚的方式解决了这个困局。她巨大的魅力弥补了他的机智和幽默缺失。这对夫妇在社会上很受欢迎。没人知道他们曾经是情人。1911年，凯劳克斯按计划当上了总理。

1911年在德法关系和国际政治上都是一个危机年——世界有可能发生战争的几个时点之一。法国和英国之间在殖民地问题上互相理解，允许彼此在埃及和摩洛哥放手行动（完全把德国排除在外），仍然对此恨恨不已的德国政府派遣了一艘炮艇赴摩洛哥港口阿加迪尔，扬言他们不能被忽视。在皇帝不知情的情况下，他的外交部长阿尔弗雷德·冯·基德伦-沃切特已经筹划这个计划几个月了，并最终在他参加基尔帆船赛的时候，在皇家游艇霍亨索伦号上说服了最高统帅。已经有德国公司在摩洛哥，德国公民住在那里，因此必须付出一切代价保护他们的利益和国家的利益。威廉本来对于采取这个姿态与他的表亲乔治（或者甚至法国人）为敌有些犹豫，但稍事迟疑后还是同意了。海军部立即发了一封无线电报给当时在西非海岸的帝国炮艇黑豹号。

德国船只改变了航程，准备迎接命运——这是不平等的遭遇，因为它并不是皇帝认为足以代表他的军事力量的那种船。这是无畏舰竞赛的高峰时刻，各大国为争取海上霸权不断推出更大、更新、更具毁灭性的浮动堡垒。黑豹号不是这样的战斗机器。它速度慢、笨重，只装备了两架四英寸的大炮；它是一只雄猫而不是掠夺者，靠它的两只短而粗的漏斗和两根桅杆，吭哧吭哧地航行。130名船员中包括一支受雇向非洲土著农民彰显德国进行曲辉煌的乐队。它奉命保护阿加迪尔的所有德国人不受内陆反叛部落的侵略。这个任务很容易——阿加迪尔没有德国人。唯一的一个名叫威尔伯格的德国人得到电报，称急需他到达海岸。赫尔·威尔伯格立即从75英里之外的摩加多尔出发。他是由汉堡投资者组成的财团派驻那里的雇员。

黑豹号在阿加迪尔海湾落锚的时候，赫尔·威尔伯格穿着白色西服的奇怪身影正冒着酷暑赶路，边走边驱赶眼前的虫子。他在他的拯救者们到达四天后才露面，费了好大的力气才引起他船上的同胞们注意。当他们终于看见海滩上那个穿白衣服、被当地渔民包围的人时，他们派了一艘船去接他。任务完成了，全部德国人都脱离了伤害。德国报纸的头条都是一片欢腾："好哇！一场行动！……终于行动了，一场解放行动……再一次明白，一个大国、一个强国的外交政策，不能在耐心的不作为中自行耗竭。"

尽管貌不惊人，黑豹号还是引发了一级风暴。巴黎和柏林之间进行了紧张的谈判，火焰很快燃及英吉利海峡。英国人决心支持法国人反击德国对摩洛哥的任何声索，德国人则警告英国人不要卷入这场斗争，英国海军大臣温斯顿·丘吉尔警告海军可能德国海军发起先发制人的攻击。所有迹象都指向战争。然后，突然之间，德国总理基德伦从边缘退缩了。他向外交部的格雷勋爵保证，同巴黎的谈判绝不以任何方式触及英国的利益。这纯属德国和法国之间的事。

明确英国人不会允许分割摩洛哥（这是基德伦最初的目标）以后，德国总理明白他失算了。法国人平静但坚定的态度和英国人毫不动摇的支持超出了他的预想。他的解决办法是以法国在赤道非洲的领地"补偿"德国放弃对摩洛哥的任何声索；准确地说，刚果10万平方公里疾病横行的沼泽和草原。对德国而言，这是一个失败。柏林为在摩洛哥施加影响和确保摩洛哥的土地而冒了引发国际战争的危险，却不得不以没有用处或者威望的赤道沼泽解决。

法国在谈判桌上的胜利全靠在巴黎领导了谈判的总理凯劳克斯精明而克制的指示。凯劳克斯是一位在海外——主要是南美——有投资的商人，而且他是一位现实主义者。他知道德国不仅在人口方面，而且在工程、制造和出口方面都超过法国。他知道和平时期法国对德国的需要超出德国对法国的需要，而且法国不可能赢得战争。他知道他不得不同暴躁但是强大的邻居议和，而且他认为一片非洲沼泽地对于和平和繁荣不是太高的代价。这种节制导致了他的垮台。

在一个由大众传媒主导的社会，政治是其被表现的样子，而法国的保守媒体固执地认为这场冲突的输家不是德国，而是法国。1871年将洛林输给德国一事仍然刺痛着法国人的记忆，放弃更多的领土是根本不可能的事情。凯劳克斯于1912年丢掉了官职，一年后被任命为财政部长。终于，阿加迪尔事件似乎结束了。

然而，保守派并没有原谅他们认为是凯劳克斯叛国罪的行为。1913年雷蒙德·庞加莱担任法国总统以后，永久性毁灭凯劳克斯的车轮启动了。这场攻击的两把主要斧头是《费加罗报》的总编加斯东·卡米特和第一位凯劳克斯夫人——她带给他一堆妥协信，这些信不仅揭示财政部长的政治生活，也揭示他的私人事务。卡米特悍然不顾当时的新闻规则，着手发表这些通信。他先发表政治材料。他知道，趾高气扬的财政部长的职业生涯没剩下几天了。

卡米特对部长发起了一场名副其实的人物暗杀行动。几个月之内，《费加罗报》发表了138篇文字和卡通，全都是攻击或者嘲弄这位政治人物的。然而，好戏还在后头呢。部长刻毒的前妻提供的妥协信中有他写给他当时的情妇、第二位凯劳克斯夫人的情书，后者这下决定以符合她丈夫最佳利益的方式亲自解决此事。第一封信发表以后，部长在晚餐的时候对他妻子咆哮说："我要扇他的耳光！"亨瑞特担心她丈夫会挑战编辑，要求决斗，进而被杀死,那样他们早期的恋爱秘密就会暴露。她上了丈夫的官车,让司机送她去一家枪支经销商店。她试了一把勃朗宁左轮手枪,并买了下来。然后她开车来到《费加罗报》办公室,在编辑的办公室等候。他终于回来以后,她只是问他:"你知道我为什么在这儿,对吧?"然后就拔出了左轮手枪,射光了枪膛里的子弹。六颗子弹中,有四颗射中了卡米特,给他造成了致命的伤害。谋杀者待在原地等待警察。她给她丈夫留下一张简单的字条:"这事我为你做。"

亨瑞特·凯劳克斯的审判非常轰动。听说妻子的行动几分钟以后,凯劳克斯立即辞职。他亲自为她辩护。他和他雇请的明星律师制定的策略很简单:法官听到的是,女人是脆弱、感性的动物,容易紧张过度。看到她丈夫遭到报纸如此恶意攻击,她那女性心灵脆弱的平衡被搅乱了,于是她出于错误的忠诚采取了行动,激情犯罪——这是这个词语最高贵的意义。辩护效果非常好,1914年7月28日,亨瑞特·凯劳克斯被认为没犯谋杀罪,而是激情罪。她以自由之身走出法庭,扑进她丈夫的怀抱。法国立刻为之哗然和反感。"陪审团宣告凯劳克斯夫人无罪",八卦的木尼尔神父在他的日记中写道:

啊!保守派们天主教徒们会怎样地号叫啊!他们这么喜欢预测末日审判、制定规则、发明制裁!他们热爱痛苦,热爱导致痛苦的公正!不放纵、宽恕不伟大。他们说,人必须赎罪。上星期天,说起战争,那位好人阿尔芒伯爵夫人告诉我:"我们真的需要被惩罚。"这种惩罚需要流淌在信徒的血液中……他们领圣餐,去圣心大教堂和圣餐仪式,(但是)这些事只不过激发邪恶的欲望、谴责和对复仇之神的爱。啊!这太丑陋……

奥地利已经对塞尔维亚宣战。

公众没有得到从这场谋杀兴奋中恢复起来的时间。7月31日,凯劳克斯被宣告无罪之后三天,另一场谋杀震惊全国。让·饶勒斯是伟大的演说家、德雷福斯上尉的主要辩护人、社会主义党总裁和主心骨、法国最受尊敬的政治家之一，他在巴黎的新月咖啡馆被人枪杀，迅即毙命。一位民族主义者反对他号召进行全面罢工以抗议隐约可见的下一场战争，正如3年前在阿加迪尔的情况一样。这些都是1914年7月令法国公众舆论焦虑的重大罪案。报纸连篇累牍地报道卡米特和让·饶勒斯谋杀案的最新消息，没给诸如遥远的萨拉热窝弗朗茨·斐迪南大公谋杀案等其他谋杀案留下几英寸的版面。

凯劳克斯夫人的勃朗宁手枪射击加斯东·卡米特的枪声轰动了全国，部分是因为它们强烈反映了那个时期的关切和焦虑。这个案子集中了许多主题：法国人担心是否足够强大、是否能够抵抗咄咄逼人的德国；技术官僚（凯劳克斯）崛起和现代政治的推力；大众传媒的关键作用；殖民地背景及其肮脏的交易；海军军备竞赛和威胁的不断升级；未来主义者颂扬的暴力行径和日常生活暴力增加的焦虑；最后还有凯劳克斯夫人不满足于做一个被动的妻子，而是采取主动，杀死一个强大的男人这样的事实。这是当时一起完美的谋杀案。

无限力量的旋涡

1900年世界博览会已经过去15年了，这期间，世界发生了巨大的变化。有一些变化——日益发展的城市、工厂烟囱、铁轨和无畏舰——非常明显。另一些变化不那么显见但却更加深刻。战争会让它们浮现出来并动摇残余的旧秩序。但是现代世界甚至在第一个德国士兵跨越比利时边境之前就已经存在了。

对于美国作家亨利·亚当斯，1900年博览会上悄无声息的强大电机是一个启示。它们隐藏的速度使它们成了文明核心根本动摇的象征，他写道：

> 力量从每颗原子中跳出来，足以供给恒星宇宙的力量都给浪费掉了。人已经不能关掉它。力量抓住了他的手腕，把他甩来甩去，好像他抓着通电电线或者一辆失控的汽车；对于身处巴黎、胆小的单身老年绅士，一个

每次开车经过香榭丽舍大街都想着会不会发生事故,也常常目睹事故发生的人,或者一旦与官员为邻就盘算炸弹出现几率的人,这是非常接近其目的的真相。只要进步的速度保持良好,这些炸弹的力量和数量每隔十年就会翻一倍。

不可能性不再成其为障碍。人的生命因不可能性而丰富。在六岁之前,他已经见过四件不可能的事变成现实——远洋轮、铁路、电报和银版照相法;他也从来不可能了解这四样东西中哪一样最多地促进了其他东西的诞生。

现代化的匆忙带来危险(事故、恐怖炸弹)、不加控制地前进的焦虑感、抓着通电电线、被"无限力量的涡流环绕"、甩来甩去的感觉。

亚当斯笔下在香榭丽舍大街小心翼翼开车、紧紧张张保持警觉的老先生应该出生在1840年前后,他的祖母可能还对1879年以前的法国、对古老的政权有记忆。他的孙辈将看到蘑菇云在广岛上空散布,观看第一个人在月球上行走的现场直播。将世界一分为二的最重要的理智、科学和情感变化发生在1900年和1914年之间。在1900年世界博览会上,亚当斯宣布女性生育传统原则的文化——圣女,已经死亡,被电机澎湃的动力和生成力的文化取代。在选择这两种象征物时,他也确定了1900年代两大核心变化的主题:机器和女人、速度与性。

电机……

如果1900年代不是充满活力的,那它就什么都不是。今天的每样东西都比昨天更大:城市、工业生产、铁路网、汽车奔跑的街道、立面严肃的高楼大厦、人口、媒体和娱乐、大众文化、速度纪录。数以百万计的人被夹在工业和新兴全球市场钢铁般的嘴之间,他们被连根拔起,被迫在一个不熟悉的世界里创造新的身份。

尽管有这样的活力,退化和衰落的幽灵却时时萦绕在欧洲人的心里。

优生学家们警告种族的衰落；保守的政论家预告文明的终结；帝国之间紧张地注视着彼此的军事力量。从来没有这么多乐观的理由，人们也从来没有对未来有过更强烈的疑虑。变化的绝对速度令人疲惫，但是，欧洲人一方面不确定未来会发生什么，同时也对力量的价值和成就越来越感到怀疑。不同于维多利亚时代的人，他们不再心照不宣地假设他们都是迈向天堂的基督教战士。

20世纪以折中开始。其最显见的表达——1900年巴黎世界博览会，就是对新世界的美学缺少信心、用借自于昨日的斗篷遮盖明天的表现的征兆。一个微型的中世纪巴黎以其剑斗士、纪念品和巧克力广告吸引消费者，坐落在塞纳河两岸的历史主义风格的国家馆像一排怪诞的、养育过于讲究的纯种犬，而每一个读过早晨报纸上非洲事件报道的人都知道，殖民地展览暗示的和谐世界是一个谎言。博览会本身的项目前所未有地受到质疑。事实上，这是一场政治运动，反映了被德雷福斯审判造成的分裂和人口下降、男子气概衰退和吃人的城市之类的讨论所破坏的社会的焦虑和恐惧。

在其他地方，20世纪以布尔战争和维多利亚女王之死开始，这两个事件都极大地动摇了世界上最伟大的帝国的道德信心。老女王之死标志着一个时代（亨利·詹姆斯害怕"野生水域"会失控）的结束，但是对布尔人的卑鄙战争和对刚果可怕政权的揭露都极大地削弱了白种人命定要在世界上实现文明使命的全部说辞。日本在1905年的胜利只是强化了一种普遍的感觉：大国的行为动机可疑，常常被误导，欧洲"种族"本身永久衰落了。优生运动就是出自于这种焦虑，但是其创造一个统治民族的计划只是强调和夸大了欧洲社会处于可怜状态的印象。

随着社会现实似乎每天都在改变，过去的稳定性因素，即欧洲旧的统治阶级，连同传统的社会秩序和价值，进入终极衰落。骑士的后代和过去的王子被打败了——不是被入侵的军队打败的，而是被制冷和蒸汽涡轮机打败的。新的统治阶级，即资产阶级带来了它自己的实用理性，即便工业家不时喜欢扮演乡村贵族，游戏也是严格按照资本家的规则进行的。他们买来作为玩物的堂皇屋宇装备了电灯和现代卫生设施。现在，他们的财富和产业具有真正的力量，一个装饰了仿哥特式塔楼的工厂还是工厂。

在快速生活不断扩张的城市世界，确定性成了稀缺商品。电机的规则不仅加快了事情的速度，它显然也使事情失去了控制。报纸上充斥着汽车事故、街头暴力和自杀，甚至广告版也低声传递令人不安的信息：它们问男人，你足够男人吗？同时问男人和女人，你足够健康、能够承受压力吗？那些不确定的人被谨慎地告知在生活的流沙中最后剩下的确定性：补品和治疗设备、疗养院和专利药品，以及人寿保险。

工业化生产迅速超过了传统制造业。从全球各地进口的食品早已超出了国内农业的生产能力，身份越来越多地由工业模式模塑。绝大多数人成了消费者，他们不自己生产需要的物品，而是以劳动或者服务换取金钱，然后向别人购买劳动、服务和预制商品。随着不断壮大的工人队伍组织工会和社会主义政党，构成相当可观的政治力量，其目标是社会革命，同样激进的女权主义运动主要源自女性产业工人，这样一来，就产生了新的社会现实。参加教堂活动的人数急剧下降，而政党和社团勃兴，甚至连体育也成了群体身份的核心，尤其在劳工阶层的足球粉丝中。这些都是新的群落。

这些改变大多发生在不到一代人的时间，可以坚持的传统确定性减少了，欧洲社会成员觉得需要新的参考点。新需求采用科学词汇满足对获选感和优越感的需要。民族主义者和种族主义思想家"证明"自身的出类拔萃，并以此推导出政治统治的主张，以及必要情况下，使用暴力的权利。优生学家以稍微含蓄些的方式主张"优越的"欧洲和美国中产阶级白人不仅有权利，而且负有紧急的义务决定是否允许其他"低劣的"人生育后代。大多数人只想要自娱自乐。基督教曾经在人们的心中塑造了归属感、义务和希望的意象，早期的电影屏幕和百货商店则取代教堂成为了梦想编织者。这里呈现的是一个世俗的工业化世界，但是它漂亮、经济实惠、有趣。早在1910年，那些出得起钱的人就通过购物让自己脱离了生存的麻烦。

艺术家和知识分子认识到他们时代折中、受损的方面，一心想制定新的美学与真正的道德，但是对于将其建立在怎样的基础上，他们莫衷一是。正式的西方文化——基督教、启蒙运动——似乎催生了消费文化的无意义、资本主义的残酷、大城市的匿名性，以及社会本身的道德沦丧。许多富有创造性的心灵都同意，重建——美学的以及道德的——真正基础只能在基督教文明之外的非洲（毕加索、布拉克、纪德）、大洋洲（人类学家马塞尔·莫斯）、南美洲（思想史家阿比·瓦尔堡）、美国（阿道夫·鲁斯、亨利·亚当斯）的拓荒精神或者前基督教的欧洲乡村异教徒文明（巴托克、柯达伊、康定斯基）、古典时代（已故的尼采，或者弗洛伊德、霍夫曼斯塔尔、克里姆特、施特劳斯）中去寻找。

未来主义者对原始文明不感兴趣。他们用文明的成就反对文明。他们的武器（只使用宣言和早期的艺术活动）是快速汽车、巨型涡轮机和大炮之类的现代机器。他们的宣传由日常生活片段组成：报纸的剪报和街面传来的无意义噪音、工厂发动机和火车站的尖叫声。他们企图抓住转瞬即逝的一切，并从与速度和技术联系的标志性时刻中发现英雄主义。他们的英雄不是高贵的战士或者传教士，而是赛车驾驶员、将肌肉和身体力量与快速机器融为一体的骑车人：早期的仿生人。

……以及圣女

工业化社会的增长和对待性别的态度及关于性的态度的转变是悄然而至的。它溜到床单下，钻进人们的心里。没有人写过发起这场革命的小红书，也没有为之发生过任何一场激战，也没有发生过巴士底狱风暴。往往是在不知不觉中，通过小的增量，关于男人和女人的理想就失去了它们的锚地，被抛在了一边。

在英国妇女参政论者及艾米琳·潘克赫斯特和罗莎·麦瑞德等女权主义者引领下，妇女解放事业强行进入了公共辩论。有时候参加者只不过是屈指可数的这些勇敢妇女，她们的游行在今天看来无伤大雅，但是这是媒体时代的初期，报纸总是揭露显著之事、可耻之事和奇怪之事。穿单车裤的妇女、骚乱者和剪短发的活动家的照片肯定会上报纸（不管她们是否愿意），被全欧洲数以百万计的人看到。她们常常遭遇嘲笑甚至仇恨，但是已经无法被忽视。

也有一些更微妙、不那么引人注意但是很普遍的变化。在整个欧洲，妇女孕育的孩子一年比一年少；在整个西方，妇女受教育程度提高，许多妇女在工厂、商店、很快也在专业领域就职，自己挣钱。显然她们为自己做更多的决定，因为她们决定不冒怀太多孩子的风险，而决定为较少数量孩子的未来提供更好的教育。如果我们可以相信当时描写这个现象的博学学者，那么，据他们说，评论者们对此非常震惊，而且，他们把这当作自己的事。他们显然没有想到，生育率下降是社会能力和夫妻双方共同决定的证明，相反，他们谈论男人的衰弱，有一个评论家认为这是人口下降的凶兆。法国还有这种担心的理由，而对英国和德国则是幻想出来的问题，尽管生育率下降，这两个国家的人口持续增长，但是，还是提出了同样的问题。

这种夸张的反应指向当时的另一个现象。随着妇女变得更加自信，似乎要承担新的角色，男人们突然处于守势。弗洛伊德在文章中说，他的研究显示男人"不再是家里的主人"，这表现在不止一个方面。连小孩子都可以操作的机器使得他们的体力毫无用处，社会变化和性的不确定性对他们的地位提出了质疑，于是男人只好用夸张的方式表现其男子气概。1900年和1914年期间发生的决斗超过之前30年的总和，街上穿制服的人增加了，有些人留起更密更长的胡子，健美运动员有更发达的肌肉，战舰有更大的炮。有赛车和速度纪录、体育英雄和没完没了的电子皮带及其他治疗"男性活力"丧失的药品广告。难怪1912年圆滑有力的泰坦尼克号的沉没是这个时期的灾难象征。要不是因为是这个时期长大的人，弗洛伊德不可能理解这一点：他信口把妇女参政论者说成是患了阴茎妒羡症。

女权主义作家不惧怕这样的排斥并打败了批评她们的人。她们对社会的分析轻而易举地揭露了男性的焦虑和父权制权力结构。"现代男性受到理智主义的打击一如受到疾病的打击"，罗莎·麦瑞德写道，"具有男子气概……尽可能男性化……这是他们（男人）眼中真正的荣耀；他们对于失败的残忍或者行为的根本错误不敏感，只要它符合传统的男子气概标准。"从女性角度做出的分析质疑男性最为依赖的确定性，没有几个男性作家（包括乔治·萧伯纳、亚瑟·施尼茨勒和奥古斯特·贝贝尔）有着承认需要根本改变的远见卓识和道德勇气。

对于许多男人而言，生育率下降和妇女参政论者朝政客扔石头、攻击他们这两件事似乎预示着文明的终结。

保守批评家们警告说，一个女人男性化和男人女性化的社会是一种畸变，是一个弱化的族群，只会被保持了活力和生育力的"劣等民族"给淹没，因为他们没有被现代性坏影响触及。妇女从内部要求社会的改变，远离控制、暴力的思想，倾向于协作对话的生活，而男性作家（以及一些女性作家）把这视为通向毁灭的途径，要求复兴他们从以前岁月中发现的战士精神和信念。

这种植根于1900年代女权主义骚动的男女意识形态冲突也转变成了种族主义思想。重要的是，反犹太主义也是男性焦虑的表达，其根源在于认为"不男人的"犹太人通过把他们束缚在机器上、遭受资本家的控制，从而象征性地阉割了生殖器。对非洲文化的东方主义迷恋主要是以为那里的男人享有性自由，拥有一群温顺的女人、总是强有力的总督或者拥有自然力量的撒哈拉以南的非洲人被假定拥有的性能力与骄傲，这些是小说和绘画艺术中反复出现的主题。控制殖民地证明了欧洲人的男子气概，被迫承认殖民暴行因此更加令人不安，因为这不凑巧地把近乎奴役和虐待的事实从象征的领域扒拉出来，进入了政治领域。由于欧洲人的身份在最基本的层次——考虑到男人和女人及他们之间的关系——受到质疑，因此政治和社会问题也形成了强烈的性内涵，震荡于两个方面：对于手淫、同性恋、（男人的）性交能力和精神疾病之类问题的直接的性焦虑，以及在象征层面上，不同群体被替换为焦虑的真正对象。升华和转移是弗洛伊德用来指称这些机制的技术名词，他在那些不愿面对内心最深处欲望的病人身上观察到这些机制。

迷失在时间—空间中

随着电机统治时代的开始，时间和空间本身——康德所谓的"知觉范畴"——变成了奇怪的东西。对于爱因斯坦,它们融合成了空间—时间——一种神秘的、会翘曲和扩展及收缩的连续统一体。科学家在原子水平上研究空间,完全停止了时间,拍摄飞行的子弹、在照片中将运动分解成其组成部分,捕捉系列静态时刻并在电影中予以恢复。距离因为无线电报和电话而缩短了,铁路改变了仅仅在一代人以前还显得遥不可及的海滨城市,将它们变成了大众欢迎的度假胜地。人们走得更快、更远。新的火车使得通勤和郊区花园成为可能,同时世界也通过有线报纸文章甚至照片、电影和留声机唱片向他们走来。

单一空间和独特的时间已经不存在了。仅仅在几年前,大都会歌剧院演出的唱段只留在那些在场的人的记忆中,否则就迷失在以太中。现在,可以将它录下来,复制几千遍,送到全世界,想放就放、想反复听就反复听。有反映刚果的殖民地暴行和布尔战争战斗的照片,最早的短片之一、1895年拍摄的《工厂大门》引起轰动的一个原因是看见普通劳动女工离开工厂的那种新奇、纯粹的惊讶,这个短暂的瞬间拍摄的是1895年一个法国城市的傍晚,可以在开普敦或者奥斯陆随意重放。

艺术家们对于这种新的、不那么确定的存世感做出了反应。毕加索和布拉克同时从几个角度表现物体和人脸,给描绘室的观看者一种令人不安的无所不在感;贾科莫·巴拉、马塞尔·杜尚将时间过程中的运动压缩为一个单一的画面;施尼茨勒和斯特林堡等小说家和剧作家模糊了现实和想象之间、梦幻和醒觉之间的空间。生活"比以前更支离破碎、移动速度更快",立体主义画家斐迪南·莱杰于1913年写道,"一个现代人比18世纪的艺术家接收的感官印象多100倍。"

人和机器进入了一种奇怪的关系,一个融合的仿生体、第二生命。弗雷德里克·泰勒将人的身体描绘成一种必须采用理性效率的机制,从而实现了工业过程的全面创新。按照厄恩斯特·马赫的分析,人的个性只不过是掩盖着一系列感官印象的虚构,就像照相机的曝光一样。1913年,雕塑家雅各伯·爱泼斯坦创造了他诡异的机器人《凿岩机》,画家瓮贝托·波丘尼和其他意大利未来主义者们极其迷恋肉体和钢铁的融合,我们觉得他们在雕塑中表现的这种融合好像直接来自《星球大战》,在精神病患者的头脑中产生了《伟大的影响机器》，从很远的地方直接控制人的心灵和情绪。机器人将成为事实。电影院放映员、路易吉·皮兰德娄1915年的小说《拍摄》的主人公如此评价他和他的放映机之间的关系："我不存在了。它用我的腿走路。从头到脚，我都属于它：我是它的设备的一部分。"

自我完整性丧失的感觉、有着明确界定的边界的人格和人们在社会经验中感受到的坚实的核心丧失的感觉因为科学而进一步放大了。没有像19世纪实证主义者预言的那样建立起坚实的基础，相反，前进的研究和理论消解了全部的确定性。他们把物体分解成空洞的原子和旋转的电子，扭曲和扩展了时间，显示黑暗的力量，唤起潜在的、看不见的事实：用X光机可以让活生生的人看起来像骷髅，铀的神秘射线可以穿透固体物体；电报信号在空中呼啸——人却看不见；电可以远距离传输，可以让它挠痒痒、开灯、运转机车，甚至杀人。在任何方面，这一切都不在人们依赖其感觉可以获得的有限的直接经验范围以内。根据经验，物理过去是、现在仍然是牛顿式的，时间和空间对每个人都一样，物体是实心的。但经验错了，它只是心灵的投射，而心灵本身则部分是社会建构的，部分是幻觉。科学扩展了人的可能性，极大地提高了人对自然的认识，它也夺走了我们的任何方向感、目的感。更多的知识与更少的依赖感密切关联，前进的方向感弱化了。更多的知识使得世界更加黑暗，更加陌生。

如果科学分析令世界瓦解，哲学理性则极大地腐蚀了残存的真理。威廉·詹姆斯尖锐地宣称有用就是真理。伯特兰·罗素解释说"真理"一词本身就是一个误解，莫斯纳和维特根斯坦这些人则质疑语言是不是有意义。厄恩斯特·马赫坚定不移地认为根本就没有自我这回事，而弗洛伊德则相信，不仅自我，连自我的道德，都是个人的、自恋的建构。与这一切大异其趣，只有亨利·柏格森的活力论似乎为直觉和经验提供了某种拯救，但是，连这也是基于对"空间的"价值批评——量化思维被证明是建构新事物和管理现存价值的强大工具。德国理想主义安慰人心的确定性、康德批判理性和黑格尔过分有条不紊的世界精神都被不确定性的车轮碾得粉碎。尼采还在，但是他的诗意语言意味着每个人都可以利用他，他的意图被无休止地争论，没有什么权威的传统可以坚持。

先锋派艺术家反映了这种个人完整性和权威神话的瓦解。人物是分裂的，头碎裂成碎片，多个视角同时存在，没有一个视角比另外的视角更具权威性。爆炸的外部世界的碎片穿透了人物的身体；自我和环境之间的边界全然瓦解。古斯塔夫·马勒之类的音乐家通过让旋律互相打断、粗俗的军队进行曲践踏精美的佳句、情绪被感伤扭曲或者被讽刺破坏等反映这种感觉。斯特拉文斯的《神圣的春天》模糊了音乐结构，成为一系列有气氛的瞬间和恶毒的攻击，而阿诺德·勋伯格更进一步，以突破形式和传统为工具，将音乐分裂成最小的构成部分。

生命的基础本身——时间和空间、身体完整性和个人身份——已经被横扫西方的变化浪潮冲得七零八落，消费者群落代替了旧有的社会地位，人们强烈感到真实性、独特性和无可置疑的自我的丧失。

非理性崇拜

1900年代成形的新世界是理性的产物，是专家和科学家、统计学家和工程师的产物。在这个时代之前，理性去除了世界的神秘感，笛卡儿、休谟和康德撕掉了传统迷信的面纱。证据和推理代替了启示和信仰。

现在，理性不再能够履行这项功能。哲学理性攻击到它自身的组成部分（语言和感知），效仿了尼采把真理形容为"隐喻的移动部队"的说法，不断为迎接其敌人而改变结构。随着理性的社会迈向不确定的未来，理性引起了怀疑，这么多目击者描写的眩晕感引起了强烈的非理性反应。许多知识分子宣称，如果理性不提供确定性而是打破确定性，那么，拯救一定存在于直觉，存在于原始力量。结果是寻找古老的确定性，寻找神秘真理，陶醉于潜意识，欢庆暴力、冲动行为和战争，急切地表现男子气概和阳刚力量。由于理性破坏世界，非理性——永恒的直觉和灵感领域、冲动和非理性领域——保证解决普遍的情感和思想异化的感觉。

非理性在西方历史上一直发挥着作用。它是希腊悲剧背后的驱动力、中世纪神秘主义的精神目标，是崇高或者启蒙本身。对于19世纪末的浪漫主义者，它成了"蓝花"、全部艺术和精神生活难以捉摸的理想。柯勒律治的鸦片梦里有它，雪莱欣喜若狂的诗里有它，它在荷尔德林诗意的寻找与疯狂里，它在普希金和萨德侯爵的诗篇里。现在，它成了一种政治力量和一种大众文化现象。法国仇恨德雷福斯的人面对无可辩驳的证据选择了非理性，表达他们对于他们认为的现代化退化的厌恶，而先锋派艺术家则陶醉于无政府主义直觉和前工业化前基督教社会的美学。布拉瓦茨基夫人和鲁道夫·斯坦纳这样的神秘主义者吸引了大批选择精神视觉而非合理怀疑的追随者；谁都知道威廉皇帝注意力集中时间短暂，不断想做点儿事情。非理性崇拜有多种表现方式。

尼采是这一世纪之交反文化的预言者，整整一代欧洲年轻人把他对酒神意志的欢呼和最终的自我超越视为（也许是错误的）信条。尼采谴责他那个时代的道德是奴隶制道德，他的控诉获得了新的强烈共鸣。当时的性道德使得许多年轻女性陷于无知和神经质的恐惧，同时却鼓励年轻男性从妓女那里获得释放，严格划分欲望和"高尚的"感情，将妇女分为圣女和娼妓。

随着变化一路高歌猛进，理性和直觉似乎越来越疏离了。所有直觉最终都是性，战线根据性的边界划定：男人和女人的关系受到社会和情欲两方面的质疑，离开男人这种情况尤其令人焦急、困惑，需要解决办法。非理性问题是一个性问题。

在这个时候，弗洛伊德天才地认识到这一点，并把非理性和性作为理解心理的核心。弗洛伊德在个体层面上描述非理性反叛，他的潜意识概念使得理性不过是对于无法控制的欲望的隐喻化注解，是无法辨识的欲望大海上不幸地晃动的浮标。这种分析及其艺术化的表达尤其以维也纳为中心——那是对于身份问题、语言及其陷阱、理性的局限有着病态敏感的首都之地。埃贡·席勒的油画表现主体成为其自身冲动的牺牲品，在惊厥的拥抱中暴露并葬身孤寂。他的作品往往很露骨，但是从不欢愉——是不可避免的性奴役的记录。在临近的布拉格，年轻的卡夫卡开始讲述和探究看似日常的表面下神话如何在个人层面及深层结构中发挥作用。卡夫卡的中心神话是《圣经》的，而弗洛伊德从古希腊获取灵感，但是他们的项目相似，并且在核心处具有同样的共振。

对于圭多·冯·李斯特、休斯顿·斯图尔特·张伯伦、爱德华·德拉蒙特这类反犹太主义者和种族的先知，一种伪科学的血统概念和神秘的深层结构完全否定了理性的力量。最高贵的种族（无一例外，都是作者本人所属的族群）的所有行为和直觉天然正确。其冲动是健康的，是自然规定的，其行为必然是好的。这个问题没有任何争议。这些乌托邦构成了对理性的真正反叛，他们把理性等同于现代性的"没有灵魂的匆忙"、退化和犹太人对文化不祥的腐蚀性影响。理性自我谴责；任何反对这一乌托邦的论点都是阴谋的进一步证据。"犹太理性"败坏了世界；"劣等民族"和"退化者"破坏了所谓的种族纯洁。目标是通过猛烈的大灾难，回到与命运的原始和谐，回到以与现代部落相反的精神实质为基础的原始社会。

非理性的反叛是对现代性本身的反叛。它坚持一种古代的、人的永恒不变的实质的思想，反抗城市人不稳定的身份，它表现在男性对早期女权主义的激烈反应中，表现在暴力和男子气概崇拜及反动的政治中。但是它并非在所有方面都是向后看的：它也在未来主义、先锋艺术和"科学的"种族主义理论、神秘主义中发挥了重要的作用，对于W.B.叶芝、詹姆斯·乔伊斯、阿道夫·希特勒和马克·罗斯科等不同人的事业有着重大影响。非理性崇拜对于看似不相容的抽象现代主义和法西斯主义等运动非常重要。

但是我们有些超前了。在本书的开头，我邀请你做一个思想试验，想象一场吞噬文献的书虫瘟疫夺走了1914年7月以后20世纪的全部信息。我认为，只有这种有些不太可能的观点才能使我们理解这个如此严重地被其后发生的事件掩盖、往往被当作历史必然性的人质的时期，才能够把这个时期的开放的未来还给它。我们都知道1914年8月发生了什么事情，一战（也许还有第二个三十年战争，1914—1945年）如果标志和糟蹋了20世纪的面貌，但是在本书中，我发现排除这个观点、从内部阐明它至关重要，不是对它进行回顾性的解释，而是从生活在那个时代的人角度认识它。没有人会只从"9·11"的制高点去解释1990年代，批评世界没有预料到发生的事情。相似地，没人会期望从1914年之前的那些年发现对于未来恐怖和忧虑的预言性意识。

1914年以前，被赶进工业化大生产的过程主导着许多人的生活、情感和思想。尽管维吉尼亚·伍尔夫那样声称，但1910年前后没有人已经充分"现代化"——今天也没有。不同的时期和不同的看待世界的方式共同存在，不仅社会之间如此，个人之间也是如此。文化历史上的现代主义英雄的个人盲点表明他们植根于传统文化：施尼茨勒瞧不起实验绘画（他对包括维也纳现代主义者画作在内的展览做了毁灭性的评论，把埃贡·席勒称作"受影响的骗子"），对先锋派音乐评价很低；毕加索对音乐无动于衷，从来没有听说过施尼茨勒；斯特拉文斯基每次去看戏都是出于专业的理由，他的绘画趣味绝对保守。心态和身份有一种代际交织的方式，组成复合而破碎的自我，这种情况本身就是现代性不可分割的一部分，现代主义艺术和哲学的残缺性对此做了引人注目的渲染。

这个时期的"新"男人女人的身份（当代文学的一个重要修辞手段）总是徘徊于昔日的忠诚与新的渴望、怀旧与社会现实之间。他们是暂时性的，他们为脆弱、衰落、无能为力所困扰，他们总在奋力追赶周围变化的社会现实。变化来得太快了，理性超越了经验，人们像亨利·亚当斯那样觉得被锁在一辆失控的汽车里，或者同马克斯·韦伯同在一列方向未定的火车上。没有方向的加速令他们觉得眩晕。眩晕无处不在，跨越了文化和意识形态的鸿沟。当时的作家不仅把自己和其他人说成新男人新女人，而且，在德语国家，也说成是转型阶段的人。一切都变得面目全非，一切都还没有进入新的固定形态。我们自己的世界和我们的思想与情感视野是由这些转型期的人们塑造的。恐惧和兴奋构成了非凡的创造性张力，是后来主导了20世纪的几乎所有思想和社会现象——社会主义和法西斯主义、核物理和相对论、概念艺术和消费社会、大众传媒和民主化、女权主义和心理分析——的根源。在许多方面，20世纪只是展开了1900—1914年创造性酵素产生的梦想和噩梦。

在罗伯特·穆齐尔的小说《没有品质的人》中，主人公乌尔里希沉思他所生活的时代：

巴尔干半岛真的发生了战争没？势必会发生某些干预；但是，他不确定那是否是一场战争。这么多事情在推动着人们。飞机的创纪录高度又一次提高了，这是一件骄傲的事。如果他没搞错的话，现在的高度是3700米，那个人叫做鸠厚克斯。一个黑人拳击手打败了一个白人冠军，拿下了世界冠军称号，他的名字叫约翰逊。法国总统要去俄罗斯，人们在谈论世界和平的危险。一位新发现的男高音在南美洲挣了大钱，这甚至在美国都没有听说过。日本发生了一场可怕的地震，可怜的日本人。一句话：发生着很多事情，1913年底和1914年初这段时间的确很重要。

图书在版编目（CIP）数据

晕眩年代：1900-1914年西方的变化与文化／
[德]布罗姆著；彭小华译． -- 成都：四川人民出版社，
2016.1
ISBN 978-7-220-09750-8

Ⅰ. ①晕… Ⅱ. ①布… ②彭… Ⅲ. ①社会发展史-
研究-西方国家-1900～1914 Ⅳ. ①K504

中国版本图书馆CIP数据核字（2015）第316874号

四川省版权局著作权合同登记号：图让字21-2016-33

晕眩年代：1900-1914年西方的变化与文化

[德]菲利普·布罗姆 著 彭小华 译

责任编辑	吴焕姣 江澄
责任校对	袁晓红
出版发行	四川人民出版社（成都槐树街2号）
网　址	http://www.scpph.com
E-mail	sichuanrmcbs@sina.com
新浪微博	@四川人民出版社官博
发行部业务电话	（028）86259457　86259453
防盗版举报电话	（028）86259457
印　刷	北京市通州兴龙印刷厂
成品尺寸	155mm×230mm
印　张	24.75
字　数	350千
版　次	2016年1月第1版
印　次	2016年1月第1次
书　号	ISBN 978-7-220-09750-8
定　价	59.00元

■版权所有·侵权必究

本书若出现印装质量问题，请与我社发行部联系调换
电话：（028）86259453